ex libris
Volk und Welt

Michail
Sostschenko

Das Himmelblaubuch

Aus dem Russischen von
Thomas Reschke

Mit einem Nachwort von Fritz Mierau

ISBN 3-353-00155-7

1. Auflage
Verlag Volk und Welt, Berlin 1987
Lizenzausgabe mit Genehmigung des Verlages
Rütten & Loening, Berlin
L. N. 302, 410/20/87
Originaltitel: *Golubaja kniga*

Printed in the German Democratic Republic

Einbandentwurf: Horst Hussel
Gesamtherstellung: Offizin Andersen Nexö,
Graphischer Großbetrieb, Leipzig III/18/38
LSV 7201
Bestell-Nr. 648 749 1

01700

Für M. Gorki

Lieber Alexej Maximowitsch!

Vor zwei Jahren gaben Sie mir brieflich den Rat, ein komisches und satirisches Buch zu schreiben – eine Geschichte des menschlichen Lebens.

Sie schrieben:

„Ich finde, Sie könnten mit den bunten Glasperlen Ihres Wortreichtums so etwas wie eine humoristische ‚Kulturgeschichte' aussticken. Ich sage das voller Überzeugung und im Ernst ..."

Heute kann ich Ihnen gestehen, Alexej Maximowitsch, daß mich Ihr Thema damals mit einigem Argwohn erfüllte. Ich hatte den Eindruck, Sie schlügen mir vor, ein humoristisches Büchlein zu schreiben, wie es sie in unserer Literatur schon gab, die „Reise der Satirikonleute durch Europa" beispielsweise oder etwas in dieser Art.

Jetzt aber arbeite ich an einem Band Erzählungen und möchte diese zu einem Ganzen vereinigen (was mir mit Hilfe der Geschichte gelingt), dabei bin ich unversehens wieder auf das Thema gestoßen, das Sie mir vorgeschlagen haben. Eingedenk Ihrer Worte habe ich mich zuversichtlich an die Arbeit gemacht.

Nein, um Ihr Thema in seiner ganzen Vielfalt auszuführen, dazu würden meine Kräfte und Fähigkeiten wohl doch nicht hinreichen. Ich habe keine Kulturgeschichte geschrieben, sondern vielleicht nur eine kurze Geschichte der menschlichen Beziehungen.

Erlauben Sie mir, verehrter Alexej Maximowitsch, Ihnen diese meine schwache, doch mit Fleiß gemachte Arbeit zu widmen, mein „Himmelblaubuch“, das Sie in so erstaunlicher Weise vorausgesehen haben und das zu schreiben mir um so leichter fiel und um so mehr Freude bereitete, als ich wußte, daß Sie sein Leser sein werden.

Mit herzlicher Liebe Ihr

Leningrad Mich. Sostschenko
Januar 1934

Vorwort

Die Fröhlichkeit hat mich noch nie verlassen.

Schon seit fünfzehn Jahren schreibe ich, so gut ich kann, komische und spaßige Geschichten und amüsiere mit meinem Gelächter die Leute, die aus meinen Zeilen das herauslesen, was sie herauslesen möchten, nicht aber Ernstes oder Lehrhaftes oder Dinge, die ihnen das Leben vergällen.

Über diesen Umstand bin ich, vermutlich aus Kleinmut, unendlich froh und zufrieden.

Diesmal will ich ein nicht minder fröhliches und erheiterndes Büchlein über die verschiedensten menschlichen Taten und Gefühle schreiben.

Ich bin jedoch entschlossen, nicht nur von den Taten meiner Zeitgenossen zu berichten. In den Seiten der Historie blätternd, habe ich höchst vergnügliche Begebenheiten und ulkige Szenen entdeckt, die die Menschen von früher höchst anschaulich zeichnen. Selbige Szenen werde ich ebenfalls Ihrer Aufmerksamkeit anempfehlen. Sie kommen mir außerordentlich zupaß, um meine dilettantischen Gedanken zu beweisen und zu bekräftigen.

Heutzutage, wo eine neue Seite der Historie aufgeblättert wird, jener wundersamen Historie, die sich auf neuen Grundlagen abspielt, möglicherweise ohne wilde Jagd nach Geld und ohne schwere Untaten auf diesem Gebiet, heutzutage also ist es besonders interessant und jedermann dienlich zu sehen, wie die Menschen ehedem gelebt haben.

Demzufolge bin ich entschlossen, dies und das von früher zu erzählen, bevor ich mit den Novellen aus unserm Leben loslege.

Nachdem ich also die Seiten der Historie mit der Hand des unwissenden Dilettanten durchgeblättert habe, ist mir zu meiner Überraschung aufgegangen, daß die meisten höchst unwahrscheinlichen Ereignisse von ganz wenigen Ursachen ausgelöst worden sind. Mir ist aufgegangen, daß Geld, Liebe, Arglist, Miseren und mancherlei merkwürdige Begebenheiten, von denen später zu reden sein wird, in der Historie eine besondere Rolle gespielt haben.

Demzufolge habe ich mein Buch in fünf entsprechende Abschnitte unterteilt.

Sodann habe ich meine Novellen spielend leicht an ihren Platz geworfen, wie Bälle ins Netz.

So ist ein überraschend harmonisches System zustande gekommen. Das Buch schillerte plötzlich in sämtlichen Regenbogenfarben. Und beleuchtete alles, was es beleuchten sollte.

Das Buch wird also fünf Abschnitte haben.

In jedem Abschnitt wird von dem Gegenstand die Rede sein, der gerade mein Thema ist.

So werde ich Ihnen zum Beispiel in dem Abschnitt „Liebe“ erzählen, was ich von diesem erhabenen Gefühl weiß und denke, dann führe ich die seltsamsten und interessantesten Abenteuer aus der früheren Historie an, und nachdem ich mich mit dem Leser über diese alten, welken Abenteuer amüsiert habe, erzähle ich zu guter Letzt, was in unseren Übergangstagen bisweilen auf diesem Gebiet so passiert und vorfällt.

Genauso werde ich es in den anderen Abschnitten halten.

So wird ein abgerundetes Bild zustande kommen, würdig des heutigen Lesers, der sich über die Gipfel der Vergangenheit herübergemüht hat und sich nun mit beiden Beinen ins neue Leben stellt.

Natürlich kann es passieren, daß gelehrte Koryphäen, die die Historie ehrerbietig durch den Kneifer studieren, schrecklich böse werden und meine Einteilung als willkürlich, höchst relativ und unseriös empfinden.

Vor mir liegen also fünf Abschnitte: „Geld", „Liebe", „Arglist", „Miseren" und „Erstaunliche Begebenheiten".

Es sei noch erwähnt, daß der letzte Abschnitt der bedeutsamste werden soll.

In diesem Abschnitt werden die allerbesten, alleredelsten Taten erwähnt, Taten hoher Tapferkeit und Großmut, Taten heroischen Kämpfens und Strebens nach Besserem.

Dieser Abschnitt soll nach meinem Plan tönen wie die Eroica von Beethoven.

Ich habe mein Buch „Himmelblaubuch" genannt.

Himmelblaubuch!

Ich habe es deshalb so genannt, weil alle übrigen Farben schon vergeben sind. Blaubuch, Weißbuch, Braunbuch, Orangebuch ... Solche Bücher haben verschiedene Staaten herausgegeben, um ihr Recht oder, im Gegenteil, das Unrecht der andern zu beweisen.

Für mich sind man gerade vier oder fünf recht

unansehnliche Farben übriggeblieben. Was ist das schon: grau, rosa, grün, lila. Sagen Sie selbst, es wär doch zumindest seltsam und kränkend, mein Buch nach irgend so einer ärmlichen und unbedeutenden Farbe zu benennen!

Aber da war auch noch das Himmelblau, und auf ihm blieb meine Aufmerksamkeit haften.

Diese Farbe der Hoffnung, die seit alters Bescheidenheit, Jugend und alles Schöne und Erhabene bezeichnet, diese Farbe des Himmels, der sich über uns breitet und an dem Tauben und Flugzeuge fliegen, diese Farbe soll unserem komischen und bisweilen rührenden Büchlein den Namen geben.

Was man von diesem Buch auch sagen mag, es enthält mehr Freude und Hoffnung als Spott, weniger Ironie als echte, herzliche Liebe und innige Zuneigung zu den Menschen.

Nachdem wir nun allgemeine Bemerkungen ausgetauscht haben, lieber Leser, wollen wir feierlich unsere Abschnitte aufschlagen.

Ich lade Sie ein, durch diese Abschnitte zu bummeln wie durch die Alleen der Historie.

Geben Sie mir Ihre tapfere Hand, lieber Leser. Kommen Sie. Ich möchte Ihnen mancherlei Sehenswertes zeigen.

Schlagen wir also den ersten Abschnitt auf – „Geld". Er zerfällt seinerseits in zwei Unterabschnitte: historische Novellen über das Geld und Geschichten aus unsern Tagen über dasselbe Thema.

Zuvor aber wollen wir in einer abstrakten Erörterung die allgemeine Lage umreißen. Also – „Geld".

I. Geld

1. Wir leben in einer eigentümlichen Zeit, in der sich die Einstellung zum Geld gewandelt hat.

Wir leben in einem Staat, in dem die Menschen Geld für ihre Arbeit erhalten und nicht für irgendwas sonst.

Darum hat das Geld einen andern Sinn und eine andere, edlere Bedeutung bekommen – man kann nicht mehr Ruhm und Ehre dafür kaufen.

2. Dieses mächtige Zeug hat vor unserer rühmenswerten Zeit mit Leichtigkeit alles gekauft, was es wollte: herzliche Freundschaft und Ansehen, wahnsinnige Leidenschaft und zarte Anhänglichkeit, unerhörte Ehrungen, Ruhm und Unabhängigkeit und alles, was es an Vortrefflichem auf dieser Welt gab.

Aber es hat nicht nur gekauft, es besaß sozusagen auch geradezu märchenhafte Verwandlungskräfte.

So konnte sich eine kreischsüchtige, halbblinde Vettel, der drei Vorderzähne fehlten, in eine anmutige Nymphe verwandeln, wenn sie dieses Zeug besaß. Um sie herum schwirrten wie geistesgestört die besten Männer und sehnten sich nach ihrem trüben Blick und ihrer Wohlgeneigtheit.

3. Ein verrückter Dummbart, Schwachkopf oder Vollidiot, der kaum seine Lispelzunge bewegen konnte, wurde zu einem witzigen Burschen, der unablässig Aphorismen höchster Lebensweisheit von sich gab. Ein Spitzbube, Schweinehund und Gauner, dessen dreckige Seele sonst Ekel erregt hätte, wurde zu einer Respektsperson, der man Lust hatte, die Hand zu drücken. Und ein beinloser Krüppel mit ausgefranstem Ohr und schiefem Maul verwandelte sich nicht selten in einen recht sympathischen Jüngling mit engelgleichem Antlitz.

Zu solchen Verwandlungen waren Menschen fähig, die dieses Zeug besaßen.

Aber o weh, bei uns wurden diesem magischen Zeug, das so sehr auf unsere wachsweiche Einbildungskraft wirkte und so verblüffende, ja märchenhafte Eigenschaften besaß, schwere Wunden geschlagen. Was daraus noch alles werden kann, ist mir in vollem Maße und bis ins letzte vorerst unbekannt.

Ich meine jedoch, daß außer Gutem nichts Schlimmes passieren wird. Vielleicht leuchtet meinem kummervollen Leben doch noch das Glück.

4. Nehmen wir mal an, irgendein, na, ich weiß nicht, sagen wir, irgend so ein vernunftbegabtes Wesen, von einem andern kultivierten Planeten, na, angenommen, vom Mars oder vom Dings, vom Jupiter, kehrt, sagen wir mal, für kurze Zeit auf unserer bescheidenen Erde ein. Dieses Wesen, an unsere irdischen Dinge nicht gewöhnt, würde über den Ablauf unseres Lebens aber sehr staunen.

Natürlich, man möchte meinen, daß dieses vernunftbegabte Wesen in erster Linie und sei es auch nur infolge der Weite unserer Felder und

Ebenen in unserem Land einkehrt oder runterfällt. Dann würde seine Verblüffung nicht ganz so grandios ausfallen.

Wenn es aber, nehmen wir mal an, aus Unerfahrenheit oder zehrender Neugier oder am Ende gar infolge Lasterhaftigkeit in dem Wunsch, sich auszutoben, zuerst in einem der europäischen Länder einkehrt, wo es sein in den Nöten ferner, rauher Planeten verdorrtes Seelchen zu zerstreuen trachtet, so wird es, derartiger Anblicke ungewohnt, zunächst äußerst baff sein.

5. Nehmen wir mal an, dieses Wesen hat sich irgendwo, na, in der Nähe einer Weltstadt voller Glitter und Flitter und lauter Eleganz herabgesenkt oder, um es mit irdischeren Worten auszudrücken, sagen wir mal, es ist mit seinem Flugapparat runtergefallen.

Nehmen wir mal an, da funkeln Lampions. Der Strahlenglanz der Leuchtreklamen stürmt auf unser Wesen ein. In den Wolken glitzert zu jedermanns Verwunderung irgend so eine funkelnde Champagnerpulle. Der Korken springt mit Absicht heraus. Lichtspritzer flimmern. Unten dröhnt Musik. Ein Eisenbahnzug rattert. Dort kreischt, Verzeihung, irgend so ein Menschlein, dem ein halbes Bein abgefahren worden ist. Der Saft läuft heraus ... Ein Automobil fährt vorbei, mit schicken Damen vollgestopft bis zum Gehtnichtmehr. Mit Gelächter und neckischen Scherzen fahren sie irgendwohin, was weiß ich, in die Oper oder ins Kabarett, sich amüsieren. Ein braver Policeman salutiert angeregt. Irgendwo wird lieblich gesungen. Irgendwo knallt ein Schuß. Irgendwo wird geweint, geächzt und getanzt.

6. Kurz und gut, Geratter, Geglitter und Geflitter betäuben unser zugereistes Wesen, doch furchtlos eilt es vorwärts, um das niegesehene Schauspiel zu besichtigen.

Mitten in der Menge geht es, sagen wir mal, auf krummen Beinchen die Hauptstraße entlang.

Sein Mäulchen steht offen, die Äuglein kullern dahin und dorthin, in seinem Herzen, wenn es eins besitzt, weicht die dumpfe Unruhe der Reue, daß es dämlicherweise sein warmgesessenes Plätzchen verlassen hat und nun jeden Moment weiß der Teufel was passieren kann.

Und plötzlich sieht das Wesen bei einem Portal irgend so eine schicke Karre vorfahren.

7. Drei Portiers rennen im Laufschritt hinzu und reißen mit vorzüglicher Hochachtung den Wagenschlag auf. Die Gaffer halten den Atem an und starren, wer da jetzt wohl aussteigt.

Und plötzlich, stellen Sie sich vor, entflattert dem Wagen gesenkten Köpfchens so eine Puppe, höchst niedlich anzuschauen, eine bildschöne Dame, so reizend, wie es sich nur die festtägliche Phantasie eines Mannes auszumalen vermag. In einem Arm hält sie ein winziges Hündchen, einen zitternden schwarzfelligen Foxterrier, in der andern eine Tüte mit Obst, na ja, so Pfirsiche, Birnen und Ananas.

Sie enthüpft dem Auto mit so äußerst hilflosen Worten: „Ach Gott, ich falle hin!“ oder „Ach, Alexis, wo bleibst du denn!“

Und da steigt er aus, krächzend, sabbernd und sich alle naslang schneuzend – Alexis mit seinem steifen Bein. Stellen Sie sich vor, ein richtiges Vieh, und die Visage erst – schiefe Nase, ein Bakkenknochen fehlt, und aus dem Auge trieft Eiter. Angezogen ist er modisch und elegant, aber man sieht gleich, es hilft ihm nichts, im Gegenteil, es verstärkt noch sein höchst miserables Aussehen.

8. Nichtsdestotrotz machen ihm alle die tiefsten Bücklinge und kucken ihn verzückt an. Ein Gewisper der Begeisterung und Hochachtung läuft durch die Reihen. „Ach“, sagt der eine Portier und zittert vor Aufregung, „welches Glück, meine Herrschaften, daß er uns beehrt.“

Der steifbeinige Kerl, der bestimmt vor lauter Untaten gealtert ist, gähnt gelangweilt, hält sich nicht mal die Hand vor die Futterluke und hinkt mit seinem lahmen Bein los, wobei er der anmutigen Dame, die niemand anders ist als seine Gattin, einen lustlosen Blick zuwirft.

„Pardon, wer ist das?“ fragt unser vernunftbegabtes Wesen erschrocken den Portier. „Wer ist das? Irgendein großer Gelehrter von euch hier oder ein Politiker oder vielleicht ein hervorragender Pädagoge seiner Zeit?“

„Pädagoge“, sagt der Portier verächtlich. „Bei einem Pädagogen wär hier, Verzeihung, nicht so 'n Getümmel. Mit Pädagogen können wir die Straße pflastern. Nein, das ist ein Millionär.“

9. Unser vernunftbegabtes Wesen, das nur mühsam kapiert, was das bedeutet, erfährt, dieser steifbeinige Kerl, dem so gewaltiger Respekt erwiesen wird, tut sich nur dadurch hervor, daß er höchst ergiebig mit Automobilreifen handelt, die er für das Geld, das ihm sein Pappi vermacht hat, einkauft.

Unser vernunftbegabtes Wesen kapiert nicht, was das bedeutet, und hat keine Lust, sich sein überirdisches Gehirn zu zerbrechen, es entschließt sich ärgerlich, die Erde zu verlassen, deren irdische Bewohner solch seltsamer und unbegreiflicher Eigenschaften wegen geachtet werden.

Unser zugereistes Wesen eilt also zurück zu seinem Flugapparat.

Unterwegs sieht es merkwürdige Szenen. Es sieht schicke und flotte Leute in langen, pelzgefütterten Mänteln. Und es sieht elende, ärmlich gekleidete Leute mit weichbeinigem Diebesgang. Es sieht ein Kind mit ausgestreckten Pfötchen. Und es sieht einen frechen Luxusbengel mit feisten Hängebacken, den die Mutter an der Patschhand führt und alle naslang mit Keksen oder irgendeiner weichen Schokolade vollstopft.

Es sieht ein Bild, das sicherlich auch seinem jenseitigen Blick vertraut ist – eine junge Schönheit, die hinaus auf den Gehsteig eilt und sich an Männer ranschmeißt in der Hoffnung, mit ihrem Liebreiz Geld zu verdienen.

10. Angesichts all dessen hat unser Wesen es eilig, seinen Apparat zu besteigen und auf und davon zu fliegen.

Plötzlich fühlt es eine fremde Hand in seine Tasche schlüpfen, die es, allgemein gesprochen, gar nicht hat, weil es sein Geld nach dem Brauch seines Planeten möglicherweise an der Brust aufbewahrt.

Das Händchen auf diese Stelle gepreßt, damit man ihm nicht seine letzten Ersparnisse klaut, klettert unser Wesen in den Apparat, drückt auf den Knopf, fliegt eiligst aufwärts zum strahlenden Firmament und murmelt dabei in seiner ungereimten Mundart:

„Na wißt ihr, ihr könnt mich mal alle. Das ist mir ein schöner Planet."

Lebt wohl, lebt wohl. Auf Wiedersehen. Kommt mal öfters zu Besuch. Vielleicht ändert sich späterhin irgendwas. Schönen Gruß zu Hause. Schreibt ab und zu. Und schaut unbedingt vorbei. Bei uns läuft das Leben anders.

11. Ja, wir haben tatsächlich ein anderes Leben. Doch, Geld gibt's noch. Man kann bei uns vieles dafür kaufen, aber es wird anders unter die Leute verteilt. Und wir empfinden keinen Respekt vor einem, der aus irgendwelchen Gründen mehr davon hat. Solche Personen sind bei uns hauptsächlich anderer Eigenschaften wegen geachtet.

Also, ein neues Leben, neue Beziehungen und eine neue Seite in der Historie.

Wenn's so ist, dürfte für jedermann interessant, unbedingt notwendig und dienlich sein zu sehen, was früher war, da es das jetzt nicht mehr gibt, und was in der Vergangenheit passierte, da man nicht will, daß es auch in der Gegenwart geschehe.

So durchblättere ich denn mit eingespeicheltem Finger die vergilbten Seiten der leidenschaftslosen Historie.

Und da sehe ich auf den ersten Blick, daß die Historie eine große Vielzahl sonderbarer Geschichten vom Geld kennt. Nachdem ich sie jedoch gelesen habe, ist mir entschieden unbegreiflich, warum die Historie unvoreingenommen davon erzählen sollte. Im Gegenteil. Einige der Geschichtchen sind nach meiner Meinung höchst urkomisch, und man muß über sie lachen. Es gibt jedoch auch Geschichten, über die man Tränen vergießen könnte.

Aber nein, wo denken Sie denn hin, ich habe

nicht vor, Ihnen die ganze Historie wiederzugeben. Ich erzähle nur, was besonders lächerlich war und was mir besonders bezeichnend erscheint.

12. Hören Sie nun zum Beispiel eine Geschichte von der Macht des Geldes, davon, wie einstmals in öffentlicher Auktion ein Kaiserthron feilgeboten wurde. Natürlich nicht der Thron als Möbel, sondern die Kaiserherrschaft als solche. Jeder interessierte reiche Kerl, jeder, der gern regierte, konnte ohne weiteres Imperator werden. Und er konnte zum allgemeinen Staunen sozusagen seine eigene Dynastie gründen, wie kümmerlich ihr Ursprung auch sein mochte. Das passierte nicht in irgend so einem runtergekommenen Land, wo es sozusagen nur Riedgras, Wälder und Eichhörnchen gibt, sondern nirgendwo anders als im majestätischen Rom.

Dieser Vorfall verdient um so mehr bestaunt zu werden, als dazumal Thron und Kaiserdynastie außerordentliche Achtung genossen und sozusagen etwas Göttliches waren, durch Gewohnheiten und Jahrhunderte geheiligt. Jedenfalls hatte man davon einen etwas andern Begriff als, Verzeihung, in unsern Tagen. Nichtsdestoweniger war das Geld stärker.

Die leidenschaftslose Historie berichtet, im Jahre 193 unserer Zeitrechnung hätten die Prätorianer* in Rom aus Geldmangel den kaiserlichen Thron öffentlich feilgeboten.

Es fanden sich mehr Leute, die Kaiser werden wollten, als man hätte erwarten können.

13. Ich male mir aus, wie dabei die Eheliebsten der Thronprätendenten in Hitze gerieten. Was es für

* Die Prätorianer, eine Elitetruppe, waren die Leibwache der römischen Kaiser

Geschrei, Gestöhn und Geheul gab und vielleicht sogar, Verzeihung, Mord und Totschlag. Es war natürlich höchst verlockend, aus völliger Nichtigkeit plötzlich zur Kaiserin aufzusteigen. Zwei Personen jedoch schlugen alsbald alle übrigen aus dem Rennen.

Einer, der reiche Stadtpräfekt Sulpicianus, bot beiläufig acht Millionen Rubel für den Thron.

Der andere Prätendent hingegen, Senator Didius Julianus, ein etwas dümmlicher und nicht mehr junger Kerl, dessen Frau bestimmt nervös neben ihm stand, kündigte, während seine Hand das hämmernde Herz zu beruhigen suchte, mit heiserer Stimme an, er werde jedem Soldaten sechstausendzweihundertfünfzig Denar geben, was insgesamt eine Summe von dreizehn Millionen Rubel ausmachte.

Diese Summe versetzte die Massen in großen Enthusiasmus, und Senator Didius Julianus, der vor Schwäche und Aufregung wankte, erhielt den lockenden Thron.

„Du bist ein großer Idiot!" wird die Gattin zum Kaiser gesagt haben. „Dreizehn Millionen rauszuschmeißen! Sie hätten ihn uns auch für neun zugeschlagen."

„Laß gut sein, Mutter, woher sollte ich das wissen? Du würdest mich doch ins Grab bringen, hätte ihn mir ein anderer weggeschnappt."

14. Ins Grab gelangte er jedoch nicht durch seine Gattin. Nachdem dieser Liebhaber kaiserlicher Macht schlecht und recht sechsundsechzig Tage regiert hatte, beendete er unerwartet seine irdische Existenz, denn dieselben Prätorianer brachten ihn zu Tode, indem sie ihn mit Dolchen zerstachen.

„Ihr Schufte“, wird der arme Kaiser gerufen haben, „was macht ihr denn da, ich hab euch doch weiß Gott genug bezahlt.“

Allein, die tapferen Krieger, die gewiß mit noch einem reichen Narren ähnlich ins Geschäft zu kommen hofften, stachen erbarmungslos auf den Jammerkaiser ein, dessen unschuldige und leidgeprüfte Seele sich eilends zum Himmel hinaufschraubte und beim Herrgott bittere Klage führte über die Mordsschweinerei und die schreiende menschliche Unehrenhaftigkeit.

Die Schweinerei war in der Tat eine gewaltige: für dreizehn Millionen nur zwei Monate regieren dürfen und schon – ab die Seele zu Gott! Im übrigen war der Trottel zum Teil selber schuld, warum hatte er sich so um den Kaiserthron gerissen.

Allerdings, bei einem Thron ist das nicht verwunderlich.

15. Verwunderlich dagegen ist, daß die Kirche Briefe über den Ablaß der Sünden zu verkaufen anfing. Sie wurden beschönigend Indulgenz genannt.

Ich weiß eigentlich gar nicht, wie dieses Geschäft aufgekommen ist. Wahrscheinlich gab es eine Sitzung der verarmten Kirchenmänner, in deren Verlauf einer, vor Lachen berstend, diese kühne Idee vortrug.

Irgend so ein frommer Redner muß die geldliche Situation der Kirche in sehr düsteren Farben ausgemalt haben.

Irgendwer hat vielleicht zögernd vorgeschlagen, von den Kirchenbesuchern Eintrittsgeld zu kassieren.

Darauf wird irgend so ein stumpfnasiger Pope genäselt haben:

„Wenn wir Eintritt nehmen, kommen sie garantiert nicht mehr. Vielleicht sollten wir ihnen am Eingang irgendwelchen Tinnef verkaufen, was Billiges, egal was, ihnen was andrehen …"

Ein anderer schreit:

„Was Billiges kostet auch Geld. Aber vielleicht lassen wir uns den Segen bezahlen? Oder wenn wir ihnen Weihwasser ins Maul sprengen, sollen sie blechen."

16. Da aber sagt plötzlich unser stumpfnasiger Pope, in die vorgehaltene Hand prustend und von Lachkrämpfen geschüttelt:

„Brüder, vielleicht lassen wir ihnen für Geld die Sünden ab? Je nach Sünde her mit dem Zaster. Da hast du 'ne Quittung. Ja-ha, das wär was!"

Darauf hat sich zweifellos Lärm, Geschrei, Gelächter erhoben.

Bestimmt hat irgend so ein verdorrter Scheinheiliger die Hand zum Himmel gestreckt und gesagt:

„Was wird'n er dazu meinen, Gott, der da ist im Himmel?"

Der Stumpfnasige sagt:

„Vielleicht rackern wir uns für ihn ab. Nein, Brüder, ich hab vor was anderm Angst – vielleicht bringen sie uns kein Geld? Bei dem effektiv miesen Volk heutzutage?"

Nun wurde jedoch abgestimmt und beschlossen, die Sache mal auszuprobieren. Entgegen allen Zweifeln kam das Geschäft tadellos in Flutsch. Diesen vorteilhaften Schacher betrieb die Kirche eifrig viele Jahrhunderte lang. Von jeder Sünde konnte man sich für eine bestimmte Summe loskaufen.

17. Als der göttliche Statthalter Christi, ein gewisser Papst Leo X. (1514), dringend Geld brauchte, wollte er den zu seiner Zeit versickernden Schacher neu ankurbeln und beschloß, einen speziellen Kerl ins Ausland zu schicken, damit dieser vermögenden Ausländern, die an die Heiligkeit und Unfehlbarkeit der Kirche glaubten, an der Tasche zupfte.

Dieser Mann, der Mönch Tetzel, bereiste sämtliche deutschen Gaue und trieb einen schwunghaften Handel mit Ablaßbriefen.

Er ritt auf dem Pferd und hatte zwei Kästen bei sich. In dem einen Kasten bewahrte er die päpstlichen Ablaßurkunden und -zettel auf, die von vergangenen, gegenwärtigen und sogar zukünftigen Sünden befreiten. In den andern Kasten stopfte er das Geld, das er für seine Ware kriegte.

Die Historie erzählt über diese Barbarei die spaßige Anekdote, wie ein Mönch im Wald einem deutschen Ritter begegnete. Der Ritter kaufte von dem Mönch einen Ablaßbrief für eine Sünde, die er noch zu begehen gedachte. Sodann verdrosch er den Mönch, machte sich den Geldkasten zu eigen und verdünnisierte sich.

18. Für die Kirche ist aber auch das nicht einzigartig. In bezug auf Geld hat sie sich stets durch unmäßige Gier ausgezeichnet. Die größten Summen häuften sich stets in kirchlichen und klösterlichen Kellern und Gewölben.

Nun muß freilich gesagt werden, daß die früheren Popen ein bißchen anders waren als die eingeschüchterten Kultdiener der Gegenwart. Es waren rauhe Burschen, die gern gut fraßen und soffen. Viele von ihnen stolzierten mit Sporen einher, bewaffnet mit Schwertern und Pistolen, viele waren beritten, trugen Scharmützel aus und kurbelten an der Politik. Da sie auf süßes Leben Wert legten, rafften sie das Geld von Lebendigen und Toten.

Alles, was die Kirche betrifft, ist nicht verwunderlich. Interessant ist aber zu lesen, wie des Geldes wegen ein berühmter Höfling, Kavalier und erlauchter Fürst gestürzt wurde, nämlich der Herr Menschikow.

Es war einzigartig, wie dieser erfahrene Wolf und Höfling, der vier Zaren überlebte, viele Male des Diebstahls, der Bestechung und des Wuchers überführt wurde und zweimal mit knapper Not der Folter entging, wie dieser, man kann sagen, mit allen Hunden gehetzte Bösewicht bei einem geradezu lächerlichen Geschäft hochging.

Anlaß für seinen Sturz war eine kleine und geradezu blöde Geldaffäre.

19. Es sei gesagt, daß Zar Peter II. dazumal zwölf Jahre alt war. Zu seinem Namenstag schenkte ihm die Petersburger Kaufmannschaft, die nicht viel Phantasie hatte, sich aber bei ihrem Zaren einkratzen wollte, ein paar hundert Tscherwonzen.

Die Historie sagt nichts darüber aus, wieviel Tscherwonzen es genau waren, doch da sie auf einem Tablett zum Kaiser getragen wurden, darf man annehmen, daß es nicht sehr wenige und nicht sehr viele waren, mehr so mittelmäßig.

Als der Diener dieses Geld auf dem Tablett vor sich her trug, hatte der erlauchte Fürst Menschikow das Pech und die Unvorsichtigkeit, ihm zu begegnen.

„Was trägst du da, du Tölpel?" hat er ihn bestimmt gefragt.

„Melde gehorsamst – Geld."

„Was, Geld? Los, her damit."

Und nahm das Geld an sich.

„Der Monarch ist noch zu klein", fügte er verschwommen hinzu. „Er weiß noch nicht, was Geld ist."

Es erwies sich jedoch, daß der kaiserliche Knabe sehr wohl wußte, was Geld ist.

Als der Bengel erfuhr, Menschikow habe sich das Geld angeeignet, soll er ihn, wie die Historie zu berichten weiß, buchstäblich angebrüllt haben.

„Ich werd dir schon zeigen, wer hier Kaiser ist!" habe der Knabe erzürnt geschrien.

20. Ich stelle mir lebhaft diese historische Szene vor, die es verdient, festgehalten zu werden.

„Du", sagt der Bengel, wie er Menschikow trifft, „wie kommst du dazu, dir meinen Kies zu grapschen? Bist mächtig schlau, was?"

„Wa-wa-was für Kies, Euer Majestät? Was reden Sie da? Ich bitte Sie, ich weiß von nichts."

„Was für Geld! Hat sich's selbst genommen, und jetzt weiß er von nichts! Mir wurde das Geld gebracht, nicht dir."

„Ach, dieses Geld ... Das die Kaufleute gebracht haben, Euer Majestät?"

„Ja, doch. Ich bin Kaiser, nicht du. Die Kaufleute haben's doch für mich gebracht!"

„Ach, ja, ja, jetzt erinnere ich mich, Euer Majestät. Ich habe, wissen Sie, nämlich, ich habe befohlen, das Geld, nämlich, zu mir zu bringen. Soll es bei mir liegen, hab ich mir gedacht, bis Euer Majestät etwas größer geworden sind."

„Mein Geld will ich haben", kreischt der Bengel. „Ich sag's meiner Mutti. Ich werd dir schon zeigen, wer hier Kaiser ist!"

Verängstigt rennt Menschikow in seine Wohnung, um das Geld zu holen und zurückzugeben. Sieh einer an, so ein junger Stift, und wie gut der schon Bescheid weiß. Beinah wie ich. Ich werd das Geld diesem Spitzbuben tatsächlich zurückgeben müssen. Bestimmt gibt's Ärger.

21. Als aber Menschikow am selben Abend im Palast erschien, ließ man ihn nicht vor. Etliche Tage darauf wurde er arretiert und auf Lebenszeit in ein finsteres Dorf verbannt.

Natürlich waren die Ursachen dieses Sturzes komplizierter. Es gab einen Kampf der Höflingsparteien, doch interessanterweise wurde just diese Geldaffäre zum Anlaß für den Sturz.

Die Historie berichtet, daß Menschikow über die Maßen erschrocken war, als man ihn im Palast nicht empfing.

Sein Brief an den Imperator ist auf unsere Tage überkommen. Menschikow erniedrigte sich darin, flehte um Gnade und bot an, „das Geld mit Zulage zurückzugeben".

Der Hof jedoch hatte das Geld bereits beigebracht, mit einer noch größeren Zulage als die, die Herr Menschikow andiente.

Menschikow wurde sämtlicher Orden, Ränge und Güter für verlustig erklärt. Man konfiszierte sein buchstäblich unermeßliches Vermögen – mehrere hundert Pud Gold und an die vierzehn Millionen bar.

Es stellte sich heraus, der erlauchte Fürst hatte nicht geschlafen und in den vierzig Jahren seines Umgangs mit den Zaren ein geradezu märchenhaftes Vermögen zusammengestohlen.

Es heißt ja: Wie man sich bettet, so liegt man.

22. Aber all das – Thron, Kirche und politische Stürze – ist weniger erstaunlich als das, was ich jetzt erzählen möchte.

Ich möchte erzählen, was Seine Majestät das Gesetz für eine respektvolle Haltung zum Geld hatte.

Die Historie kennt nichts Verblüffenderes als dies. Folgendermaßen verhielt es sich damit, wie die Historie aussagt.

Für Kriminalverbrechen gab es fast keine Strafe. Man konnte töten und vieles mehr. Statt eine Strafe zu verbüßen, bezahlte der Beschuldigte eine Geldsumme. Dann drückte man ihm die Hand und ließ ihn ziehen. Vielleicht bat man ihn sogar, öfters mal hereinzuschauen.

In diesem Sinne ging es damals lieblich zu. Es atmete sich leicht. Man konnte tun, was einem gefiel. Wenn man nur Geld hatte.

Dieses humane System existierte übrigens nicht nur in Rußland, sondern in der ganzen Welt. Jahrhunderte lang ging das so.

Nur in Rußland hat man in diesem Sinne den Bogen etwas überspannt. Hier hat sich das sehr eingebürgert. Spezielle Gesetze schrieben vor und legten fest, wieviel wofür zu bezahlen sei.

So kam es, daß sich der Strafkodex wie eine Speisekarte las. Für jeden Fehltritt war der Tarif angegeben. Jedermann konnte sich eine seinem Geldbeutel angemessene Tat aussuchen.

Aber genug der Scherze. Blättern wir ernsthaft in dem Kodex.

23. Hier einige Auszüge aus dem „Russischen Gesetzbuch“*:

* Das „Russische Gesetzbuch“ (Russkaja Prawda), dem ich die Auszüge entnehme, stammt aus der Mitte des 13. Jahrhunderts.

○ „Wenn ein Mann auf den Hof (das heißt ins Gericht) kommt und er ist blutig oder hat blaue Flecke, so braucht er sich keine Zeugen zu suchen, und der Täter bezahlt als Loskauf* drei Griwnen.“

Es sei erwähnt, daß die Griwna nicht unserm Griwennik (zehn Kopeken) entsprach und daß ein Kinnhaken nicht auf dreißig Kopeken veranschlagt wurde, sonst wäre wohl alle Welt mit verschwollenem Maul rumgelaufen. Eine Griwna war ein Stück Silber von etwa hundertfünfunddreißig Gramm Gewicht.

○ „Wenn jemand einen andern mit einem Stock oder einem Becher oder einem Trinkhorn oder der stumpfen Säbelseite schlägt, beträgt der Loskauf zwölf Griwnen. Und wenn der Geschlagene sich zur Wehr setzt und mit dem Schwert zustößt, hat er sich nicht schuldig gemacht.“

Die Strafgebühr ging wiederum in die Kasse des Fürsten, obwohl nicht er geschlagen worden war.

Ein bißchen jedoch konnte sich auch der Geschädigte dazuverdienen.

○ „Wenn einer einem andern die Hand verletzt, und die Hand fällt ab oder bleibt steif, oder wenn einer einem andern ein Bein, ein Auge oder die Nase verletzt, so zahlt er eine Pön von zwanzig Griwnen, und der Geschädigte erhält zehn Griwnen.“

Bei diesem Kleckergeschäft kriegte der Fürst doppelt soviel wie der Geschädigte, was man nicht als völlige Gerechtigkeit bezeichnen kann.

* „Loskauf“ (prodasha) hieß die Strafgebühr für ein Verbrechen, sie kam in die Fürstenkasse. Das Schmerzensgeld für den Geschädigten nannte sich „Ausgleich“ (urok). Die Strafe für Mord hieß „Pön“ (wira).

Es gab aber auch Fälle, bei denen der Fürst schlecht wegkam:

○ „Wer einem andern einen Finger abhackt, zahlt drei Griwnen Loskauf und zehn Griwnen an den Geschädigten."

Interessant, daß der Geschädigte für einen Finger und für die ganze Hand gleichermaßen zehn Griwnen bekam, der Fürst jedoch an den Fingern aus unbekannten Gründen eine beträchtliche Einbuße erlitt.

24. Aber wir brauchen diese psychologischen Feinheiten nicht länger zu untersuchen. Unsere Urväter werden schon gewußt haben, was sie taten.

Eines aber ist verblüffend: Die Preise für Mord übertrafen im allgemeinen kaum die Preise für Schlägereien und moralische Beleidigungen.

Hier ist zum Beispiel die Preisliste für Mord. Entschuldigen Sie die Abschweifung, doch man sollte sich das nicht entgehen lassen.

Ich entnehme die Auszüge demselben „Russischen Gesetzbuch", das in der „Nowgoroder Chronik" verzeichnet ist:

○ „Wenn ein deutscher Kaufmann in Nowgorod getötet wird, sind zehn Griwnen Pön zu zahlen."

Dieser beleidigend niedrige Preis für den Kopf eines ausländischen Spezialisten wurde späterhin freilich auf vierzig Griwnen hochgedrückt, so daß die Ermordung ausländischer Touristen offenbar nicht mehr für jedermanns Geldbeutel erschwinglich war; trotzdem war der Preis nur wenig höher als ein Schlag mit einem Becher oder einem Trinkhorn in eine einheimische Visage.

○ „Wer einen Pferdeknecht, Koch oder Türsteher tötet, zahlt vierzig Griwnen."

○ „Wer einen fürstlichen Verwalter (Geschäftsführer, Richter, Haushofmeister) tötet, zahlt zwölf Griwnen."

Nach diesen Preisen zu urteilen, wurde die Intelligenz dazumal geringgeschätzt. Pferdeknechte und Köche kamen etwas teurer.

25. Man kann jedoch sagen, daß alle diese Preise bis zu einem gewissen Grade noch anständig waren und den Menschen als solchen und die Würde und den Preis des menschlichen Lebens nicht allzu sehr herabsetzten.

Es gab jedoch auch regelrechte Schleuderpreise:

○ „Wer einen Arbeiter tötet, zahlt fünf Griwnen.

Wer einen Landmann (Bauern) tötet, zahlt fünf Griwnen.

Für einen Leibeigenen fünf Griwnen.

Für eine Sklavin sechs Griwnen."

Manchmal allerdings wurden die Preise für „einfache Leute" auch erhöht:

○ „Wer einen Handwerker oder eine Handwerkerin tötet, zahlt zwölf Griwnen."

Das Gesetz stand auch humanen Erwägungen nicht fremd gegenüber:

○ „Wer einen Kindspfleger (Diener) tötet, zahlt zwölf Griwnen."

Raub und Diebstahl wurden ebenfalls mit allen möglichen Geldstrafen abgegolten.

Diese Strafen überstiegen nicht zwölf Griwnen. Nur Pferdediebstahl und Brandstiftung wurden mit der berühmten Strafe „Zerstörung und Plünderung" geahndet. Man jagte den Beschuldigten aus seinem Hause, das dann „von der ganzen Gemeinde" geplündert wurde.

26. Die Geldstrafe war also, soweit sich schlußfolgern läßt, die einzige Ahndung für jegliches Verbrechen.

Natürlich hat ein solches Gesetz, das viele Jahrhunderte lang gültig war, das Bewußtsein der Menschen zweifellos aufs beste bearbeitet – wer gut bei Kasse war, konnte seinem Nächsten nicht nur die Visage mit einer Stange oder womit er wollte zertrümmern, sondern ihn auch umbringen und überhaupt alles tun, was er für gut befand, denn das Gesetz stand für seine sämtlichen kleinen Interessen und Herzensbedürfnisse auf der Hut. Ich nehme an, daß auch heute noch da, wo Reichtum zu sehr geachtet wird, dieser hohe, stolze Sinn für die Macht des Geldes unverändert wirkt.

Natürlich konnte sich vor der Revolution auch in unserm Land jeder reiche Bürger mit Leichtigkeit von den schwersten Beschuldigungen freikaufen. So drangen zum Beispiel die Verbrechen reicher und hochvermögender Gutsbesitzer fast niemals an die Öffentlichkeit. Schmiergelder und Beziehungen ließen den Fall gar nicht erst vor Gericht kommen.

Da gab es einen berühmten Fall: Lopuchin, der Gouverneur von Kaluga (1819), stellte in dem ihm anvertrauten Gouvernement für Schmiergelder jeden Prozeß ein. Dieser Betrüger und Spitzbube nahm es sogar auf sich, für siebentausend Rubel den Fall des Gutsbesitzers Chitrowo niederzuschlagen, der des Mordes angeklagt war.

27. Man kann sich vorstellen, was für ein Gespräch dem vorausgegangen sein mag.

„Entschuldigung“, sagt der gutmütige Gouverneur, „aber für weniger als siebentausend kann ich's nicht machen."

„Na, fünf Mille", sagt der Gutsbesitzer seufzend.

„Lisette", fragt der Gouverneur seine Frau, „kannst du dich erinnern, mein Herzblatt, wieviel wir voriges Mal für diesen Dings genommen haben, na, wie hieß er gleich, den sie zu dem Bären hineingestoßen hatten? Viertausend? Da sehen Sie's, junger Mann, viertausend haben wir dafür genommen, daß ein Bär einen Adligen leicht zerknautscht hat. Aber bei Ihnen geht's schließlich um Mord, Teufel noch eins! Hätten Sie nicht gemordet, dann hätt ich vielleicht gar nichts von Ihnen genommen. Aber wenn Sie so unvorsichtig sind ..."

„Na schön", sagt der Gutsbesitzer, „einverstanden, aber dann möglichst schnell. Sonst rennen mir Ihre Halunken jeden Tag die Bude ein und belästigen mich."

„Hauen Sie ihnen doch ein paar in die Fresse", sagt der Gouverneur und steckt das Geld ein.

Der allmächtige Gouverneur hat den Fall tatsächlich niedergeschlagen. Hätte es sich um die Ermordung, sagen wir, eines „Landmannes" oder eines Tagelöhners gehandelt, so wäre die Sache endgültig eingeschlafen, aber der Gutsbesitzer hatte die Unvorsichtigkeit besessen, einen Adligen abzumurksen. Die Sache sickerte nach Petersburg durch.

Alexander I. befahl, Lopuchin vor Gericht zu stellen. Über ein Jahr zog sich dieser häßliche Fall in die Länge, doch er ging aus wie das Hornberger Schießen. Genauer gesagt, der Strolch von Gouverneur war mit dem Vorsitzenden des Staatsrates verwandt, und mit dem mochte es sich der Senat nicht verderben. Also schlief der Fall ein. Und natürlich war auch von dem Mordprozeß nicht mehr die Rede.

28. Wenn also Seine Majestät das Gesetz so ehrerbietig und zaghaft mit Leuten umging, die Geld hatten, und wenn man sich für Geld von jedem Verbrechen loskaufen konnte, so werden Sie selber sagen, daß Drang und Streben nach Geld eine äußerst ernste Angelegenheit war. Tatsächlich, die Leute waren in diesem Sinne mehr als erfolgreich, und man kann sagen, sie ließen ihrer Phantasie freien Lauf. Aber dadurch wurde gewissermaßen ihre Moral gespalten. Einerseits mußten sie Geld scheffeln, um ehrlich leben zu können und von den Wechselfällen des Lebens unabhängig zu sein, andererseits jedoch war die Geldbeschaffung fast immer mit einem Verbrechen verbunden. Da konnte man schon wirr werden. Darum hat so ein armer Mann, nachdem er genug Geld beisammen hatte, sofort alles vergessen, hat großartige Worte über Ehre und Gewissen gelispelt und Gesetze darüber geschrieben, war aber noch immer durchaus fähig und in der Lage, den eigenen Vati abzustechen, um sein Vermögen an sich zu bringen.

Sagen wir's offen, dieses Streben nach Geld war so stark, daß sich nichts anderes auch nur im geringsten damit vergleichen konnte.

Das heißt, für die Geldbeschaffung gab es keinerlei Schranken.

29. Sagen wir's offen: Im Sinne der Geldbeschaffung war es geradezu entsetzlich, was im Laufe der Historie alles so passierte.

Der berühmte Schriftsteller Karamsin hat einmal gesagt: „Will man mit einem Wort ausdrücken, was in Rußland geschieht, so muß man sagen: stehlen!“

Ich rede hier natürlich nicht von den berufsmäßigen Dieben und Räubern, von den Geldbeschaffungsspezialisten sozusagen – sie sind eine alltägliche und nicht sehr verwunderliche Erscheinung. Aber ich möchte Ihre wohlgeneigte Aufmerksamkeit auf einige geachtete und geehrte Figuren lenken, bei denen Raub und Diebstahl, nun ja, ein bißchen überraschend sind.

Ich hatte bereits die Ehre, Menschikow zu erwähnen. Dieser Spitzbube war allein während der Regierungszeit Peters I. viermal wegen Diebstahl, Wucher und Bestechlichkeit angeklagt. Peter übte Nachsicht mit seinem Liebling und rettete ihn jedesmal vor dem Schafott. Aber Herr Menschikow wurde zum Beispiel einmal vom Gericht zu einer Geldstrafe von etwa dreihunderttausend Rubel verurteilt. Wenn die Historiker nicht lügen. Eine solche Summe war für damalige Zeiten enorm. Sie können sich also vorstellen, wieviel diese Type abgestaubt hat, wenn die Strafe so hoch war.

Werfen Sie nunmehr einen Blick auf eine erlauchte Figur jener Zeit, auf Herrn Pjotr Tolstoi. Dieser hochgeehrte Herr, Mitkämpfer Peters I., war angesehener russischer Gesandter in Konstantinopel, ein großer Mann jener Zeit, ein kluger Mensch und sogar mit vielen Talenten ausgestattet. Und er war, beiläufig erwähnt, der Ururgroßvater unseres Lew Tolstoi, was ihn nicht hinderte, ein bedeutender Halunke zu sein.

30. Bei seiner Abreise als Gesandter nach Konstantinopel (1705) erhielt er zweihunderttausend Tscher-

wonzen, um türkische Würdenträger zu bestechen. Wie festgestellt wurde, machte er mehr als die Hälfte des Geldes sich selbst zu eigen.

Bestimmt hat er gedacht: Was soll ich irgendwelche unbekannten Türken schmieren, ich stecke das Geld für meine Mühe lieber selber ein.

Einer seiner Amtsgehilfen jedoch, Timofejew mit Namen, schrieb gegen ihn eine Anzeige. Es gelang Tolstoi, sie abzufangen. Um die Sache zu vertuschen, vergiftete er den armen Teufel.

Er meldete seine Tat persönlich dem Auswärtigen Amt und begründete sie damit, der Amtsgehilfe habe zum Islam konvertieren wollen. Der Brief P. Tolstois (vom 10. Juni 1706), ein äußerst lesenswertes historisches Dokument, ist erhalten geblieben.

Herr Tolstoi schrieb:

„Der Amtsgehilfe Timofejew beabsichtigte, ein Ungläubiger zu werden, welche Absicht ich mit Gottes Hilfe zu durchschauen vermochte. Ich rief ihn zu mir und schloß ihn in meinem Schlafgemach ein bis zur Nacht. In der Nacht trank er ein Glas Wein, starb alsbald und bewahrte uns dadurch vor der Peinlichkeit ..."

Dieses pfiffige Briefchen ist, wie Sie sehen, nach den Regeln der Diplomatie geschrieben und betont die vollendete Tat nicht so besonders. Die Tatsache aber war die, daß Tolstoi dem Amtsgehilfen in seinem Zimmer eine Flasche vergifteten Wein zu trinken gab. Der dumme Amtsgehilfe schluckte den Wein und befahl seine rechtschaffene Seele alsbald Gott. Dadurch, kann man sagen, bewahrte er Tolstoi vor der Peinlichkeit.

31. Aber gehen wir weiter. Es wurde still um die Ermordung des Amtsgehilfen, denn die Tat war mit Sachkenntnis motiviert worden. Die russische Regierung hatte den Übertritt eines Menschen zu einem anderen Glauben stets als die äußerste Grenze menschlicher Gemeinheit empfunden. Es kränkte sie und machte sie unsicher: war sie etwa mitsamt ihrer Religion und ihrer ganzen Wirtschaft so wenig gut, daß man ihr davonlaufen mußte?

Einen Monat später jedoch faßte sich der Gesandtschaftssekretär ebenfalls ein Herz und zeigte Tolstoi an. Der Großdiebstahl an Tscherwonzen muß Tolstois Untergebene, mit denen zu teilen er leider verabsäumt hatte, sehr stark beeindruckt haben.

Tolstoi vergiftete auch das unglückliche Sekretärlein. Wieder teilte er dem Auswärtigen Amt mit, der Sekretär hätte insgeheim Beziehungen zum türkischen Wesir unterhalten und ihn, den gänzlich unschuldigen Tolstoi, angeschwärzt, um die Spuren zu verwischen.

Der Fall gelangte nach Petersburg, aber Peter I., der sich über solche Sachen schon längst nicht mehr wunderte, drückte ein Auge zu und ließ die Untersuchung einstellen.

Wahrscheinlich war Tolstoi im Vergleich zu andern Gestalten noch eine ziemlich lichte Persönlichkeit. Ich kann mir vorstellen, wie die andern waren.

Im großen und ganzen kennt Madame Historie eine solche Unmasse von Verbrechen, die wegen Geld begangen wurden, daß es nicht möglich ist, sie alle wiederzuerzählen.

32. Ich werde also Ihre wohlgeneigte Aufmerksamkeit nicht damit belasten und Ihnen nicht die gute Laune verderben durch die Aufzählung dessen, was ich darüber weiß. Alles ist sozusagen ohnedies klar genug. Keine weiteren Fragen, wie es so schön heißt. Nur soviel: Das Streben nach Geld ist eine der stärksten und mächtigsten Leidenschaften, die die ehrenwerte Menschheit erschüttert haben und noch erschüttern.

Der Staat hat diese starke Leidenschaft so manches Mal höchst geschickt ausgenutzt, um seine kleinen Bedürfnisse zu befriedigen. War es zum Beispiel notwendig, eines Staatsverbrechers habhaft zu werden, so wurde zuallererst auf seinen Kopf ein Preis ausgesetzt.

Fast auf jeder Seite der Historie finden sich Preise für diesen oder jenen Kopf.

Als zum Beispiel der römische Diktator Sulla (83 v.u.Z.) die Macht an sich riß, gab er Befehl, sämtliche Anhänger seines Feindes und Rivalen Marius auszurotten. Damit nun auch niemand der Ausrottung entging, bot Sulla, ein großer Lebens- und Menschenkenner, für jeden Kopf einen ungewöhnlich hohen Preis.

Er machte sich erbötig, für jeden Getöteten zwölftausend Denar (etwa fünftausend Goldrubel) zu zahlen.

33. Dieser hohe Preis beeindruckte die Vorstellungskraft der Bürger so sehr, daß, wie die Historie erzählt, „stündlich Mörder Sullas Haus betraten, mit abgeschlagenen Köpfen in der Hand“.

Ich kann mir so ungefähr vorstellen, wie das zuging.

„Das ist wohl hier? Ich hab da einen Kopf“, sagt

ein Mörder, nachdem er zaghaft an die Tür geklopft hat.

Herr Sulla, der in seiner leichten Tunika, Sandalen an den bloßen Füßen, im Sessel sitzt, trällert leichtsinnige Arien vor sich hin, während er die Listen der Verurteilten durchsieht, sich Notizen macht und einige Namen abhakt.

Ein Sklave meldet ehrerbietig: „Da ist schon wieder einer mit 'nem Kopf. Soll ich ihn reinlassen?"

„Hol ihn her."

Der Mörder tritt ein, sein kostbares Mitbringsel sorgsam in der Hand haltend.

„Moment mal!" sagt Sulla. „Was bringst du denn da? Was ist das?"

„Ein gewöhnlicher Kopf. Sie haben doch befehlen lassen ..."

„Befehlen lassen ... Aber dieser Kopf steht doch gar nicht in meinen Listen. Von wem ist er? Herr Sekretär, seien Sie so nett und sehen Sie nach, was für ein Kopf das ist."

„Scheint ein unbefugter zu sein", sagt der Sekretär, „ich kenn ihn nicht. Ein Kopf unbekannter Herkunft, bestimmt irgendwem abgeschnitten."

34. Der Mörder entschuldigt sich betroffen:

„Verzeihung, da hab ich wohl den Falschen erwischt. Wenn's so pressiert, können natürlich Irrtümer vorkommen. Dann nehmen Sie eben diesen hier, der ist zweifellos richtig. Er ist von einem Senator."

„Na, das ist was andres", sagt Sulla und hakt den Senator auf seiner Liste ab. „Geben Sie ihm zwölftausend. Du leg den Kopf dahin. Den andern, den falschen, kannst du mitnehmen und wegschmeißen. So was, ihn irgendwem abzuschneiden ..."

„Entschuldigung, ich hatte mich versehen.“

„Versehen! Wenn jeder sämtlichen Passanten den Kopf absäbelt, soviel Geld kann ich gar nicht ranschaffen.“

Nachdem der Mörder sein Geld erhalten und den verkehrten Kopf wieder an sich genommen hat, macht er seinem Gönner eine achtungsvolle Verbeugung und geht.

Im Verlauf weniger Wochen wurden insgesamt über zweitausend Köpfe zu Sulla gebracht.

Die Historie fügt sachlich hinzu, daß niemand seinem traurigen Los entging.

35. Ein halbes Jahrhundert später jedoch (43 v. u. Z.), als der Preis für einen Kopf zufällig noch mehr anzog, ging ein Geschnippel los, das in der Geschichte nicht seinesgleichen hat.

Der römische Konsul Mark Anton verurteilte nach der Ermordung Julius Cäsars dreihundert Senatoren und zweitausend Ritter zum Tode. In Herrn Sullas Fußtapfen tretend, erklärte er, einen hohen Preis zu zahlen, damit die listenmäßig erfaßten Personen in kürzester Frist ausgerottet würden.

Es wurde tatsächlich ein verblüffend hoher Kopfpreis ausgeboten – fünfundzwanzigtausend Denar (etwa achttausend Rubel). Um den Sklaven ihre niedrige Stellung bei der Ermordung hoher Herren zu verdeutlichen, sollten sie weniger kriegen, bloß tausend Denar.

Entsetzlich, was nun geschah. Die Historie erzählt, daß Söhne ihre Väter abmurksten. Frauen hackten ihren schlafenden Männern den Kopf ab. Schuldner lauerten ihren Gläubigern auf und schlugen sie tot. Sklaven stellten ihren Herren nach. Die Straßen schwammen buchstäblich in Blut.

Der Preis war aber auch wirklich zu hoch. Ich bin überzeugt, binnen einem Monat hätten sämtliche Leute einander totgeschlagen, wenn der Staat weiter so gut geblecht hätte.

Aber die Geschichte kennt einen noch höheren Kopfpreis. Auf den Kopf des berühmten Cicero, des größten römischen Redners, wurden fünfzigtausend Denar ausgesetzt.

Der abgeschlagene Kopf wurde feierlich auf den Tisch gelegt. Mark Antons Frau, dieses vertierte und verbrecherische Weibstück, bohrte eine Nadel in Ciceros Zunge und sagte dazu: „Nun soll er mal reden."

36. Den höchsten Preis aber erzielte der Kopf des englischen Königs Karl I. Für vierhunderttausend Pfund Sterling (etwa vier Millionen) wurde Karl verraten. Aber in diesem Falle konnte man wohl nicht weniger nehmen – zwei Staaten hatten einen Monat lang eifrig um den Preis gefeilscht. Schottland, wohin Karl geflüchtet war, lieferte ihn an England aus und entsagte für vier Millionen seinen christlichen Vorstellungen. Karl I. wurde enthauptet. Und ich male mir aus, unter was für Vorsichtsmaßnahmen man diesen kostbaren Kopf abhackte.

Natürlich interessiert uns nicht so sehr der Preis wie die Methode, derer man sich bediente.

Napoleon versprach für den Kopf des berühmten Tirolers Andreas Hofer, der einen Volksaufstand für die Unabhängigkeit des Landes entfacht hatte, insgesamt nur so an die zweitausend Rubel. Trotzdem wurde Hofer, der sich in den Bergen versteckt hielt, schon nach zwei Tagen von seinen

Landsleuten gefangen, an die Franzosen ausgeliefert und von ihnen erschossen (1810).

Dieses liebliche Geldverfahren ist also zu allen Zeiten, bis in die neueste Geschichte hinein, angewendet worden.

Interessant ist, daß die zaristische Regierung auf den Kopf des russischen Provokateurs Degajew* (1874) eine sehr hohe Summe aussetzte.

In den Straßen Petersburgs wurden Plakate mit seinem Bild angeklebt. Für die Preisgabe seines Aufenthaltsortes versprach man fünftausend, für die „Mitwirkung bei der Festnahme" sogar zehntausend Goldrubel Belohnung.

Der finstere Schurke Degajew entging jedoch seinem Los. Er entwich nach Amerika und starb dort seines eigenen Todes, sozusagen in Gegenwart von Arzt und Notar.

37. Damit möchte ich meine historischen Novellen beenden. Ich füge nur noch hinzu, daß das Geld zu allen Zeiten und unter allen Umständen manchmal das einzige Mittel zur Lösung besonders schwieriger Aufgaben war. Für Geld wurden Ämter und Menschen verschachert. Für Geld konnte man Grafentitel und allerlei ungeahnte Möglichkeiten einkaufen. Man konnte zum Beispiel mit dem Zaren oder der Zarin frühstücken, wenn man, sagen wir, eine große Summe für irgend so einen nützlichen Zweck opferte. So etwas öffnete eigentlich alle Türen und alle Herzen. Provokateure verschacherten die Überreste ihres Gewissens. Alles

* Degajew war Mitglied der Partei „Narodnaja wolja". Wegen provokatorischer Tätigkeit wurde er von der Partei zum Tode verurteilt. Um dem Tode zu entgehen, erbot er sich, den Polizeichef Sudejkin zu töten, was er auch tat.

war feil. Das Geld war sozusagen ein regelrechtes Vehikel für jegliche menschliche Niedertracht. Nicht selten trieben obskure Geschäftemacher, die Geld hatten, an die Oberfläche des staatlichen Lebens und verfügten über das Schicksal eines ganzen Staates.

Da gab es unter anderm den berühmten Fall, daß der Bandit, Schieber und hemmungslose Abenteurer Lowe aus Schottland (1716), der sich mit obskuren Methoden Millionen verschafft hatte, in Frankreich zum Generalkontrolleur der Finanzen gemacht wurde.

Ich glaube, wenn wir im Ausland zeitgenössische Akten durchstöbern, finden wir nicht wenig ähnliche Fälle.

38. Als ich die Geschichte durchblätterte, habe ich eigentlich keinen einzigen Fall gefunden, in dem das Geld versagt oder eine Niederlage erlitten hätte.

Von einer beträchtlichen Niederlage aber kann ich Ihnen doch eine interessante Geschichte erzählen.

Das geschah mit dem berühmten Juwelier und Bildhauer Benvenuto Cellini.

Der päpstliche Hof wollte den rebellischen Künstler endlich loswerden und beschloß, ihn umzubringen. Cellini saß dazumal im Kerker, denn man zieh ihn des Diebstahls staatlichen Goldes. Cellini hielt sich natürlich für unschuldig, doch ich würde dafür keine Bürgschaft übernehmen. Ich könnte höchstens aus Achtung vor seinem Genie heucheln.

Die Popen beschlossen also, die Gelegenheit zu benutzen und den Juwelier umzubringen. Lange

Jahre hatte er sie mit seinem frechen Benehmen geärgert. Sie beschlossen also, ihn umzubringen, aber so, daß sein Tod wenigstens ein bißchen nach natürlichem Ableben aussah. Gift war dafür nicht geeignet. Die Anzeichen einer Vergiftung sind zu deutlich erkennbar. Es hätte Klatsch und Gerede gegeben, und das wollte der ehrliche und gottesfürchtige Papst vermeiden. War schließlich peinlich: Papst, höchste Ideale, „Christ ist erstanden" – und dann auf einmal grober Mord. Kurzum, man wollte die Sache still, lautlos und vor allem mit christlicher Demut erledigen.

Darum wurde beschlossen, dem eingekerkerten Cellini statt Gift gestoßenen Diamant mit der Nahrung einzugeben. Das war ein probates Mittel, an dem man starb wie an Kolik und Durchfall.

39. Der päpstliche Hof gab den Diamanten einem Juwelier, der den fast unzerstörbaren Stein zerstoßen sollte.

Der Gauner von Juwelier wollte daran verdienen und zerstieß statt des Diamanten einen weicheren und weniger kostbaren Stein, einen hellblauen Beryll. Der eigennützige Meister verdiente so ein paar Goldstücke, und was Cellini betraf, so verschluckte er den zerstoßenen weichen Stein mit der Speise und blieb zum Nutzen der leidenden Menschheit am Leben.

Zwar stand er, wie er schrieb, gewaltige Todesangst aus, doch erkannte er als erfahrener Juwelier in dem zerstoßenen Stein den blauen Beryll, und er wußte, daß der Diamant tödlich gewesen wäre.

Das ist wohl der einzige Fall, in dem das Geld nicht die Rolle spielte, die man ihm zugedacht hatte.

Dafür spielte es diese Rolle für einen andern. Der Glanz des Geldes wurde davon nicht verdunkelt.

Ich kenne jedoch einen Fall, in dem das Geld mit seiner Allmacht einen gräßlichen Reinfall erlebte. Und da kam keine Hilfe. Es war so.

40. Das ist nicht mal eine Novelle, sondern eine ganze Sinfonie.

Ich meine Aufstieg und Fall des großen Rom.

In jener, man kann sagen, finsteren Epoche spielte das Geld eine Rolle.

Die Historiker berichten, in Rom hätten sich plötzlich gewaltige Summen angehäuft. Es lag daran, daß Rom zuvor große Siege in Asien und Mazedonien erfochten hatte. Infolgedessen wurde es reich. Riesige Kontributionen und die Ausraubung der eroberten Länder ließen das Geld nur so nach Rom strömen. Als der Senat sah, wie glänzend die Geschäfte liefen, befreite er die Bevölkerung für vierundzwanzig Jahre von allen Steuern und Abgaben. Dies beflügelte die Geldsäcke und Schieber außerordentlich.

Wer Geld hatte, wollte noch mehr haben. Viele warfen sich auf riskante Spekulationen. Die besitzlose Klasse wurde noch mehr unterdrückt. Wie die Historie berichtet, erstickte Rom in Geld. Da begannen die Ausschweifungen, ich möchte sagen, es war das reinste Bacchanal.

Die Geldaristokratie, von Vergnügungen übersättigt, veranstaltete märchenhafte Orgien und Freßgelage.

Für die Tafeln der Reichen wurden auserlesene Luxusspeisen herbeigeschafft.

Der berühmte römische Zensor Porcius Cato

gab mit einem Satz die Lage des Staates wieder. Er sagte: „Einer Stadt, in der ein Fisch mehr als ein Zugochse kostet, der ist nicht zu helfen."

41. So kam es auch – Rom war nicht zu helfen. Bald verlor es seine Weltgeltung.

Solche Geschichten erzählt die Historie vom Geld.

Sie erzählt von großen Übeltaten, von Verbrechen und Mord. Sie erzählt vom Untergang ganzer Völker, vom Aufstieg finsterer Schurken und Gauner und von großen und kleinen Erschütterungen, die das Geld den Menschen unbarmherzig zufügte.

Und ich, Verzeihung, ich glaube nicht, daß es heute sehr viel anders zugeht als früher. Ich meine, es geht noch genauso zu. Was unser Land betrifft, so gibt es das im wesentlichen nicht mehr, darum habe ich sozusagen vom Berg herab eine bessere Übersicht.

Aber ich gründe meine Philosophie natürlich nicht auf die Moral. Ich, mein liebenswürdiger Leser, teile das Leben und die Dinge nicht in Gut und Böse ein. Ich sage nicht ah oder oh. Ich teile unser herrliches Leben gröber ein: in schön und schlecht.

Nachdem ich die Historie gewissenhaft und fleißig strebend durchgeackert habe, ist mir aufgefallen, daß es selbst bei dieser Einteilung zu wenig Schönes gab, Schlechtes hingegen reichlich und wo man nur hinspuckte.

Und ich hege die bescheidene Meinung, daß dieses Schlechte wohl nicht einmal wegen des Geldes passierte, sondern wegen des erstaunlichen Systems oder, genauer gesagt, wegen der Verteilung des Geldes, das nicht durch *die* Hände ging, durch die es hätte gehen sollen.

42. Aber ach, plötzlich sehe ich im Zukunftsnebel das nachsichtige und schiefe Grinsen eines Menschen, der mit spitzen Fingern die traurigen Seiten der barbarischen Historie durchblättert, in der das Geld, man kann sagen, Sonne, Mond, Sterne und die hochverehrte menschliche Persönlichkeit verdunkelte. Und auch die Liebe, von der ich Ihnen dies und jenes zu erzählen gedenke.

Aber ich will mich nicht bei sinnlosen Reden, Erörterungen und Ausrufen aufhalten.

Ich sag's, wie's ist – das Geld wird selbst in unserm veränderten Leben noch eine gewaltige Rolle spielen. Mir sind (peinlich zuzugeben) die triumphalen Tage, wo das nicht mehr sein wird, nicht ganz klar. Ich persönlich weiß eigentlich nicht und habe keine Ahnung, wie das zugehen soll und was jeder dabei tun wird. Und wie das überhaupt läuft.

Ich muß aber sagen, daß bei uns viel Trauriges, was mit Geld zu tun hat, genauer gesagt, mit Reichtum, schon unwiederbringlich verschwunden ist. Wir haben uns von vielen Gefahren und Wechselfällen des Lebens teilweise frei gemacht. Und vor diesem Umstand möchte ich den Hut ziehen.

43. Aber ich sag's noch einmal, das Geld spielt bei uns eine ziemliche Rolle, und des Geldes wegen passieren viele komische und barbarische Geschichten, von denen ich Ihnen erzählen möchte.

Sehen wir also, was das für Geschichten sind.

Vorher aber möchte ich erwähnen, verehrter Kritiker, daß ich dazu negative Beispiele nehme. Was die positiven Seiten angeht, so verweise ich dich als strahlende Persönlichkeit, die nur von guten und würdigen Vorfällen zu lesen wünscht, leichten Herzens auf den fünften Abschnitt, der am Ende meines Buches steht. Dort wird dein müdes Herz vor lauter Gutem zur Ruhe kommen.

Damit beginnen die humoristischen Geschichten vom Geld.

Liebenswürdiger Leser, hüte deine Taschen.

Geschichten vom Geld

Wieviel der Mensch braucht*

Das Bezahlen beschränkt natürlich irgendwie die menschliche Phantasie. Es bekämpft die Unmäßigkeit und das Zutagetreten finsterer Charakterzüge. In diesem Sinne hat es seine lichten Seiten. Es lackiert das Leben.

Malt man sich aus, die Straßenbahn könnte von morgen an kostenlos fahren, so wird man nicht mehr bezweifeln, daß der Zutritt zu diesem billigen Verkehrsmittel vielen Bürgern schlicht versperrt sein würde. Natürlich ist es schon heute, sanft ausgedrückt, nicht eben angenehm, Straßenbahn zu fahren, doch dann wär's überhaupt nicht mehr drin. Dann müßte man nicht nur, Entschuldigung, auf dem Trittbrett fahren, sondern sogar auf dem Strombügel.

Manch einer muß gar nicht fahren, er hat es bloß ein paar Schritte weit. Ein solcher Spaziergang wäre sehr gesund für ihn, doch er fährt garantiert.

* Einen Teil der Novellen, die hier stehen, habe ich eigens für das „Himmelblaubuch" geschrieben. Die andern sind überarbeitete Erzählungen aus früheren Jahren.

Unbedingt will er seinen geknechteten Ehrgeiz aktivieren. Er quetscht sich ins dickste Dickicht menschlicher Leiber und fährt, obwohl ihm der Tod durch Erdrückung droht. Aber das ist ihm egal. Hauptsache, er fährt. Komme, was da wolle.

Sehen Sie, er fährt mit bis zur Endstation, obwohl ihm das gar nichts nützt. Wenn die Straßenbahn einen Rundkurs fährt, glaube ich, gondelt er ganz mit herum, vielleicht auch zweimal, bevor er freiwillig an seiner Haltestelle aussteigt. Solche Menschen gibt's. Manche würden sogar dreimal mit herumzockeln. Und einige kriegte man nicht mal durch Ausräuchern raus. Sie würden sich dort sogar schlafen legen. Es würde sie restlos enthemmen, wenn man ihnen versicherte, es sei umsonst.

Nein, ich finde, man muß seinen Charakter ändern. So etwas sind Reflexe der bürgerlichen Kultur. Man muß sie energisch bekämpfen und seine Psyche umfummeln.

Ich, der ich meine Psyche noch nicht ganz umgefummelt habe, aß neulich auf einem Bankett, ich glaube, so an die zehn Portionen Eis. Hinterher konnte ich den Körper zwei Wochen lang nicht gradebiegen.

Ich spreche also von diesen Dingen, nachdem ich sie persönlich durchdacht und durchgemacht habe.

Ähnliches sah ich auf einem Platz, wo ein Karussell gratis fuhr. Es war genau gegenüber einer Kirche aufgestellt. Bestimmt, damit die Gläubigen sich amüsieren und die Gottlosen die Zeit kultiviert verbringen konnten, ohne in den Tempel einzukehren.

Dort spielten sich äußerst ernste Dinge ab. Viele freilich wußten nicht, daß das Karussell umsonst fuhr. Darum hatten sie Hemmungen, näher zu treten. Diejenigen aber, die es wußten, waren nicht zu bremsen.

Ich habe einen jungen Bengel gesehen, den man wegzerren wollte, doch er ging nicht.

Kaum daß er sich auf den Holzgaul gesetzt hatte, klebte er gleichsam daran fest und wirbelte drei Stunden darauf herum. Erst als er schon ganz verdreht war und so bleich wie Lehm, erlaubte er seinen Freunden, ihn herunterzuheben. Und auch da drosch er noch um sich und wollte nicht absteigen.

Man legte ihn natürlich auf die Erde, er japste nach Luft wie ein Fisch, starrte in den Himmel und wußte nicht mehr, was hinten noch vorn war. Kaum aber hatte er sich ein bißchen erholt, da kroch er wieder auf den Gaul und sauste herum, bis er abermals erkrankte. Auch diesmal stieg er nicht gleich herab. Er tat es erst, als er schon rückwärts frühstückte.

Da mußte er wohl oder übel absteigen. Das Publikum regte sich schon auf und sagte, beim Drehen des Karussells komme nicht das Richtige heraus. Sonst wäre er nicht abgestiegen. So aber zerrte ihn der Wächter herunter, und ich glaube, er hat ihm auch ein paar aufs Maul gehauen wegen der unzulässigen Schweinerei.

Lange lag der Bengel auf dem Bauch und hoffte, nach einigem Verschnaufen noch ein bißchen herumkutschieren zu können. Da er aber mit seiner erschütterten Gesundheit offenbar nicht zu Rande kam, trottete er ab nach Hause.

Allgemein gesagt, man weiß nicht, wieviel der Mensch überhaupt braucht. Sicherlich mehr, als er braucht, und nicht weniger, als er will.

Somit ist alles in Ordnung. Eine Schranke nach oben ist vorhanden. Meinen flammenden Gruß den jungen Leuten, die ihren Charakter umgestalten.

Was die ganz alten Leute betrifft, von denen will ich lieber nicht reden. In den früheren Vorstellungen vom Geld groß geworden, kennen sie selber ihr Maß und halten bei jeder Kleinigkeit die Tasche fest. Aber dafür kennen sie kein Maß, wenn es ans Geldbeschaffen geht. Dann sind sie zu jeder Schweinerei fähig. Hören Sie nun die Geschichte von einer Vettel, die dabei bis an die äußersten Grenzen von Einfallsreichtum und Gemeinheit ging. Hören Sie, auf welch abscheuliche Art sie sich Geld beschaffte.

Geschichte von der Kinderfrau oder Der Mehrwert in diesem Beruf

Natürlich, ein alter Mensch kann nicht immer mit dem neuen Leben Schritt halten.

Das gilt komischerweise besonders für alte Frauen. Es muß ehrlich gesagt werden, dieses Greisenmaterial wird überhaupt nur mühsam mit den modernen Strömungen fertig. Vor ihren betagten Augen schwimmen irgendwelche, na ja, Kreise oder Mücken oder weiß der Köter was, jedenfalls haben sie ganz andere Sorgen. Sie grübeln sich nicht allzu tief in die künftigen Geschicke der Menschheit hinein. Überdies können sie keine Gymnastik mehr treiben und fallen demzufolge häufig Melancholie und politischem Unvermögen anheim.

Überhaupt sei gesagt, daß die im früheren kapitalistischen Geschäftsgeist groß gewordenen alten

Frauen oftmals entschieden ablehnen, sich umzustellen, und buchstäblich abgeneigt sind, ihre verknöcherte Psyche auch nur ein bißchen umzuändern. Unverdrossen hängen sie dem nach, was früher war, und begreifen weder das, was ist, noch das, was nun mal nicht sein kann.

Besonders, wenn es um Geld geht. Wenn es um Geld geht, ist der Bart ab. Dann helfen keinerlei Ratschläge. Der alte Mensch verdient und rafft gern, und überhaupt, wenn er Geld sieht, zittern ihm die Hände, und die Knie knicken ihm ein.

Und es sind, sagen wir, nicht bloß klapprige Weiblein, die diese veraltete Linie verfechten, sondern auch jüngere, so um die fünfundvierzig, fünfundfünfzig. Auch sie sind der Umerziehung wenig zugänglich.

In diesem Sinne spielte sich jüngst bei uns in Leningrad eine geradezu empörende Affäre ab.

Da war so ein Ehepaar, die Farforows, die hatten eine Kinderfrau. Sie hatten sie für ihr Kind eingestellt. Sie selbst konnten dem Kind nicht genug Pflege und Zärtlichkeit angedeihen lassen. Sie betätigten sich beide in der Produktion.

Serjoga Farforow arbeitete also. Sie arbeitete auch. Er kriegte so an die hundertfünfzig Rubel raus, und sie hatte mindestens hundert.

Und in dieser Situation ereignete sich bei ihnen die Geburt eines Kindes.

Es wurde ihnen also ein Kind als solches geboren, und natürlich mußten sie sich dafür eine Kinderfrau nehmen. Sonst hätten sie sich natürlich keine genommen.

Zumal sie gar nicht die Gewohnheit hatten, sich Kinderfrauen zu nehmen. Sie hatten gar kein Verständnis für solche Herrenmanieren.

So aber war es für sie günstiger, eine Kinderfrau zu halten, als daß Madame Farforowa ihren Dienst aufgegeben und sich aus der Produktion zurückgezogen hätte.

Also trat natürlich eine Kinderfrau bei ihnen in Dienst.

Nicht sehr alt und nicht sehr jung. Mit einem Wort, betagt und ziemlich wie eine Vogelscheuche anzuschauen.

Hinter ihrem garstigen Aussehen jedoch erkannten die Farforows alsbald ihr gutes Herz. Sie konnten ja nicht voraussehen, was für eine Natter sie an ihrer Büste hegten.

Natürlich hatten sie mit Absicht eine so unschöne Kinderfrau genommen, damit sie nicht rumbummelte oder persönlichem Glück nachjagte, sondern bloß auf den Säugling aufpaßte.

Außerdem hatten sie sie auf Empfehlung eingestellt. Man hatte ihnen versichert, es sei eine absolut nichttrinkende, betagte, unschöne Alte. Sie liebe die Kinder und lasse sie gar nicht aus der Hand. Und es sei nicht eine Alte schlechthin, sondern solch eine Alte, daß sie trotzdem würdig war, in die neue, klassenlose Gesellschaft einzutreten.

So hatte man es ihnen versichert. Aber sie besaßen noch keine eigene Meinung.

Sie nahmen also diese Kinderfrau und sahen – keine Kinderfrau, das reinste Gold. Um so mehr, als sie das Kindelchen alsbald liebgewann. Dauernd trug sie's rum, ließ es nicht aus der Hand und ging bis zur Nacht mit ihm spazieren.

Die Farforows als fortschrittliche Menschen hatten nichts dagegen einzuwenden. Sie begriffen, daß Luft und Spaziergänge den Organismus des

Säuglings durchaus kräftigen würden. Und sie dachten: Bitte sehr. Soll sie spazierengehen. Zumal wir dann nicht dauernd ihre greuliche Fresse vor uns haben.

Und nun spielte sich folgende Situation ab.

Morgens gehen die Eltern in die Produktion, ihre Kinderfrau nimmt den Säugling, nimmt ein Fläschchen mit Kuhmilch und spaziert durch die Straßen von Leningrad. Und sie spaziert mit ihm herum bis tief in die Nacht.

Bloß einmal kommt das Leitungsmitglied Zaplin die Straße lang. Vom Hauskomitee. Eine der wichtigsten Figuren in der Leitung.

Da geht er so die Straße lang und denkt vielleicht an seine intimen Angelegenheiten oder auch daran, welchen der ihm anvertrauten Mieter er als böswilligen Mietschuldner ans Schwarze Brett bringen kann. Plötzlich kuckt er – was ist das? Steht doch an der Ecke eine zerlumpte Vettel. Hält einen Säugling im Arm. Diesen Säugling benutzt sie zum Betteln. Manche Passanten wenden sich beim Anblick dieses Schauspiels ab, andere empfinden Mitleid für die fremde Not und schenken ihr eine Münze oder zwei zur Beköstigung. Die Alte verbeugt sich dafür. Und zeigt den Säugling vor, als wie, ich bettle nicht für mich, sondern für den da.

Semjon Michailowitsch Zaplin will ihr nichts geben, er kuckt sich bloß dieses Wesen an. Und er stellt fest, es kommt ihm bekannt vor. Und er kuckt – ja, tatsächlich, dies ist die Kinderfrau mit dem Farforowschen Gör. Zumal, ein Irrtum ist schwierig – ihr Maul ist so beschaffen, daß es sich sehr tief in die Erinnerung eingräbt.

Leitungsmitglied Zaplin sagt kein Wort und gibt

ihr auch keinen Pimperling, er wendet sich ab und geht zurück nach Hause.

Man weiß nicht, wie er's bis zum Abend ausgehalten hat, doch am Abend sagt er zu Farforow:

„Ich", sagt er, „muß mich doch überaus wundern, verehrter Genosse, aber", sagt er, „entweder zahlen Sie Ihrer Hausangestellten kein Geld, oder", sagt er, „ich kapier so eine Situation überhaupt nicht. Wenn Sie", sagt er, „sie absichtlich mit dem Kind betteln schicken, dann sind Sie", sagt er, „unbedingt eine fremde Zwischenschicht in unserm proletarischen Haus."

Farforow sagt natürlich:

„Entschuldigung, um was geht's? Wovon sprechen Sie? Ich krieg das irgendwie nicht mit."

Da spricht das Leitungsmitglied von dem, was er gesehen, und von dem, was er durchgemacht hat, als er ein derartiges Schauspiel beobachtete.

Nun kommt es zu mancherlei Szenen. Es kommt zu Geschrei und Geschmunzel. Und alles stellt sich heraus.

Die Kinderfrau wird gerufen. Man sagt zu ihr:

„Wie ist das möglich? Sind Sie vielleicht behämmert? Oder sind Sie unnormal und haben nicht alle Töne auf der Geige?"

Die Kinderfrau sagt:

„Was ist da schon bei? Ob ich einfach so dasteh, oder barmherzige Passanten geben wir was? Ich", sagt sie, „kapier überhaupt nicht, von was die Rede ist. Das Gör leidet nicht darunter. Vielleicht macht's ihm sogar Spaß, so einen Wirbel von Menschen um sich herum zu sehen."

Farforow sagt:

„Ja, aber ich will meinem Kinde nicht von klein auf solche Ansichten beibringen. Ich gestatte

Ihnen nicht, solche Handlungen durchzuführen."

Madame Farforowa drückt ihr Kind an die Brust und sagt:

„Das ist für uns im höchsten Maße kränkend. Wir verjagen Sie von Ihrem Platz."

Zaplin sagt:

„Und ich als Leitungsmitglied meine dazu: Sie sind ganz im Recht, wenn Sie diese irre Kinderfrau rausschmeißen."

Die Alte sagt:

„Ach du lieber Gott, wie grauenhaft! Kinderfrauen gibt es heuer nicht sehr viele, vielleicht reißt man mich Ihnen aus den Händen. Ich hab mit Ihrem Krümel knapp 'n Dreier verdient, und schon hagelt's Vorwürfe. Ich geh von selber weg, dieweil Sie fühllose Schurken sind und keine Herrschaft."

Nach diesen Worten schreit Farforow sie ergrimmt an und will ihr sogar die greisenhafte Seele aus dem schwächlichen Körper schütteln, allein das Leitungsmitglied verweigert ihm dazu die Erlaubnis. Worauf sie mit Schimpf und Schande weggejagt wird. Sie geht also und kriegt auch kein Zeugnis mit, und man weiß nicht, bei wem sie dann angefangen hat. Bestimmt aber hegt sie wieder irgendwo einen Säugling und verdient kernig an ihm.

Bestimmt brauchte sie ums Verrecken nötig Geld, wie sollte man sich sonst ihr Benehmen erklären? Wozu sie's brauchte, kapier ich nicht. Sie war satt, besaß Kleidung und Filzstiefel und kriegte Gehalt, also muß es irgend so eine Laune von ihr gewesen sein, vor allem aber ihre frühere kleinbürgerliche Erziehung, sinnlose Geldgier und eine unrichtige Weltanschauung.

Ich verstehe das ja noch, wenn sie ein edles Ziel hat.

Wenn einer ein Ziel hat, kann ich Nachsicht üben gegenüber derartigen Erscheinungen im Sinne der Geldbeschaffung.

Einmal nämlich, wie wir gleich aus der nächsten Erzählung ersehen werden, habe ich mich höchst nachsichtig und duldsam verhalten bei einem Vorfall, von dem ich Ihnen jetzt zu erzählen beabsichtige.

Ein kleiner Vorfall aus meinem Privatleben

Da steh ich doch einmal im Kino und warte auf eine Dame.

Ich muß hier einflechten, ich hatte mich in eine Person vergafft. Eine ziemlich interessante kinderlose Frauensperson. Eine Angestellte.

Na, Liebe natürlich. Verabredungen. Und ähnliche Dinge. Sogar Gedichte schrieb ich über ein Thema, das überhaupt nichts mit dem Aufbau zu tun hat, so in dieser Art: „Vöglein hüpfet auf dem Zweige, Sonne strahlt im Himmelsblau, Liebste, für dich spiel ich Geige …“ Und dann noch, weiß nicht mehr genau, „ta-ta-ta-ta grüner Au“.

In diesem Sinne wirkt sich Liebe stets negativ auf die Weltanschauung einzelner Bürger aus. Man beobachtet mitunter Gejammer und verschiedene humane Gefühle. Man bemerkt ein gewisses Erbarmen mit den Menschen und den Fischen und den Wunsch, ihnen zu helfen. Und das Herz wird irgendwie empfindsam. Was in unsern Tagen gänzlich unangebracht ist.

Also, eines Tages steh ich im Kino mitsamt meinem empfindsamen Herzen und wart auf meine Dame.

Sie aber, da sie Angestellte ist und nicht allzusehr an ihrer Stellung hängt, sie kommt gern zu spät. Auf der Arbeit geht es natürlich streng zu. Na ja, aber bei mir, da weiß sie, wegen zwei Verspätungen fliegt sie nicht gleich raus. So tobt sie sich auf privatem Boden aus und auf humanen Gefühlen.

Ich steh also wie blöd im Kino und warte.

Na ja, an der Kasse eine Schlange. Na ja, die Tür zur Straße weit offen, als wie, tretet ein, ihr Leute. Na ja, da steh ich so, energiegeladen, vergnügt. Hab Lust zu singen, Späße zu machen, Streiche zu spielen. Hab Lust, irgendwen zu stoßen, zu verkohlen oder an der Nase zu fassen. In der Seele tönt ein Singsang, und vor Glück zerspringt mir beinah das Herz.

Plötzlich seh ich, da steht doch neben der Eingangstür ein ärmlich gekleidetes altes Muttchen. Sie trägt einen zerschlissenen Regenmantel, einen spärlich behaarten Muff und löchrige altertümliche Schuhchen.

Dieses Weiblein steht bescheiden an der Tür und kuckt mit kläglichen Blicken die Eintretenden an, ob sie ihr nicht was geben.

Andere ihresgleichen stehen gewöhnlich frech da, plärren absichtlich mit dünner Stimme oder murmeln irgendwelche französischen Wörter, die hier aber steht bescheiden und sogar ein bißchen verschämt.

Die humanen Gefühle füllen mein Herz. Ich hol die Geldbörse raus, krame ein Weilchen darin, nehme einen Rubel und gebe ihn reinen Herzens, mit einer leichten Verbeugung, dem Muttchen.

Vom Überschwang der Gefühle glänzen mir Tränen in den Augen wir Brillanten.

Das Muttchen kuckt den Rubel an und sagt:

„Was ist das?"

„Nehmen Sie's nur, Muttchen", sag ich, „von einem Unbekannten."

Plötzlich seh ich, ihre Bäckchen werden ganz rot vor tiefer Erregung.

„Merkwürdig", sagt sie, „ich hab doch, glaub ich, nicht gebettelt. Wieso stecken Sie mir einen Rubel zu? Vielleicht wart ich auf meine Tochter und will mit ihr ins Kino. Es ist", sagt sie, „sehr beleidigend, so etwas zu erleben."

Ich sag:

„Entschuldigung ... Wie denn ... Ich versteh das selber nicht ... Pardon", sag ich. „Muß ganz verwirrt sein. Schwer zu kapieren, wer was braucht. Und wer weshalb rumsteht. Kunststück, bei den vielen Leuten ..."

Aber die Alte erhebt die Stimme zu gellendem Zetern.

„Was soll das eigentlich", sagt sie, „geht man schon mal ins Kino, schon wird man angepöbelt! Verdorren Ihnen nicht die Hände", sagt sie, „bei solchen Gesten? Da will ich doch lieber auf die Tochter warten und in ein anderes Kino gehen, als daß ich mit Ihnen sitze und verstänkerte Luft atme."

Ich ergreife ihre Hände, entschuldige mich und bitte um Verzeihung. Und verdrück mich, denn sonst, denk ich mir, schleppen sie mich am Ende zur Miliz, und ich wart doch auf die Dame.

Bald danach kommt meine Dame. Ich steh verdattert und bleich und sogar ein bißchen verstört und schäm mich, nach rechts und links zu kucken, um nicht mein eingeschnapptes Muttchen zu sehen.

Ich nehm meine Karte und tripple hinter meiner Dame her.

Plötzlich tritt wer von hinten an mich ran und faßt mich am Ellbogen.

Ich will mich schon abwenden und verkrümeln, doch plötzlich seh ich, vor mir steht das Muttchen.

„Entschuldigung", sagt sie, „sind Sie das nicht, der mir vorhin einen Rubel geben wollte?"

Ich stammle was, und sie fährt fort:

„Irgendwer, weiß nicht mehr genau, wollte mir hier 'n Rubel geben. Sie, glaub ich. Wenn Sie's waren, in Ordnung, geben Sie her. Meine Tochter hat sich verrechnet, der zweite Platz ist teurer, als wir dachten. Auf dem dritten Platz aber seh ich nichts, die Augen sind zu schwach. Da kann ich gleich wieder umkehren. Entschuldigung", sagt sie, „daß ich mahne."

Ich hol die Geldbörse raus, aber meine Dame spricht zu mir wie folgt:

„Es ist absolut sinnlos", sagt sie, „so mit dem Geld rumzuschmeißen. Wenn's schon so ist, trink ich lieber Narsan am Büfett."

Ich sag:

„Sie kriegen Ihr Narsan, jammern Sie nicht. Und den Rubel geb ich ihr doch. Wer weiß, vielleicht kommt man selber mal in die Klemme. Da muß man", sag ich, „kameradschaftlich sein."

Ja, ich hab dem Muttchen trotzdem den Rubel gegeben, und mit zerrauftem Gefühlsleben sahen wir uns den Film an.

Während der Musik löcherte mich die Dame und moserte, daß ich ihr in den zwei Wochen, die wir uns kannten, noch kein Eau de Cologne gekauft hatte, sondern ihr statt dessen Sand in die Augen streute und meine Rubel nach rechts und links verteilte.

Zum Schluß wurde eine lustige Komödie gezeigt, wir vergaßen alles und lachten fröhlich.

Das Muttchen saß mit der Tochter unweit von uns und ließ auch ab und zu ein vergnügtes Grunzen hören.

Ich war sehr froh, ihr dieses kulturelle Vergnügen verschafft zu haben. Selbst wenn sie mich um zwei Rubel gebeten hätte, ich hätte sie ihr gegeben, ohne mit der Wimper zu zucken.

Im großen und ganzen aber ist das eine unbedeutende Geschichte, und was die bedeutenden Geldangelegenheiten betrifft, so kenne ich zum Beispiel die nunmehr folgende Geschichte.

Es ist eine spaßige Novelle, bei deren Lektüre die Liebhaber des Geheimnisvollen ein gewisses Vergnügen empfinden werden.

Eine geheimnisvolle Geschichte, die für den einen betrüblich, für den andern zufriedenstellend ausging

Diese geheimnisvolle Geschichte hat mir ein Arzt für Inneres und Kinderkrankheiten erzählt.

Es war ein ziemlich ältlicher Arzt mit ganz weißen Haaren. Ob sie zufolge dieser Geschichte weiß geworden sind oder einfach so, ist unbekannt. Aber sie waren wirklich weiß, und seine Stimme klang heiser und brüchig.

Dasselbe also mit der Stimme. Ich weiß nicht, wie er sie vertrunken hat. Wegen dieser Geschichte oder einfach so.

Aber darum geht's nicht.

Sitzt doch dieser Arzt eines Tages in seinem Sprechzimmer und denkt lauter traurige Gedanken.

Der Patient, denkt er, ist heuer nichts mehr wert. Das heißt, jeder trachtet danach, auf seine Versicherungskarte umsonst behandelt zu werden. Nichts ist mit privat zum Arzt kommen. Man könnte direkt den Laden dichtmachen.

Und plötzlich klingelt's.

Herein kommt ein Mann in mittleren Jahren und klagt über Unpäßlichkeit. Als wie, das Herz bleibt ihm dauernd stehen, und überhaupt fühlt er, daß er bald nach diesem Besuch sterben muß.

Der Arzt untersucht also den Kranken – nichts dergleichen. Der ist rosig, gesund wie ein Bulle, der Schnauzer hochgezwirbelt. Alles an Ort und Stelle. Von Sterben im Organismus keine Spur.

Der Arzt verschreibt dem Kranken Salmiak-Anis-Tropfen, knöpft ihm für die Untersuchung siebzig Kopeken ab, schüttelt den Kopf und trägt ihm nach den Regeln seines Berufs auf, morgen noch mal vorbeizukommen. Damit trennen sie sich.

Am nächsten Tag zur selben Zeit erscheint beim Arzt ein altes Muttchen in schwarzem Umhängetuch. Sie schneuzt sich unentwegt, flennt und sagt: „Neulich", sagt sie, „war mein geliebter Neffe Wassili Ledenzow bei Ihnen. Sehen Sie, letzte Nacht ist er entschlafen. Können Sie ihm nicht daraufhin einen Totenschein ausstellen?"

Der Arzt sagt:

„Ich", sagt er, „wundere mich sehr, daß er entschlafen ist. Von Anistropfen stirbt man nur sehr selten. Nichtsdestoweniger", sagt er, „kann ich ihm keinen Totenschein ausstellen, ich muß den Leichnam sehen."

Das Muttchen sagt:

„Sehr prächtig. Wenn's so ist, folgen Sie mir. Es ist nicht weit."

Der Arzt nimmt seine Instrumente, schlüpft – wohlgemerkt – in die Galoschen und zieht mit dem Muttchen los.

Sie steigen also zum vierten Stock rauf. Betreten die Wohnung. Tatsache, riecht nach Weihrauch. Der Tote ist auf dem Tisch gelegen. Ringsrum brennen Kerzen. Und das Muttchen schnieft irgendwo kläglich.

Da wird dem Arzt wehmütig und garstig zumute.

Bin ich denn, denkt er, schon so klapprig, daß ich mich so tödlich bei einem Patienten irre? So viel Scherereien für siebzig Kopeken.

Er setzt sich an den Tisch und schreibt geschwind den Totenschein aus. Schreibt, gibt ihn dem Muttchen und macht sich ohne Abschied schleunigst davon. Geht hinaus. Kommt bis zum Haustor. Und plötzlich fällt ihm ein – ach du dikker Vater, er hat die Galoschen vergessen.

So ein Mist, denkt er, und das alles für siebzig Kopeken. Nun muß ich noch mal raufkeuchen.

Wieder steigt er die Treppe rauf. Betritt die Wohnung. Die Tür steht natürlich offen. Und plötzlich sieht er: da sitzt der tote Wassili Ledenzow auf dem Tisch und schnürt sich die Stiefel zu. Schnürt sie zu und zankt mit dem Muttchen. Das Muttchen geht um den Tisch rum und drückt mit dem Finger die Kerzen aus. Besabbert den Finger und drückt sie aus.

Da war der Arzt sehr verwundert und wollte

schon vor Schreck aufkreischen, doch er hielt sich zurück und rannte, wie er war, ohne Galoschen davon.

Hastete nach Haus, fiel aufs Sofa und schnatterte vor Furcht mit den Zähnen. Sodann trank er Salmiak-Anis-Tropfen, kam etwas zu sich und rief die Miliz an.

Am nächsten Tag klärte die Miliz die ganze Geschichte auf.

Es stellte sich heraus: Der Annoncenwerber Wassili Mitrofanowitsch Ledenzow hatte sich dreitausend Rubel staatliches Geld angeeignet. Mit diesem Zaster wollte er gründlich verduften und ein neues herrliches Leben anfangen.

Daraus wurde nichts.

Die Galoschen bekam der Arzt erst ein Vierteljahr später zurück, nach vielerlei langen Prozeduren, Gesuchen, Bitten und Leidenswegen durch sämtliche Instanzen.

Global betrachtet, kam er vergleichsweise glimpflich davon und hatte außer dem Schrecken und der Nervenzerrüttung infolge der lang anhaltenden Nichtherausgabe seiner Galoschen keine anderen Unannehmlichkeiten zu ertragen.

Und nachdem er mir diese Geschichte erzählt hatte, fügte er seufzend hinzu:

„Im Besitz von dreitausend Mäusen wollte dieses Früchtchen für siebzig Kopeken aus dem Diesseits verduften, aber die Medizin hat nicht mitgemacht. So weit bringt Geldgier die Menschen."

Ich aber, ich weiß eine Geschichte von Geldgier, die nicht eben häufig vorkommt.

Hier ist sie.

Geschichte von einem Schieber

In Leningrad lebte ein gewisser Sissjajew. Ein ziemlich halunkiger Mensch. In der NÖP-Zeit, als Privatleute noch arbeiten konnten, unterhielt er einen Frisörladen. Er handelte mit Schur und Rasur und auch mit ausländischer Valuta und machte überhaupt so diverse dunkle Geschäftchen. Natürlich ging er hoch.

Er ging hoch im Sommer dreißig. Saß ein Weilchen, wo er hingehörte. Und bald wurde der Gute von Leningrad weit weggebracht. Kurzum, er hatte minus sieben oder plus sieben oder acht gekriegt, da soll der Teufel draus schlau werden. Ich weiß mit diesen Dingen noch nicht so gut Bescheid.

Kurzum, er wurde als Schieber in die Region Narym verbannt.

Er fuhr also los, ob er wollte oder nicht.

Nun muß ich sagen, er hatte seine Verhaftung erwartet. Sein Herz war unruhig gewesen. Schon eine Woche vorher hatte er seinen Kompagnons gesagt, es rieche faulig.

Natürlich nahm er für alle Fälle seine alte Lederjacke zur Hand, trennte den Futtersaum auf und nähte zehn goldene Zarenmünzen und ein viereckiges Goldplättchen ein. Vielleicht erinnern Sie sich – vierundzwanzig gab der Staat solche viereckigen Goldstücke für technische Zwecke heraus.

Er nähte also für alle möglichen Brandfälle sein Hab und Gut in die Jacke ein und schleppte sie Tag und Nacht. Überdies nähte er verschiedene Geldscheine in die Hose ein. In den Stiefeln unterhalb der Einlegesohle verwahrte er die verschleißfestere Valuta – Dollars.

Und wartete.

Er brauchte nicht lange zu warten. Bald danach wurde er mitsamt seiner Lederjacke festgenommen. Und im Herbst fuhr er dahin, wo er hingehörte.

Ich weiß nicht, wie er dort lebte. Vielleicht und wahrscheinlich nicht allzu schlecht. Zumal er mit Geldscheinen hinlänglich versehen war. Vergnügt mag er gelegentlich die Hose aufgetrennt und dieser Brieftasche ein paar Scheinchen entnommen haben. Das Gold übrigens rührte er nicht an.

So lebte er über ein Jahr. Und plötzlich erkrankte er. Erkrankte an Lungenentzündung. Hatte sich eine Erkältung eingefangen. Wahrscheinlich bei der Arbeit Zug gekriegt. Er erkrankte also.

Natürlich Husten, Schnupfen, Röcheln, Temperatur minus vierzig Grad. Seitenstiche. Kein Appetit. Überhaupt spürte er seinen eigenen Tod nahen.

Und da in der Nacht nahm er die Lederjacke zur Hand und trennte den Futtersaum auf.

Trennte den Futtersaum auf, legte die Goldmünzen auf die Zunge und verschluckte eine nach der anderen.

Da ich sterbe, dachte er, wird hier bald irgendwer rumschnüffeln. Das ist mir unangenehm. Soll doch das Gold lieber bei mir im Bauch liegen, als daß es irgendwer benutzt. Mit solchen Gedanken schluckte er das Gold.

Fünf oder sechs Münzen mochte er verschluckt haben, als plötzlich einer seiner Gefährten diese verbrecherischen Handlungen bemerkte. Sie lagen dort zu siebt.

Der Gefährte bemerkte es, schlug Krach und hinderte ihn, das übrige Geld zu verschlucken.

Und obwohl der Schieber nach ihm griff und ihn anflehte, sagte er:

„Mir", sagte er „tut es nicht um das Gold leid. Ich will es gar nicht haben. Aber", sagte er, „ich kann das Verschlucken nicht dulden. Zumal Lungenentzündung manchmal wieder vergeht. Dann hast du kein Geld mehr, und überhaupt verdreckst du dir den Magen."

Um es kurz zu machen, der Kranke erholte sich tatsächlich. Er genas. Die Brust war ihm wieder frei. Der Atem kehrte zurück. Aber nun zeigte sich ein neues Leiden – Magenstiche, Appetitlosigkeit, Speichelfluß. Ein Glück noch, daß der Kranke nicht alle Münzen verschluckt hatte. Sonst wäre was ganz Unmögliches draus geworden.

Natürlich hätte der Kranke durchsetzen können, daß man ihn nach Tomsk brachte und operierte. Bloß er wollte nicht. Vielleicht hatte er Angst, daß er während des Chloroforms nicht aufpaßte und die Chirurgen ihm das Geld aus dem Magen mausten.

Er duldete nur allerlei innere Mittel und gestattete, daß man ihn massierte. Diverse starke Mittel trieben die Münzen natürlich hinaus, aber als man nachzählte, waren es weniger als sich gehörte.

Eine finstere Angelegenheit. Entweder waren ihm während des Krachs ein paar Münzen geklaut worden, oder sie waren im Magen verblieben.

Wenn er also rechnete, daß nichts mehr im Magen war, fehlten ihm drei Münzen und das Goldviereck. Dann hatte man sie ihm tatsächlich geklaut. Dann mußte er Massage und innere Behandlung abbrechen.

Aber warum die Mitmenschen verdächtigen? Vielleicht lagen die Münzen noch im Magen.

Zumal das für die Gesundheit keine Rolle spielte. Gold hat kein Recht zu rosten, so daß es ewig daliegen kann.

Schade natürlich, wenn Valuta so ohne Bewegung daliegt. Aber vielleicht wird sie von anderen Bürgern in Bewegung gesetzt.

Was den Schieber betrifft, so verficht er die Meinung, daß das Gold wohlbehalten in seinem Magen liegt oder in irgendeiner natürlichen Kurve seines inneren Systems festgeklemmt ist. Um seiner Herzensruhe willen möchte er sich jedoch unbedingt durchleuchten lassen. Und wenn die Wissenschaft herausfindet, daß das Gold dort drinnen ist, wird er es nicht vorzeitig anrühren.

Diese wahre Geschichte habe ich erzählt, um Ihnen zu zeigen, daß die Liebe zum Geld manchmal stärker ist als der Tod.

Wenn Sie die nächste Geschichte gelesen haben, werden Sie in noch größerem Maßstab davon völlig überzeugt sein.

Es ist die Geschichte eines habgierigen Weibes, die ihrem Manne wegen Geldmangels nicht erlaubte zu sterben. Eine geradezu empörende Sache allein schon vom medizinischen Standpunkt aus.

Geschichte von der Frau, die ihrem Manne nicht erlaubte zu sterben

Auf der Petrograder Seite wohnte ein unbegüterter Maler namens Iwan Sawwitsch Flaschin. Er gehörte zu einem Heimarbeiterartel oder so und machte dort irgendwas. Ich glaub, er arbeitete.

Malte Plakate und Ladenschilder, diverse Hausnummern, Hinweistafeln und sonstiges.

Er hätte übrigens gar nicht so übel leben können, doch leider war er oft krank, und wegen seiner wackligen Gesundheit konnte er nicht arbeiten, geschweige denn Geld verdienen. Dabei hatte er eine äußerst große Begabung für seinen Beruf.

Aber er lebte erstaunlich schlecht und ärmlich und hatte überhaupt keine Möglichkeit, sein höchst betrübliches Leben in Ordnung zu bringen.

Zu allem Überfluß hatte er noch sein Eheweib am Halse, sie hieß Matrjona Wassiljewna, ebenfalls Flaschin. Er hatte das Unglück gehabt, sie vor der Revolution zu ehelichen, ohne damals zu wissen, was er sich mit so einer Lebensgefährtin einhandelte.

Sie war ein über alle Maßen kreischsüchtiges Weib und eine große Freundin des Nichtstuns.

Sie tat nichts, kochte allenfalls das Mittagessen und machte auf dem Primuskocher Wasser warm. Ihrem kränklichen Gatten war sie nicht die geringste Stütze, obwohl er wegen seines Gesundheitszustandes nicht viel verdienen konnte.

Zu allem Überfluß löcherte und beschimpfte sie unsern Künstler und Maler und krempelte ihm mit ihren tagtäglichen groben Ausrufen, Schreien und Skandalen die schwache und poetische Seele nach außen. Sie verlangte, er solle mehr ranschaffen. Sie wolle ins Kino gehen und mancherlei Frikassees und dergleichen speisen.

Er gab sich natürlich Mühe, doch nur mit geringem Erfolg. Natürlich beschimpfte sie ihn.

Mit einem Wort, er stand rundherum bei ihr unterm Pantoffel.

Nichtsdestoweniger lebte sie schon achtzehn

Jahre mit ihm zusammen. Freilich kam es manches Mal zwischen ihnen zu Streit und Schlägereien, aber so, daß allzugroße Skandale oder Morde daraus entstünden, so war es bei ihnen nicht.

So weit ging sie nicht, denn sie begriff, daß ihr Eheliebster sie trotz allem recht sorgsam behandelte. Wäre er nicht mehr da oder ließen sie sich scheiden, so war noch ungewiß, wie das endete. Sie konnte ja an einen Halunken geraten, der selber nichts tat, sondern sie, die ewige Dulderin, Tag und Nacht zum Schuften zwang.

Lange vor der Revolution geboren, faßte sie ihr Frauenlos als ein kummerfreies Dasein auf, bei dem allein der Mann arbeitet, sie hingegen Apfelsinen schmaust und ins Theater geht.

Und nun, stellen Sie sich vor, eines Tages wurde Iwan Sawwitsch Flaschin auf einmal unerwartet krank.

Bevor er jedoch erkrankte, wurde er plötzlich schwach bis zum Gehtnichtmehr. Nicht daß er kein Bein rühren konnte, das konnte er, aber er wurde, wie soll ich sagen, seelisch schwach. Sehnte sich wohl nach einem anderen Leben. Träumte von Schiffen, Blümchen, irgendwelchen Palästen. Und wurde still, verträumt. Und war dauernd gekränkt, daß es bei ihnen in der Wohnung so unruhig zuging. Daß die Nachbarn auf der Balalaika klimperten. Und mit den Füßen scharrten.

Er wollte nur Stille. Also legte er sich stracks zum Sterben hin. Hatte einen Heißhunger auf Fischgerichte. Verlangte dauernd Gesalzenes – Heringe.

Also, am Dienstag war er erkrankt, und am Mittwoch ging Matrjona auf ihn los.

„Ach, sieh einer an", sagte sie, „du hast dich hingelegt? Vielleicht verstellst du dich bloß. Vielleicht willst du keine Arbeit ausführen. Und kein Geld verdienen."

Sie löcherte, er schwieg.

Laß sie doch, dachte er, die Zunge wetzen. Mir ist jetzt entschieden alles egal. Ich fühl's, ich sterbe bald.

Er glühte am ganzen Körper, warf sich nachts im Bett herum und phantasierte. Tagsüber lag er geschwächt da wie ein Wischlappen und streckte alle Beine von sich. Dabei träumte er laut.

„Ich möchte", sagte er, „vor dem Tode an den Busen der Natur fahren und mir ankucken, wie er aussieht. So was habe ich noch nie im Leben gesehn."

Ihm blieben vielleicht noch zwei Tage zum Träumen, doch da trat folgender Umstand ein.

Matrjona Wassiljewna kam an sein Bett und sagte mit giftiger Stimme zu ihm:

„Ach, du stirbst?" sagte sie.

Iwan Sawwitsch sagte:

„Ja, entschuldige schon", sagte er, „ich sterbe. Hören Sie auf, mich davon zurückzuhalten. Sie haben mir nichts mehr zu befehlen."

„Na, das werden wir sehen", sagte Matrjona zu ihm, „ich trau dir nicht, du Schuft. Ich", sagte sie, „hol jetzt den Doktor. Soll er dich Quatschkopf untersuchen. Dann", sagte sie, „werden wir entscheiden, ob du stirbst oder was. Noch hab ich dir was zu befehlen. Bilde dir gar nicht erst Schwachheiten ein."

Und sie holte den Bezirksarzt aus dem Kommunalspital. Der Bezirksarzt untersuchte Iwan und sagte zu Matrjona:

„Er hat entweder Typhus oder Lungenentzündung. Es steht sehr böse um ihn. Er wird ganz sicher sterben, gleich nachdem ich weg bin."

Diese Worte sprach der Bezirksarzt und entfernte sich.

Da trat Matrjona auf Iwan zu.

„Du willst also", sagte sie, „wirklich sterben? Ich", sagte sie, „lasse dich aber nicht sterben. Du Vagabund", sagte sie, „legst dich hin und glaubst, jetzt kannst du dir alles erlauben. Denkste. Ich laß dich Schuft nicht sterben."

Iwan Sawwitsch sagte:

„Das sind merkwürdige Worte Ihrerseits. Sogar der Arzt hat es mir gestattet. Sie können mich nicht daran hindern. Lassen Sie mich in Ruh."

Matrjona sagte:

„Auf den Arzt pfeif ich. Ich laß dich Halunken nicht sterben. So was von reichem Pinkel – will einfach sterben. Ja, wo hast du Strolch denn das Geld zum Sterben? Eine Leiche waschen, zum Beispiel, das kostet doch heutzutage Geld."

Da trat die gutmütige Nachbarin vor, die alte Anissja.

„Ich", sagte sie, „werde ihn waschen. Ich", sagte sie, „wasch dich, Iwan Sawwitsch. Mach dir keine Sorgen. Ich nehm auch kein Geld dafür. Das", sagte sie, „ist ein gutes Werk, einen Toten waschen."

Matrjona sagte:

„Ach, sie wäscht ihn! Sieh mal an. Und der Sarg? Oder zum Beispiel der Wagen? Und der Pope? Soll ich vielleicht zu diesem Zweck meine Garderobe verkaufen? Ihr könnt mich mal! Ich laß ihn nicht sterben. Soll er noch bißchen Geld verdienen, dann kann er von mir aus zweimal sterben."

„Was soll denn das, Matrjona?" sagte Iwan Sawwitsch. „Sehr merkwürdige Worte sind das."

„Ganz einfach", sagte Matrjona. „Ich laß dich nicht und laß dich nicht. Wirst's ja sehn. Erst verdiene Geld. Wenn ich für zwei Monate zum Leben hab, dann kannst du abkratzen."

„Ob man vielleicht wen anpumpt?" fragte Iwan Sawwitsch.

Matrjona antwortete:

„Deine Sorge. Wie du willst. Aber merk dir – ich laß dich Dummkopf nicht sterben."

Bis zum Abend lag Iwan Sawwitsch wie ein Toter da, sein Atem setzte aus, doch abends zog er sich an. Stand vom Bett auf und ging ächzend hinaus.

Er betrat den Hof. Hier auf dem Hof traf er den Hausmeister Ignat.

Der Hausmeister sagte:

„Meinen Glückwunsch zur Genesung, Iwan Sawwitsch."

Iwan Sawwitsch sagte zu ihm:

„Blöde Situation, Ignat. Meine Alte läßt mich nicht sterben. Verstehst du, sie verlangt, ich soll ihr für zwei Monate Geld hinterlassen. Aber wo soll ich das Geld hernehmen?"

„Zwanzig Kopeken kann ich dir geben, aber den Rest mußt du dir schon von wem anders besorgen."

Iwan Sawwitsch nahm das Geld natürlich nicht an, sondern ging auf die Straße und setzte sich völlig entkräftet auf den Prellstein.

Setzte sich also auf den Prellstein, und plötzlich sah er, ein Passant warf ihm ein Geldstück in den Schoß. Gab ein Almosen, als er den kranken und übermäßig geschwächten Mann sah.

Iwan Sawwitsch lebte ein bißchen auf.

Wenn es so geht, dachte er, muß ich hier sitzen bleiben. Vielleicht schmeißen sie mir genug zu. Ich werd mal, dachte er, die Mütze abnehmen.

Und wissen Sie, tatsächlich warfen ihm die Passanten in kurzer Zeit allerhand zu.

Zur Nacht kehrte Iwan Sawwitsch ins Haus zurück, verschwitzt und mit Schnee bedeckt. Trat ein und legte sich zu Bett.

Und hatte die Hände voll Geld.

Matrjona wollte zählen, doch er ließ sie nicht.

„Rühr's nicht an", sagte er, „weg mit deinen gemeinen Händen. Es reicht noch nicht."

Am nächsten Tag stand Iwan Sawwitsch wieder auf. Wieder zog er sich an, streckte die Arme und trat ächzend auf die Straße.

Zur Nacht kehrte er wieder mit Geld zurück. Zählte den Gewinn und legte sich zu Bett.

Am dritten Tag dieselbe Geschichte. So ging das immer weiter, bis der Mann wieder auf die Beine kam. Danach hörte er natürlich auf, draußen zu betteln. Zumal er, nachdem er sich erholt hatte, nicht mehr so jämmerlich aussah und die Passanten ihm von selbst nichts mehr gaben.

Und als sie ihm nichts mehr gaben, kehrte er zu seinem Beruf zurück.

Er ist also nicht gestorben. Matrjona hat ihn nicht sterben lassen.

So also ist Matrjona mit Iwan Sawwitsch verfahren.

Natürlich, wenn irgendein Bezirksleibarzt diese Geschichte liest, wird er grinsen. Wird sagen, der Wissenschaft seien derlei Dinge unbekannt und Matrjona habe nichts damit zu tun. Vielleicht sind der Wissenschaft derlei Dinge tatsächlich unbekannt, aber Iwan Sawwitsch lebt noch immer. Er hat sogar dieser Tage ein künstlerisch gestaltetes Ladenschild für eine Fleischerei fertiggestellt.

Im übrigen kann man diese Geschichte auch medizinisch, wissenschaftlich deuten. Vielleicht war Iwan Sawwitsch, als er sich auf die Straße begab, vor Erregung sehr in Schweiß und Hitze geraten, und mit dem Schweiß war auch seine Krankheit herausgekommen.

Somit hat das habgierige Weib, das so auf Geld versessen war, mit ihrer Habgier ihrem Manne das kostbare Leben gerettet. Was natürlich äußerst selten vorkommt. Zumeist ist es genau umgekehrt. Zumeist ist es so, daß ein Mensch infolge seiner Habgier sogar das noch verliert, was er hat.

Dazu nun für Sie eine Geschichte.

Es ist eine interessante Novelle von der habgierigen Milchfrau, die ihre Einkünfte zu vergrößern trachtete.

Geschichte von der habgierigen Milchfrau

Eine Einwohnerin von Simferopol, die Zahnärztin O., der Herkunft nach Witwe, entschloß sich zu heiraten.

Nun, einen Mann zu kriegen, ist in der heutigen Zeit nicht so ganz einfach. Zumal, wenn die Dame intelligent ist und Lust hat, einen ebenfalls intelligenten, mit ihr harmonierenden Kerl neben sich zu haben.

In unserem sozusagen proletarischen Land steht die Frage der Intelligenz leider ziemlich scharf. Das Kaderproblem ist noch nicht im positiven Sinne gelöst, und schon gar nicht, Pardon, bezüglich der Freier. Klarer Fall, heutzutage gibt's nicht eben viele intelligente Freier. Das heißt, es gibt natürlich welche, aber sie haben alle irgendwas – entweder sind sie schon verheiratet, oder sie haben zwei bis drei Familien, oder sie sind entrechtete ehemalige Ausbeuter, was natürlich für das Eheleben auch nicht grade Zucker ist.

In dieser Situation also lebt in Simferopol eine Witwe, die im Vorjahr den Mann verloren hat. Er ist ihr an Tuberkulose gestorben.

Es ist ihr also der Mann gestorben. In der ersten Zeit hat sie dieses Ereignis bestimmt auf die leichte Schulter genommen. Ach, mag sie gedacht haben, halb so schlimm! Nachher aber sieht sie, es ist keineswegs halb so schlimm, denn die Freier laufen nicht haufenweise in der Welt herum. Das hat sie natürlich traurig gestimmt.

Nun trauert sie also schon ungefähr seit einem Jahr und teilt der Milchfrau ihren Kummer mit. Die Milchfrau kam immer zu ihr und brachte ihr die Milch. Sintemal ihr Mann an der Tuberkulose gestorben ist, hat sie angefangen, sich zu pflegen und sich reichlich zu ernähren. Täglich trinkt sie so ihre zwei Liter. Von dieser Ernährung ist sie regelrecht aufgeblüht und hat eine sehr hervorragende Gesundheit. Bestimmt deshalb sind ihr allerhand leichte, luftige Gedanken über eine Eheschließung in den Sinn gekommen.

Nun trinkt sie also schon seit einem Jahr Milch, pflegt sich und hat unter anderm ein gutbürgerliches Damengespräch mit ihrer Milchfrau.

Man weiß nicht, womit das angefangen hat. Bestimmt ist sie in die Küche gekommen und hat sich festgeschwatzt. Daß die Lebensmittel immer teurer werden. Daß die Milch immer dünner wird, und überhaupt, daß es keine Freier gibt.

Die Milchfrau sagt:

„Ja, ohne Zweifel, wenn irgendwas knapp ist, dann die Freier."

Die Zahnärztin sagt:

„Ich verdiene anständig. Ich habe alles – Wohnung, Einrichtung, Geld. Und ich selber", sagt sie, „bin auch nicht der letzte Dreck. Und trotzdem, sehen Sie, bin ich buchstäblich nicht in der Lage, zum zweitenmal zu heiraten. Man möchte schon fast in der Zeitung inserieren."

Die Milchfrau sagt:

„Na", sagt sie, „das mit der Zeitung kommt nicht in Frage. Aber irgendwas in der Art müssen wir uns natürlich einfallen lassen."

Die Zahnärztin antwortet:

„Im äußersten Fall würde es mir", sagt sie, „auch auf Geld nicht ankommen. Wer mich im Sinne einer Eheschließung mit wem bekannt macht, dem würde ich Geld geben."

Die Milchfrau fragt:

„Würden Sie denn viel anlegen?"

„Ja", sagt die Zahnärztin, „je nachdem, was für einen Mann ich kriege. Wenn er natürlich zur Intelligenz gehört und mich heiratet, dann", sagt sie, „würd ich dreißig Rubel geben, ohne mit der Wimper zu zucken."

Die Milchfrau sagt:

„Dreißig", sagt sie, „das ist zuwenig. Wenn Sie fünfzig anlegen, will ich mich Ihrer Sache annehmen. Ich habe einen geeigneten Mann an der Hand."

„Ja, aber vielleicht ist er nicht intelligent", sagt die Ärztin, „vielleicht ist er Lastträger? Und dafür soll ich fünfzig Rubel ausspucken?"

„Nein“, sagt sie, „warum Lastträger? Er ist sehr intelligent. Er ist Monteur.“

Die Zahnärztin sagt:

„Dann machen Sie mich mit ihm bekannt. Hier haben Sie einstweilen einen Zehner für Ihre Mühe.“

Damit trennten sie sich.

Es muß allerdings gesagt werden, daß die Milchfrau überhaupt niemand an der Hand hatte außer ihrem eigenen Mann.

Die riesige Summe jedoch erregte sie, darum begann sie zu überlegen, wie sie der Zahnärztin das Geld möglichst einfach abluchsen könnte.

Sie kommt also nach Hause und sagt zu ihrem Mann:

„Hör zu, Nikolascha, es liegt was an. Wir können“, sagt sie, „fünfzig Rubel einsacken und ohne besondere Mühe und Aufregung fein leben.“

Sie setzt ihm also das Wesen der Sache auseinander. So und so, wenn sie ihn der steinreichen Zahnärztin unterjubelt und wenn die dumm genug ist, ihn zu nehmen, dann blättert sie fünfzig Rubel hin.

„Und“, sagt sie, „schlimmstenfalls, wenn sie darauf besteht, könnt ihr ja auch zum Standesamt gehen. In der heutigen Zeit macht das keine besondere Mühe. Heute läßt du dich trauen, und morgen oder übermorgen wird's wieder rückgängig gemacht.“

Der Mann dieser Milchfrau, der mit seinem Schnurrbart soweit ziemlich schmuck aussieht, sagt zu ihr:

„Sehr großartig. Bitte schön: Ich“, sagt er, „bin immer ausgesprochen erfreut, wenn ich für nichts und wieder nichts fünfzig Rubel einstecken kann.

Andere müssen für so eine Summe einen Monat arbeiten, und hier geht es bloß um die Kleinigkeit, sich trauen zu lassen."

Nun ja, ein paar Tage später stellt die Milchfrau ihren Mann der Zahnärztin vor.

Die Zahnärztin freut sich herzlich und zahlt der Milchfrau ohne überflüssige Worte und Wehklagen das Geld.

Jetzt entsteht folgende Situation:

Der Mann der Milchfrau, dieser schnurrbärtige Nichtsnutz, läßt sich schleunig mit der Zahnärztin trauen, übersiedelt zeitweilig in ihre Appartements und wohnt noch immer dort. Erst wohnt er fünf Tage dort, dann eine Woche, dann zehn Tage.

Da erscheint die Milchfrau.

„Was ist", sagt sie, „wie soll ich das verstehen?"

Der Monteur sagt:

„Ja, ich hab's mir anders überlegt. Ich", sagt er, „bleibe bei dieser Zahnärztin wohnen. Mir ist es hier irgendwie interessanter."

Für dieses unverschämte Benehmen hat er nun freilich ein paar in die Physiognomie verdient, aber seine Meinung hat er nicht geändert. Er bleibt also bei der Zahnärztin wohnen. Als die Zahnärztin von alldem Wind bekam, lachte sie sehr und sagte, da hier keine Gewalt im Spiele sei, sondern eine freie Wahl stattgefunden habe, sei der Vorfall für sie erledigt.

Zwar kam die Milchfrau noch ein paarmal in die Wohnung, spielte verrückt und forderte die Rückkehr ihres Mannes, jedoch dabei kam nichts Gutes heraus. Mehr noch, man wies ihr die Tür und hieß sie, keine Milch mehr zu bringen zwecks Vermeidung weiterer Dramen und Skandale.

So ging die geizige und habgierige Milchfrau für

fünfzig Rubel ihres schönen und intelligenten Mannes verlustig.

Und ich muß sagen, ich bin sehr froh und zufrieden, daß es so und nicht anders gekommen ist.

Jetzt kann die dumme Gans während ihrer Mußestunden in völliger Einsamkeit darüber nachsinnen, welch groben Fehler sie begangen hat.

Es kommt jedoch vor, daß Menschen nicht solche Fehler begehen und überhaupt nicht allzusehr in Hitze geraten, wenn sie Geld sehen, und dennoch, wenn ihnen per Zufall Geld in die Pfoten gerät, innere Erregung und starke Gemütsbewegungen in nicht geringerem Maße durchzustehen haben als diese dämliche Milchfrau. Von einem solchen Manne, der Geld in die Hände kriegte, möchte ich Ihnen erzählen. Und Sie werden sogleich sehen, wie das Geld einen sympathischen Menschen zu beeinflussen vermag.

Tragikomische Geschichte von dem Manne, der Geld gewann

Natürlich, Geschichten von Leuten, die, sagen wir, hunderttausend Piepen gewinnen und mit denen sodann dies und jenes vorfällt und passiert, solche Geschichten gibt's in der Literatur natürlich haufenweise.

Das aber, was ich Ihnen erzählen möchte, übertrifft an Komik alles, was auf diesem Gebiet bislang niedergeschrieben wurde.

Ich erwähne beiläufig, daß es die nackte Wahrheit ist.

Stellen Sie sich einen Morgen vor. Leningrad im Nebel. Die Werktätigen müssen jetzt zur Arbeit.

Gleich werden sie Tee trinken und in stolzer Reihe losmarschieren.

Aber was ist das? Ertönt doch plötzlich, Verzeihung, Geschrei.

Das passiert in unserer Kommunalwohnung – da ertönen Geschrei, Gestampf, Geklirr und mancherlei Ausrufe. Die Mieter eilen dem Schauplatz zu und erblicken folgendes:

Der Arbeiter Borka Fomin tigert in rosa Unterhosen durchs Zimmer. Sein Unterkiefer schnattert. Sein Gesicht ist bleich wie Lehm. In einer Hand hält er die Zeitung. In der andern eine Postkarte. In der dritten Hand hält seine Gattin einen Talon, und sie stößt Rufe aus wie folgt:

„Ach, geht doch alle aus dem Zimmer. Wir wissen noch gar nichts. Ich persönlich kann nicht glauben, daß Borka und ich fünftausend gewonnen haben."

Borka Fomin, dem vor Erregung ein Tropfen von der Nase fällt, sagt:

„Da krieg ich eine Postkarte von der Sparkasse. Was ist? Pardon! Geld hab ich gewonnen."

Seine Frau sagt:

„Mein ganzes Leben verläuft im Dämmerlicht. Daß mal was Besonderes passiert – ist nicht. Wenn nun Borka soviel Geld gewonnen hat, dann", sagt sie, „weiß ich ganz genau, daß noch irgendwas passiert, wonach ich höchstwahrscheinlich überhaupt kein Geld zu sehen kriege."

Ein Mieter sagt:

„Oft kommt es vor, daß sie beim Druck die Zahlen durcheinanderbringen. Oder die Nullen springen ganz woanders hin. Die Werktätigen freuen sich, und dann stellt sich raus, sie haben gar nichts gewonnen."

Jetzt werden aus verschiedenen Zimmern sieben Zeitungen angeschleppt.

Alle kucken und prüfen nach und sehen – kein Zweifel, Borka, Fomin, der doch so gar nichts Besonderes vorstellt, hat fünftausend gewonnen, und keiner weiß, was er jetzt mit diesem Zaster macht.

Borkas Neffe Wowka Tschutschelow, ein junger Bengel von siebzehn Jahren, der auch bei uns wohnt und gerade im Examen für den Titel Chauffeur steht und noch nicht gewohnt ist, Leute zu überfahren, sagt zu seinem Onkel:

„Wozu sollen wir hier sinnlos rumschreien, Onkel, laufen Sie doch lieber zur Sparkasse. Wenn Sie das Geld kriegen, dann haben Sie tatsächlich gewonnen."

Nun schreien alle auf Borka los und beauftragen ihn, zur Sparkasse zu laufen.

Seine Gattin ruft dabei mit dem Argwohn der Ehefrau aus:

„Der Halunke gerät mir doch glatt unter die Straßenbahn oder wird vom Autobus angefahren. Das kann doch gar nicht wahr sein, daß ich so ohne weiteres fünftausend gewinne."

Borka zieht sich im Nu an, saust los und kehrt alsbald zurück, bleich wie Lehm.

Mit der geschwächten Stimme eines Menschen, der soeben in die Stratosphäre aufgestiegen ist, sagt er zu den Anwesenden:

„Ja", sagt er, „ich hab fünftausend gewonnen. Man hat mir gesagt, ich soll übermorgen kommen und das Geld holen. Das passiert in unserm Bezirk nur einmal in hundert Jahren, hat man mir gesagt."

Nun wird Borka von allen beglückwünscht und

angewiesen, sich aufs Sofa zu legen, um die Funktion seines Organismus bis zum Empfang des Geldes nicht zu stören.

Seine Gattin sagt:

„Ach, geht doch alle aus dem Zimmer. Ich will scharf nachdenken, ob noch was passieren kann, wonach wir dieses Geld nicht kriegen."

So vergeht ein ganzer Tag, und am nächsten Morgen ertönen wieder Geschrei, Gestampf und grobe Ausrufe.

Sämtliche Mieter eilen dem Schauplatz zu und erblicken folgendes:

Borka liegt in rosa Unterhosen auf dem Sofa. Sein Unterkiefer schnattert, die Nase tropft.

Seine Gattin sagt:

„Ein Glück, daß man mir diesen Halunken noch nicht in die Reihen der Partei aufgenommen hat. Da hätte er mir ein schönes Ding untergejubelt."

Die Mieter sagen:

„Was ist denn?"

„Na ja", sagt sie, „ganz einfach! Jetzt stellt sich raus, er hat vor zwei Wochen, ohne den Gewinn abzuwarten, wie ein Kind bei verschiedenen hohen Leuten um Bürgschaft gebettelt. Ein Glück, sie haben ihm keine gegeben. Sehen Sie, er wollte einfach eintreten. Ich glaub, er hätte bestimmt die Hälfte des Geldes für den Kampf um dies und jenes und für die Rote Hilfe und für sämtliche andern Stellen spenden müssen."

Ein Mieter sagt:

„Das Spenden ist nicht Pflicht, aber manche haben natürlich Lust dazu, die behalten sechs Rubel für Papirossy zurück und stiften den Rest für den Aufbau."

Die Gattin sagt:

„Ein Glück, daß keine Idioten in die Partei aufgenommen werden, das wär ja ein Ding geworden!"

Borka schreit:

„Was redest du denn soviel, ich bin doch gar nicht aufgenommen. Im Leben kehrt sich alles zum Guten."

Seine Frau sagt:

„Ach, geht doch alle aus dem Zimmer. Ich will nachdenken, was noch passieren kann."

Am dritten Tag kriegte Borka das Geld vollständig ausgezahlt. Seufzend spendete er einen Zwanziger für das Luftschiff und trug den Rest nach Hause. Und schloß sich in sein Zimmer ein.

Am vierten Tag ertönen morgens Geschrei, Geknurr, Geheul, Gestampf und grobes Schimpfen.

Borka Fomin, der sich mit seiner Frau zerstritten hat, trennt sich von ihr und geht zu einem Fräulein. Sie heißt Fenitschka und wohnt am andern Ende des Korridors. So ein weißblondes Mädchen. Ich glaube, eine Estin. Aber ein entzückendes und niedliches Herzchen. So schlank, wie Poeten sich's erträumen.

Sobald er seinen Kram gepackt hat, übersiedelt er stracks zu dem Fräulein und ruft:

„Ich geh weg von ihr, weil ich ihr kleinbürgerliches Wesen kennengelernt hab. In solch heroischer Zeit hat sie mir angesonnen, den Aufnahmeantrag zurückzunehmen. Das kann ich ihr nie verzeihen, und jedesmal, wenn ich sie seh, werd ich bestimmt leiden und mich grämen. Aber ich will sie nicht umsonst verlassen. Ich geb ihr hundert Rubel, aber dann soll das Miststück sich auch nicht in meine Herzensangelegenheiten einmischen."

Seine Gattin sagt:

„Da seht ihr's! Ich hab's euch ja gesagt."

Neffe Wowka und Onkel Borka trugen die Sachen schleunigst zu Fenitschka und feierten dort den ganzen Abend einen üppigen Ball.

Am sechsten Tag ertönen in der Wohnung wieder Geschrei, Ausrufe und Damentränen.

Was ist los! Pardon. Entschuldigung, was ist passiert?

Ach, wissen Sie, dem Borka haben sie in der Nacht das ganze Geld geklaut.

Ein ungeheuerliches Bild von Entsetzen und Erschütterung stellt sich dar.

Borka Fomin selbst liegt auf dem Bett, die Visage bleich wie Lehm. Er wispert Worte der Verwunderung, breitet die Arme aus und zeigt damit die Wucht und Größe seines Herzeleids. Neben ihm auf dem Teppich liegt ohnmächtig Fenitschka. Man hat ihr Pantoffeln und Mantel gestohlen.

Nun wird offenbar, daß Borkas Neffe Tschutschelow, ohne das Chauffeursexamen abgelegt zu haben, in unbekannter Richtung verschwunden ist. Ein Bild gemeinen Diebstahls seitens dieses verkommenen Verwandten stellt sich dar.

Plötzlich erscheint Fenitschkas Bruder oder weiß der Teufel was. Ich glaube, auch ein Este. Trägt das Abzeichen „Bereit zur Arbeit und Verteidigung".

Er sagt fast nichts und scheucht nur mit Fußtritten die überflüssigen Bewohner aus dem Zimmer.

Als letzte Nummer vertreibt er Borka Fomin und haut ihm eins an den Rüssel für das verdorbene Damenleben plus Mantel und Pantoffeln.

Borka saust mit leidvollen Schreien durch den Korridor, und das Maul schwillt an wie ein Fleischpastetchen im Ofen.

Seine gewesene Gattin nimmt ihn daraufhin unter ihre Gönnerschaft und gestattet ihm, wieder in ihrer Hälfte zu wohnen.

Borka legt sich in ihrem Zimmer auf den Fußboden und leidet dermaßen, daß selbst der eingetroffene Milizionär, der ja an sämtliche Anblicke gewöhnt ist, es nicht mit ansehen kann.

Borka sagt zu seiner Frau:

„Ach, ich begreife ja selber nicht, wie ich von Ihnen weggehen konnte. Nur Ihre Liebe hat mir stets und immer meine ungeheuren Leiden verschönt. Wie im Wahn hab ich drei Tage lang mit dieser weißblonden Estin gelebt, der die Plüschpantoffeln und der Mantel verdientermaßen geklaut wurden und deren Bruder ich weiß nicht was für ein Schurke und Mörder ist. Ach, ich hatte ein wildes Durcheinander im Kopf von all diesen Sachen. In Anwesenheit des Genossen Milizionär bringe ich Ihnen meine herzlichen Entschuldigungen für alle diese Erscheinungen dar."

Der Milizionär sagt:

„Ach, lassen Sie doch das Geflenne. Ihre Worte zerreißen mir ja buchstäblich die Seele. Ich bitte Sie zu schweigen. Sagen Sie mir lieber, was passiert ist, nicht aber, was gewesen ist. Ich", sagt er, „setze ein Protokoll auf und schreibe kein Poem aus dem Leben der Vagabunden."

Borka sagt:

„Also hören Sie zu. Fenitschka hat nachts geschlafen, und ich bin für einen Moment auf die Toilette gegangen, weiß nicht mehr wozu. Wowka Tschutschelow hat das bestimmt gesehen und hat das Geld und die Sachen aus dem Zimmer geholt."

Der Milizionär schreibt sich alles auf und geht.

Mann und Frau versöhnten sich und lebten in ungewöhnlicher Liebe miteinander.

Borka grüßte Fenitschka nicht mehr. Sie prunkte mit neuen Pantoffeln, die sie irgendwoher gekriegt hatte.

Fenitschkas Schwester Sima, mit der Borka ins Gespräch kam, sagte ihm, der weißblonde Este, der ihm eins aufs Maul gegeben hatte, sei keineswegs ihr Bruder, sondern ihr Liebhaber. Damit war alles klar.

Borkas Leiden hörten auf. Er ging zur Arbeit und gab dort mancherlei kühne Versprechungen ab.

Seine Gattin sagte:

„Na schön, was tun, wenn's dir Spaß macht, bitte doch jemand um seine Bürgschaft. Alles, was du siehst, mußt du gleich haben, wie ein kleines Kind."

Da plötzlich, zwei Wochen später, wird Borka zur Miliz bestellt. Man teilt ihm mit, sein Neffe Wowka Tschutschelow sei in Gagry im Kaukasus geschnappt worden. Vierhundert Rubel habe er schon verjubelt, den Rest könne Borka sofort zurückerhalten.

Bleich wie Lehm kommt Borka nach Hause zurück. In den Händen trägt er das Geld. Setzt sich aufs Sofa, blickt alle widerwillig an und begreift noch nicht ganz, was geschehen ist.

Seine Gattin sagt:

„Ach, geht doch alle aus dem Zimmer. Man weiß noch nicht, was wird."

Diese Ungewißheit dauerte drei Tage.

Danach ehelichte Borka Fomin plötzlich Knall auf Fall Fenitschkas Schwester Sima.

Vor Glück ging er drei Tage nicht zur Arbeit

und wurde für ein halbes Jahr entlassen. Aber darauf pfiff er und grämte sich nicht. Sein Geld brachte er aufs Sparbuch. Dieses Büchlein trägt er jetzt auf der Brust, mit einer dicken Schnur umwikkelt.

Fenitschka sagte, ihr sei das alles egal. Seine Frau sagte: „Das ist ein Ding!" und ehelichte ganz plötzlich einen ehemaligen Polen, der mit in ihr Zimmer zog, da er kein solches besaß.

Jetzt ist natürlich interessant, was wird, wenn Borka sich verausgabt hat.

Nachdem Sie diese Erzählung gelesen haben, können Sie sich mit mir über solch erstaunliche Dinge wundern. Und nachdem wir uns über diese Dinge gewundert haben, lassen Sie uns hoffnungsvoll an die schöne Zeit denken, in der das Geld nicht mehr so eine hervorragende Bedeutung haben wird.

Die ganze Welt wird staunen und sich wundern, wie herrlich das Leben dann bestimmt sein wird.

Wir Halunken, in Plunder und Häßlichkeit erzogen, haben nicht den leisesten Begriff, wie das wird.

Damit möchte ich meine Geschichten vom Geld beenden, um zu den Geschichten von der Liebe zu kommen. Allein, die Nähe des poetischen Abschnitts „Liebe" erlaubt es mir, noch eine Novelle zu erzählen, in der meine beiden Gegenstände – Geld und Liebe – aufeinandergeprallt sind.

Das war so.

Es ist die Geschichte von einer reichen und wohlhabenden Bürgerin, die für Geld Liebe erwarb.

Und das kam so.

Die letzte Geschichte unter der Losung „Glückliche Reise“

Reiche Leute gibt’s eigentlich nicht bei uns. Vermögende aber, die gibt’s.

Bei uns scheffeln manche Leute ganz schön. Manche gewinnen auf ihre Anleihescheine. Manche heimsen überhaupt weiß der Köter von wo allerhand Geld ein.

Was aber Reichtum ist, können wir uns kaum vorstellen. Wir wissen fast überhaupt nicht, was für ein Zustand das ist, wenn man alles kaufen kann, wenn sämtliche Schranken fallen und es nichts auf der Welt gibt, was man sich nicht erträumen darf.

Natürlich, so was Ähnliches gibt’s bei uns auch. Na, so irgendwelche kleine Überreste früherer Vermögen. Und dann passieren erstaunliche Dinge, deren wir ganz entwöhnt sind, auf die zu blicken jedoch lohnt.

Lesen Sie also bitte die Geschichte von einer Liebe, die für Geld gekauft wurde, und was daraus wurde.

Es lebte in Leningrad so ein Dämchen, die Tochter eines reichen Ingenieurs.

Ob er nun Ingenieur war oder vielleicht Unternehmer, das ist mir jetzt ziemlich unbekannt. Fakt ist nur, daß er Privathäuser baute und dabei unermeßlich reich wurde. Na, vielleicht hat er da auch geklaut oder gestohlen, was weiß ich.

Er wurde also verteufelt reich (das war zu Beginn der NÖP), und nachdem er reich geworden war, legte er sich natürlich wertvolle Sächelchen zu, so verschiedene Bilder, Teppiche, Lampen, Decken. Er besaß auch Goldmünzen zaristischer

Prägung, Brillanten und überhaupt eine Unmasse von allerlei Hab und Gut und Anzügen.

Natürlich weiß ich nicht, was in unsern Tagen mit ihm passiert wäre, doch da er kein Dummer war, legte er sich neunzehnhundertvierundzwanzig rechtzeitig hin und starb mit einem gelassenen Lächeln auf den Lippen, als wie, ihr Dummköpfe, ich weiß nicht, wie's euch geht, ich jedenfalls hab anständig rangeschafft und hinterlasse alles meiner Tochter.

Dann hat er, wie man so sagt, ins Gras gebissen.

Seine Tochter aber ist ein ziemlich uninteressantes Wesen, so ein Fräulein, nicht Fisch noch Fleisch. Na ja, sie geht rum, sitzt, futtert und redet, aber zur Poesie fühlt sie sich nicht hingezogen, und sie kann auch nicht Klavier spielen.

Ohne ihren Reichtum wäre ihr Wert natürlich gleich Null, aber da sie Reichtum besitzt, laufen ihr die Männer ziemlich stark nach und haben sie sogar schon dreimal nacheinander geheiratet, allerdings jedesmal irgendwie erfolglos. Selbst ein Arzt hat ihr den Hof gemacht. Da er jedoch politisch beschlagen war, maß er ihrem Reichtum keine Bedeutung bei und begriff, daß dies nicht von Dauer war. Er machte ihr ein paarmal den Hof, sah dann Unannehmlichkeiten voraus und schlug sich, wie man so sagt, seitwärts in die Büsche.

Nun aber lernt sie einen Ingenieur kennen. Das ist ein interessanter schöner Mann, hat Benimm und versteht sich anzuziehen. Überhaupt ist er ein Pedant und ein Frauenliebling. Parfümiertes Taschentuch, Manschettenknöpfe und noch dies und das. Zu alldem kam noch sein Name – Ljutik.

Dieser junge Damenliebling also besucht unsere Jelena Grigorjewna und erblickt bei ihr eine unübersehbare Menge kostbaren Plunders. In Gier nach diesem Besitz entbrannt, verdreht er dem Dämchen den Kopf und spricht eines Tages zu ihr, als wie, wollen Sie nicht meine Frau werden.

Die dumme Pute, verliebt wie eine Katze, bebt vor Freude und sagt: „Ach, ich bin dein auf ewig."

Er, nicht dumm, ehelicht sie schleunig, lebt fein, begeistert sich für das Leben, speist fünfmal am Tag und denkt: Prima hab ich mich gebettet!

Er übersiedelt nach Detskoje Selo in ihr Eigenheim, und plötzlich fällt ihm auf, daß er das Dämchen ziemlich uninteressant findet. Keinerlei Liebe zu ihr ist bei ihm vorhanden, und er hat nicht mal Lust, bei ihr zu sein und mit ihr die gleiche Luft zu atmen.

Scheiden lassen, denkt er, wär im höchsten Maße blöd, aber, denkt er, ich werd schon zusehen, wo ich bleibe. Und nun bringt er allerlei Flirts und Affären und mancherlei Liebesabenteuer in Gang. Lebt mit einer unglaublichen Schönheit in vollen Zügen. Trinkt mir ihr und zecht und wirft ihr mancherlei kleine Kostbarkeiten zu Füßen.

Nach Hause kommt er, wie man so sagt, ziemlich ausgemergelt, doch dabei tut er, als sei er vom Aufbau und von den Geschäften ausgelaugt und könne deshalb mit seiner Ehefrau nicht mal plaudern.

„Ich", sagt er, „bitte um Entschuldigung, aber ich kann nicht mehr wie früher lange über verschiedene Themen mit Ihnen plaudern, geschweige denn mich an Ihnen ergötzen, denn von der verstärkten Tätigkeit hat sich mein Charakter verändert, und ich habe eine gewisse Lebhaftigkeit meines Temperaments verloren."

Dabei verstellt er sich, wenn sie dabei ist – läuft

gebückt herum, ächzt, spuckt überflüssige Spucke aus und deckt sich mit zwei Decken zu. In Wirklichkeit sieht seine Visage blühend und gesund aus, besser geht's nicht.

Zu allem Überfluß beredet er einen ihm bekannten Arzt, Orlow, dieser möge Jelena ein paar ängstigende Worte einflüstern. Zu diesem Behuf gibt er ihm eine gewisse Summe Geld.

Der Arzt kommt also, sagt ah! und oh!, stößt Rufe aus und sagt zu Jelena Grigorjewna:

„Schlimm! Schlimm ist das! Oh, oh! So ein junges, blühendes Wesen, und so eine im höchsten Maße vermurkste Gesundheit. Pflegen Sie ihn gut und regen Sie sich nicht auf. Besser, er schläft in einem Einzelzimmer. Ihre Damenpflicht ist es, alle seine Launen und Forderungen zu erfüllen."

Da bricht die dumme Pute in unvorstellbares Schluchzen aus, geht auf Zehenspitzen und beunruhigt in keiner Weise ihren Gatten, den sie noch immer liebt und vergöttert.

So vergeht ein Jahr und ein zweites. Und ein drittes. Fünf Jahre sind herum, die Geschichte nähert sich unsern Tagen.

Und schon bricht das Jahr 1933 an.

Eines Tages kriegt Jelena Grigorjewna Besuch von ihrem Nachbarn. Das ist so ein Buchhalter namens Fjodorow. Ein rechter Buchhaltertyp – dumm, ein Prahlhans und von kümmerlichem Aussehen.

Sie unterhalten sich über dies und das (Ljutik ist nicht zu Hause), und Jelena sagt:

„Wissen Sie was, mir ist heut so langweilig. Fahren wir in ein Restaurant. Keine Sorge, ich zahle. Wir hören Musik, essen Brathähnchen und verbringen auf interessante Art die Zeit."

Der Gauner von Buchhalter sagt:

„Sehr erfreut. Mit größtem Vergnügen."

Sie fahren also nach Leningrad. Gehen ins „Astoria". Teppiche. Kleine Tische. Ein Orchester spielt. Herausgeputzte Paare tanzen. Dieser Holzkopf von Fjodorow aber hat bestimmt sein graues Jäckchen an und ist unrasiert, und sein Schlips ist bestimmt seitlich verrutscht. Eijei!

Sie setzen sich an einen Tisch und bestellen Hähnchen und so weiter. Plötzlich sieht Jelena Grigorjewna – was ist das – ein Trugbild: Ihr Ehemann Ljutik tanzt Shimmy mit irgendeiner Dame.

Ach, sie sagt nichts und zuckt auch nicht zusammen. Sie steht bloß vom Tisch auf und geht zum Ausgang, als ob ihr nicht gut ist und sie auf die Toilette muß.

Ihr Buchhalterlein sieht das Täschchen mit dem Geld auf dem Tisch liegen und macht sich keine Sorgen. Sie wird kaum getürmt sein, denkt er, schlimmstenfalls eß ich beide Hähnchen auf.

Jelena Grigorjewna eilt flugs nach Hause zurück. Unterwegs enthüllt sich ihr das ungeheuerliche Bild zur Gänze. Schlagartig wird ihr klar, was für ein Betrug ihr sieben Jahre lang widerfahren ist.

Sie eilt also nach Hause. Wühlt in seinem Schreibtisch. Zieht verschiedene Briefe und Zettel hervor und liest sie mit bleichen Lippen. Und sieht – ja, der Betrug ist erwiesen, er läßt sich gar nicht beschreiben.

Sie entdeckt diverse Damenbriefe. Liest darin poetische Worte über dies und jenes: „Sehr geehrter Ljutik ...", „Du bist mein Gott ...", „Ich küsse Sie ...", „Ach, ach ..." Und alles in dieser Art.

Sie ruft: „Ach!", fällt für kurze Zeit in Ohnmacht, reißt sich dann aber zusammen und sagt sich: „Ich hab scheint's mein Herz an einen Lumpen gehängt."

Nein, zu ihm sagt sie nichts, als er am nächsten Tag nach Hause kommt. Sie geht nur nervös im Garten auf und ab, zupft ungeduldig Blätter von den Bäumen und flüstert: „Das ist ein Ding!"

Der Halunke Ljutik, nicht gewöhnt, sie so zu sehen, fröstelt bei diesem Anblick und sagt sich: „Ich hab scheint's den Bogen überspannt. Sieben Jahre betrüge ich die dumme Pute und schlafe nicht mal mit ihr. Infolge ihrer Liebe zu mir scheint es, als versperre ich ihr den Zugang zu den Interessen des Lebens."

Da ihm die zarten Schößlinge des Gewissens noch nicht ganz verdorrt sind, geht er in den Garten, setzt sich neben sie auf das Bänkchen und sagt:

„Herzlichen Gruß, Jelena Grigorjewna. Ich möcht Ihnen heut was erzählen. Sehen Sie, das ist so ..."

Und er erzählt ihr, wie alles war.

„Ja", sagt er, „ich hab sieben Jahre nicht mit Ihnen geschlafen infolge Betrugs. Aber ich möchte Ihr Leben nicht länger kaputtmachen. Jedes Lebewesen hat ein Recht auf Liebe und Zärtlichkeit, und Sie sollen dieses Naturgesetzes teilhaftig werden."

Sie sagt:

„Gut, daß Sie es mir sagen. Glauben Sie mir, die zarten Schößlinge Ihres Gewissens sind mir sehr teuer. Aber ich", sagt sie, „wußte das alles schon."

Er wundert sich heftig, und sie fährt fort:

„Was nun Ihre Worte über Liebe und Zärtlichkeit betrifft, so bin ich", sagt sie, „keine so dumme Pute, wie Sie meinen. Liebe und Zärtlichkeit hab ich gehabt, und Sie bedauern mich umsonst und halten mich umsonst für dümmlich, wenn Sie glauben, ich hätt bloß für Sie Augen gehabt."

Da steht er in schrecklichem Zorn vom Bänkchen auf und sagt:

„Wie soll ich Ihre Worte auffassen? Sie haben also mit anderen gekramt und scheint's Liebhaber gehabt, oder", sagt er, „ich versteh irgendwas falsch. Nennen Sie mir die Namen, oder ich kann nicht für mich einstehen."

Sie nennt ihm sieben verschiedene Namen, darunter auch Fjodorow und Orlow.

Bei diesen beiden Namen schaudert Ljutik und fällt auf das Bänkchen zurück.

Er sagt:

„Dann bin ich ein Idiot, daß ich's Ihnen erzählt hab. Sie", sagt er, „sind der Inbegriff menschlicher Gemeinheit. Meine Verachtung für Sie erlaubt mir nicht, neben Ihnen zu verweilen. Ich", sagt er, „verlasse Sie. Auf Wiedersehen."

Er denkt, sie wird ihn anflehen, doch sie spürt die Macht ihres Reichtums und sagt:

„Sehr großartig. Das wollt ich Ihnen auch vorschlagen."

Er spuckt auf Blumen, Beet und Bank, packt schäumend seine Koffer und fährt sofort nach Leningrad.

Sie lacht und sagt:

„Hau ab, hau ab, ich", sagt sie, „hab für mein Geld schon bessere als dich gesehen."

Er fährt nun zu seiner unglaublichen Schönheit, die angesichts seines leichten Handgepäcks spitzkriegt, daß es aus ist mit dem Komfort, und ihm alsbald den Laufpaß gibt. Da ehelicht er eine vermögende Sängerin, die fünfmal täglich in Konzerten auftritt und auf ein gutes Leben Anspruch hat.

Was Jelena Grigorjewna betrifft, so heiratet sie bald den Dummkopf Fjodorow.

Wie es der seltsame Zufall will, fängt dieser, nachdem er ein halbes Jahr mit ihr gelebt hat, in Unkenntnis der Einzelheiten über ihren vorhergehenden Mann ebenfalls an, über seine Gesundheit zu klagen, aber da sagt Jelena Grigorjewna lachend zu ihm:

„Na, wenn's so ist, wollen wir uns lieber trennen."

Worauf der andere fast im Nu gesund wird, sich allerorts mit ihr zeigt und ihr Leben nach den festgesetzten Regeln verläuft.

Oft gehen die beiden ins Restaurant. Die ermüdenden Stürme des Lebens haben Jelena ein bißchen altern lassen; am Tisch sitzend, wirft sie den Männern verächtliche Blicke zu. Der Holzkopf Fjodorow schmaust Hähnchen und Enten und blickt seinerseits wehmütig auf die jungen Dinger, die da und dort im Restaurant verstreut sitzen.

Die übermäßigen Ausgaben nötigen Jelena, neue Geldquellen zu erschließen. Ungehemmt verscheuert sie Goldmünzen zaristischer Prägung. Damit fällt sie sehr bald auf die Nase.

Man hängt ihr einen Prozeß an und verbannte sie unlängst in die Stadt Arsamas.

Der Halunke Fjodorow konnte sich heraushalten. Er sagte:

„Ich bin nicht ich, und die Gattin ist nicht meine, und von dem Geld hatte ich keine Ahnung, ich hab sie uneigennützig geliebt."

Solchermaßen vor Liebe vergehend, reiste er ihr dennoch nicht an den Verbannungsort nach.

So wollen wir ihr denn glückliche Reise wünschen und ein geruhsames Leben in Arsamas, wo sie bestimmt Kontoristin wird und die Gefühle empfängt, die sie ohne ihren gewaltigen Reichtum verdient.

Glückliche Reise!

Damit schließe ich meine Geschichten vom Geld.

Wenn wir noch das nunmehr folgende kurze Nachwort gelesen haben, das unsern Abschnitt sozusagen wie ein Schleifchen zubindet, kommen wir mit großen Hoffnungen zum zweiten Abschnitt, der die verlockende und auf den ersten Blick spielerische Überschrift „Liebe“ trägt.

Hier also noch eine kurze Plauderei als Nachwort zum ersten Abschnitt.

Nachwort

Damit also, wenn Sie gestatten, schließe ich meinen Abschnitt „Geld“, verehrte Genossen.

Was sehen wir also, nachdem wir alles mit gewissenhafter Aufmerksamkeit gelesen haben, die interessanten Novellen aus der Historie und die komischen Geschichten aus unserm Leben?

Wir sehen, daß das Geld, so erstaunlich das sein mag, den Menschen große Betrübnisse bringt. Wie das kommt, möchte ich nicht entscheiden. Vielleicht von den unglückseligen Eigenschaften des Geldes, vielleicht auch im Gegenteil von den traurigen Seiten unseres eigentlich schlechten Charakters. Vielleicht wirkt auch eins aufs andere.

Angenommen, man ändert das eine, dann ändert sich bestimmt auch das andere. Manche meinen, man könne das zweite ändern und das erste solle in seiner früheren Kraft, in seinem früheren Glanz und Ansehen verbleiben, doch ich glaube, sie irren sich gewaltig.

Im übrigen ist es meine Sache, etwas auszusprechen, Sie können's dann halten, wie Sie wollen.

Nachdem ich nun also ein paar Tränentröpfchen vergossen und mich um den Fall und Untergang vieler guter Menschen gegrämt habe, schließe ich meinen leidumwölkten Abschnitt und trete, die romantische Seele voll glühender Hoffnung, in den neuen, freudevollen Abschnitt „Liebe“ ein.

Und schon höre ich Raunen und schüchternes Atmen und Gitarrengezirp und irgendwelche Verslein. Damenschreie. Ein Schuß. Ein Säugling brüllt. Und, Pardon, ich glaub, da klimpert wieder Geld.

Lieber Leser, streich dir die Haare glatt und zieh den Schlipsknoten fest. Du gehst jetzt mit mir durch eine Allee, die eine gewisse, na ja, Adrettheit verlangt, eine gewisse Schönheit der verschiedenen Linien, Umrisse und äußeren Formen. Hier darf man, Entschuldigung, nicht x-beinig und mit stoppliger Visage herumlaufen.

Also, glätten Sie Ihre Frisur, wir gehen durch die von zitterndem Mondlicht beschienene Allee. Stellen Sie sich vor, hohe Linden, Bänke unter Bäumen, ein Teich. Wie sagt doch der Dichter:

> Wie ein güldnes Fröschlein saß der Mond
> ausgebreitet auf dem stillen Wasser …

Hier nun werden wir gewiß die Freude und Begeisterung finden, die die Menschen vollauf verdienen. Hier nun werden wir gewiß das Glück finden, das die Kümmernisse der bisherigen Seiten aufwiegt.

Verehrte Leserin, Ihre liebe Anwesenheit ist hier dringend geboten. Reichen Sie mir Ihr zartes Händchen, legen Sie es mir auf die Brust und lindern Sie mein Herzklopfen, das aus dem Vorgefühl von Gutem und Schönem kommt.

Damit also beginnt der neue Abschnitt „Liebe".

II. Liebe

1. Wenn Freund Hein mit unhörbaren Schritten an unser Kopfende tritt, „aha!“ sagt und uns das kostbare und bislang liebenswerte Leben allmählich wegnimmt, wird es uns wahrscheinlich am meisten um *ein* Gefühl leid tun, dessen wir bei dieser Gelegenheit verlustig gehen.

2. Von allen wundersamen Erscheinungen und Gefühlen, die die Natur mit so freigebiger Hand verstreut hat, wird es, so glaube ich, gewiß die Liebe sein, von der wir uns am schwersten trennen.

Um es mit der Sprache der poetischen Vergleiche auszudrücken – wenn wir uns von dieser Welt verabschieden, wird unsere entwichene Seele zappeln und stöhnen und zurückwollen, sie wird demütig flehen und versichern, sie habe noch nicht alles gesehen, was es zu sehen gibt, und sie möchte gern noch mehr sehen.

Aber das ist Quatsch. Sie hat alles gesehen. Das sind faule Ausflüchte, die eher die Größe unserer Gefühle und Bestrebungen bekunden als sonst was.

3. Natürlich gibt es noch mehr ungewöhnliche und geschätzte Vorgänge und Gefühle, die wir sicher-

lich auch bitterlich beseufzen werden, wenn wir uns von ihnen trennen müssen.

Zweifellos werden wir bedauern, nicht mehr die Musik von Blas- und Sinfonieorchestern hören und zum Beispiel nicht mehr mit dem Dampfer übers Meer fahren oder im Wald duftende Veilchen pflücken zu können. Über alle Maßen wird es uns leid tun, unsere ruhmreiche Arbeit aufzugeben und nicht mehr behufs Erholung am Meeresstrand zu ruhen.

Ja, all das sind herrliche Sachen, und um all das wird es uns bei der Trennung natürlich leid tun. Vielleicht werden wir sogar ein bißchen weinen. Um die Liebe aber werden wir ganz besonders heiße Tränen vergießen. Der Abschied von diesem Gefühl wird gewiß die ganze Welt in ihrer Größe verdunkeln und sie leer, kalt und uninteressant machen.

Wie heißt es doch beim Dichter:

> Die Liebe verschönt uns das Leben,
> Sie ist die Verzauberung der Natur …
> Und ich bin zutiefst überzeugt,
> Daß alles andere nichtig ist.

Sie sehen, der französische Dichter Musset sagt, alles sei nichtig im Vergleich zu diesem Gefühl. Aber natürlich irrt er sich teilweise. Natürlich übertreibt er ein bißchen.

4. Freilich darf man nicht vergessen, daß diese Zeilen ein Franzose gesagt hat. Das heißt, ein Mensch, der von Natur äußerst empfindsam und, Pardon, bestimmt ein Schürzenjäger ist, der infolge der Gefühle, die ihn übermäßig erregen, auf

diesem Gebiet tatsächlich mit weiß Gott was herausplatzen kann.

Soviel ich gehört habe, gehen die Franzosen da bei sich in Paris abends auf den Boulevard, und dann sehen sie nichts als bloß lauter hübsche Mädchen, die sie „Hühnchen" titulieren. So was von Liebhabern weiblicher Schönheit und Grazie! Ich habe also Grund, die ungewöhnliche Hitzigkeit dieser poetischen Zeilen ein wenig zu dämpfen.

5. Aber sehen wir uns den russischen Dichter an. Der russische Dichter steht dem hitzigen gallischen Geist nicht nach. Im Gegenteil. Nicht nur über die Liebe, sogar schon über die Verliebtheit finden wir bei ihm die famosen Zeilen:

> O Verliebtheit, härter als des Schicksals
> Gefahren,
> Fordernder als unsrer Väter Gesetz,
> Lockender als des Krieges Fanfaren …

Woraus sich folgern läßt, daß unser vielgerühmter Poet dieses Gefühl als etwas Höheres auf Erden ansah, als etwas, womit nicht mal die Zeilen der Strafgesetze noch die Anordnung des Vaters oder auch der Mutter zu vergleichen sind. Mit einem Wort, nichts, so beteuert er, habe so auf ihn gewirkt wie dieses Gefühl. Er spielt sogar irgendwie von hintenrum auf die Einberufung zum Militärdienst an, die ihm auch quasi schnuppe war. Überhaupt hat er wohl mit etwas hinterm Berg gehalten. Allegorisch redet er von der Kriegsfanfare, und schon wird's verschwommen. Bestimmt hat er sich seinerzeit vorm Militärdienst gedrückt. Vielleicht deshalb die Allegorie.

In diesem Sinne ist es viel einfacher, wenn man es mit Prosa zu tun hat. In der Prosa gibt's so was Verschwommenes nicht. Da ist alles klar. Im übrigen kann man, wie Sie sehen, auch der Poesie auf die Schliche kommen.

6. Bei einem anderen russischen Dichter finden wir nicht minder starke Zeilen.

Diesem Dichter, ich muß es Ihnen sagen, ist einstmals das Haus abgebrannt, in dem er geboren wurde und die schönsten Tage seiner Kindheit verbrachte. Interessant zu beobachten, wie er sich nach der Feuersbrunst tröstete.

Er erzählt es folgendermaßen. Er beschreibt es in einem Gedicht. Das hört sich so an:

> Es schien, alle Freuden der Kindheit
> Wärn tot, mit dem Hause verbrannt,
> Ich mochte nicht weiter mehr leben
> Und beugte mich über den See,
> Doch just glitt ein Nachen vorüber,
> Darin eine einsame Frau,
> Ein zweites Abbild des Mondes,
> Erwünscht sie's, erlaubt es der Mond,
> So baue ich mir in der Fremde
> Ihres Herzens ein neues Haus.

Und so weiter, alles auf diese Tour.

7. Das heißt mit anderen Worten, übersetzen wir die stolze Poesie frei in demokratische Prosa, so kapieren wir teilweise, daß sich der Dichter, ganz irr vor Herzeleid, schon ins Wasser stürzen wollte, in diesem höchst kritischen Moment jedoch plötzlich eine kahnfahrende hübsche Frau entdeckte.

Unerwartet verliebte er sich auf den ersten Blick, und diese Liebe verdrängte sozusagen alle seine unglaublichen Leiden, ja, lenkte ihn zeitweilig ab von den Sorgen bei der Suche nach einer neuen Wohnung. Zumal der Dichter, nach dem Gedicht zu urteilen, offensichtlich einfach zu dieser Dame ziehen wollte. Oder er wollte an ihrem Hause anbauen, wenn, wie er verschwommen sagt, sie es erwünscht und wenn es der Mond und die Hausverwaltung erlauben.

Na, was den Mond betrifft, so hat der Poet ihn nur eingeflochten, um gewissermaßen den poetischen Eindruck zu verstärken. Der Mond, kann man sagen, hat wenig damit zu tun. Was jedoch die Hausverwaltung betrifft, so kann natürlich passieren, daß sie es nicht erlaubt, selbst wenn es die Dame im Kahn erwünscht, da die Verliebten nicht richtig verheiratet sind und überhaupt vielleicht ein unzulässiges Geschäft dabei herauskäme.

8. Das heißt, ich weiß nicht, vielleicht kapiert mein derber Soldatenverstand, der in zwei Kriegen von schwerer Artillerie beschossen wurde, die äußerst feinen und zarten poetischen Verflechtungen von Strophen und Gefühlen nicht so ganz. Doch ich wage es, ungefähr so zu denken, dank einer gewissen Lebenskenntnis und dank meinem Verständnis für die wesentlichen Bedürfnisse der Menschen, deren Leben nicht immer durch das Flußbett der blumigen Poesie strömt.

Kürzer gesagt, der Poet spricht auch hier von der Liebe als von einem höheren Gefühl, welches bei einer gewissen Beimengung von Leichtsinn geeignet ist, dem Menschen die wesentlichsten Dinge sogar bis hin zur Wohnraumbeschaffung zu ersetzen. Welch letztere Behauptung ich ganz und gar dem Gewissen des Poeten anlaste.

Aber diese Meinung wird natürlich nicht nur von drei hitzigen Poeten verfochten.

Alle übrigen haben ebenfalls, wie es so schön heißt, gewaltig die Leier geklimpert und Liebesworte gesungen, noch erstaunlicher und hemmungsloser als die genannten.

9. Da erinnere ich mich an etwas von Apuchtin:

> Neue Liebe erweckte das Herz,
> Tam-ta-ta tam-ta-ta tam,
> Alles, was der Seele heilig,
> Tam-ta-ta tam-ta-ta tam …

Und dies hat keineswegs ein achtzehnjähriges Jüngelchen geschrieben. Nein, es war ein solider Herr von achtundvierzig Jahren, unwahrscheinlich dick und im persönlichen Leben unglücklich. Nichtsdestoweniger war auch er, wie Sie sehen, des Glaubens, ohne Liebe im Herzen sei alles tot und leblos.

Und noch ein paar überquellende Strophen fallen mir ein:

> Was ist die Liebe? O Liebe! O Liebe!
> Blut voller Sonne, loderndes Blut …

Und dann irgendwas … verdammt … ach richtig:

> Wiedergefundenes Paradies.
> Der Tod beherrscht alles, doch ihn die Liebe.

10. Hier steht sogar die Poesie der Franzosen ein bißchen nach – bei denen, kann man sagen, gibt es nicht solch wilden Nachdruck wie etwa in diesen Strophen. Geschrieben hat sie eine russische Dichterin. Sie lebte zu Beginn unseres Jahrhunderts und soll ziemlich hübsch gewesen sein. Jedenfalls hatte sie großes poetisches Temperament. Überhaupt muß das Dämchen regelrecht gezittert haben, als es dieses Gedicht schrieb. Die ganze Sache ist natürlich, kann man sagen, mehr biographisch als poetisch interessant. Ihr armer Mann hatte bestimmt allerhand auszustehen. Bestimmt war sie launisch. Verstellte sich. Lag bestimmt den ganzen Tag mit ungewaschenem Gesicht im Bette rum. Und deklamierte dauernd ihre Gedichte. Ihr Mann saß dabei: „Oh", rief er, „das ist ja wunderbar, genial, mein Bauchnabelchen!" Und sie darauf: „Wirklich?"

Diese Dümmlinge! Bald darauf sind sie mir nichts, dir nichts gestorben. Sie, glaube ich, an Tuberkulose, und er muß sich auch mit irgendwas angesteckt haben.

11. Bei der Lektüre dieser Gedichtzeilen werden zweifellos viele Skeptiker, Gelehrte und Pedanten, deren Herz auf den einsamen Streifzügen durch die Polarländer der Wissenschaft vereist ist, bestimmt die Achseln zucken und sagen, das sei eine unangemessene Meinung irgendwelcher zu heftig flammender Herzen, enthemmter Seelen, ein Zeichen demoralisierter Weltanschauung.

Und sie werden sich wundern, daß es über dieses Gefühl eine solche Meinung, solche Verse und solche Worte gibt, von denen sie überhaupt nichts gewußt und von denen sie nicht mal vermutet haben, daß irgendwer so was rausbringen könnte.

Vielleicht muß man wirklich staunen, daß es so ist und daß es so eine Poesie bei uns gibt, aber da ist mir unlängst ein Prosabändchen in die Hände gefallen. Sein Autor ist der Sänger Fjodor Iwanowitsch Schaljapin.

In diesem Büchlein gibt er ganz offen zu, daß er alles in seinem Leben hauptsächlich der Liebe und der Frauen wegen getan hat. Solche Meinungen über die Liebe finden sich bei poetisch gestimmten Menschen.

12. Was nun die nüchternen und urteilsfähigen Menschen betrifft, die Philosophen und verschiedenen Denker, deren Verstand Lichtströme auf die höchst geheimnisvollen und komplizierten Erscheinungen des Lebens geworfen hat, was also diese Leute betrifft, so haben sie im großen und ganzen wenig über die Liebe geäußert, aber manchmal haben sie sie doch in Betracht gezogen, sich über sie lustig gemacht und gelegentlich sogar allerhand Aphorismen aus ihrer Lebensweisheit dazu beigesteuert.

Von den eher melancholischen Aussprüchen kann ich Ihnen, wenn Sie wollen, die Worte Schopenhauers zitieren, einem der quengeligsten Philosophen, den die Welt gekannt hat. Dieser Quengler, dessen Frau ihn zweifellos auf Schritt und Tritt betrog, hat über die Liebe geäußert, sie sei blinder Wille zum Leben, locke den Menschen mit den Gespenstern individuellen Glücks und mache ihn zu einem Werkzeug für ihre Ziele.

13. Von den eher dümmlichen Äußerungen aus früheren Zeiten kann ich folgende anführen:

„Liebe ist gleichsam eine Verbindung von himmlischen Lauten."

Von den eher poetischen:

„Man darf niemals eine Frau schlagen, nicht mal mit einer Blume."

Von dem eher nüchternen, doch mit Hang zum Idealismus:

„Liebe entsteht aus Vorzügen, die der Liebende um so höher schätzt, je weniger er selbst sie besitzt."

Der nicht ganz unbekannte Philosoph Plato hat sogar das Theorem vorgelegt, das Wesen der Liebe bestehe in dem polaren Unterschied größtmöglicher Gegensätzlichkeiten.*

Von den eher nüchternen, doch mit Hang zum die Worte unseres erleuchteten Poeten und Philosophen Puschkin an:

... sie liebte ...
So aus dem Schoß der Erde sprießt
Die Saat, sobald der Frühling grüßt.
Längst trieb ein scheues Glücksverlangen
Sie ruhelos durch Qual und Lust.
Längst sehnte sich die junge Brust

* Interessanterweise hat Plato diese Ansicht später aufgegeben. In seinem berühmten Buch „Der Staat" führt er folgende Thesen an: „Die Frau soll dem Staate vom zwanzigsten bis zum vierzigsten Jahre Kinder gebären. Der Mann soll dem Staate von dem Alter ab, wo die heftigste Jugendblüte vorüber ist, bis zum fünfundfünfzigsten Jahre Kinder zeugen." Die Stärksten sollten mit den Stärksten zusammen leben, die Schwächsten mit den Schwächsten. Die Kinder der ersteren seien zu erziehen, die der letzteren aufzugeben. Wäre dieses phantastische Gesetz eingeführt worden, so hätte die Welt keinen Napoleon gekannt, dessen Vater zweiundzwanzig und dessen Mutter achtzehn war, und keinen Puschkin, dessen Vater siebenundzwanzig war.

Aus tiefem Wirrsal, stetem Bangen
In keuschen Wonnen aufzugehn:
Das Seelchen suchte – irgendwen.

14. Aber das ist sozusagen die Philosophie und Mechanik der Liebe.

Genauere Untersuchungen auf diesem Gebiet kenne ich kaum. Vielleicht ist es auch nicht notwendig, sie zu kennen. Denn Bewußtheit verdirbt und verdüstert fast alles, was sie berührt.

So heißt es sehr richtig bei Dostojewski, zuviel Bewußtheit, ja, jede Bewußtheit sei eine Krankheit.

Und ein anderer Dichter sagt: „Verstand schafft Leiden!" Ich nehme an, dieser Satz wurde keineswegs zufällig gesagt. Überhaupt, wie die Liebe entsteht, aus psychischen Vorstellungen oder ob vielleicht eher eine genaue Formel aus dem unerforschten Bereich der Elektrizität dafür existiert, weiß ich nicht und möchte ich auch nicht wissen.

Da ich also weiß, daß ich von der Liebe kaum etwas weiß, da ich aber trotzdem diesem zarten Gefühl etwas nicht Unwichtiges und sogar Grandioses zuspreche, nehme ich mit besonderem Zittern, mit besonderer Herzenserregung die gewichtigen Bände der Geschichte zur Hand.

So schnell wie möglich möchte ich sehen, welch würdige Rolle die Liebe im Leben der Völker gespielt hat. Die grandiosen Ereignisse möchte ich sehen, die sich der Liebe wegen abgespielt haben, oder auch die hervorragenden Taten einzelner Mitbürger. Ich weiß, was ich sehen möchte. Um also meiner Seele etwas Gutes anzutun, setze ich mich bequemer im Sessel zurecht, zünde mir eine duftende Zigarre an und blättere mit sicherer Hand die vergilbten Seiten der Historie auf.

Und ich finde dies.

15. Zunächst gerate ich an allerlei, hol's der Teufel, banale Liebesaffären und nichtige, blöde Affärchen aus dem Alltagsleben – allerlei Ehen, Heiratsanträge und Hochzeiten, die von geschäftstüchtigen und berechnenden Geistern geschlossen wurden.

Da lese ich zum Beispiel, der Herzog von Soundso habe die Tochter eines Königs geehelicht, weil er den Thron zu erben hoffte.

Ein anderer großer Herr will seine Besitzungen mit einer Reihe von Städten abrunden und freit um eine epileptische Prinzessin.

Die russischen Großfürsten Soundso ... Aus der Epoche des Tartarenjochs ... „Sie wetteiferten (wie der Historiker schreibt), die Töchter des Chans zu heiraten, um seine Gunst zu gewinnen ..."

Stellen Sie sich vor, ein gewisser Chilperich I., König der Franken, heiratet die Tochter des spanischen Königs, um, wie die Historie wörtlich schreibt, „seinem Feind, dem Prinzen Sigebert, einen Tort anzutun".

16. Die Historiker schreiben über diese kommerziell unterfütterten Liebesaffären ohne jegliche, na ja, Beseeltheit, in einem fauligen Kanzleiton, als wären das hohle, altgewohnte Dinge. Sie fügen nicht einmal von sich aus eine Interjektion hinzu: „Eijei!" oder „Sowas von Fürst!" oder „Pfui, wie scheußlich!" oder auch nur „Seht nur, noch ein Schurke mehr!".

Nichts Derartiges rufen die leidenschaftslosen Historiker aus. Wobei freilich zugegeben werden muß, wenn man mit den Interjektionen erst einmal anfinge, würden die wohl bald nicht mehr reichen, denn im Zuge der Weltgeschichte finden wir eine Unmasse derartiger Fälle.

Aber ich werde diese kommerziellen Unternehmungen lieber nicht ausführlich herzählen. Ich möchte interessantere Fragen streifen. Obwohl es natürlich auch auf diesem Gebiet mancherlei verblüffende Vorfälle und Anekdoten gab, die die Aufmerksamkeit des modernen Lesers verdienen.

17. Nehmen wir zum Beispiel diese spaßige Geschichte. Sie hat mir gut gefallen wegen ihres sozusagen anschaulichen Sujets. Sie ist sehr charakteristisch, diese Geschichte. Sie entstammt dem Leben im alten Rußland. Der Epoche Iwan des Schrecklichen.

Dazumal kam ein deutscher Herzog, ein gewisser von Holstein, nach Rußland zugereist.

Ich weiß nicht, was er dort in seinem Deutschland gemacht hatte, aber die Historiker fanden heraus, daß er nach Rußland kam, um aus politischen Erwägungen die Tochter eines Vetters Iwans IV. zu ehelichen.

Er kommt also an. Bestimmt aufgedonnert. Mit so Seidenhosen. Schleifen. Bändern. Den Degen zur Seite. Bestimmt ein langer Schlacks. So eine rote Visage mit rötlichem Riesenschnauz. Vielleicht ein Säufer, Schreihals und zerstreuter Professor.

So kommt er also nach Rußland, und da schon alles schriftlich abgesprochen ist, wird sofort die Hochzeit angesetzt.

18. Na, bestimmt gibt's Aufregung und Rumgerenne. Das Mütterchen eilt herbei. Hühner werden abgestochen. Man führt die Braut ins Dampfbad. Der Bräutigam hockt bei ihrem Vater. Säuft Wodka. Lügt ihm wahrscheinlich das Blaue vom Himmel herunter. Als wie, bei uns in Deutschland ... Ich als Herzog, und alles so was.

Und nun passiert was ziemlich Trauriges. Die Braut, o weh, stirbt plötzlich. Die Ärmste kommt aus dem Dampfbad, erkältet sich fürchterlich und stirbt binnen drei Tagen.

Der Bräutigam versinkt natürlich in unsagbarem Herzeleid und will zurück nach Deutschland. Mit zerrauften Gefühlen nimmt er bereits Abschied von seinen Anverwandten, doch plötzlich sagt man ihm: „Genosse Herzog, warten Sie noch mit der Abreise. Wir haben glücklicherweise noch ein Fräulein da. Ihr Schwesterchen. Sie ist freilich ein bißchen älter und sieht auch nicht besonders aus, aber vielleicht sagt sie Ihnen trotzdem zu. Wo Sie sich schon den weiten Weg gemacht haben von Deutschland bis hier, wär's doch ärgerlich, mit leerer Nase zurückzufahren."

Der Herzog antwortet:

„Natürlich sagt sie mir zu. Warum habt ihr das nicht eher gesagt? Klar sagt sie mir zu. Gar keine Frage! Zeigt mal her."

Was soll ich sagen, trotz der Trauer wurde bald darauf Hochzeit gefeiert.

19. Aber, hol's der Teufel, vielleicht sind solche Affären und Vorkommnisse nur bei Zaren und Herzögen passiert?

Vielleicht gab es das nur in Königspalästen, daß so grobschlächtig gerechnet und eine Ehe ohne jede Liebe geschlossen wurde, möglicherweise wegen, was weiß ich, Diplomatie, chronischer Pleite oder mäßigen Lebensbedingungen im Zarenhause?

Vielleicht war es bei gewöhnlichen Sterblichen genau umgekehrt: Die Liebe floß auf natürliche Weise dahin, sie erheiterte und erfreute das Herz der Umstehenden?

Diese Frage muß ich mit einem klaren Nein beantworten.

Etliche Kategorien gewöhnlicher Sterblicher kamen quasi an die Liebe überhaupt nicht heran. Regierende Herren verheirateten bekanntlich ihre treuen Sklaven, wie es ihnen einfiel.

Unlängst habe ich gelesen, daß russische Gutsbesitzer ihre Bauern oft folgendermaßen verheirateten: sie ließen sie der Größe nach antreten und gaben sie zusammen, wie es gerade kam: große Männer mit großen Frauen, kleine mit kleinen. Die Liste wurde einem Geistlichen geschickt, damit er die Ehen einsegnete.

Da kann man wohl sagen, mit Liebe war nicht viel.

Was nun die verschiedenen, Entschuldigung, Beamten, Spekulanten, Großschieber und dergleichen betrifft, so haben diese Herren offenbar auch wenig von der Liebe verstanden. Ihre Ehen wurden vollzogen wie Geschäftsabschlüsse. Und gab's keine Mitgift, so war es ganz gegen ihre Gewohnheit, auch nur einen Finger krumm zu machen.

20. Wenn wir nun auf das Leben in höheren Bahnen zu sprechen kommen, sagen wir, so bei Grafen, Baronen und Kaufleuten, so hatten diese Herren trotz ihres müßigen Lebens kaum eine Vorstellung, was die Liebe für eine Farbe hat.

Hier nun eine hübsche historische Novelle, die uns genau zeigt, wie das bei denen so war.

Im Frankreich Ludwigs XV. (1720) hatte sich ein Spekulant mit dunklen Geschäften ein riesiges Vermögen zusammengerafft. Er erreichte alles, was er wollte. Und er hatte alles, was er wollte. Aber nun kam ihm der phantastische Einfall, in eine uralte Aristokratenfamilie einzuheiraten. So beschloß er in seinem unbegrenzten Reichtum, seine Tochter einem verarmten Marquis mit berühmtem Namen zur Frau zu geben.

Die Tochter aber war dazumal erst drei Jahre alt, der Marquis hingegen dreißig. Der verarmte Edelmann hatte jedoch trotz der immensen Mitgift keineswegs die Absicht, zwölf Jahre lang zu warten.

Graziös die Arme ausbreitend und mit dem goldenen Lorgnon funkelnd, mag er mit heiserer Stimme zu dem Schieberpapa gesagt haben:

„Hören Sie, es würde mich freuen, Ihr Verwandter zu werden, und die Summe stellt mich auch völlig zufrieden, aber die Braut ist doch gar zu klein. Soll sie noch bißchen wachsen, dann werden wir ja sehen, vielleicht heirate ich sie."

21. Aber der ehrgeizige Papa wollte unbedingt ein Verwandter des Marquis werden. Wollte sich sozusagen an den Hochadel ranschmeißen. Darum traf er mit dem Marquis ein Abkommen, wonach er ihm monatlich ein hohes Gehalt zahlen sollte, bis die Braut volljährig sei. Dafür verpflichtete sich der Marquis, sie nach Ablauf von zwölf Jahren zu heiraten. Die Verlobung sollte sofort stattfinden.

Neun Jahre lang kriegte der Marquis pünktlich sein Gehalt und genoß die Freuden des Lebens. Im zehnten Jahr erkrankte die zwölfjährige Braut an Diphtherie und starb.

Man kann sich vorstellen, was für Tränen der Schieberpapa vergoß! Erstens tat es ihm natürlich irrsinnig leid um die Tochter, und zweitens, man denke bloß, so viel Geld zum Fenster hinausgeschmissen! Natürlich hatte er nicht die geringste Aussicht, auch nur einen kleinen Teil von dem Herrn Marquis zurückzukriegen.

Der hat sich bestimmt die Hände gerieben und zu dem betrübten Papi gesagt, als wie, wegen des Geldes, Sie verstehen. Das Mädchen ist nun mal tot, Schwein gehabt.

22. Aber das ist noch gar nichts! Es gab noch viel seltsamere Dinge auf dem Gebiet der Liebe.

So ist es zum Beispiel sehr merkwürdig zu lesen, daß Männer – so Schönlinge, Barone, mutige Ritter, Kavaliere, Kaufleute, Gutsbesitzer und Zaren – sich verheirateten, ohne die Braut vorher gesehen zu haben. Das war eine ziemlich häufige Erscheinung. Sie mutet uns moderne Leser doch in gewissem Grade sonderbar an.

Diese Leute erkundigten sich allenfalls, wie bei der Braut so die Geschäfte und die Finanzen stünden, wie die Vermögenslage sei, wo der Vater diene oder wo er regiere, das war alles. Ein paar vorsichtige Freier mögen noch gefragt haben, wie denn ihre Lebensfreundin so ungefähr aussähe und ob sie nicht vielleicht bucklig sei, das war alles.

Sie sagten ja und heirateten sozusagen die Katze im Sack. Erst im letzten Moment kriegten sie die Braut zu Gesicht.

Nein, in unserer Zeit, da kann man sich so was gar nicht vorstellen. Bei uns gäbe es bestimmt Geheul, nervöse Schreie, Absagen, Durcheinander, Schlägereien und weiß der Teufel was noch. Damals aber ging das.

23. Natürlich kamen auch damals Unannehmlichkeiten und Gemeinheiten vor.

So kennen wir zum Beispiel zwei weltweite Skandale.

Das eine ist der berühmte Fall, den man als ungeheuerliche Tragödie und Drama aus dem Kaiserleben sogar im Theater vorführt.

Philipp II. von Spanien, ein sechzigjähriger Greis, wollte seinen Sohn und Erben, den berühmten Don Carlos, verheiraten, und zwar mit der französischen Prinzessin Isabella, was unter dem Gesichtspunkt der hohen Politik höchst vorteilhaft und notwendig war. Er hatte diese Prinzessin jedoch noch nie gesehen. Er wußte, daß sie blutjung und heiratslustig war, doch wie sie so aussah, wußte er nicht.

Als er sie jedoch nach der Verlobung zu Gesicht bekam, verliebte er sich in sie und ehelichte sie selbst, zur größten Betrübnis des Sohnes, dem seine liebreizende Braut auch nicht gleichgültig war. Danach kam es zu dem bekannten Drama zwischen Vater und Sohn.

24. Der zweite Fall spielte sich in Persien ab. Der persische Zar Kambyses (Sohn des berühmten Cyros) trug der Tochter des ägyptischen Pharao Amosis II. (529 v. u. Z.) die Heirat an. Er machte den Antrag, ohne die Braut gesehen zu haben. Dazumal waren Umsiedlungen und Reisen noch eine höchst komplizierte Angelegenheit. Um nach Ägypten zu gelangen, mußte man ein paar Monate rechnen.

Gerüchtweise war verlautet, daß die Tochter des ägyptischen Pharao von erlesener Schönheit und Anmut sei.

Der mächtige persische Zar, dessen Vater fast die ganze Welt erobert hatte, freite also um die Tochter des ägyptischen Zaren.

Der Pharao, der seine einzige Tochter über die Maßen liebte, mochte sie nicht in die Fremde ziehen lassen. Aber er hatte Angst, den Herrscher der Welt durch einen Korb zu beleidigen. Also suchte er eine wunderschöne Sklavin aus und schickte sie anstelle seiner Tochter nach Persien. Er gab sie als seine Tochter aus und instruierte sie entsprechend.

Die Historie berichtet, Kambyses habe sie geheiratet und gewaltig liebgewonnen, doch als der Betrug per Zufall ans Tageslicht kam, habe er sie erbarmungslos umgebracht und, in seinen besten Gefühlen gekränkt, Ägypten mit Krieg überzogen.

Das war wohl eins der größten Liebesdramen überhaupt, und man kann daraus ersehen, wie so manches Mal Liebe entsteht und wie sie endet.

25. Ach, ich stelle mir lebhaft die dramatische Episode und die tragischen Minuten vor, als der Betrug herauskam.

Da sitzen sie nach der Umarmung auf ihrer persischen Ottomane.

Auf einem niedrigen Bänkchen, stellen Sie sich vor, da stehen morgenländische Süßigkeiten und Getränke, na ja, so Rachat-Lukum, Pfefferkuchen und dergleichen. Ein ziemlich fetter Perser scheucht mit einem Wedel die Fliegen von dem Naschzeug weg.

Der persische Zar Kambyses trinkt ein Fläschchen, na ja, so Cherry Brandy, weidet sich verzückt am Anblick seiner reizvollen Gattin und murmelt ihr so mancherlei erfreuliche Worte zu: „Ach, du meine kleine Ägypterin! Wie ist es denn so bei euch in Ägypten? Dein Pharaopappi hat dich bestimmt sehr verwöhnt. Überhaupt, wie sollte man dich auch nicht verwöhnen, wo du doch mein süßes Herzchen bist, und ich habe Sie sehr lieb, mein teure Prinzessin, schon seit ich das erste Mal Ihren königlichen Gang sah und so weiter."

26. An dieser Stelle muß sie sich zu sehr auf ihre weiblichen Reize verlassen haben, oder man weiß nicht, was in ihrem kleinen Frauenherzen vorging, jedenfalls läßt sie ein silbriges Lachen hören und sagt, da sei so was Dummes passiert: die Pharaotochter als solche lebe noch vergnügt in Ägypten, und er hier, der persische Zar Kambyses, habe sich sterblich in *sie* verliebt, die doch rein gar nichts mit der Pharaotochter gemein habe. Eine einfache Sklavin habe er liebgewonnen. So etwas könne die Liebe in einem Männerherzen anrichten.

Was nun folgt, kann man sich nicht vorstellen, ohne zu erschauern. Bestimmt brüllt er mit wilder Stimme los. Springt in Unterhosen von der Ottomane. Verliert den Pantoffel vom bloßen Fuß. Bekommt blasse Lippen. Die Hände schlottern. Die Knie knicken ein.

„Was?" schreit er auf persisch. „Sag das noch mal! Meine Herren Minister! Verhaften Sie das freche Frauenzimmer!"

Die Minister eilen herbei. Ach, ach, was ist denn, beruhigen Sie sich doch, Euer Majestät! Da, einen Pantoffel haben Sie schon verloren, da geht doch die königliche Würde futsch.

Natürlich ist es nicht so ganz einfach, sich zu beruhigen, wenn dem Ehrgefühl eine derartige Beleidigung zugefügt wurde.

27. Am Abend, nachdem die unglückliche Ägypterin einen Kopf kürzer gemacht worden ist, hat sich Kambyses bestimmt noch lange mit seinen Ministern beraten. Aufgeregt und mit den Händen fuchtelnd, tigert er nervös durchs Zimmer.

„Nein, was ist doch der ägyptische Pharao für ein Miststück, stimmt's?“ ruft er entrüstet.

Die Minister seufzen ehrerbietig, wiegen die Köpfe, breiten die Arme aus und wechseln verschlagene Blicke.

„Was mach ich jetzt, meine Herren, nach so einer Beleidigung? Soll ich diesem Strolch den Krieg erklären?“

„Das ginge, Euer Majestät.“

„Bloß der Hund sitzt ja so weit weg. Ägypten ... Afrika ... Da läuft man ja bald ein Jahr bis hin. Ich glaub, man muß auf Kamelen reiten.“

„Macht nichts, Euer Majestät. Die Truppen werden's schon schaffen.“

„Ich war so gut zu ihr“, sagt Kambyses mit neuer Wut. „Wie eine ägyptische Prinzessin hab ich sie empfangen, hab sie leidenschaftlich geliebt, und nun stellt sich raus, sie ist es gar nicht. Wieso denn, meine Herren? Bin ich ein Hund, daß ich nicht seine richtige Tochter krieg? Schickt mir der Kerl irgendein Weibsstück. Stimmt's?“

28. Der Minister für Auswärtige Angelegenheiten zwingt einen Ansturm inneren Gelächters zurück und sagt:

„Das Schlimmste, Euer Majestät, ist ja der weltweite Skandal.“

„Genau! Das sag ich ja, ein Skandal. O weh, was mach ich bloß?“

„Das Schlimmste, Euer Majestät, es wird in die Weltgeschichte eingehen, und das ist mies. Als wie, Persien ... Kambyses ... Dem haben sie so ein Mäuschen untergeschoben.“

„Hör auf, du bringst mich auf die Palme, du Hundesohn! Ruft die Truppen zusammen! Auf, zum Feldzug! Ganz Ägypten wird erobert und zu des Teufels Großmutter geschickt!“

Na ja, Kambyses führte die Truppen höchstpersönlich nach Ägypten und eroberte es in kurzer Zeit. Der uralte und gramgebeugte Pharao Amosis war zu dieser Zeit schon gestorben. Sein Neffe Psammetich, der nichts Gutes zu erwarten hatte, setzte seinem Leben ein Ende.

Was die unglückselige Tochter betrifft, so habe ich in der Historie leider keinen Hinweis auf ihr Schicksal gefunden. Ich kenne aber einen Geschichtsprofessor, der an der Universität Vorlesungen hält, und der hat mir gesagt, Kambyses habe die Ägypterin für den Harem eines seiner Minister gestiftet. Ob das stimmt, kann ich nicht bezeugen. Möglich ist es natürlich. Im großen und ganzen aber ist die Liebe zerflattert wie Rauch. Woraus man ersehen kann, was ein Pfund von diesem Gefühl wert war.

29. Was ergibt sich also? Stehen die Dinge so mies? Wo ist denn die von Sängern und Poeten gepriesene berühmte Liebe? Wo ist dieses Gefühl, von dem so wundersame Verse singen? Haben etwa unwissende Dichter, Reimdrechsler und Liebhaber jeglicher Schönheit und Grazie nur empörend übertrieben? Wenn wir in der Historie lesen, finden wir keine so wirkungsvollen inneren Erlebnisse.

Doch, einiges finden wir, wenn wir die Historie durchblättern. Allerdings sehr, sehr wenig. Ich hatte gehofft, auf jeder Seite eine unvergleichliche Perle blinken zu sehen. In Wirklichkeit stoße ich nur alle hundert Jahre mal auf eine zweifelhafte kleine Liebe.

Ich habe also noch ein paar Liebesgeschichten herausgescharrt. Dazu mußte ich mit großem Fleiß die ganze Historie durchlesen, von den, Verzeihung, Äthiopiern und Chaldäern und von der Erschaffung der Welt bis in unsere Zeit.

Und ich habe nur das herausgescharrt, was Sie sogleich lesen werden. Da ist zum Beispiel eine ziemlich starke Liebe, in deren Folge eine Tochter ihren Vater mit dem Wagen überfuhr.

Folgendermaßen ging das zu.

30. Der römische Zar Servius Tullius hatte eine Tochter. Die Tochter hatte einen Ehemann, einen Menschen von ziemlich zweifelhaftem Ruf. Nichtsdestoweniger liebte sie ihn ganz außerordentlich.

Dieser feine Herr nun faßte den Plan, den edlen Vater dieser Tochter, Servius Tullius, vom Thron zu stoßen. Natürlich war Servius Tullius ein alter Mann, und er hatte ein paar erfolglose Kriege mit den, stellen Sie sich vor, mit irgendwelchen Etruskern, geführt. Trotzdem war es schade, ihn vom Thron zu stoßen. Und ihn umbringen hätten sie erst recht nicht sollen. Das war schon eine Schweinerei.

Der tatkräftige Schwiegersohn jedoch hielt Rat mit der Tochter des Alten und beschloß, ihn umzubringen. Aus Liebe zu ihrem Mann stimmte sie dem Gemetzel zu.

Der tatkräftige Schwiegersohn hatte einen Mörder gedungen, der brachte den edlen Greis auf dem Platz erbarmungslos mit dem Dolch um. Der Alte fiel und sagte keinen Mucks mehr. Und das Volk schrie: „Aber Leute, wer wird denn nun unser Imperator sein?"

Die Tochter des ermordeten Vaters, statt kummervoll schluchzend auf den Leichnam ihres Papas niederzusinken, sprang in einen Wagen, um den neuen Imperator, ihren Gatten, zu begrüßen, und fuhr unter Freudenschreien mit den Rädern über den Leichnam ihres soeben getöteten Vaters hinweg.

Diese Szene, wenn auch bis zu einem gewissen Grade höchst widerlich, ist dennoch stark. Die Liebe der Zarentochter muß also ziemlich gehaltvoll gewesen sein. Immerhin bedarf es großer Liebe, um in so einem Moment den alten Herrn zu überfahren.

Sie steht also im Wagen. Stößt gelle Schreie aus. Die Haare zerzattert. Das Maul zieht sich schief. „Hurra!" ruft sie dem neuen Imperator zu. Und überrollt alles, was so rumliegt.

Die Menge schreit:

„Seht nur, dieses schamlose Frauenzimmer geniert sich scheinbar nicht, ihren Vater zu überfahren."

Doch, es war Liebe. Natürlich spielte auch der Wunsch, selber zu herrschen, mit hinein. Aber genau weiß ich's nicht.

31. Nun aber lesen Sie von einer noch stärkeren Liebe, die eine nicht ganz unbekannte historische Dame gegen Ende ihres Lebens befiel.

Die russische Zarin Katharina II. verliebte sich,

als sie schon an die achtundfünfzig war, wahnsinnig in einen mutigen jungen Schönling, Platon Subow. Er war einundzwanzig Jahre alt und in der Tat ein sehr hübscher Jüngling. Obwohl, sein Bruder Valerian, der war noch hübscher. Im Russischen Museum hängen Porträts, und tatsächlich: der Bruder war von unerhörter Schönheit.

Aber die Alte kriegte den Bruder erst später zu sehen, darum verliebte sie sich nichts ahnend in Platon. Als sie Valerian dann doch noch sah, riß sie den Mund auf und sagte: „Ja, dieser Jüngling würde mir auch gefallen. Da ich mich aber schon in Platon verliebt habe, werd ich wohl am besten so weitermachen."

Als Platon spitzkriegte, daß Valerian einen unaussprechlichen Eindruck auf die Alte gemacht hatte, schickte er sein Brüderlein in den Krieg. Im Krieg riß eine Granate dem Schönling ein Bein ab.

Die Alte hängte sich also gänzlich an Platon und überschüttete ihn mit den erstaunlichsten Gunstbeweisen.

Interessant wäre, zu wissen, wie die Liebesaffäre in Gang kam. Bestimmt hat sich der Schönling in der ersten Zeit entsetzlich geniert und sich schüchtern angestellt, wenn die betagte Dame ihm zusetzte. Natürlich ist man da schüchtern: Eine geheiligte Person immerhin, Kaiserin von ganz Rußland und so weiter, und plötzlich, hol's der Teufel, solche groben Sachen!

32. Ich male mir die Affäre so aus.

„Na los, umarme mich doch, du Dummchen!" sagt die Zarin.

„Wahrhaftig, ich trau mich nicht, Euer Majestät", murmelt der Favorit. „Ich hab sozusagen Schüchternheit und Achtung vor Ihrem kaiserlichen Rang."

„Vergiß es einfach. Sag Katharina Wassiljewna zu mir" (oder wie sie sonst mit Vatersnamen hieß).

Mit unnatürlichem Lachen berührt das Jüngelchen ehrerbietig die alternden Schultern der Zarin. Aber dann gewöhnt er sich und kriegt für seine Liebe mehr, als ihm zusteht.

Mit vierundzwanzig war der Schönling General en Chef, Statthalter des Gebiets Noworossisk und oberster Chef der gesamten Artillerie.

Die nicht mehr junge Dame, die sich von Jahr zu Jahr mehr in ihn verliebte, wußte nicht, was sie ihm noch Gutes tun sollte. Sie erlaubte ihm, alle Geheimdepeschen und Meldungen aus dem Ausland zu lesen. Die Minister und Generäle mußten an ihm vorbei, wenn sie zu Katharina wollten.

Minister und Höflinge empfing der Jüngling auf dem Sofa liegend in einem Seidenkaftan aus Buchara. Alte Generäle standen ehrerbietig zitternd stramm vor dem schönen Jüngling.

Die alte Zarin, maßlos verliebt, übertrug ihm selbst die verantwortlichsten Staatsgeschäfte. Die Liebe hatte sie buchstäblich blind gemacht.

33. Dabei hatte der Bengel nur sehr trübe Vorstellungen vom Leben und von der Politik. Bekannt ist zum Beispiel sein Projekt für ein neues Rußland.

Dieses erstaunliche Projekt nennt stolz als Hauptstädte ersten Grades Petersburg, Berlin, Astrachan, Moskau und Konstantinopel. Als Städte zweiter Ordnung werden Krakau, Taganrog und Danzig aufgeführt. In dem Projekt findet sich der Satz:

„Die Monarchin eines so ausgedehnten Imperiums muß der Sonne gleichen, deren wohltätiger Blick alles erwärmt, was ihre Strahlen zu erreichen vermögen."

Allein schon nach diesem Projekt läßt sich beurteilen, wie sehr der alten Dame die Staatsgeschäfte schnuppe waren und wie die ganze Weltpolitik zurücktrat hinter ihrer letzten Liebe.

Aber dieser Vorfall zeigt uns eher den alternden Menschen in all seiner traurigen Schönheit als die beglückenden Eigenschaften der Liebe.

Als nächstes lesen Sie die Geschichte einer großen Liebe, die sich in der Blüte der Jahre abspielte.

34. Diese Geschichte ist auch ziemlich bekannt und hat die Runde durch alle Theaterbühnen gemacht. Ich halte mich also nicht besonders lange dabei auf. Wissen Sie, es geht darum, wie der römische Konsul Mark Anton sich in die ägyptische Königin Kleopatra verliebte. Doch ich möchte die rührende Geschichte immerhin erwähnen, weil sie im höchsten Maße erstaunlich ist. Stellen Sie sich vor, ein ehrgeiziger Mann, der gewaltige Macht erlangte, verliebt sich in eine Frau und gibt buchstäblich alles auf. Selbst seine Truppen gibt er auf, mit denen er zwecks Eroberung eingetroffen ist. Und bleibt für immer in Ägypten hängen.

Er schenkt Kleopatra römische Ländereien, die er freilich erobert hat – Armenien, Syrien, Kilikien und Phönizien. Und erhebt sie in den Rang einer Königin aller Königinnen.

Als der römische Senat sah, in welch skandalöse Dinge sich sein Feldherr Mark Anton einließ, suspendierte er ihn schleunigst vom Amt des ersten Konsuls. Aber der Verliebte wollte nicht einmal in die Heimat zurückkehren.

Da erklärte Rom Kleopatra den Krieg. Ein ruhmreicher Kampf brach aus.

Mark Anton trat mit Kleopatra gegen das römische Heer an.

Die römischen Truppen näherten sich Alexandria, und der römische Konsul Octavian schrieb Kleopatra in einem Brief, sie könne ihr Leben und ihren Thron noch retten, nur müsse sie Mark Anton opfern.

35. Als die Frau Zarin sah, daß ihre Geschäfte miserabel gingen, entschloß sie sich, den feurigen Liebhaber zu opfern.

Während Mark Anton gegen Octavian kämpfte, ließ Kleopatra ihrem Liebhaber durch Diener mitteilen, sie habe sich das Leben genommen. Sie wußte, er würde den Kummer nicht überleben. Und wirklich: Als Antonius von Kleopatras Tod erfuhr, stürzte er sich in sein Schwert.

Allein, er war nicht sofort tot. Und als er hörte, Kleopatra lebe noch, ließ er sich auf einer Bahre zu ihr tragen. Er starb in ihren Armen und verzieh ihr den Betrug.

Diese eindrucksvolle Geschichte zeugt tatsächlich von einer ziemlich großen Liebe, die entschieden alles übrige in den Schatten stellte.

Kleopatra entleibte sich später auch.

Octavian wollte sie nämlich als Beutestück nach Rom schicken. Kleopatra hatte mit ihrer Koketterie auch diesen Feldherrn zu verführen versucht, doch vergebens, und da sie die Schmach nicht zu überleben wünschte, nahm sie Gift. Mit ihr vergifteten sich dreißig ihrer Liebedienerinnen.

Mir tut es komischerweise leid um diese schöne Frau, zu der Octavian gesagt hatte: „Hör auf mit deinen Ränken, Königin, mich kriegst du damit nicht." Dabei war sie schon vierzig und wußte, daß ihre Zeit vorbei war.

36. Aber nun folgt noch eine große Liebe, bei der ein Mann sogar seine revolutionäre Pflicht vergaß.

Es geht um den Mann der berühmten Madame Tallien.

Während der Französischen Revolution wurde der oberste Sekretär des Revolutionären Rates Tallien von Robespierre nach Bordeaux entsandt, um dort geflüchtete Aristokraten zu arretieren.

Im Gefängnis lernte er eine junge Frau kennen, Thérèse de Fontenay. Er verliebte sich in sie und entließ sie aus dem Kerker.

Als Robespierre erfuhr, Tallin habe eine Verhaftete freigelassen, befahl er, sie wieder festzunehmen.

Daraufhin tat sich Tallien mit den Anhängern Dantons zusammen und führte einen solchen Kampf gegen Robespierre, daß er ihn in kurzer Zeit zu Fall brachte. Einer der Gründe für diesen Kampf war zweifellos seine Liebe zu Thérèse de Fontenay.

Tallien heiratete sie späterhin, doch sie verließ ihn bald wieder und heiratete einen Fürsten.

Aber das ist noch nicht alles, was die Historie weiß.

Es gab außerdem zu verschiedenen Zeiten kleine und auf den ersten Blick wenig bedeutsame Ereignisse, doch diese Ereignisse drangen nichtsdestoweniger, man kann sagen, wie die Sonne durch das Waldesdickicht. Das war große Liebe.

37. ◦ Da sind zum Beispiel die Frauen der Dekabristen, glanzvolle und vornehme Damen, die alles aufgaben und, selbst nicht verbannt, ihren Männern freiwillig nach Sibirien folgten.

◦ Der kranke Radistschew sollte in die Verbannung gehen. Kurz vorher jedoch starb seine Frau. Daraufhin folgte ihm ihre Schwester in die Zwangsansiedlung.

◦ Der Sohn eines reichen Gutsbesitzers, der glänzende Gardekavallerist Iwaschow, verliebte sich in die Erzieherin Camille, die in seinem Elternhaus Dienst tat. Die Eltern verweigerten ihm natürlich die Heirat. Ein Jahr später jedoch, als Iwaschow wegen des Dekabristenaufstandes für zwanzig Jahre nach Sibirien verbannt wurde, folgte ihm die junge Erzieherin freiwillig nach.

◦ Dem englischen Dichter R. Browning starb die heißgeliebte Frau. Nachdem er sie schrecklich beweint hatte, legte er ihr das Teuerste, was er besaß, ins Grab – das Heft mit seinen neuen Sonetten.

Als sich der Dichter später erneut verliebte, holte er sich freilich das Heft zurück, aber das ist ja nicht so wichtig.

◦ Napoleon schrieb 1796 in der Hitze des Gefechts an Josefine:

„Fern von dir ist die Welt eine Wüste, in der ich einsam und verlassen bin. Du bist der einzige Gedanke meines Lebens."

◦ Lasalle schrieb an Helene Dönniges, er habe Riesenkräfte und werde sie vertausendfachen, um sie zu erobern. Niemand auf der Welt werde sie von ihm losreißen können. Er leide tausendmal mehr als Prometheus an seinem Felsen.

38. ◦ Tschernyschewski, verliebt in seine Frau, schrieb an Nekrassow: „Menschen ertränken und erschießen sich nicht oder werden zu Säufern wegen weltweiter Probleme, ich habe es erprobt und weiß, daß die Poesie des Herzens die gleichen Rechte hat wie die Poesie des Denkens."

◦ Die Stadt Weinsberg wurde von Feinden belagert. Die Sieger erlaubten den Frauen, die Stadt vor der Zerstörung zu verlassen. Jede Frau durfte mitnehmen, was ihr das Liebste war, nur mußte sie es selbst forttragen. Einige Frauen trugen ihre tapferen Männer davon.

Dieses letzte Ereignis freilich hört sich an wie eine Legende. Die Historie liebt es zuzeiten, sozusagen des moralischen Gleichgewichts halber dergleichen Gefühlvolles zu ersinnen.

39. Von den gefühlvollen Anekdoten ist die folgende recht spaßig.

Ein Ritter zog ins Feld und vertraute seine Frau einem Freund an. Der Freund verliebte sich in die Frau. Die Frau verliebte sich in ihn. Aber den Treuschwur kann man selbstverständlich nicht brechen.

Um nun also die Treue auf die Probe zu stellen und zu bewahren, schliefen sie in einem Bett und legten zwischen sich ein doppelschneidiges Schwert.

Das Schwert haben sie vielleicht zwischen sich gelegt, und im selben Bett geschlafen haben sie vielleicht auch, diese historische Tatsache kann ich nicht widerlegen, was jedoch alles übrige betrifft, so habe ich, Pardon, meine Zweifel.

Im übrigen schließe ich mit diesem sentimentalen Unsinn meine historischen Novellen.

Das also war es, was die Historie über die Liebe erzählt.

Im allgemeinen erzählt sie sehr wenig von der Liebe. Ja, tatsächlich, dieses Gefühl existiere wohl. Ja, die Historie sei gelegentlich auf diese Emotion gestoßen. Ja, es habe sogar historische Ereignisse und Vorfälle gegeben, die auf diesem Boden gediehen. Auch gewisse Taten und Verbrechen seien ihretwegen begangen worden.

Daß dies aber etwas so ungeheuer Grandioses wäre, wie es die Dichter mit ihrem Tenor besingen, davon weiß die Historie fast nichts.

Im Gegentum, merkantile Seelen haben dieses Gefühl völlig mit Beschlag belegt. Es stellt keinerlei Gefahr für den stillen Gang der Historie dar.

40. Nein, dieses Gefühl hat die Menschen nicht gehindert, den Weg zu gehen, den sie geduldig und gewissenhaft gehen.

Und die Historie hat das Recht, uns mit monotoner Stimme zu erzählen, was gewesen ist, und wieviel Piaster welcher Priester für dieses oder jenes Gefühl bekommen hat.

Ja, bisher ging es natürlich um die vergangenen Jahrhunderte. Vielleicht hat sich heuer etwas geändert?

Ich bin leider nie im Ausland gewesen und kann demzufolge Ihre berechtigte Neugier nicht gänzlich befriedigen.

Aber ich glaube, dort wird es schwerlich große Veränderungen gegeben haben.

Bestimmt freit dort irgendein Marquis mit klangvollem Namen um ein dreijähriges Püppchen. Und bestimmt zahlt ihm der Pappi ein monatliches Gehalt.

Bestimmt hält sich irgendeine alternde Person, alles auf der Welt vergessend, einen Tänzer namens Subow und überschüttet ihn mit ihren Gunstbeweisen.

Alles, so muß man annehmen, läuft so, wie es immer gelaufen ist.

Was aber die Frage betrifft, wie es bei uns geht, so haben sich tüchtige Veränderungen vollzogen.

41. Die wenigen traurigen Geschäfte mit der Liebe verschwinden allmählich bei uns. Das kaufmännische Rechnen gibt es kaum noch. Die Geldbeziehungen haben sich vereinfacht und sind beträchtlich zurückgegangen. Überhaupt ist es damit durchschaubarer, weniger mühselig und nicht mehr so belastend.

Sehen wir doch einmal nach, was für negative Vorfälle so bei uns an der Liebesfront passieren. Kehren wir sozusagen mit dem eisernen Besen der Satire alles weg, was sich wegkehren läßt.

Gehen wir über zu den Liebesgeschichten aus unserm Leben.

Geschichten von der Liebe

Geschichte von einem alten Dummkopf

Es gibt, vielleicht kennen Sie es, ein berühmtes Gemälde aus dem früheren Leben, das nennt sich „Ungleiche Ehe“.

Das Bild zeigt, stellen Sie sich vor, einen Freier mit seiner Braut.

Der Freier ist ein ganz uraltes Herrchen, wohl so

an die dreiundsiebzig mit ein paar zerquetschten. Ein so klappriges, ausgemergeltes Subjekt ist da gemalt, daß der Zuschauer wenig Interesse hat hinzusehen.

Neben ihm aber seine Braut. Stellen Sie sich vor, ein blutjunges Dingelchen im weißen Hochzeitskleid. Buchstäblich ein Nestvögelchen von vielleicht neunzehn Jahren.

Die Äuglein blicken verschreckt. Die geweihte Kerze in den Händen bebt. Das Stimmchen zittert, als der dickbäuchige Pope sie fragt: Na, was ist, zufrieden mit dieser Heirat, du dumme Gans?

Nein, natürlich sieht man auf dem Bild weder die Hand zittern noch den Popen reden. Ich glaube, aus ideologischen Gründen jener Zeit hat der Maler den Popen gar nicht dargestellt. Man kann sich aber all das hinzudenken, wenn man das Bild betrachtet.

Seltsame Gedanken fliegen einem zu angesichts dieses Kunstwerkes.

So ein wirklich uralter Zausel konnte vor der Revolution durchaus so ein junges Ding heiraten. Vielleicht war er „Euer Erlaucht“ oder Senator, oder er kriegte vielleicht allein an Pension über zweihundert Goldrubel plus Landgut, Equipage und so weiter. Sie stammte vielleicht aus einer armen Familie. Und die Mutter hatte ihr heftig zugesetzt: nimm ihn man.

So was gibt's natürlich nicht mehr. All das ist dank der Revolution im Schoß der Ewigkeit versunken. Das kommt jetzt nicht mehr vor.

Bei uns heiratet eine Junge meistens einen Jungen. Eine Ältere entschließt sich, mit einem schon etwas mitgenommenen Exemplar zu leben. Die ganz Alten stellen sich überhaupt auf Ephemerisches um – sie spielen Dame oder spazieren die Uferstraße entlang.

Doch, natürlich kommt es bei uns noch vor, daß ein junges Ding manchmal einen Betagten heiratet. Aber dafür ist der Betagte gewöhnlich ein berühmter Physiologe oder Botaniker, oder er hat etwas erfunden, worüber jedermann sich wundert, oder er ist ein verantwortlicher Buchhalter, dessen gute materielle Basis für zwei Personen ausreicht.

Nein, solche Ehen wirken nicht peinlich. Zumal hier aufrichtige Liebe im Spiel sein kann – vielleicht ist er eine hochbegabte Persönlichkeit oder ein guter Redner, oder er besitzt riesige Gelehrsamkeit und eine schöne Stimme.

So etwas jedoch, was auf dem obenerwähnten Bild dargestellt ist, gibt es bei uns natürlich nicht mehr. Und geschieht doch einmal Ähnliches, so ruft es allgemeines Gelächter und Kopfschütteln hervor.

Da ist zum Beispiel eine Geschichte, die sich unlängst in Leningrad zutrug.

Stellen Sie sich vor, ein alter Mann, gewöhnlicher Angestellter, heiratete dieses Jahr unerwartet ein ganz junges Mädchen.

Stellen Sie sich vor, sie ist etwa zwanzig, eine interessante Schönheit, und stammt aus Pensa. Er ist alt, ungefähr sechzig. Eine ziemlich kahlköpfige Type. Das Maul von den Stürmen des Lebens zerfranst. Die Augen mittelmäßig, rotgerändert. Überhaupt stellt er nichts Besonderes vor und gehört zu denen, die man in jeder Straßenbahn zu Dutzenden trifft.

Außerdem kann er schlecht kucken. Der Dummkopf ist farbenblind. Er kann nicht alle Farben unterscheiden. Grün nimmt er für blau, und blau sieht er als weiß an. Obendrein ist er schon verheiratet. Und zu allem andern schließlich wohnt er mit seiner Alten in einem winzigen, ärmlichen Zimmer.

Trotz all dieser Defekte ehelicht er zur allgemeinen Überraschung und Verwunderung die schöne junge Person.

Seiner Umgebung erklärt er diese Erscheinung folgendermaßen: Wir hätten eine neue Ära, und heuer erschienen selbst die Alten jung und recht sympathisch.

Die Umgebung sagt zu ihm:

„Sie sollten sich weniger mit Agitation und Propaganda befassen und statt dessen lieber zusehen, was die von Ihnen will. Ist doch ein Witz, daß sie Sie heiratet."

Der Alte sagt:

„Außer meinem Anblick und meinen seelischen Qualitäten habe ich keinerlei materiellen Besitz. Mein Gehalt ist klein. Die Garderobe besteht aus einer Hose und ein paar zerrissenen Taschentüchern. Was das Zimmer betrifft, das ja heutigentags eine Kostbarkeit ist, so lebe ich vorerst noch mit meiner uralten Ehefrau in kleinem Wohnraum, den ich zu teilen gedenke. Auf neun Quadratmetern mit Blick zur Müllgrube werde ich glückselig leben mit der Person, die mir das Schicksal auf meine alten Tage beschert hat."

Die Umgebung sagt zu ihm:

„Hol Sie der Teufel! Ihnen ist nicht zu helfen."

Er teilt also das Zimmer. Streicht und tüncht. Und fängt in dem winzigen Kämmerchen von neun Quadratmetern ein neues herrliches Leben an, Hand in Hand mit der jungen, blühenden Person.

Jetzt spielt sich folgende Situation ab.

Seine junge Lebensfreundin nimmt das winzige Zimmer und tauscht es gegen ein großes. Es findet sich ein Mann, dem das große zu teuer ist und der nur die ihm zustehenden neun Quadratmeter ohne Überschuß haben will.

Nun zieht sie also mit ihrem Dummkopf in das neue Zimmer von vierzehn Quadratmetern.

Hier lebt sie einige Zeit, zeigt dann aber wilde Energie und vertauscht das Zimmer abermals gegen ein größeres von zwanzig Quadratmetern. Wieder zieht sie mit ihrem alten Dummkopf um.

Nach dem Umzug zerstreitet sie sich sofort mit ihm und inseriert in der Zeitung, sie biete ein fabelhaftes Zimmer von zwanzig Quadratmetern und suche zwei kleinere in verschiedenen Stadtbezirken.

Natürlich findet sich ein Pärchen, das sehr gern zusammen wohnen möchte und seine beiden Zimmer mit Freuden für das große hergibt.

Um es kurz zu machen: Zwei Monate, nachdem sozusagen das Sakrament der Ehe vollzogen wurde, fand sich unser alter Dummkopf, der gar nicht begriff, wie ihm geschah, völlig einsam in einem winzigen Zimmerchen außerhalb der Stadt wieder, nämlich in Osjorki.

Die junge Person hingegen siedelte sich auf der Wassiljew-Insel an, in einem kleinen, aber fabelhaften Zimmerchen.

Bald nachdem sie hier eingezogen war, ehelichte sie einen Jungingenieur und ist jetzt unendlich glücklich und zufrieden.

Der alte Dummkopf wollte sie wegen Betrugs verklagen. Er sprach darüber sogar mit einem ehemaligen Juristen. Der Jurist aber, ein früherer Advokat, lachte heiter und erklärte, so ein Betrug sei höchst schwierig nachzuweisen, überdies habe sich die junge Person vielleicht aufrichtig für ihn begeistert und sich erst bei näherer Bekanntschaft enttäuscht gefühlt.

Mit dieser süßen Illusion gab sich unser alter Dummkopf zufrieden. Jetzt läßt er sich täglich auf der Eisenbahn durchrütteln, wenn er von seinem Osjorki zum Dienst fährt.

Er hatte, wie man so sagt, danebengehauen, der Opa. Der alte Sperling hatte Spreu statt Weizen gefunden. Zutiefst gerührt, hatte er Phantasiegebäude errichtet und in Liebesträumen geschwelgt, und dafür mußte er über alle Maßen leiden.

Sie sehen also, auch in unserm Leben passieren Unannehmlichkeiten an der Liebesfront. Bei jungen Leuten kommt das seltener vor. Aber Alter, bescheidene Mittel und rotgeränderte, halbblinde Augen schaffen keinen günstigen Nährboden für die Liebe.

Hier haben Sie noch eine winzige Erzählung von kommerzieller Liebe. Danach gehe ich zu würdigeren Fällen über.

Früh gefreit hat oft gereut

Man sagt, in früherer Zeit habe es Ehen ohne Mitgift fast überhaupt nicht gegeben.

Jeder ordentliche Freier setzte den Eltern seiner Braut geradezu das Messer an die Kehle, um rauszukriegen, was für eine Mitgift und wieviel Geld und was sonst noch die Braut zu erwarten habe, andernfalls er nicht zu ehelichen gedenke.

Na, die Eltern setzten verschüchtert die Summe

fest und erzählten ihm, was für eine Mitgift die Braut bekommen sollte.

In unserer Zeit hingegen ist sogar das Wort „Mitgift“ schon vergessen. Wir können uns nur noch sehr dürftig vorstellen, wie es früher damit war.

Natürlich gibt es in unserer Zeit noch Typen, die beim Heiraten darauf aus sind, was dazuzukriegen, vielleicht irgendwelche Möbel, ein Zimmer oder wenigstens ein Kleidungsstück, das man umarbeiten kann.

Aber so ganz leicht ist das auch bei uns nicht. Nicht immer gelingt es dem Freier, derart sinnlose Phantastereien zu realisieren.

Selbst bei so einer Kleinigkeit zum Beispiel – am Busen der Braut baumelt eine sehr schöne Brosche. Das besagt jedoch überhaupt nichts. Der Mann heiratet, und nachher stellt sich raus, die Brosche gehört ihr gar nicht. Es stellt sich raus, sie hat die Brosche von einer Freundin geliehen, und die Freundin war vielleicht schon sechsmal verheiratet, und ihre Brosche ist obendrein bloß aus nichtdunkelndem Metall.

Oder da hängt zum Beispiel ein Pelz am Garderobenhaken. Nachher stellt sich raus, er gehört dem Untermieter.

Nein, wer sich heuer verehelicht, weiß im vorhinein, daß bei der Braut nicht viel zu holen ist.

Natürlich, heutzutage schauen viele nicht so sehr auf den Besitz wie auf die Stellung ihrer künftigen Ehefrau. Aber auch das geht nicht immer positiv aus.

Folgender Vorfall hat sich zugetragen.

Ein junger Mann lernte eine junge Person kennen. Ihm fiel auf, daß diese junge, schöne Person höchst interessant und angenehm aussah.

Aber nicht so sehr ihr Aussehen wunderte ihn. Ganz besonders verwundert und nachdenklich war er, als er erfuhr, daß sie – eine Frau – Buchhalterin war.

Dies ist ein recht seltener Beruf. Er erfordert besondere Anspannung des Geistes, darum gibt es bei uns nur wenig Buchhalter, und sie werden anständig bezahlt.

Der junge Mann indes blickte äußerst nüchtern auf das Leben und seine Erscheinungsformen. Für Liebe hatte er kein Verständnis, und ihn interessierte nur das eine, wie er besser leben und schmausen könnte.

Und nun hatte er plötzlich eine so außerordentliche Gelegenheit entdeckt – einen weiblichen Buchhalter. Sozusagen eine prächtige Stütze im Leben. Er machte sich näher mit ihr bekannt. Führte sie ein paarmal ins Kino und erklärte ihr seine Liebe. Und sagte: „Haben Sie keine Lust, sich beim Standesamt registrieren zu lassen?" Und sie darauf: „Ach, bitte schön! Das freut mich sehr."

Er ließ sich also mit ihr trauen. Verliebte sich gewaltig in sie. Und sie sich in ihn.

Eines Tages aber kommt sie plötzlich von der Arbeit nach Hause und sagt zu ihm:

„Hör zu, Petja, ich hab gekündigt. Offen gestanden, ich hab schon lange davon geträumt: Wenn ich heirate, schinde ich mich nicht mehr im Büro ab. Ich hab also meine Arbeit aufgegeben."

Da gerät der Ehemann in gewaltige Erregung. Er ächzt, schreit und fleht. Und denkt: Das ist ein Ding! Deswegen habe ich sie doch überhaupt geheiratet.

Aber die Ehefrau sagt:

„Nein, danke für Backobst, ich geh nicht mehr arbeiten. Ich habe nicht die Absicht, im stickigen Büro die hohe Qualifizierung meiner Schönheit und Jugend einzubüßen."

Ihr Mann sagt:

„Aber versteh doch, das ist bourgeoises Kleinbürgertum! Du hast mir", sagt er, „besonders durch deine Selbständigkeit gefallen. Ich", sagt er, „bin geradezu erschüttert über diesen betrüblichen Fakt!"

Aber wie er auch redet, sie beharrt auf ihrem Standpunkt und arbeitet nicht mehr. Er leidet gräßlich darunter und träumt dauernd davon, sich von ihr scheiden zu lassen, doch das geht nicht, denn sie haben für ihre beiden Zimmer ein gemeinsames eingetauscht, was natürlich leichter ist als umgekehrt.

Zu allem Überfluß hat sie ihm auch noch einen Säugling geboren und ihn dadurch noch mehr an sich gebunden. Jetzt verläßt er sie nicht mehr, denn es würde ihn jammern, die Alimente umsonst zu zahlen.

Im großen und ganzen hat er sich in seinen Berechnungen vertan und steht jetzt Höllenqualen aus.

Dieser Vorfall trägt natürlich privaten Charakter, er ist nichtig und unbedeutend. Ich will mich auch gar nicht mit Verallgemeinerungen aufhalten noch meine verehrten Mitbürger übermäßiger Selbstsucht zeihen, sondern gehe zu solideren Begebenheiten aus der Liebespraxis über.

Lesen Sie nun eine interessante Geschichte, aus der Sie ersehen werden, wohin Liebe und Eifersucht eine noch nicht alte Frau bringen können.

Geschichte vom Brief und der Analphabetin

Es lebte einst in Leningrad ein Mann mit seiner Frau.

Der Mann war ein verantwortlicher Sowjetfunktionär. Er war noch nicht alt, kräftig, gut entwickelt und überhaupt, wissen Sie, energisch, der Sache des Sozialismus ergeben und alles.

Obwohl er ein einfacher Mensch vom Lande war und seinerzeit keine höhere Bildung erhalten hatte, erlangte er in den Jahren des Stadtlebens große Fixigkeit, wußte viel und konnte vor jedem Auditorium eine Rede reden. Er war sogar durchaus imstande, mit Gelehrten verschiedener Fachgebiete Streitgespräche zu führen – von Physiologen bis einschließlich Elektrikern.

Seine Frau Pelageja indes konnte weder lesen noch schreiben. Obwohl sie zusammen mit ihm aus dem Dorf gekommen war, hatte sie nichts Derartiges gelernt und war Analphabetin geblieben, ja, nicht mal ihren Namen konnte sie schreiben.

Pelagejas Mann sah, wie die Karre lief, war schrecklich betrübt, litt und wußte nicht, wie aus dieser Not herauszukommen sei, zumal er über alle Maßen in Anspruch genommen war und für die Umschulung seiner Eheliebsten keine freie Zeit hatte.

Er sagte zu ihr:

„Liebe Pelageja, du solltest doch lesen oder wenigstens deinen Namen schreiben lernen. Unser Land“, sagt er, „kommt allmählich aus der jahrhundertealten Finsternis und Kulturlosigkeit heraus. Überall liquidieren wir Unwissenheit und Analphabetentum. Und da kann die Gattin des Direktors einer Brotfabrik weder lesen noch schreiben noch begreifen, was geschrieben steht! Ich habe dadurch alle möglichen Leiden zu erdulden."

Darauf winkt Pelageja ab und antwortet wie folgt:

„Ach", sagt sie, „Iwan Nikolajewitsch, von was reden Sie da! Mir nützt das nichts, mich mit so was zu beschäftigen. Ich hab das seinerzeit nicht gemacht, und jetzt gehen meine Jahre allmählich dahin, und meine Jugend verschwindet, und meine Hände sind schon zu steif, um zum Beispiel einen Bleistift zu halten. Zu was soll ich das Buchstabenmalen lernen? Sollen sich damit lieber die jugendlichen Pioniere beschäftigen, ich kann auch so leben bis in meine alten Tage."

Pelagejas Mann seufzt und spricht mit Betrübnis:

„Ach, ach, Pelageja Maximowna, wie politisch falsch du dich doch ausdrückst."

Eines Tages jedoch bringt Iwan Nikolajewitsch ein Lehrbuch mit nach Hause.

„Hier", sagt er, „Polja, hast du die neueste Selbststudierfibel. Sie ist nach den letzten Angaben der Wissenschaft geschrieben. Ich", sagt er, „werde es dir selber zeigen. Und ich habe eine Bitte – widersprich mir nicht."

Pelageja aber lächelt leise, nimmt die Fibel in die Hände, dreht sie hin und her und steckt sie dann in die Kommode. Mag sie dort liegen. Vielleicht kommt sie den Nachfahren zugute.

Eines Tages aber setzt sich Pelageja hin, um Iwan Nikolajewitschs Jackett auszubessern, dessen Ärmel durchgewetzt sind.

Sie setzt sich also an den Tisch. Nimmt die Nadel. Schiebt die Hand ins Jackett – da knistert was.

Geld etwa? denkt Pelageja.

Sie schaut nach – ein Brief. Ordentlicher, sauberer Umschlag, dünne Buchstaben darauf, und das Papier riecht irgendwie nach Parfüm oder Kölnischwasser.

Pelageja gibt's einen Stich ins Herz.

Iwan Nikolajewitsch wird mich doch nicht etwa unnötig betrügen? denkt sie. Er wird doch nicht etwa einen innigen Briefwechsel mit ordentlichen Damen führen und mich ungebildete Gans verspotten?

Pelageja starrt auf das Kuvert, nimmt den Brief heraus und entfaltet ihn, doch zufolge ihres Analphabetentums kann sie aus ihm nicht klug werden.

Zum erstenmal in ihrem Leben bedauert Pelageja, daß sie nicht lesen kann.

Wenn das auch, denkt sie, ein fremder Brief ist, so muß ich doch wissen, was darin geschrieben steht. Vielleicht ändert sich dadurch mein ganzes Leben, und es ist besser, ich fahre wieder ins Dorf und mache Landarbeit.

In ihrer Brust kocht es vor Ärger und Kränkung. Ihr Herz verkrampft sich vor Kummer.

Ich muß doch wohl, denkt sie, Iwan Nikolajewitsch sehr lieben, wenn ich wegen diesem Brief so leide, mich quäle und vor Eifersucht platze. Wie dumm, denkt sie, daß ich diesen Brief nicht lesen kann! Dann wüßte ich sofort, um was es hier geht.

Sie bricht in Tränen aus. Verschiedene Kleinigkeiten fallen ihr ein. Ja, Iwan Nikolajewitsch scheint sich in letzter Zeit tatsächlich verändert zu haben. Er pflegt auf einmal seinen Schnurrbart, kämmt ihn. Und die Hände wäscht er sich ziemlich oft. Und die neue Mütze setzt er auf.

Da sitzt nun Pelageja, denkt lauter solche Gedanken, starrt den Brief an und heult zum Steinerweichen. Aber den Brief lesen kann sie nicht. Sie kennt ja nicht mal die Buchstaben. Und den Brief einem Fremden zu zeigen ist natürlich peinlich. Vielleicht stehen da Wörter drin, die Außenstehende nicht zu wissen brauchen.

Nachdem sie sich ausgeheult hat, versteckt sie den Brief in der Kommode, flickt das Jackett fertig und wartet auf Iwan Nikolajewitsch.

Als er kommt, läßt sich Pelageja nichts anmerken. Im Gegenteil: Sie plaudert ruhig und gelassen mit ihrem Mann und gibt ihm sogar zu verstehen, daß sie nicht abgeneigt sei zu lernen und daß sie es satt habe, ein analphabetisches Weib zu sein.

Iwan Nikolajewitsch ist hocherfreut.

„Na großartig!“ sagt er. „Ich werd's dir selber zeigen.“

„Gut, zeig's mir!“ sagt Pelageja.

Sie starrt auf Iwan Nikolajewitschs sorgsam gestutzten Schnurrbart. Wieder verkrampft sich ihr Herz vor Verdruß und Betrübnis.

Zwei Monate lang lernt Pelageja tagaus, tagein lesen. Geduldig fügt sie aus Silben Wörter, malt Buchstaben und büffelt Sätze. Und jeden Abend nimmt sie den wohlgehüteten Brief aus der Kommode und versucht, seinen geheimen Sinn zu enträtseln. Aber das ist eben sehr schwierig.

Erst im dritten Monat hat Pelageja die Wissenschaft bezwungen.

Am Morgen, nachdem Iwan Nikolajewitsch zur Arbeit gegangen ist, nimmt Pelageja den Brief aus der Kommode und macht sich daran, ihn zu lesen.

Mühsam entziffert sie die dünne Schrift. Der kaum noch spürbare Parfümgeruch des Papiers stachelt sie an.

Der Brief ist an Iwan Nikolajewitsch adressiert.
Pelageja liest:

Sehr geehrter Genosse Kutschkin!

Anbei schicke ich Ihnen die versprochene Fibel. Ich denke, Ihre Gattin wird sich in zwei bis drei Monaten die Weisheit angeeignet haben. Bringen Sie sie dazu, es zu tun, mein Lieber. Reden Sie ihr zu, erklären Sie ihr, wie ekelhaft es doch eigentlich ist, eine Frau zu sein, die nicht lesen und schreiben kann.

Zum bevorstehenden Jahrestag liquidieren wir das Analphabetentum in der ganzen Republik mit allen Mitteln, aber wir vergessen dabei manchmal unsere nächsten Anverwandten.

Sie müssen es mir versprechen, Iwan Nikolajewitsch.

Mit kommunistischem Gruß

Maria Blochina

Pelageja liest den Brief zweimal. Sie fühlt sich abermals beleidigt und bricht in Tränen aus.

Als sie dann aber an Iwan Nikolajewitsch denkt und daran, daß ihr Eheleben völlig in Ordnung ist, beruhigt sie sich und verbirgt die Fibel und den unglückseligen Brief in der Kommode.

So lernte unsere Pelageja, getrieben von Liebe und Eifersucht, in kurzer Zeit lesen und schreiben.

Das war ein merkwürdiger Vorfall aus der Zeit der Liquidierung des Analphabetentums bei uns in der Sowjetunion.

Lesen Sie aber nun eine noch interessantere Liebesgeschichte.

Geschichte von der Dame mit den Blumen

Ich muß erwähnen, daß diese Geschichte nicht allzu komisch ist. Es gibt manchmal solche nicht sehr komischen Szenen, die aus dem Leben gegriffen sind. Raufereien etwa, Mord und Totschlag oder gar Diebstahl.

Oder zum Beispiel wie in dieser Geschichte. Es geht darum, wie eine intelligente Dame ertrank. Heiterkeit gibt diese Tatsache nicht allzuviel her.

Gesagt werden muß jedoch, daß es auch in dieser Geschichte ein paar komische Situationen gibt. Sie werden sehen.

Natürlich würde ich den heutigen Leser keineswegs mit einer nicht allzu bravourösen Geschichte bemühen, aber wissen Sie, das Themachen ist schon recht verantwortlich und zeitgemäß. Um Materialismus und Liebe geht's.

Kurz und gut, es ist eine Geschichte darüber, wie sich einmal durch einen Unglücksfall endgültig herausstellte, daß jedwede Mystik, jedwede Idealistik und jegliche überirdische Liebe und so weiter und so fort nichts sind als kreuzdummes Geschwätz und Blödsinnistik. Und daß im Leben leider nur eine materielle Einstellung gilt und sonst nichts.

Vielleicht finden einige zurückgebliebene Intelligenzler und Akademiemitglieder dies über die Maßen traurig, vielleicht jammern sie deswegen der Vergangenheit nach, aber nachdem sie gejammert haben, sollen sie ihr bisheriges Leben überschauen, dann werden sie sehen, wieviel Überflüssiges sie sich aufgeladen haben.

Erlauben Sie also einem alten, groben Materialisten, der nach dieser Geschichte über die erhabenen Dinge endgültig das Kreuz geschlagen hat, Ihnen diese Geschichte zu erzählen. Und entschuldigen Sie nochmals, wenn Ihr Gelächter nicht ganz so schallend ausfällt, wie Sie es sich gewünscht haben.

Zumal, ich sag's noch einmal, was gibt's da schon zu lachen, wenn eine Dame ertrinkt. Sie ertrank im Fluß. Sie wollte baden. Und ging über die Baumstämme. Auf dem Fluß wurde nämlich geflößt. Große Flöße lagen am Ufer. Sie hatte die Gewohnheit, über die Stämme weit weg vom Ufer zu gehen, wegen der Schönheit und Weite, und dort zu baden. Natürlich ertrank sie dabei.

Aber darum geht's nicht.

In dem Dorf Otradnoje an der Newa reiste dies Jahr so ein Ingenieur zu, Nikolai Nikolajewitsch Gorbatow, um hier die Sommerfrische zu verleben.

Er war Ingenieur für Technologie oder Eisenbahnwesen, kurz, er trug auf der Uniformmütze ein Industrieabzeichen, eine Feile oder so was Ähnliches. Darum geht's aber nicht.

Im Frühling dieses Jahres reiste er nach Otradnoje zu, begleitet von seiner jungen Frau Nina Petrowna.

Etwas Besonderes war an ihr nicht zu beobachten. Kurzum, eine Dame. Schwarzhaarig, buntfarbig. Ständig und immerfort trug sie Blumen in der Hand. Hielt sie einfach fest oder schnupperte daran. Natürlich war sie sehr schön angezogen.

Nichtsdestoweniger liebte der Ingenieur Gorbatow sie so sehr, daß es erstaunlich anzusehen war.

Tatsächlich, er hatte sonst nichts im Leben und wollte auch nichts. Gesellschaftliche Arbeit leistete er nicht. Artikel schrieb er auch nicht. Überhaupt, ich muß offen sagen, er ging dem gesellschaftlichen Leben aus dem Weg.

Er hatte mit der Neuzeit noch nicht Tritt gefaßt. Natürlich war er an die Vierzig und lebte nur in seiner Vergangenheit. Mit einem Wort, ihm gefiel das frühere bourgeoise Leben mit seinen Polsterkissen, Konsommees und so weiter.

Am gegenwärtigen Leben fand er nur Grobes und wandte sein Angesicht von allem ab.

Da sie seine Gattin war und ihn nie verraten hätte, teilte er ihr seine diversen reaktionären Gedanken und Anschauungen mit.

„Ich“, sagt er, „bin ein zutiefst intelligenter Mensch, und mir“, sagt er, „ist es gegeben, viele mystische und abstrakte Bilder meiner Kindheit zu begreifen. Ich“, sagt er, „kann nicht zufrieden sein mit der groben Wirklichkeit, der Armut, den Mängeln, der Wohnungsmiete und so weiter. Ich“, sagt er, „bin mit vielen schönen Gegenständen und Nippessachen aufgewachsen, ich begreife die zarte Liebe und sehe nichts Anständiges in groben Umarmungen“, und so weiter und so fort. „Ich“, sagt er, „halte mich nur an das geistige Leben und an die Ansprüche des Herzens, was aber ihren Marxismus betrifft, so lache ich darüber und wünsche nichts davon zu wissen.“

So sprach er mehr als einmal zu ihr und hatte bei derartigen Ansichten natürlich nicht das Bestreben, etwas Gutes an unserer Zeit zu finden.

Infolgedessen hatte er sich von den Massen gelöst und verschloß sich gänzlich in sein Familienleben und seine Liebe zu diesem Herzchen mit den Blumen.

Sie erfüllte zweifellos ihre Bestimmung.

Und da sie seine Gattin war, sang sie die gleiche Weise, pflichtete allem bei und trauerte über die Maßen dem früheren Leben nach.

Kurz und gut, sie war eine poetische Person, imstande, den ganzen Tag an Blumen und Kapuzinerkresse zu schnuppern oder am Ufer zu sitzen und in die Ferne zu schauen, als gebe es dort etwas Bestimmtes zu sehen – Obst oder Leberwurst.

Ein solches Ehepaar war das also und solch eine Liebe!

Von ihr kann man nicht sagen, daß sie ihn übermäßig liebte und vergötterte, aber er ließ tatsächlich kein Auge von ihr. Morgens fuhr er mit dem Dampfer weg, und sie beeilte sich, in ihrem hübschen Morgenrock ihm auf ihren dünnen Intelligenzbeinchen das Geleit zu geben. Er hielt sie am Ellbogen, damit sie sich, Gott behüte, nicht die Füßchen verrenkte. Zwitscherte ihr etwas ins Ohr und warf ihr vom Dampfer noch Kußhändchen zu. Kurz, es war ekelhaft und peinigend anzusehen.

Er fuhr also weg, sie saß wie blöd da und träumte von allen möglichen abstrakten Dingen. Sie hätte ja waschen können, wenn sie schon keinen Sport treiben mochte. Oder ihrem Gorbatow das Bett machen. Nein! Sie saß und saß. Verlangte nichts zu essen. Dafür geriet sie bestimmt leicht durcheinander mit ihren Träumen und fand nicht mehr heraus.

Nun, da sie bereits ertrunken ist, wollen wir ihr Andenken nicht mit beleidigenden Bemerkungen aufstören.

Gegen sieben Uhr pflegte Gorbatow von seinem Dienstort zurückzukehren. Er traf von seinem Dienstort ein und hatte es eilig, sein Täubchen zu sehen.

Sprang als erster vom Dampfer. Trug etwas in den Händen. Vielleicht Gastgeschenke oder Schlüpfer für sie oder eine Art nagelneuen Brusthalter.

Gleich würde er sie beschenken, würde ihr den Rücken tätscheln, sich närrisch gebärden und sie umarmen. Was brauchte er noch! Hauptsache, er tat keinerlei gesellschaftliche Arbeit und verschloß sich ganz in seinen Horizont und seine zarten Empfindungen.

Na, sie würde natürlich kucken, was er mitgebracht hatte, das Näschen rümpfen und auf ihren dünnen Beinchen davongehen.

Allerdings, kurz gesagt, sie war ertrunken. Das war natürlich sehr schade, eine durchaus bejammernswerte Tatsache, aber sie ins Leben zurückzurufen war unmöglich, zumal mit der modernen Medizin.

Natürlich, hätte sie rechtzeitig Morgengymnastik getrieben, so hätte sie sich im letzten Moment aufraffen und ans Ufer schwimmen können. So aber war sie mitsamt ihren Blumen versunken, gleich bis zum Grund, ohne sich der Natur zu widersetzen.

Zumal sie über die schlüpfrigen Stämme gegangen war.

Sie ging immer über die Stämme, wenn sie baden wollte. Diesmal aber war sie nach dem Regen mit ihren französischen Schuhchen darübergegangen und abgeglitten. Allenfalls ihre Höschen blieben auf dem Floß zurück.

Vielleicht aber war sie auch absichtlich ins Wasser gegangen. Vielleicht hatte sie es satt, mit so einem rückständigen Element zu leben, und ertrank deshalb mir nichts, dir nichts. Zumal er ihr vielleicht den Kopf schon ganz wirr geredet hatte mit seiner Mystik.

Allerdings trifft das natürlich kaum zu. Psychologisch gesehen ist am wahrscheinlichsten, daß sie auf den Stämmen ausrutschte und ertrank.

Ich habe natürlich nicht die Absicht, den Leser durch eine künstlerische Schilderung der weiteren Ereignisse übermäßig zu verstimmen. Ich sage nur soviel, daß der Ingenieur Nikolai Nikolajewitsch außerordentlich litt und vor Kummer verging angesichts dieses Vorkommnisses. Er wälzte sich am Ufer herum, schluchzte und alles, aber seine Freundin war unwiederbringlich tot, und man fand nicht einmal ihren Körper. Demzufolge fühlte sich der Ingenieur außerordentlich leidend und verstimmt.

„Wenn man sie“, sagt er zu seiner Wirtin, „gefunden hätte, könnte ich mich eher beruhigen. Aber“, sagt er, „diese gruslige Einzelheit, daß man sie nicht gefunden hat, schwächt mich gänzlich. Infolgedessen“, sagt er, „kann ich nachts nicht schlafen und denke nur dauernd an sie. Zumal ich sie ganz überirdisch geliebt habe. Jetzt“, sagt er, „ist meine größte Sorge, sie zu finden, ihr die erkaltete Stirn zu küssen, sie in einem anständigen Grab zu beerdigen und dieses Grab jeden Samstag aufzusuchen, um geistigen Umgang mit ihr zu pflegen und jenseitige Gespräche zu führen. Meine Liebe steht mir nämlich höher als alle irdischen Beziehungen.“

So sprach er, schnippelte sich Zettel zurecht und schrieb mit großen Buchstaben darauf: Wer die Tote findet und so weiter, erhält eine hohe Belohnung von dreißig Rubel und so fort.

Diese Zettelchen pappte er überall im Dorf und in der Fischersiedlung an.

Ein Monat verging – ohne Resultat. Viele suchten mit Katzen und Hakenstangen und so weiter, fanden aber nichts.

Er, der liebe Ingenieur Gorbatow, hielt sich die ganze Zeit abseits, grüßte keinen und hatte nur die eine Sorge, zu warten, ob man seine Freundin fand.

Natürlich gibt es keinen Kummer, der sich besonders lange hält. In dieser Beziehung ist unser Organismus seltsam eingerichtet. Selbst das entsetzlichste Drama gerät viel zu schnell in Vergessenheit, und fast nichts bleibt von ihm übrig.

So daß der Kummer des Ingenieurs auch schon ein wenig erlosch. Zwar trauerte er weiter, denn er wähnte, seine große Liebe werde ewig bei ihm verbleiben.

In seinem Gram verließ er das Dorf nicht und fuhr weiterhin täglich zum Dienst, um sich von den teuren Stätten nicht trennen zu müssen.

Und dann, Anfang September, fanden Fischer die Leiche. Die Strömung hatte sie an die fünf Kilometer weit abgetrieben und ans Ufer geworfen.

Na, nun reisten zwei Fischer bei dem Ingenieur an und meldeten: Kommen Sie mal kucken, man muß sie identifizieren, und wenn es stimmt, müssen Sie blechen.

Ach, er wurde sehr nervös, bleich und hastig in seinen Bewegungen, setzte sich ins Boot und fuhr mit den Fischern los.

Ich werde die Farben nicht allzu dick auftragen und erspare mir auch die Beschreibung der psychologischen Einzelheiten, ich sage nur soviel, daß der Ingenieur Gorbatow gleich am Ufer an seine ehemalige Freundin herantrat und bei ihr stehenblieb. Ringsherum standen natürlich schweigend die Fischer und beobachteten ihn, was er wohl sagen würde, ob er sie anerkannte oder nicht, zumal es natürlich schon recht schwierig war, sie zu erkennen, denn die Zeit und das Wasser hatten ihr finsteres Werk getan. Selbst die schmutzigen Stofffetzen hatten wenig Ähnlichkeit mit etwas Anständigem oder mit dem früheren schönen Kostüm. Ganz zu schweigen von ihrem Antlitz, das von der langen Zeit gänzlich verdorben war.

Da sagte einer der Fischer, der natürlich keine Lust hatte, seine kostbare Zeit zu verschwenden, na, was ist denn nun? Ist sie's? Wenn nicht, dann laßt uns auseinandergehen, Leute, was sollen wir hier umsonst rumstehen.

Ingenieur Gorbatow beugte sich ein wenig herab, und nun verzerrte eine komplette Grimasse von Ekel und Abscheu seine Intelligenzlippen. Mit der Schuhspitze drehte er das Gesicht der Ertrunkenen herum und betrachtete sie noch einmal.

Sodann ließ er den Kopf hängen und flüsterte vor sich hin:

„Ja, sie ist es."

Wieder zog ihm der Ekel die Schulter krumm. Er wandte sich ab und ging schnell zum Boot.

Da schrien die Fischer auf ihn ein, na und, was ist mit dem Geld, er hat uns doch Geld versprochen, und jetzt will er sich drücken, noch dazu ein ehemaliger Intelligenzler und mit Schirmmütze!

Gorbatow holte natürlich wortlos Geld hervor, reichte es den Fischern und gab noch fünf Rubel drauf, damit sie die Dame irgendwie auf dem hiesigen Friedhof beerdigten.

Sodann fuhr er zurück nach Otradnoje und von da nach Leningrad.

Unlängst habe ich ihn gesehen, er ging mit

einem Dämchen die Straße entlang. Führte sie am Ellbogen und redete lockend auf sie ein.

Das ist die ganze Geschichte.

Ehren wir das Andenken an die Ertrunkene und an die große überirdische Liebe des Ingenieurs zu ihr durch Erheben von den Plätzen und gehen wir zum laufenden über. Zumal die Zeit nicht so ist, daß man sich lange bei ertrunkenen Bürgerinnen aufhält und sie mit Psychologie, Physiologie und dergleichen behandelt.

Zumal wir unter dem laufenden Liebesprobleme haben, die wir noch durchackern müssen.

Lesen Sie einstweilen einen komischen, aber unbedeutenden Vorfall aus meinem Privatleben.

Ein kleiner Vorfall aus meinem Privatleben

Eines Tages geh ich so durch die Straßen und merke plötzlich, daß die Frauen mich nicht beachten.

Früher, wenn ich manchmal, wie man so sagt, als Hahnegockel die Straße entlangstolzierte, da haben sie gekuckt und mir durch die Luft Blicke und mitfühlendes Lächeln und Kichern und Grimassen zugeworfen.

Jetzt plötzlich seh ich – nichts dergleichen!

Schade! denk ich. Immerhin, denk ich, spielt die Frau eine gewisse Rolle im Privatleben.

Ein bürgerlicher Ökonom oder Chemiker, was weiß ich, hat den originellen Gedanken geäußert, daß nicht nur das Privatleben, sondern überhaupt alles, was wir tun, für die Frauen geschieht. Somit werde alles – Kampf, Ruhm, Reichtum, Ehrungen,

Wohnungstausch und Mantelkauf und so weiter und so fort – bloß für die Frau getan.

Na, da hat er natürlich übertrieben, der Hund, hat geflunkert, um die Bourgeoisie zu erheitern, aber was das Privatleben betrifft, so bin ich ganz derselben Meinung.

Auch ich denke, daß die Frau eine gewisse Rolle im Privatleben spielt.

Wenn man zum Beispiel mit einer Frau ins Kino geht, ist es nicht so bitter, einen miesen Film zu sehen. Da kann man ihr das Händchen drücken und ihr verschiedene dümmliche Wörter sagen – all das verschönt die moderne Kunst und die Armut des Privatlebens.

Wie wirkt es demnach auf mein Selbstbewußtsein, als ich eines Tages sehe, daß die Frauen mich nicht beachten!

Was ist das für eine Teufelei? denk ich. Warum kucken die Weiber nicht nach mir? Wie kommt das? Was wollen sie denn sehen?

Ich geh nach Hause und kucke schleunigst in den Spiegel. Da seh ich eine ganz zerknitterte Visage. Und einen trüben Blick. Und auf den Wangen spielt keine Farbe. Ah, alles klar! sag ich zu mir selbst. Ich muß die Ernährung verbessern. Ich muß die verblichene Tapete mit Blut erfüllen.

In aller Eile kauf ich mir die verschiedensten Lebensmittel. Ich kaufe Butter und Wurst. Ich kaufe Kakao und so weiter.

All das esse, trinke und schlinge ich unentwegt in mich hinein. In kurzer Zeit hab ich wieder ein unerhört frisches, unerschöpftes Aussehen.

Mit diesem Aussehen flaniere ich durch die Straßen. Mir fällt jedoch auf, daß mich die Damen noch immer nicht beachten.

Aha! sage ich zu mir selbst, vielleicht hat sich bei mir ein miserabler Gang herausgebildet? Vielleicht fehlen mir gymnastische Übungen, Turnen an den Ringen und Sprünge? Vielleicht vermissen sie an mir die starken Muskeln, an denen sie sich so gern ergötzen?

Ich kaufe mir ein Hängetrapez. Ich kaufe Ringe und Hanteln und eine besondere Art Holzklötze.

Wie ein Blöder turne ich mit all diesen Ringen und Apparaten. Morgens schwenke ich die Holzklötze. Den Nachbarn hacke ich gratis Holz.

Zu guter Letzt werde ich Mitglied eines Sportzirkels. Ich rudere Boote und Kähne. Ich bade bis in den November hinein. Einmal wäre ich fast ertrunken. Aus Dummheit tauche ich an einer tiefen Stelle, doch noch ehe ich den Grund erreicht habe, lasse ich schon Luftblasen fahren, da ich nicht gut schwimme.

Ein halbes Jahr vertrödle ich mit all diesem eintönigen Zeug. Ich bringe mein Leben in Gefahr. Zweimal zerschlage ich mir beim Sturz vom Trapez den Schädel.

Mannhaft ertrage ich das alles, und eines schönen Tages gehe ich braungebrannt und kräftig wie eine Sprungfeder auf die Straße, um das vergessene anerkennende Frauenlächeln zu genießen.

Doch wieder bleibt dieses Lächeln aus.

Daraufhin schlafe ich nur noch bei offenem Fenster. Frischluft nistet sich in meinen Lungen ein. Auf meinen Wangen beginnt Farbe zu spielen. Die Visage wird erst rosa, dann rot. Nimmt sogar eine lila Nuance an.

Mit dieser lila Visage gehe ich eines Tages ins Theater. Im Theater scharwenzle ich wie unklug um den Frauenbestand herum, was seitens der

Männer Beschwerden und grobe Anspielungen und sogar Püffe und Rippenstöße auslöst.

Als Resultat sehe ich zwei oder drei klägliche Lächeln, die mich nur ungenügend zufriedenstellen.

Im selben Theater trete ich an den großen Spiegel heran und weide mich an meiner gekräftigten Figur und an meiner Brust, die jetzt vollgeatmet fünfundsiebzig Zentimeter Umfang hergibt.

Ich beuge die Arme, richte mich auf, stelle die Beine bald so, bald anders.

Ich wundere mich aufrichtig, wie wählerisch die Frauen sind und wie sie sich haben. Entweder mäkeln sie aus Verwöhntheit, oder weiß der Köter, was ihnen fehlt.

Wie ich mich so in dem großen Spiegel betrachte, bemerke ich plötzlich, daß ich sehr mittelmäßig angezogen bin. Ich sag's, wie's ist – schlecht, ja abscheulich bin ich gekleidet. Die viel zu kurzen Hosen mit den ausgebeulten Knien flößen mir Entsetzen ein und lassen mich sogar erschauern.

Buchstäblich zur Salzsäule erstarre ich, als ich meine unteren Extremitäten betrachte, für deren Beschreibung in der schöngeistigen Literatur kein Platz ist.

Ah, jetzt versteh ich! sag ich zu mir. Das also ist es, was mein Privatleben zerstört – ich bin schlecht angezogen!

Niedergeschmettert und krummbeinig kehre ich nach Hause zurück mit dem Vorsatz, meine Kleidung zu verändern.

In aller Eile lasse ich mir eine neue Garderobe bauen. Aus einer lila Portiere wird mir ein neues Jackett nach der letzten Mode geschneidert. Dazu kaufe ich mir Oxfordhosen, aus zwei Reithosen genäht.

In diesem Aufzug fühl ich mich wie in einem Luftballon, betrübt über diese Mode.

Auf dem Markt kauf ich mir einen Mantel mit so breiten Schultern, wie es sie auf unserm Planeten überhaupt nicht gibt.

An einem Sonntag gehe ich in diesem Aufputz den Twerskoi-Boulevard entlang.

Ich komme also auf den Boulevard und trete auf wie ein dressiertes Kamel. Ich gehe hierhin und dahin, bewege die Schultern und mache tänzelnde Schritte.

Die Frauen werfen mir schräge Blicke zu, in denen sich Angst und Verwunderung mischen.

Die Männer blicken weniger schräg. Es ertönen Bemerkungen, die groben und unkultivierten Bemerkungen von Menschen, die die Situation nicht kapieren.

Ab und zu höre ich Sätze:

„Hei, was für ein Hampelmann! Seht doch bloß, wie der Halunke sich aufgedonnert hat! Daß der sich nicht schämt! Hat sich in drei Kilometer Stoff gewickelt."

Man überhäuft mich mit Spott und lacht mich aus.

Ich geh den Boulevard entlang wie durch ein Spalier und weiß nicht, worauf ich noch hoffe.

Plötzlich bemerke ich am Puschkin-Denkmal eine anständig gekleidete Dame, die mich unendlich zart, ja, verschmitzt ansieht.

Ich lächle als Antwort dreimal und gehe tänzelnd um das Puschkin-Denkmal herum. Sodann setze ich mich auf die Bank gegenüber.

Die anständig gekleidete Dame, von deren verwelkter Schönheit noch Reste vorhanden sind, schaut mich unverwandt an. Ihre Blicke gleiten liebevoll über meine sehenswerte Figur und über mein Gesicht, in dem alles Gute geschrieben steht.

Ich neige den Kopf, bewege die Schultern und genieße im stillen das harmonische philosophische System des bürgerlichen Ökonomen über den Wert der Frauen.

Ich zwinkere Puschkin zu, als wie, es geht schon los, Alexander Sergejewitsch!

Wieder wende ich mich der Dame zu, die jetzt jede meiner Bewegungen mit starren Augen beobachtet.

Da krieg ich ein bißchen Angst vor diesen starren Augen. Mein Erfolg bei dem Wesen dort erfreut mich gar nicht. Schon will ich gehen. Schon will ich um das Denkmal biegen, die Straßenbahn besteigen und irgendwohin fahren, an den Stadtrand, wo es kein so starrblickendes Publikum gibt.

Da plötzlich kommt die anständige Dame auf mich zu und sagt:

„Entschuldigen Sie, mein Guter. Es ist mir", sagt sie, „sehr eigenartig, davon zu sprechen, aber genau so ein Mantel ist meinem Mann gestohlen worden. Seien Sie doch so liebenswürdig und zeigen Sie mir das Futter."

Ja, natürlich, denk ich, es ist ihr peinlich, so aus dem Nichts eine Bekanntschaft anzuknüpfen.

Ich klapp also meinen Mantel auseinander und mach dabei eine maximale Einatmebrust.

Wie die Dame das Futter sieht, erhebt sie ein irres Gekreisch und gelle Schreie. Natürlich, es ist ihr Mantel! Der Mantel, der ihr gestohlen wurde und den jetzt dieser Spitzbube, als wie ich, auf seinen Schultern trägt.

Ihr Gezeter zersägt mir die Ohren. Ich möchte am liebsten in die Erde versinken mitsamt den neuen Hosen und dem Mantel.

Wir gehen zur Miliz, wo man ein Protokoll aufsetzt. Fragen werden mir gestellt, und ich antworte wahrheitsgemäß.

Als man mich unter anderm fragt, wie alt ich sei, nenne ich die Zahl, und diese nachgerade dreistellige Zahl läßt mich zusammenzucken.

Ach, deshalb also kuckt mich niemand mehr an! spreche ich zu mir selbst. Ich bin schlicht gealtert. Und da wollte ich die Mängel meines Privatlebens auf die Garderobe schieben.

Ich gebe den gestohlenen Mantel zurück, den ich auf dem Markt gekauft habe, und gehe leicht bekleidet und mit zerknittertem Herzen hinaus auf die Straße.

Na schön, werd's schon überstehen! spreche ich zu mir selber. Mein Privatleben wird nur noch Arbeit sein. Ich werde schuften. Den Menschen Nutzen bringen. Schließlich sind die Frauen nicht das A und O im Leben.

Ich fange an, mich über die Worte des bourgeoisen Gelehrten lustig zu machen.

So ein Gequatsche! spreche ich zu mir selber. Müßige Erfindungen! Typisch westlicher Mumpitz!

Ich lache. Spucke nach rechts und nach links. Und wende den Blick von den vorübergehenden Frauen ab.

Interessant ist aber dies – der kleine Vorfall ereignete sich vor etwa zwei Jahren.

Und obwohl ich in diesen zwei Jahren, sollte man denken, noch älter geworden bin, habe ich nichtsdestotrotz letzten Sommer eine Person kennengelernt, die sich, stellen Sie sich das vor, stark für mich erwärmte. Und am lustigsten ist dies Detail: Ich habe mich den ganzen Sommer wie mit Absicht ausgesprochen mies angezogen. Bin in ganz zerknautschten Hosen und löchrigen Turnschuhen rumgelaufen.

Nichtsdestotrotz hat das der Liebe keinen Abbruch getan. Demzufolge bin ich glücklich und zufrieden, und wir werden sogar aus gegenseitiger Liebe in Bälde heiraten.

Und ich hoffe, das, was Sie in der nächsten Geschichte lesen, wird uns nicht passieren.

Ein hochzeitliches Vorkommnis

Natürlich hat es Wolodja Sawituschkin ein bißchen zu eilig gehabt. Von dieser Sünde ist er nicht freizusprechen.

Man kann sagen, Wolodja hat seine Braut nie richtig gesehen. Ehrlich gestanden, ohne Hut und Mantel hat er sie überhaupt noch nicht betrachtet. Die wichtigsten Ereignisse haben sich nämlich auf der Straße entfaltet.

Als Wolodja Sawituschkin kurz vor der Hochzeit mit seiner Braut zu ihrer Mutti kam, um sich vorzustellen, tat er dies, ohne abzulegen. In der Diele. Sozusagen im Vorübergehen.

Kennengelernt aber hatte er seine Braut in der Straßenbahn. Fünf Tage vor der Eheschließung.

Da sitzt er also in der Straßenbahn und sieht plötzlich, wie sich vor ihm so ein Fräulein abzeichnet. Ein recht hübsches Fräulein, nett angezogen. Im Wintermantel.

Dieses selbe Fräulein steht also im Wintermantel vor ihm und hält sich am Riemen fest, damit die Passagiere sie nicht umstoßen. Mit der anderen Hand drückt sie ein Päckchen an die Brust. Die Straßenbahn ist natürlich gestopft voll. Die Leute schubsen einander. Das Stehen ist offen gesagt kein Vergnügen.

Da tut sie Wolodja leid.

„Setzen Sie sich doch", sagt er, „so halb auf mein Knie, dann fährt sich's leichter."

„Aber nein", sagt sie, „merci."

„Nun", sagt er, „dann geben Sie wenigstens das Päckchen her. Legen Sie's mir auf den Schoß, Sie brauchen sich nicht zu zieren. Dann steht sich's leichter."

Nein, er sieht, sie gibt auch das Päckchen nicht her. Entweder hat sie Angst, er will es ihr mausen. Oder noch was anderes. Wolodja Sawituschkin kuckt sie nochmals an und ist direkt betroffen. O Gott, denkt er, was gibt es doch für liebliche Fräuleins in der Straßenbahn!

So fahren sie noch zwei Stationen. Drei. Vier. Endlich sieht Wolodja das Fräulein zum Ausgang drängen. Da steht er auch auf. Hier am Ausgang also fand ihre Bekanntschaft statt.

Sie machten sich bekannt. Gingen zusammen weiter. Rasch und ohne großen Aufwand kam es, daß Wolodja ihr nach zwei Tagen die Ehe antrug.

Ob sie sofort einwilligte oder nicht, jedenfalls gingen sie am dritten Tag zum Personenstandswesen und ließen sich eintragen. Im Standesamt wurden sie registriert, und nach der Registratur entfalteten sich die wichtigsten Ereignisse.

Nach der Registratur gingen die jungen Leute zu ihrer Mutti in die Wohnung. Hier herrscht natürlich riesiges Getümmel. Der Tisch wird gedeckt.

Viele Gäste. Überhaupt ist es ein familiärer Triumph – auf die Jungvermählten zu warten.

Irgendwelche diversen Fräuleins und Kavaliere hasten durchs Zimmer, legen Bestecke hin und öffnen Korken.

Wolodja Sawituschkin verliert schon in der Diele seine junge Gattin aus den Augen.

Wie zum Trotz umringen ihn sofort diverse Muttis und Anverwandte, beglückwünschen ihn und schleifen ihn ins Zimmer. Führen ihn ins Zimmer, plaudern mit ihm, drücken ihm die Hände und fragen ihn, welchem Verband er angehöre.

Allerdings fällt Wolodja auf, daß er nicht draus schlau wird, wo seine junge Frau steckt. Mädchen sind viele im Zimmer. Alles quirlt und wieselt durcheinander, na, und wer von der Straße, aus dem Tageslicht kommt, kann gar nicht draus schlau werden, und wenn er sich noch solche Mühe gibt.

O Gott, denkt Wolodja, so was ist mir ja noch nie passiert. Welche von denen ist denn nun meine junge Frau?

Er fängt an, im Zimmer zwischen den Mädchen umherzugehen. Nähert sich bald der einen, bald der andern. Diese aber sind ziemlich unwirsch und bekunden keine sonderliche Freude.

Wolodja erschrickt direkt ein wenig.

Da hab ich mir ja was eingebrockt, denkt er, ich kann meine Frau nicht finden.

Schon fängt die Verwandtschaft an, scheele Blicke zu werfen, weshalb der junge Ehemann wie unnormal herumgeht und sich auf alle Mädchen stürzt. Da stellt sich Wolodja bei der Tür auf und steht ganz verzagt da.

Ein Glück, denkt er, daß es jetzt ans Platznehmen geht. Vielleicht klärt sich dies und jenes auf.

Die sich zu mir setzt, wird es sein. Schön, denkt er, wenn's die Hellblonde dort wäre. Weiß Gott, am Ende schiebt man mir eine Schieche unter, und mit der muß ich dann leben.

In diesem Moment beginnen die Gäste sich an den Tisch zu setzen.

Die Mutti bittet, um Gottes und Christi willen noch ein bißchen zu warten. Aber bei den Gästen ist kein Halten mehr, sie stürzen sich geradezu auf Speis und Trank.

Schon wird Wolodja Sawituschkin zum Ehrenplatz gezerrt. Neben ihn setzt man ein junges Mädchen.

Wolodja riskiert einen Blick, und ihm fällt ein Stein vom Herzen.

Schau an, denkt er, so sieht sie also aus. Nicht übel, denkt er. So ohne jeden Hut sogar noch besser. Da drängt die Nase nicht ganz so nach außen.

In der Überfülle seiner Gefühle schenkt Wolodja Sawituschkin sich und ihr Wein ein und rückt näher, um zu gratulieren und zu küssen.

Aber nun entfalten sich die wichtigsten Ereignisse.

Es ertönen Schreie und Geheul.

„Das ist doch", schreit man, „ein ganz unnormaler Schweinehund. Auf jedes Mädchen stürzt er sich. Die junge Frau ist noch gar nicht am Tisch, sie macht sich noch zurecht, und schon fängt er mit einer andern zu üben an."

Nun kommt es zu absolutem Blödsinn und Durcheinander.

Wolodja könnte natürlich alles mit einem Scherz abtun. Aber er ist sehr beleidigt. In dem Getümmel hat ihm ein Verwandter eine Flasche ins Genick gestoßen.

Wolodja schreit:

„Der Teufel soll euch alle zerreißen! Setzt mir haufenweis Weiber her, und ich soll mich zurechtfinden."

Da erscheint die Braut in einem weißen Fähnchen. Hält Blumen in der Hand.

„Ach, so ist das", sagt sie, „na, das wird Ihnen teuer zu stehen kommen."

Natürlich gibt es wieder Geheul, Geschrei und Hysterie.

Die Verwandten fangen natürlich an, Wolodja aus der Wohnung zu vertreiben.

Wolodja sagt:

„Laßt mich wenigstens was futtern. Seit dem Morgen", sagt er, „hab ich nichts gefuttert wegen all dem langwierigen Kram."

Aber die Verwandten üben Druck aus und schütten Wolodja die Treppe hinunter.

Am nächsten Tag ging Wolodja Sawituschkin nach der Arbeit zum Personenstandswesen und ließ sich scheiden.

Man sagte ihm etliche saure Worte.

„Manchmal", sagte man ihm, „werden Ehen leichtsinnig geschlossen. Aber machen Sie das nicht wieder. Sonst kommen Sie noch vor Gericht."

Doch er wurde sofort geschieden.

Somit ist er nun wieder Junggeselle und kann sich mit Interessentinnen verehelichen.

Was aber Gutes an der Ehe ist und warum man so nach ihr strebt, ist sehr schwer zu begreifen.

Die Frauen werden zumeist untreu, und es ist ein rätselhaftes Detail, daß sie statt ihres Mannes stets einen anderen lieben. Ich weiß nicht, wie es Ihnen geht, aber ich bin gegen so eine Ehe. Wenn schon Ehe, dann fest und dauerhaft. Nichtsdestoweniger verschließe ich nicht die Augen und weiß, was es damit auf sich hat.

Lesen Sie nun, was sich einmal auf dem Gebiet der Liebe zugetragen hat.

Ein spaßiges Abenteuer

Die Gattin eines Angestellten, eine ziemlich junge und sehr interessante Dame aus kleinbürgerlicher Familie, verliebte sich in einen Schauspieler.

Er spielte sowohl im Drama wie in der Komödie. Und nun verliebte sie sich in ihn.

Entweder hatte sie ihn auf den Bühnenbrettern gesehen und war von seinem wunderbaren Spiel bezaubert worden, oder sie hatte ihn im Gegenteil nicht spielen sehen und vielleicht bloß an seinem Schauspieleraussehen Gefallen gefunden, jedenfalls verliebte sie sich ziemlich heftig in ihn. Eine Zeitlang wußte sie nicht einmal, was sie tun sollte: ihren Mann verlassen und sich mit dem Schauspieler zusammentun oder bei ihrem Mann bleiben und den Schauspieler einfach genießen, ohne ihr Leben umzugestalten.

Als sie dann aber sah, daß der dramatische Schauspieler ein Habenichts war und weder Sonderrationen noch sonstige Extras besaß, beschloß sie, ihren Mann nicht zu verlassen. Zumal der Schauspieler ohnedies nicht in dem Wunsche glühte, sie zu ehelichen, da er bereits mit einer vielköpfigen Familie belastet war.

Da sie aber ineinander verliebt waren, trafen sie sich von Zeit zu Zeit.

Er rief sie an, dann eilte sie zur Probe, um zu sehen, wie flott er seine Rolle spielte. Demzufolge verliebte sie sich immer heftiger in ihn und träumte davon, ihn öfter zu sehen.

Da sie jedoch eigentlich keinen Ort hatten, wo sie sich treffen konnten, trafen sie sich buchstäblich wie Romeo und Julia auf der Straße oder im Kino oder kehrten ins Café ein, um sich zärtliche Worte zuzuwerfen.

Diese kurzen Begegnungen jedoch stellten sie natürlich kaum zufrieden, und so waren sie dauernd traurig, daß ihr Leben so ungünstig verlief und sie nicht einmal ein Plätzchen hatten, wo sie von ihrer wahnsinnigen Liebe reden konnten.

Ihn konnte sie natürlich nicht besuchen, denn er hatte ja Familie.

Was es jedoch betraf, zu ihr zu gehen, so hatte sie ihn schon öfters eingeladen, wenn ihr Mann im Büro war. Nachdem er aber ein paarmal bei ihr gewesen war, weigerte er sich kategorisch.

Als nervöser und begabter Mensch, überdies mit krankhafter künstlerischer Phantasie, schrak er schlicht davor zurück, bei ihr zu weilen, denn er dachte, am Ende könnte jeden Moment ihr Gatte eintreten, und dann käme es vielleicht zu groben Gesprächen mit Schießerei und so weiter.

Kraft solcher Überlegungen war der Schauspieler, wenn er bei ihr weilte, sozusagen in unnormalem Zustand und überhaupt halbtot vor Angst.

Daraufhin lud sie ihn natürlich nicht mehr zu sich ein, denn sie sah, daß der Mann seelisch krankte und gleichsam nicht von dieser Welt war.

Eines Tages sagte sie zu ihm:

„Also hören Sie zu! Wenn Sie sich mit mir treffen wollen, kommen Sie am nächsten freien Tag zu meiner Freundin."

Der dramatische Schauspieler sagte:

„Na großartig! Sie wissen ja, mein Beruf verlangt verfeinerte Nerven, und ich“, sagt er, „bin gezwungenermaßen schüchtern, wenn ich bei Ihnen weile. Ich“, sagt er, „habe genau solches Lampenfieber wie auf der Bühne.“

Sie hatte eine enge Freundin namens Sonja. Eine sehr liebe Person und nicht ungebildet. Ich glaube, eine Ballettratte.

Der Ehemann unserer Dame billigte diese Bekanntschaft durchaus und sagte, er könne sich keine bessere Freundin für seine Frau wünschen.

Die Ballettratte erlaubte ihrer Freundin nach heißen Bitten, sich bei ihr zu Zwiegesprächen mit dem geliebten Mann zu treffen.

Eines Morgens also, am freien Tag, hastete unser Schauspieler frisch geschniegelt zum Rendezvous.

Es muß jedoch gesagt werden, daß es in der Straßenbahn zu einer kleinen Episode und zum Zusammenstoß mit einem Mitreisenden kam. Na ja, ein leichter Schimpfwortwechsel, Gebrüll und so weiter. Im Ergebnis dessen kam es, daß unser Schauspieler, ein unbeherrschter Mann, sich ein bißchen mehr als notwendig ereiferte. Und als der Nachbar nach dem Wortwechsel aus der Straßenbahn stieg, mochte unser Schauspieler es sich nicht versagen, ihm hinterherzuspucken. Und er war hocherfreut, daß die Straßenbahn schnell abfuhr und der beleidigte Nachbar ihn nicht mehr einholen konnte, wie er es gern gewollt hätte.

Aber dieser Zusammenstoß hatte der Stimmung des Schauspielers keinen Abbruch getan. Er traf sich mit seinem Liebchen, und gemeinsam gingen sie zur Freundin, die in einer Kommunalwohnung ein kleines, doch gemütliches Zimmer innehatte, dessen Schlüssel unser Pärchen bei sich trug.

Sie traten also in das Zimmer und setzten sich aufs Sofa, um über ihr weiteres Leben zu sprechen, doch plötzlich klopfte es an der Tür.

Die junge Dame machte dem Schauspieler Zeichen, nicht zu antworten, doch der Schauspieler war ohnedies in Schweigsamkeit erstarrt.

Plötzlich ertönte vor der Tür eine Stimme:

„Wann kommt sie denn zurück?"

Als unsere Dame diese Stimme hörte, erbleichte sie schrecklich und teilte dem Schauspieler flüsternd mit, dies sei die Stimme ihres Mannes. Der Mann habe sie wohl auf der Straße gesehen und sie nunmehr aufgespürt.

Der dramatische Schauspieler, als er von diesem Pech hörte, hielt zitternd und schlotternd die Luft an, legte sich aufs Sofa und betrachtete sein Liebchen mit Wehmut.

Die Stimme vor der Tür sagte:

„Dann schreib ich ihr einen Zettel. Richten Sie aus, daß ich da war." Der Ehemann unserer Dame (er war es tatsächlich) schrieb den Zettel, schob ihn unter der Tür durch und ging.

Unsere Dame war sehr verwundert. Sie hob sofort den Zettel auf und las ihn. Danach fing sie an, laut zu schluchzen, zu heulen und aufs Sofa zu fallen.

Der dramatische Schauspieler, der bei den Tönen der Damenstimme ein wenig zu sich kam, las, ebenfalls nicht ohne Verwunderung, den Zettel, in dem es hieß:

„Mein klitzekleines Sonjalein! Ich konnte mich zufällig früher freimachen und kam auf einen Sprung zu Dir, traf Dich aber leider nicht an. Um drei komme ich noch mal vorbei. Mit Kuß Dein Nikolai."

Unter Tränen und Schluchzen sprach unsere Dame zu dem Schauspieler:

„Was könnte das bedeuten? Wie denken Sie darüber?"

Der Schauspieler sagte:

„Höchstwahrscheinlich hat Ihr Mann eine Vorliebe für Ihre Freundin. Hergekommen ist er zu keinem anderen Zweck, als sich von seinem Familienleben zu erholen. Nun kann Ihr Gewissen ruhig sein. Geben Sie mir Ihr Händchen."

Gerade wollte er dieses Händchen an seine rauhen Lippen führen, als wie verrückt an die Tür geklopft wurde. Vor der Tür erscholl die unruhige Stimme der Freundin:

„Ach, macht fix auf! Ich bin's. War jemand da in meiner Abwesenheit?"

Als unsere Dame diese Worte hörte, brach sie momentan in Schluchzen aus, öffnete die Tür und händigte der Freundin weinend den Zettel aus.

Die Freundin las ihn und sagte etwas verlegen:

„Daran ist nichts Sonderbares. Wenn Sie sowieso alles wissen, brauch ich's nicht zu verheimlichen. Im übrigen bitte ich Sie, jetzt gleich zu gehen, denn ich kriege Besuch."

Unsere Dame sagte:

„Was heißt Besuch? Aus dem Zettel geht hervor, daß jetzt gleich mein Mann zu dir kommt. Eine feine Geschichte! In so einem Moment werd ich grade weggehen! Vielleicht wünsche ich zu sehen, wie der Schuft die Schwelle dieser Lasterhöhle überschreitet."

Der junge Schauspieler, dem all diese Beschwerlichkeiten die Laune verdorben hatten, wollte sich von der Sünde entfernen, doch unsere Dame in ihrer Gereiztheit hieß ihn zu bleiben.

Sie sagte:

„Jetzt gleich kommt mein Mann, dann werden wir dies verwirrte Knäuel zerhacken."

Als der Schauspieler diese Worte hörte, die dem militärischen Jargon recht nahestanden, suchte er nach seiner Mütze und machte Anstalten, sich energischer zu verabschieden und zu gehen. Aber da kam es zwischen den Freundinnen zu Streit und Geschimpfe hinsichtlich seiner Person, ob er gehen solle oder nicht.

Zuerst wollten die beiden Freundinnen ihn bis zur Ankunft des Gatten als materiellen Beweis dabehalten. Die erste, um ihrem Manne zu zeigen, was ihre Freundin, die das Zimmer hergegeben hatte, für ein Vogel sei, die zweite, um zu zeigen, was für eine Frau er habe.

Dann aber änderten sie ihren Sinn. Die Freundin mochte sich plötzlich nicht mehr kompromittieren, und die Ehefrau wünschte nicht, in den Augen ihres Mannes zu verlieren. Solchermaßen übereingekommen, hießen sie unsern Schauspieler, schleunigst zu gehen.

Als der Schauspieler, mit dieser Wendung sehr zufrieden, sich eben verabschiedete, klopfte es plötzlich wieder an die Tür. Die Stimme des Ehemannes rief:

„Liebste Sonja, ich bin's! Machen Sie auf!"

Nunmehr entstand im Zimmer einige Panik und Verwirrung.

Der Schauspieler, dem sogleich der Mut sank, wollte sich ganz verzagt aufs Sofa legen und den Kranken oder Sterbenden mimen, aber noch rechtzeitig fiel ihm ein, daß man ihn grade in solch horizontaler Stellung viel besser unter Feuer nehmen konnte, wenn er leichtsinnig auf dem Sofa lag.

Demzufolge wieselte er durchs Zimmer, stieß überall mit den Beinen an und produzierte ein gräßliches Krachen und Poltern.

Der eingetroffene Gatte vor der Tür wunderte sich außerordentlich über die Verzögerung und das Gepolter und hämmerte noch energischer gegen die Tür, denn er glaubte nichts anderes, als daß im Zimmer etwas Besonderes vorgehe.

Da sagte die Freundin zu dem Schauspieler: „Die Tür dort führt ins Zimmer meines Nachbarn. Ich mach sie Ihnen auf. Gehen Sie hinein und verduften Sie von dort in den Korridor und auf die Treppe. Flammenden Gruß!"

Schleunigst öffnete sie den Riegel an der Tür und hieß den Schauspieler, schnellstens zu gehen, zumal der eingetroffene Gatte, der den Lärm im Zimmer hörte, schon die Tür aus den Angeln zu reißen begann, um hineinzugelangen. Unser Schauspieler flitzte ins Nachbarzimmer und wollte hinaus in den Korridor, als er plötzlich die Tür von außen versperrt fand, offensichtlich mit einem Vorhängeschloß.

Er stürzte zurück, um den beiden Damen zu sagen, daß er wegen der verschlossenen Tür in einer kritischen Lage sei und nicht hinaus könne. Aber es war schon zu spät.

Der Ehemann war schon eingelassen worden, und nun erhob sich nebenan ein Gespräch, bei dem der Auftritt des Schauspielers sehr wenig wünschenswert gewesen wäre.

Der Schauspieler, der ein unausgeglichener Mensch war, erschlaffte angesichts dieser Vielzahl von Ereignissen, und da er außerordentlichen Schwindel und Kräfteverfall spürte, legte er sich aufs Bett, wo er sich völlig sicher wähnte.

Da lag er nun und dachte verzweifelt an dies und jenes und insonderheit an die Unsinnigkeit von Liebesausbrüchen. Plötzlich hörte er im Korridor das Schloß klirren. Kurz und gut, irgendwer machte sich an der Tür zu schaffen und würde wohl gleich eintreten.

Tatsächlich, die Tür ging auf, und auf der Schwelle erschien ein Mann mit einem Korb voll Tortenstückchen aus dem Devisenladen.

Als der Ankömmling auf seinem Bett einen Mann liegen sah, riß er vor Verwunderung den Mund auf und schlug verständnislos die Tür hinter sich zu.

Der Schauspieler wollte schon anfangen, sich zu entschuldigen und verschiedene Worte zu stammeln, doch plötzlich sah er zu seinem Entsetzen, daß der eingetretene Besitzer des Zimmers niemand anders war als der Mann, mit dem er heute morgen Schimpfreden gewechselt und dem er von der Straßenbahn aus hinterhergespuckt hatte.

Unser Schauspieler, der kaum noch darauf rechnen durfte, daß seine Beine ihn hinwegtragen würden, legte sich wie ein minderjähriges Kind wieder aufs Bett und dachte, dies wäre schlimmstenfalls nur ein Traum, der sogleich endete, und dann würde ein herrliches Leben ohne jegliche besonderen Unannehmlichkeiten und Verdrießlichkeiten beginnen.

Der Ankömmling, bei dem die Verwunderung den Zorn überwog, sagte mit kläglicher Stimme:

„Was ist denn hier eigentlich los, Herrschaften? Gleich kommt eine Bekannte zu mir, und da macht sich bei uns auf einmal ein Kerl in meinem Zimmer breit. Wie ist er durch die verschlossene Tür hereingekommen?“

Als der Schauspieler sah, daß man ihm nicht die Arme brach und auch nicht auf sein Schlafittchen eindrosch, schöpfte er etwas Mut und sagte:

„Ach, Pardon! Ich geh ja schon. Hatte mich nur für ein Momentchen zum Entspannen hingelegt. Ich wußte nicht, daß es Ihr Bett ist. Mir schwirrte der Kopf infolge einer Vielzahl von Ereignissen."

In diesem Moment hub der Besitzer des Zimmers, bei dem nun der Zorn die Verwunderung überwog, zu schreien an:

„Aber das ist ja eine Schweinerei! Lümmelt doch der Kerl mit den Füßen auf meinem Bett. Ich erlaube vielleicht nicht mal meinen Bekannten, sich mit den Füßen dort aufzuhalten. Was sind denn das für neue Moden! So ein Schurke!"

Er drang auf den Schauspieler ein, packte ihn an den Schultern und schleuderte ihn buchstäblich vom Bett herunter. Und plötzlich fiel ihm auf, daß der Schauspieler ihm von dem morgendlichen Ereignis her bekannt vorkam.

Nun trat eine kurze Pause ein.

Der Zimmerbewohner begriff überhaupt nichts mehr und sagte:

„Aha, jetzt hab ich dich, du Schweinepriester!"

Und wollte ihm an die Gurgel.

In diesem Moment aber klopfte es zart an die Tür.

Der Zimmerbewohner sagte:

„Kannst dich bedanken, daß jetzt grade die Dame kommt, die ich erwarte. Sonst hätt ich Marmelade aus dir gemacht."

Er packte den Schauspieler am Kragen und schleifte ihn zur Tür, um ihn in den Korridor zu schleudern wie einen alten Lappen, womit der Schauspieler durchaus einverstanden und sogar zufrieden war. Aber plötzlich öffnete sich die Tür, und auf der Schwelle erschien eine ziemlich interessante Dame, die den Zimmerbewohner besuchen wollte und gewissermaßen quasi zur Retterin unseres geplagten Schauspielers wurde.

Unser Schauspieler prallte beim Anblick der Dame verblüfft zurück und taumelte sogar, denn die eingetretene Dame war seine Eheliebste.

Im Sinne des Zufalls war dies tatsächlich ein bißchen verblüffend.

Unser Schauspieler, der in den letzten zwei Stunden äußerst schweigsam gewesen war, fing nunmehr an zu brüllen und Radau zu schlagen und forderte von seiner Frau Erklärungen, was dieser geheimnisvolle Besuch zu bedeuten habe.

Die Frau fing an zu weinen und zu schluchzen und zu sprechen, dies sei ihr Kollege, und tatsächlich besuche sie ihn gelegentlich, um Tee mit Kuchen zu trinken.

Der verdatterte Kollege sagte, da sie jetzt quitt seien, könnten sie sich aussöhnen und den Tee selbdritt trinken. Worauf der Schauspieler in derart wahnsinniges Schreien und Schimpfen ausbrach, daß seine Frau in Hysterie verfiel. Und ihr Kollege trat wieder näher, um draufloszuprügeln, denn er fühlte sich beleidigt wegen des Anspuckens.

Daraufhin kamen sämtliche Nachbarn herbeigeeilt, um nachzusehen, was da eigentlich los sei.

Unter ihnen waren auch unsere Dame, ihr Mann und ihre Freundin.

Nachdem sie alle sechs erfahren hatten, was passiert war, versammelten sie sich im Zimmer und hielten Rat, was tun.

Die Ballettratte sprach zu ihrer Freundin wie folgt:

„Ganz einfach! Ich heirate deinen Nikolai. Der Schauspieler heiratet dich, und seine Frau bildet mit ihrem Kollegen auch ein ganz glückliches Paar, wo sie doch in derselben Behörde arbeiten. So sollten wir's machen.“

Der Kollege, den die Schauspielergattin besucht hatte, sagte:

„Prost Mahlzeit! Ich glaube, sie hat eine Schar Kinderchen, und ich soll sie heiraten. Da habt ihr euch einen Einfaltspinsel ausgesucht.“

Der dramatische Schauspieler sagte:

„Ich bitte meine Frau nicht zu beleidigen. Zumal ich nicht die Absicht habe, sie mit dem ersten Hergelaufenen zu verheiraten.“

Die Frau des Schauspielers sagte:

„Ich würde auch gar nicht zu ihm ziehen. Seht doch, so ein kleines Zimmer! Kann ich hier etwa zu viert mit den Kindern hausen?“

Der Kollege sagte:

„Ich laß dich mit deinen Kindern nicht mal einen Kanonenschuß weit an dieses Zimmer heran. Hast solch einen Schurken zum Mann und willst mir obendrein das Zimmer abknöpfen. Auf meinem Bett hat er sich schon breitgemacht.“

Ballettratte Sonja sagte beschwichtigend:

„Dann machen wir's doch so, Herrschaften: Ich heirate Nikolai, der Schauspieler bleibt mit seiner Frau zusammen wie gehabt, und mit Nikolais Frau verheiraten wir diesen dußligen Kollegen.“

Der Kollege sagte:

„Prost Mahlzeit! Das macht's nicht leichter. Jetzt soll ich die da heiraten. Pustekuchen! Ich seh ja diese abgeblätterte Figur zum erstenmal. Außerdem, vielleicht ist sie eine Taschendiebin?“

Der Schauspieler sagte:

„Es wird gebeten, unsere Damen nicht zu beleidigen. Ich halte das für den richtigen Ausweg."

Unsere Dame sagte:

„Nein, wissen Sie, lieber nicht. Ich habe nicht die Absicht, aus meiner Wohnung auszuziehen. Wir haben drei Zimmer mit Bad. Ich denke nicht daran, in einer Kommunalwohnung zu versauern."

Sonja sagte:

„Wegen drei Stänkern fallen sämtliche Paare auseinander, es wär so schön! Ich nehm Nikolai, und sie nimmt den da. Die beiden bleiben zusammen."

Nun fingen die Damen an, grob zu schimpfen und sich gegenseitig alles mögliche unter die Nase zu reiben.

Sodann faßten sich die Männer ein Herz und entschieden, alles solle so bleiben wie bisher. Damit trennte man sich.

Aber ganz wie früher blieb es nicht. Sonja heiratete alsbald ihren Nachbarn, den Kollegen der Schauspielergattin. Unser Schauspieler, dessen schmiegsamer, schutzloser Charakter ihr zusagte, besuchte sie zuweilen.

Unsere Dame, vom kleinbürgerlichen Charakter des Schauspielers enttäuscht, verliebte sich in einen Physiologen. Was Nikolai betrifft, so hatte er meines Wissens keine Affären mehr, sondern ging ganz in seiner Arbeit auf, doch traf er sich manchmal noch mit Sonja, und an freien Tagen fuhren sie nicht selten ins Grüne.

Solche Vorfälle gibt es auf dem Gebiet der Liebe.

Damit möchte ich meine Liebesgeschichten beschließen, um zum nächsten Abschnitt – „Arglist" – überzugehen.

Aber die Nähe dieses Abschnitts erlaubt es mir,

noch eine Novelle zu erzählen, in der diese beiden Gegenstände, Liebe und Arglist, miteinander verknüpft sind.

Folgendes hat sich zugetragen.

Die letzte Geschichte, betitelt „Arglist und Liebe“

Ein junger Mann, ein gewisser Sergej Chrenow, Warenprüfer und -abnehmer in einer Behörde, machte einem Fräulein den Hof, sagen wir mal, einer Arbeiterin. Vielleicht auch machte sie ihm den Hof. Das ist schon lange her, man kriegt es nicht mehr zusammen. Bekannt ist nur, daß man sie auf den Straßen von Saratow zusammen sah.

Sie fingen an, zusammen auszugehen. Sie fingen sogar an, Hand in Hand zu promenieren. Sie fingen an, mancherlei Liebesworte auszusprechen. Und so weiter. Und so fort. Und dergleichen.

Eines Tages bemerkt dieser geckenhafte Warenprüfer zu seiner Dame:

„Hören Sie zu“, sagt er, „Bürgerin Anna Lytkina. Jetzt gehen wir“, sagt er, „zusammen spazieren und haben zweifellos“, sagt er, „nicht die geringste Ahnung, was alles daraus werden kann. Seien Sie doch“, sagt er, „so liebenswürdig, und schreiben Sie mir für alle Fälle eine Erklärung, als wie, im Falle eines Falles und wenn ein Kindlein das Licht der Welt erblickt, daß Sie dann keine Ansprüche an mich stellen und kein Geld für die Unterhaltung der Nachkommenschaft von mir verlangen werden. Ich werde“, sagt er, „wenn ich so eine Erklärung bei mir trage, noch viel liebenswürdiger zu Ihnen sein“, sagt er, „andernfalls“, sagt er, „wenn jede Handlung von mir nach dem Strafgesetzbuch riecht, fühle ich mich wie in einem Käfig. Ich könnte", sagt er, „eher unserer gemeinsamen Liebe entsagen, als späterhin für meine Handlungen zu zittern und für die Erhaltung der Nachkommenschaft Geld zu bezahlen."

Entweder war sie zu sehr verliebt, oder der junge Fant hatte ihr den Kopf verdreht, jedenfalls fing sie keinen nutzlosen Streit an, sondern setzte sich hin und schrieb ihm die Erklärung. Im Falle eines Falles, so und so, habe ich keine Ansprüche an ihn und, na schön, ich werde kein Geld von ihm verlangen.

Sie unterschreibt ihm also das Papier, doch natürlich sagt sie ein paar bittere Worte:

„Das ist", sagt sie, „ziemlich merkwürdig Ihrerseits! Früher habe ich niemandem solche Erklärungen gegeben. Für mich", sagt sie, „ist es sogar höchst kränkend, wenn Ihre Liebe derart wunderliche Formen annimmt. Da Sie aber", sagt sie, „darauf bestehen, kann ich Ihnen das Papier natürlich unterschreiben."

„Seien Sie schon so gut! Ich", sagt er, „gehe seit Jahren mit offenen Augen durch unser Land und weiß, was ich zu fürchten habe."

Kurz und gut, sie unterschreibt ihm das Papier. Er, nicht dumm, läßt sich die Schrift ihres reizenden Händchens von der Hausverwaltung beglaubigen und verwahrt das kostbare Dokument in der Nähe seines Herzens.

Kürzer ausgedrückt, anderthalb Jahr später stehen die beiden Herzchen vor dem Volksgericht und erstatten Bericht über ihr erloschenes Gefühl. Sie steht in einem weißen Kopftuch da und wiegt ihren Säugling.

„Ja", sagt sie, „ich hab das aus Dummheit wirklich unterschrieben, aber nun ist das Kind als solches geboren, und der Kindsvater soll auch seinen Teil beisteuern. Zumal ich keine Arbeit habe und so weiter."

Er, das heißt der ehemalige junge Vater, steht frisch und gesund da und grient unter seinem Schnurrbärtchen.

Als wie, um was geht's eigentlich? Was tut sich denn hier, hä? Ich kapier nicht, was geschieht. Ist doch alles klar und anschaulich, und ich hab doch, bitte schön, das Dokument bei mir.

Feierlich klappt er sein Jackett auf, kramt kurz darin und holt das geheiligte Papierchen hervor. Holt das geheiligte Papierchen hervor und legt es leise lachend auf den Richtertisch.

Das Volksgericht betrachtet das Papier, liest auch die Unterschrift und den Stempel, schmunzelt und spricht:

„Ohne Zweifel, das Dokument ist echt."

Der Warenprüfer sagt:

„Entschuldigung, es ist sozusagen völlig echt. Überhaupt bleibt da keinerlei Zweifel. Alles", sagt er, „ist eingehalten, und gegen nichts ist verstoßen."

Das Volksgericht sagt:

„Das Dokument ist zweifellos echt, allerdings gibt es folgende Erwägung: Das sowjetische Gesetz steht auf seiten des Kindes und schützt seine Interessen. In diesem Falle soll das Kind laut Gesetz nicht dafür verantwortlich sein oder darunter leiden, daß sein Vater zufällig ein derart pfiffiger Schweinehund ist. Infolgedessen", sagt das Volksgericht, „und kraft des weiter oben Dargelegten hat Ihr Papier keinerlei Wert und ist nur als Erinnerungsstück kostbar. Nehmen Sie es zurück", sagt das Volksgericht, „und verstecken Sie es schleunigst auf Ihrer Hühnerbrust. Es wird an Ihre vergangene Liebe erinnern."

Kurz gesagt, seit einem halben Jahr muß der ehemalige Vater blechen.

Und zu Recht.

Damit, Genossen, beende ich meine Geschichten von der Liebe.

Acht Geschichten sind's, nicht zehn. Mag es dabei bleiben. Unser Leben wimmelt nicht so von Liebesgeschichten, daß ich endlos empfindsame Motive erörtern könnte. Also schließe ich meine Erörterungen über die Liebe.

Wenn wir noch ein kurzes, nunmehr folgendes Nachwort gelesen haben, gehen wir mit großer Sorge zum dritten Abschnitt über, der den unheildrohenden Titel „Arglist" trägt.

Lesen Sie also noch das kurze Nachwort zum zweiten Abschnitt. Es wird all das, was ich Ihnen über die Liebe gesagt habe, noch fester verknüpfen.

Nachwort

Damit also, verehrte Genossen, schließe ich meinen Abschnitt „Liebe".

Was sehen wir also, nachdem wir ihn mit gewissenhaftem Bemühen durchgelesen haben? Was sehen wir, nachdem wir die Novellen aus unserm Leben und die komischen Geschichten aus der früheren Historie gelesen haben?

Wir sehen – die Liebe, so erstaunlich es sein mag, ist vor allem mit den größten Unannehmlichkeiten verbunden. Nun ja, man sieht entweder Betrug oder Zank und Geflunker, da ist der Ehemann Ihrer Geliebten um den ganzen Kopf herum blöd, da kriegen Sie eine Gattin, von der geschrieben steht: Und er ging hinaus und weinte bitterlich, oder da bemerkt man eine Eigensucht, daß man nur recht viel Geld bereithalten möge.

Das Wichtigste, was man schlußfolgern kann, ist dies: Unser Charakter ist doch ein ziemlich häßlicher. Wissen Sie, er eignet sich irgendwie noch nicht recht für die Beschäftigung mit so wunderschönen Dingen wie zum Beispiel Liebe, Heirat, Begegnungen mit der begehrten Frau und so weiter.

Ja, geben wir's zu, wir haben einen miesen und eigensüchtigen Charakter, mit dessen Hilfe wir uns den Zutritt zu einem unbewölkten Leben selbst versperren.

In diesem Sinne bin ich doch ein bißchen neidisch auf die gänzlich umerzogenen jungen Menschen der Zukunft, die in, na, sagen wir, fünfzig Jahren leben und sich um all das einen Dreck scheren werden. Ja, verdammt, die werden sich nehmen, was ihnen zukommt. Sie werden ihre Zeit nicht mit allerlei Humbug wie Gezeter und Skandalen vertrödeln.

Ich male mir aus, mit was für musterhaften, verblüffend schönen Frauen sie, hol's der Teufel, Bekanntschaft schließen werden. Selbst ein unbedeutendes Menschlein, das gar nichts Besonderes vorstellt, wird bestimmt wie all die andern ein herrliches, märchenhaftes Leben genießen, wie es des Menschen jener Zeiten würdig ist.

Ach, nein, beklagen will ich mich nicht, ich bin teilweise auch höchst zufrieden mit meinen Herzensangelegenheiten, doch das hindert mich natürlich nicht, gewisse Mängel wahrzunehmen. So ist zum Beispiel meine Bekannte nachlässig gekleidet, sie trägt auf dem Kopf ein Hütchen, vor dem sogar ein Gaul erschrickt. Sie bittet mich häufig, sie ins Restaurant einzuladen. Neulich führte ich sie am Arm, denn, stellen Sie sich vor, ihr war der Stöckelabsatz abgebrochen. Maßlos peinlich, denn sie konnte nicht laufen: das eine Bein war kürzer, das andere länger, und sie hinkte. Die Schuhe auszuziehen und auf Strümpfen zu wandern, untersagte ich ihr. Mir ist es irgendwie peinlich, wenn so eine Dame bei mir geht. Keine Droschke zu sehen. Zu wenig Geld, um Leute zu mieten, die sie getragen hätten. Zu schwach, um sie selbst zu tragen. Die Dame heult. Ach, was nicht alles passiert!

Natürlich sind das Kleinigkeiten, Bagatellen im Vergleich zur Ewigkeit, aber man wünscht sich ja doch vollständigen Komfort in nicht allzu ferner Zukunft.

Also, Freunde, nach diesen erhabenen Gedanken über die nächste Zukunft gehen wir zum neuen Abschnitt über – „Arglist". In diesem Abschnitt wird vor allem von mancherlei Gaunern und Halunken die Rede sein, die mit ihren arglistigen Taten den flüssigen Gang unseres Lebens abbremsen.

Schon höre ich ihre klirrenden Stimmen, schon sehe ich ihre flatternden Hände und den dreisten Glanz ihrer Augen. Und obwohl es mir aufs höchste widerstrebt, dies in Angriff zu nehmen, will ich mit Fleiß und Geduld zusehen, daß ich sämtliche Schurken ans Tageslicht ziehe.

Gehen wir also zum Abschnitt „Arglist" über.

Röte der Scham und des Zorns steigt mir ins Gesicht.

III. Arglist

1. Also, nicht ohne innere Erregung blättere ich den neuen Abschnitt „Arglist" auf.

Bevor ich jedoch zur Sache komme, sei mir erlaubt, dem Leser meinen staatsbürgerlichen Kummer mitzuteilen.

2. Mit meinem Beruf, verehrter Leser, bin ich nicht sonderlich zufrieden.

Der Beruf des Satirikers ist eigentlich ziemlich grob, schreierisch und unsympathisch.

Dauernd muß man seiner Umwelt spöttische Bemerkungen machen, muß derbe Worte gebrauchen wie „Dummbart", „Taugenichts", „Speichellecker", „zerfleischen" und so weiter.

Wirklich, dieser Beruf ist manchmal geeignet, die Zeitgenossen regelrecht zu vergrätzen. Manche denken sich: Was soll das? Darf der denn das? Muß das eigentlich sein?

3. Stimmt, auf den ersten, oberflächlichen Blick erscheinen uns alle anderen Berufe bedeutend liebenswerter und der menschlichen Seele zugänglicher.

Ein Buchhalter zum Beispiel, der seine Zahlen eigens zum Nutzen der leidenden Menschheit addiert, tut es sozusagen, damit sie sich im geldlichen Sinne nicht allzusehr kleptomanisiert.

Irgendeine andere Type aus der Bruderschaft der Mimen singt energisch auf der Estrade und lenkt mit seinem, sagen wir, Gequäke die Menschen von allen möglichen Alltagsplagen ab.

Noch ein anderer, was weiß ich, ein Professor, Zögling der akademischen Wissenschaften, weiß einfach alles und setzt mit seinen unwahrscheinlichen Kenntnissen die Welt in Erstaunen.

Der Chirurg schneidet mancherlei Geschwüre und Karbunkel an unseren leichtverderblichen Leibern auf, die so beschaffen sind, daß sie jeden Moment faul und wurmstichig werden können. Der Taucher pumpt Wasser und taucht auf den Meeresgrund hinab. Der Hausmeister behütet das Haus und öffnet die Tür.

Bloß wir Satiriker, ich spreche es aus, sind gleichsam keine Menschen, sondern Hunde.

4. Nein, allgemein gesprochen, denkt man etwas gründlicher nach, so ist dieser Beruf im gesellschaftlichen Sinne auch notwendig und nutzbringend. Er zaust die Dummen und bewahrt die Klugen vor deren Torheiten. Er erweitert den Gesichtskreis und mobilisiert die Aufmerksamkeit bald dieser, bald jener Leute zum Kampf bald gegen dies, bald gegen jenes. Er illustriert Beschlüsse und Resolutionen aller Art und bringt auch im Sinne der Kaderumerziehung gewissen Nutzen.

Somit ist dieser Beruf unstrittig im höchsten Maße nicht ganz und gar nutzlos.

Bloß eines, ich spreche es aus, macht diesen Beruf unschön: daß er seinem Ausüber nicht eben viele sorglose Freuden verschafft.

Er ermüdet den Verstand und das Sehvermögen. Er ist schädlich und unzuträglich bei Blutarmut und Tuberkulose. Auch mit Dickdarmentzündung und Magengeschwüren sollte man ihn nicht ausüben.

Er macht anfällig für Melancholie und behindert den Stoffwechsel. Manchmal verursacht er nervöse Ekzeme und Zuckerkrankheit. Überdies verdirbt er den Charakter, führt zum Zerwürfnis mit der Umgebung und nicht selten auch zur Trennung von der Frau.

5. Kraft des oben Dargelegten habe ich voller Optimismus und innigster Liebe zum Leben und zu den Menschen beschlossen, auf die satirische Seite der Dinge nicht mehr das Hauptgewicht zu legen.

Ohne die Satire ganz aufzugeben, will ich von jetzt an den Kurs meines literarischen Schiffes ein bißchen ändern.

Sie sehen, selbst beim Einlaufen in einen so verantwortungsvollen Hafen, der den drohenden Titel „Arglist" trägt, will ich meine Kräfte nicht mehr als galliger Satiriker früheren Formats erproben, nicht mehr als einer, der die Hände ringt, andere beschämt und alles an die große Glocke hängt, sondern ich will mich als eine Art Mitglied des Anwaltskollegiums üben.

Natürlich könnte es im höchsten Grade sonderbar erscheinen, derartige Defekte menschlicher Wesensart wie die Arglist zu verteidigen, aber meine Verteidigung wird in gewissem Maße eigentümlich sein, und ich will auch keineswegs jeden verteidigen.

6. Während ich also an Deck meines Schiffes so effektvolle Reden halte, versuche ich, in den geräu-

migen und schlecht geschützten Hafen einzulaufen. Aber die aufgewühlten Fluten aller möglichen literarischen Strömungen, die das Ufer zertrümmert haben, machen mir dies nicht eben leicht.

Da ich noch einige Zeit warten möchte, um zu überlegen, wie ich am besten ans Ufer komme, bleibe ich auf Reede liegen und blicke nicht ohne Verwirrung zum Gestade, wo schon, einander zuzwinkernd, alle möglichen Betrüger, Gauner, Pfiffikusse, Halunken, Kombinatoren und Henker promenieren. Beim Anblick dieses Geschmeißes wird mir ein bißchen, ich möchte sagen, garstig zumute. Und mir entfährt der Ausruf: „Ach, ich glaube, er war nicht richtig, der Entschluß, für dieses Lumpenpack einzutreten!"

Im übrigen habe ich folgende Überlegung angestellt:

7. Die Tiere, zum Beispiel. Nehmen wir mal an, die Haustiere. Na ja, sagen wir, Katzen, Hunde, Hähne, Spinnen und so weiter. Oder nehmen wir schlimmstenfalls sogar die wilden Tiere. So Elefanten. Manchmal auch Giraffen. Und so weiter.

An diesen Tieren ist nach der Lehre Brehms nichts von all dem, was wir so an uns haben. Es mag seltsam klingen, aber sie wissen fast nichts von Arglist. So was gibt es nicht bei ihnen.

Allgemein gesprochen, ist das teilweise sogar kurios: Bei den Menschen gibt's so was, bei allen übrigen aber nicht. Obwohl die Menschen, was man auch dagegen einwenden könnte, in gewisser Weise doch die Krone der Schöpfung sind, die Tiere jedoch mitnichten. Dennoch kennen diese so etwas nicht, jene aber wohl. Und das ist sehr merkwürdig. Und auch fatal.

Schon immer hat dies die ehrlichsten Spezialisten für Philosophie, die die allgemeine Entwicklung und seelische Munterkeit predigen, abgestoßen und aufgeregt.

Man solle, so sagte seinerzeit der ruhmreiche Philosoph Plato, nicht denken, Vögel und Tiere seien den Menschen sittlich überlegen.

Aber seit dazumal sind in dem entsetzlichen Gedränge des Lebens wohl an die zweitausend Jahre verstrichen, und die Menschen bewahrten sich all das, was die Tiere nie hatten.

Die Tiere haben sich inzwischen vielleicht immer mehr vervollkommnet und schließlich das erreicht, was sie heute so vorstellen.

8. Laut Brehm kennen die Tiere also keine Arglist. Sie leben munter und energisch, einige von ihnen singen, andere schnattern, muhen, heulen, bellen und so weiter, zeichnen sich aber nichtsdestoweniger durch Munterkeit und Lebensfreude aus. Und ihr Leben läuft vergleichsweise glatt ab, ohne besondere Schuftigkeiten, inmitten schöner Naturbilder, in der Stille von Wald und Flur.

Andererseits haben sie's dort immerhin ziemlich einfach. Wie sagt doch der Dichter von irgend so einem Tierchen, weiß nicht mehr:

> Unter jedem Waldesblatt
> es sein eignes Häuschen hat.

Ich glaube, er hat das von einem einzelnen Vertreter der Tierwelt gesagt. Als Kind hab ich so was gelesen. Irgend so einen Unsinn. Später versank das alles in Nebel. Kurz, es ging da um irgendein Vöglein oder um eine Ziege. Nein, ich glaube, um ein

Eichhörnchen. Daß es ein leichtes Leben hat und natürlich gar nicht auf die Idee kommt, zu mogeln oder allerlei Waldintrigen und Waldaffären auszuhecken.

Aber das ist natürlich eine andere Frage. Tatsache ist im großen und ganzen, daß der Tier- und Pflanzenwelt Arglist nahezu unbekannt ist.

Da aber einige europäische Gelehrte manchmal Menschen und Tiere über einen Leisten hauen und keinen allzu großen Unterschied zwischen ihnen machen, möchte ich die gefällige Schlußfolgerung riskieren, daß es all das Überflüssige, was den Tieren fehlt, eigentlich auch bei den Vertretern unserer ruhmreichen Art nicht geben dürfte.

9. Wenn es das aber gibt, müssen dafür triftige Gründe vorhanden sein.

Und wer die Historie zur Hand nimmt, kann sofort feststellen, wo das herrührt.

Das Leben der Vergangenheit war nach der Beschreibung der Historiker, wie soll ich sagen, sehr widerlich und entsetzlich. Dauernd regierten irgendwelche blutrünstigen Zaren, irgendwelche, weiß der Köter, wilden Tyrannen, vermögenden Herren, Herzöge, erblichen Edelleute, Barone und so weiter. Die alle machten natürlich mit ihrem Publikum, was sie wollten. Schnitten denen die Zunge ab, die etwas Falsches geschwatzt hatten. Verbrannten die auf Lagerfeuern, die etwa eigene wissenschaftliche oder religiöse Gedanken geäußert hatten. Warfen sie spaßeshalber wilden Tieren und Krokodilen vor. Und gingen überhaupt ohne Skrupel mit ihnen um, wie sie wollten.

All diese Dinge haben das Publikum wahrscheinlich sittlich geschwächt. Der Charakter wurde teilweise verdorben. Der Verstand gewann vielleicht an Bosheit. Die Menschen paßten sich allem an, und im Verlauf der Jahrhunderte kam es dadurch vielleicht zu Arglist, Schuftigkeit, Speichelleckerei, Konjunkturritterei und so weiter und so fort.

10. An und für sich sind alle diese und ähnliche Erscheinungen vielleicht rein zufällig, sie sind Anschwemmungen auf der schönen und höchst anständigen Natur des Menschen.

Folgendes ist interessant. Napoleon äußerte sich seinerzeit so über Holland. Schauen Sie, er hatte das kleine blühende Land Frankreich angegliedert und sich in einem Staatsakt höchst arglistig darüber geäußert, indem er es als Schwemmland der französischen Ströme bezeichnete.

So ist es vielleicht auch bei uns Menschen. Arglist und all so was sind Schwemmland, entstanden infolge der stürmischen und wirbelnden Strömung des früheren Lebens.

Wenn es so ist, wollen wir als Beschützer der Unterjochten diesen Gedanken mit Vergnügen aussprechen. Sicherlich ist es so.

Höchstwahrscheinlich wird, wenn sich der Kurs überall so ändert wie etwa bei uns, all das verschwinden wie ein Traum, und das Glück wird anbrechen und die Ansprüche selbst der verwöhntesten Geister befriedigen.

Wenn man von diesen Dingen spricht, möchte man immer ein wenig den Vorhang lüpfen, der uns von der Zukunft trennt. Man möchte ja doch zu gerne sehen, wie es bei denen später sein wird.

11. Zweifellos wird es in diesem Sinne großartig bei ihnen sein. Man erkennt es teilweise schon aus einigen Angaben unseres Lebens. Sie können sagen was Sie wollen, im großen und ganzen hat sich unser Publikum spürbar zum Besseren hin verändert. Viele Menschen sind positiver geworden, ehrlicher. Arbeiten wie wild. Stehlen spürbar weniger. Viele entdecken plötzlich ihr Interesse für die Wissenschaft. Fürs Bücherlesen. Manche singen. Viele spielen Schach, Domino. Gehen in Konzerte. Besuchen Museen, wo sie sich Bilder ankucken, Statuetten und überhaupt, was so da ist. Sie diskutieren. Lassen sich behandeln. Zähne einsetzen. Wandeln durch Parks und über Uferstraßen. Und so weiter.

Früher haben sie wie verrückt Karten geklopft, im Suff herumgebrüllt und einander vor der Kneipentür die restlichen Zähne ausgeschlagen.

Nein, wenn wir von der Reinheit der Sitten sprechen, bei uns gibt's einen Wandel zum Besseren. Dazu kann man der Bevölkerung nur gratulieren. Meinen Glückwunsch! Flammenden Gruß, Freunde!

12. Und bei all dem sind, wohlgemerkt, nur knapp zwei Jahrzehnte vergangen. Hei, wenn erst fünfzig Jahre vergangen sind! Geradezu erstaunlich, was sich da alles ergeben kann!

Also, alles Gemeine wird vielleicht allmählich abblättern und zurückbleiben, und endlich schlägt die Stunde, in der wir, ohne es selbst zu merken, in all unserer natürlichen Schönheit voreinander hintreten.

Um dieses Ziel gänzlich zu erreichen, bedarf es natürlich eines ziemlich langen Zeitraumes. Damit wir noch gründlicher umgeschmiedet werden.

Natürlich werden sich einige infolge ihrer Arglist vielleicht verstellen oder so tun, als wären sie schon endgültig fertig, während in ihrer Seele womöglich noch die Flamme des früheren Lebens brennt. Vielleicht sind sie traurig, daß sie sich nicht entfalten dürfen. Nur sieht das niemand, wieder infolge ihrer Arglist, welche, so glaube ich, bei der Umschmiedung als letzte unseren vergänglichen Leib verlassen wird.

13. Die Historie kennt eine Fülle von Tatsachen, wo wankelmütige Elemente ihr wahres Antlitz zeigten. So war es zum Beispiel einmal in England. Stellen Sie sich vor, im strengen, puritanischen England. Cromwell. Reinheit der Sitten. Verbrennung von Musikinstrumenten. Und so weiter.

Und auf einmal verwandelt sich das steife England in kürzester Zeit, in weniger als einem halben Jahr, in ein Land der Ausschweifung. Suff, Geschrei, Markttreiben, Getanze. Alle Welt klimpert auf Instrumenten. Schweinereien, Laster, Prostitution. Und so weiter. Nicht mal ein halbes Jahr vergeht, bis einer von Cromwells Freunden, denken Sie nur, General Monk, die königliche Macht wiederherstellt. Karl II. wieder auf den Thron setzt. Wie finden Sie das? So ein Halunke! Entsetzlich war's.

Nach den Worten der Historie hatte alles Niedrige und Gemeine bislang arglistig die Maske der Ehrbarkeit getragen und warf diese Maske bei der ersten Gelegenheit ab. So gefährlich sind die Spitzbuben mit ihrer Arglist. Fünfundzwanzig Jahre lang eine Maske zu tragen!

14. Doch zur Arglist. Die Historie kennt, geradeheraus gesagt, eine Unmasse Geschichten über die Arglist.

Schon die erste Seite, man kann sagen, der erste Kinderschritt auf den Feldern der Historie, beginnt mit Arglist und Mißtrauen.

Eine eigentlich edle Geste, die uns heute ans Herz rührt, eine so prächtige Geste wie zum Beispiel der Händedruck unter Freunden, hatte in ihrer historischen Vergangenheit einen etwas anderen Sinn als derzeit. Unsere prächtigen Vorfahren wollten sich nämlich alles in allem nur vergewissern, ob der andere nicht einen Stein oder eine Waffe in der Hand hielt. Deshalb berührten sie sich an der Hand. Sie kontrollierten damit, ob nicht eine List zu erwarten stand.

Später ist das vielleicht zur Gewohnheit geworden. Und heute möchte man es nicht mehr abschaffen. Warum sollte man sich in unserer Zeit auch nicht mit Handschlag begrüßen, namentlich wenn es sich um eine Bekannte handelt, die einem teilweise sympathisch ist? Und die in der Hand allenfalls ein Puderdöschen hat? Na, auf der Arbeit, da ist es was anderes. Dort hat der Handschlag keinen Sinn, er kostet überflüssige Zeit und ist auch nicht eben hygienisch.

Wer hätte gedacht, daß eine so hochgradige edle und teilweise sentimentale Geste – Symbol für Kultur und geistiges Wachstum – eine so belastete Vergangenheit hat? Wirklich unangenehm! Das setzt geradezu unsere Bedeutung herab.

15. Wie gesagt, schon die erste Seite der Geschichte beginnt mit Arglist, Mißtrauen und Verschlagenheit.

Weiterhin quellen wie aus einem Füllhorn vielerlei ähnliche Tatsachen und Geschichten über die Arglist.

Dies und das möchte ich, wenn Sie gestatten, erzählen. Anfangen muß ich übrigens mit den Popen. Das heißt, mit der Kirche und ihrem kirchenslawischen Kram.

Im wesentlichen habe ich nicht die Tendenz, diese Kultsektion zu beflecken oder mit Schmutz zu beschmeißen. Keineswegs will ich ihre Autorität in den Augen der Weltbourgeoisie untergraben. Und überhaupt würde ich das nicht an den Anfang setzen. Aber in diesem Falle ist es so, daß die Taten, um es fromm auszudrücken, zum Himmel schreien.

Doch ich muß ihnen Gerechtigkeit widerfahren lassen: Sie nahmen den ersten Platz ein. Auf dem Gebiet der Arglist haben Sie Dinge fertiggebracht, die in der ganzen Weltgeschichte nicht überboten worden sind.

Beispielsweise haben sie die zur Verbrennung Verurteilten mit folgendem salbungsvollen Spruch der weltlichen Macht überantwortet: „Möglichst sanft, ohne Blutvergießen bestrafen."

Und dieses „ohne Blutvergießen" bedeutete in ihrer kirchenslawischen Sprache Feuertod.

16. Natürlich, wenn ein zeitgenössischer Pope diesen Satz liest, wird er ihn bestimmt sehr konfus machen. Vielleicht sagt er sogar, ja, da haben die Unsern wohl etwas übers Ziel hinausgeschossen, Verzeihung.

Doch für diese Entschuldigung können wir uns natürlich nichts kaufen.

Noch etwas, was in ihrem Drang nach himmlischer Reinheit sie sich nicht zu tun entblödeten. Zur Zeit der Inquisition ließen sie in ihren Folterkammern die Arrestanten folgenden Revers unterschreiben:

„Wenn aber dabei (das heißt bei der Folter) der Verurteilte stirbt oder verletzt wird oder wenn als Folge Blut fließt oder eine Verstümmelung eintritt, so ist dies seine eigene Schuld, denn er wollte nicht gestehen und die Wahrheit sagen."

Diesen gemeinen Wisch, in dem jedes Wort von Arglist und größter Gemeinheit zeugt, legte irgend so ein dickleibiger Pope mit christlicher Demut seinem Opfer zur Unterschrift vor.

Dabei hat er gewiß geseufzt und seine weißen Glotzaugen zur Decke erhoben. Und höflich gesagt: „Hier, mein Sohn, male deinen Wilhelm unter diesen Zettel."

An die dreihundert Jahre sind vergangen, und noch immer kocht in uns der Wunsch, Verzeihung, dieser ehrwürdigen Persönlichkeit in die Fresse zu schlagen. Sie machten heilige Worte: „Christus ist erstanden", „heiliger Gott", aber wieviel anständige Leute haben sie auf ihren Feuern verheizt. Sozusagen um der Reinheit der christlichen Lehre willen. Man kann sagen, der Stiefel wurde am Fuß zurechtgetreten. Geschmeiß!

17. Ich muß mich natürlich für eine gewisse Unebenheit meines Stils entschuldigen. Die Erregung, wissen Sie, macht mir zu schaffen. Die Gemeinheit dieser Kerle ist aber auch beispiellos.

Überhaupt war das damals im Sinne der Arglist ein sehr skrupelloses Publikum.

Unter ihnen zeichnete sich ein römischer Papst besonders unmäßig aus.

Er hatte sich eine erstaunliche Arglist ausgedacht, um sein Ziel zu erreichen. Es handelt sich um Papst Sixtus den Fünften. Diesen Namen gab man ihm, als er den päpstlichen Thron bestieg. Bis dahin hatte er Peretti geheißen. Und war kein Papst gewesen, sondern ein einfaches Kardinalchen und ehemaliger Mönch.

Er saß also auf dem Posten eines gewöhnlichen Kardinals, und das war ihm zuwenig. Unbedingt wollte er Papst werden. Und ob! Das heißt, er wollte, konnte aber nicht. Er litt geradezu unter diesem Wunsch und ging darüber fast zugrunde.

So ganz einfach war es aber nicht bei denen, Papst zu werden. Andere hatten vielleicht auch Lust auf diesen Posten. Unser Held, der ein einfacher Mönch gewesen war, hatte keine besondere Protektion. Bloß daß er kein Dummkopf war.

18. Zum Justament war gerade der frühere Papst gestorben. Sixtus IV. vielleicht. Aber da bin ich nicht ganz sicher. Nun begannen Neuwahlen. Vielleicht ein Plenum. Oder eine Konferenz der Spezialisten für die Heilige Schrift. Mit einem Wort, Wahlen.

Ich kann mir vorstellen, wie sie angereist kamen! Seidene Kutten. Gelassene Redeweise. Fleischige Hände. Glänzende Visagen. Fast alles Kardinäle. Geschmeiß!

Unser Held, der Kardinal Peretti, beeilte sich natürlich auch anzureisen.

Vielleicht betrachtete er die Wahlgesellschaft und dachte: So, wie ich aussehe, wählen mich die Strolche wohl kaum. Ich muß irgendwie ihr Interesse wecken. Ich werde ihnen, dachte er, eine Metamorphose vorspielen.

Mit diesen Worten erschien er als Kranker zu

den Wahlen. Ächzte, hustete, ging gebückt. Griff sich alle naslang an die Brust und rief dabei aus, ach, Brüder, das ist ein Ding! Ich bin im höchsten Maße geschwächt, kranke ernstlich und gedenke, in Bälde alle viere von mir zu strecken. Vor allem interessiert mich überhaupt nichts mehr, so sehr bin ich herunter. Das sprach er flüsternd. Rang mühsam nach Atem. Nur die Schurkenaugen funkelten wie bei einem Spitzbuben.

19. Die anderen Kardinäle dachten:

Es wäre wirklich gut, so einen schwachen Papst zu wählen. Er ist still und dauernd krank. Ein lieber und schüchterner Papst wird das. Der dringt kaum in alles ein, wird kaum alle Welt auf Trab bringen. Bei Gott, wenn wir einen anderen wählen, macht er bloß Dampf. Nein, wir müssen unbedingt diesen wählen.

Mit diesen Worten haben sie ihn gewählt.

Die Historiker sagen, sogleich nach der Wahl, fast auf der Stelle, sei eine ungeheuerliche Veränderung mit dem Kardinal vorgegangen. Er habe sich aufgerichtet und so scharf und streng zu den Versammelten gesprochen, daß sie alle das Zittern kriegten.

Fünf Jahre lang war er Papst. Führte die Geschäfte mit äußerster Strenge. In alles drang er ein, alle Welt brachte er auf Trab. Zwei Kardinäle ließ er sogar hinrichten. Dabei war er gesund wie ein Bulle. Die anderen begriffen bald, daß er sie ganz teuflisch reingelegt hatte.

Als er starb, kippten die erbitterten Kirchenmänner seine Statue vom Piedestal und schlugen sie in winzige Scherben. Es heißt, dies sei der einzige Fall gewesen, daß man eine Statue zertrümmerte.

Wahrscheinlich hatte der Hund ihnen die Suppe gar zu sehr versalzen. Aber er war ein großer Psychologe. Tüchtig!

20. Des weiteren haben sie eines Tages einen recht guten König umgebracht. Das heißt, vielleicht war er auch nicht so gut, aber wissen Sie, die andern waren zu gut. Sie töteten ihn in der Kirche. Streuten ihm Gift ins Abendmahl.

Dies war eines der schärfsten Dinger, die sich die Kirche geleistet hat – das Abendmahl zu vergiften und es einem Menschen zu reichen, der vielleicht mit den edelsten und göttlichsten Absichten mal eben zur Kirche hereingeschaut hat.

Verblüffende Art, einen Menschen zu vergiften. Es handelte sich übrigens um den deutschen Kaiser Heinrich VII. Sie werden sich erinnern, es gab da bei denen mehrere Heinriche. Einer hieß Heinrich der Vogler. Wahrscheinlich fing er gerne Vögel. Man muß wohl annehmen, daß er ein ziemlicher Tölpel war, weil er Vögeln nachstellte, statt zu regieren.

Später hatten sie einen, der hieß Heinrich der Seefahrer. Wahrscheinlich, weil er sich gern am Anblick des Meeres weidete. Vielleicht schickte er auch gern Meeresexpeditionen aus. Ich glaube, er hat in England regiert oder in Portugal. Kurzum, irgendwo da in der Gegend. Für den allgemeinen Ablauf der Historie ist es ganz unwichtig, wo dieser Heinrich zu Hause war. Was Deutschland betrifft, so gab es dort außerdem noch ein paar nicht sehr hervorragende Heinriche. Natürlich diesen unglücklichen Heinrich VII. Er regierte Deutschland als Kaiser lange vor dem Faschismus, im vierzehnten Jahrhundert.

21. Er stellte gar nichts Besonderes vor. Das einzige, er soll dauernd Bammel gehabt haben, von seinen Zeitgenossen umgebracht zu werden. In diesem Sinne war er sehr auf der Hut. Ich kann also die Kirchenmänner durchaus verstehen, denn sie kriegten ihn ja nicht anders als in der Kirche. Sie hatten auf ihre Art Recht. Zu Hause ließ er sein Essen vom Koch und von seinen Vertrauten vorkosten. Außerdem hatte er bestimmt ein paar Hunde unter dem Tisch zu diesem speziellen Zweck. Von Zeit zu Zeit mag er ihnen einen Happen hingeworfen haben, um sich zu vergewissern, daß die Speise in Ordnung ging.

Na, und in der Kirche brauchte er sich solche Sorgen natürlich nicht zu machen. Da war er ganz ruhig. Bestimmt schluckte er das Abendmahl ohne jeglichen Zweifel. Bestimmt trank er mit großem Vergnügen. Vielleicht dachte er sogar: Dies ist wohl das einzige Plätzchen, wo ich unbesorgt essen und trinken kann. Vielleicht, dachte er, sollte ich überhaupt in Kirchen schmausen. Jetzt, dachte er, trinke ich den Wein aus und esse eine Hostie nach. Großartig!

Aber daraus wurde nichts. Kaum hatte er ausgetrunken und wollte die Oblate nachessen, da wankte er plötzlich, erbleichte und kippte, wie es in der geistlichen Schilderung heißt, aus den Latschen.

22. Nachdem er gekippt war, hat er den Popen bestimmt noch einen ärgerlichen Blick zugeworfen. Als wie, was macht ihr da, Herrschaften, seid ihr verrückt geworden! Habt ihr etwa die Frechheit besessen, mir was ins Abendmahl zu streuen? Das ist ein Ding!

Er seufzte noch ein paarmal und starb, nachdem er die ganze Pleite der christlichen Kirche durchschaut hatte. Leider war es da zu spät.

Die Popen haben bestimmt vor Staunen aufgeschrien. Vor allem natürlich die, die nicht wußten, was Sache war, und vielleicht gern den Rest des Weins und der Oblaten verspeist hätten. Jetzt aber hatten sie Angst, das zu tun.

Die Bescheid gewußt hatten, hüpften natürlich händereibend davon, um an entsprechender Stelle Meldung zu machen. Erst später kamen die Historiker irgendwie dahinter, daß es der Papst war, der das Gift ins Abendmahl hatte streuen lassen, da er mit diesem Kaiser nicht besonders gut stand.

Das war also ein schuftiger Vorfall aus dem Kirchenleben. Unser bescheidener Heinrich ist daran gestorben. Hat nicht einmal der Nachwelt ein gescheites Wort hinterlassen.

Was nun die Kaiser betrifft, so kommen sie im Sinne der Anzahl der Geschichten über die Arglist nach den Popen gleich an zweiter Stelle.

Ich könnte eine Unmasse historische Novellen erzählen, wenn ich große Lust dazu hätte.

23. Das Leben der Kaiser ist natürlich mit der höheren kaiserlichen Politik verflochten und stets voll von Arglist und Verschlagenheit. Das ist nicht eben erstaunlich.

Ich beschränke mich also auf einen kurzen Bericht über die Kaiser, um schneller zu den mittleren Leuten überzugehen, die ohne besondere Ambitionen dahinleben.

Einer der Kaiser zum Beispiel war ein großer Halunke, ein gewisser Tarquinius der Stolze. Er war König von Rom. Oder Zar, glaube ich.

Dieser Mann war außerordentlich hochnäsig und, nach seinem Beinamen zu urteilen, bestimmt auch stolz. Er regierte da bei denen in Rom. Seinerzeit ließ er in Rom Wasserleitungen bauen. Damit setzte er späterhin die nachfolgenden Generationen in Erstaunen. Eigentlich wurde er dadurch auch teilweise berühmt. Alle Welt lobte ihn über den grünen Klee. Das heißt, die Nachfahren. Für seine Zeitgenossen hingegen war er ein großer Schurke.

Über seine Regierung äußerte er sich wie folgt: „Abgaben, Steuern, Zwangsarbeit – all das gehört zu meinem Regierungssystem. Ein armes und unterdrücktes Volk kann ich leichter regieren."

Aber das Volk wußte diese stolzen Gedanken des Königs Tarquinius nicht zu schätzen und stieß ihn vom Thron zum Teufel. Seine letzten Jahre verbrachte er ungeachtet seines Stolzes in Armut und Elend. Das kommt davon!

24. Durch einmalige Arglist zeichnete sich unter anderem der berühmte Kaiser Nero aus. Der war überhaupt zu allem bereit, um seine Ziele zu erreichen.

Aber ganz besondere Arglist zeigte er in bezug auf seine Mutter. Unbedingt wollte er die kaiserliche Mutti aus dem Weg räumen, da sie ihn scharf verurteilte und sich in die Politik einmengte. Er wollte sie töten, doch es mißlang ihm. Sie war im höchsten Maße findig und zählebig. Da sie den Sträflingscharakter ihres Sohnes allseitig kannte, soll sie nach den Historikern sogar jedesmal vor dem Essen ein Gegengift genommen haben, für alle Fälle sozusagen.

In jedem Falle war sie eine gewitzte Person, die

schon wußte, wo sie blieb. Dabei war sie selber eine ziemliche Verbrecherin. Ich flehe also den Leser an, sie nicht allzusehr zu bedauern, wenn ich auf das Ereignis zu sprechen komme.

Je nun, der römische Historiker Sueton erzählt, Nero habe in ihrem Gemach eine Decke einbauen lassen, die auf die Alte herunterfallen sollte.

Dies schreibt Sueton, und es ist erstaunlich zu lesen: Nero habe in ihrem Schlafgemach eine verkleidete Decke anbringen lassen, die mit Hilfe einer Maschine zum Einsturz gebracht werden konnte, während sie schlief.

25. Man kann sich die Unterhaltung bei der Vergabe dieses Auftrags vorstellen.

„Geruhen Sie, sich nicht zu sorgen!" sagt der Lieferant. „Wir machen Ihnen eine Decke, die reinste Pracht! Auweia, Sie haben sich da was Interessantes einfallen lassen, wirklich, Euer Majestät!"

„Aber paß auf, daß du mir keinen Murks einbaust", sagt Nero. „Sieh zu, daß sie möglichst schwer wird. Leichter Murks nützt bei ihr nichts. Du weißt doch, was ich für eine Mutti habe!"

„Wie sollte ich's nicht wissen, Euer Majestät? Ein Altchen mit Charakter. Wie könnte ich da Murks liefern? Auweia, interessant, Euer Majestät, wirklich: Ich lasse ein besonders großes Steinchen akkurat überm Kopfende Ihres ehrwürdigen Mütterchens einbauen."

„Mach, was du willst", sagt Nero. „Hauptsache – bums! – und ich hab keine Mutti mehr."

„Geruhen Sie, unbesorgt zu sein. Nehmen Sie an, Ihre Mutti wäre schon nicht mehr auf der Welt. In ein paar Tagen kommen die Dame gar nicht erst dazu aufzuwachen, da fällt der Dame – pardauz! –

die Decke auf den Kopf. Ein Unglücksfall, Majestät, so was wie ein Erdbeben. Keiner hat Schuld, und die Mutti sind dann schon nicht mehr anwesend. Auweia, interessant haben Sie sich das ausgedacht, wirklich, Euer Majestät! Wie soll ich sagen, gewissermaßen ein natürliches Mittel gegen die Mutti."

„Schon gut, schon gut! Schwatz nicht soviel, du Narr!"

26. Aber der Lieferant erwies sich als gar zu großer Enthusiast seines Gewerbes. Überall posaunte er den Auftrag aus, so daß das Gerücht auch zu den Ohren der Kaisermutti drang, die natürlich alsbald ergrimmt und beleidigt den gastfreundlichen Palast verließ.

Aber Nero gab sich damit nicht zufrieden.

Eiligst wies er den Flottenbefehlshaber an, seine Mutti auf ein besonders zerlegbares Schiff zu lokken. Das Heck war so gebaut, daß es plötzlich weggeklappt werden konnte und alle darauf befindlichen Personen ins Wasser fallen mußten.

Die Alte, die möglichst weit weg von ihrem Sohn wollte, nahm die liebenswürdige Einladung natürlich mit Vergnügen an und bestieg dämlicherweise das Schiff.

Und plötzlich fand sie sich im Wasser wieder. Man kann sich vorstellen, was es da für Geschrei und Gekreisch gab! Und überhaupt, welche Überraschung, ins Wasser zu purzeln! Nichtsdestoweniger verlor die dank ihrem Sohn an ein unstetes Leben gewöhnte Matrone auch jetzt nicht den Kopf. Sie schwamm und tauchte, hielt sich an hölzernen Schiffsteilen fest und blieb so an der Meeresoberfläche.

Ihre nächsten Freunde eilten alsbald herzu und zogen sie ans Gestade.

Zusammen mit ihnen verbarg sie sich in einem Palast außerhalb der Stadt.

Aber bald kriegte der unermüdliche Nero Wind, wo sie sich aufhielt, und schickte einen gedungenen Mörder aus. Sie wurde getötet.

So ein arglistiger Schurke war das! Im übrigen war seine Mutti nicht minder gemein, und deshalb, ich sag's nochmal, steht es sozusagen nicht dafür, sie zu bedauern.

27. Noch so einen hatten sie – Lysistratos. Ich glaube, der war nicht mal Kaiser. Aber irgendwie regiert hat er damals doch. Und zwar nicht in Rom, sondern in Athen. Das heißt, er war eigentlich Grieche. Und da er Grieche war, hat er in Griechenland ein bißchen regiert.

Nach den Worten der Historiker jedoch war es mit seinem Regieren nicht weit her. Zumal die Zeiten unruhig waren. Damals sollen verschiedene politische Parteien aufgekommen sein. Die Lage war wacklig. Und so weiter.

Nun wollte er natürlich die Sympathien des Volkes erobern, um fester im Sattel zu sitzen. Aber das gelang ihm nicht, wie er sich auch abstrampelte. Und ohne diese Sympathien konnte man ihn natürlich jederzeit stürzen. Da soll er nach einem Dolch gegriffen und sich eine ungefährliche Brustverletzung beigebracht haben. In diesem sozusagen abstrakten Aufzug, mit dem Dolch in der Brust, trat er vor das verdutzte Volk hin. Fuhr mit einem Wagen auf dem Platz vor. Aus seiner Brust ragte der Dolch. Sozusagen sehr originell!

28. Dort auf dem Platz, ohne den Dolch herauszunehmen, hielt er eine dröhnende Rede, wonach ein Bösewicht ihm nach dem Leben getrachtet habe, und sprach auch von seiner heißen Liebe zum Volk, die ihm mehr bedeute als das Leben.

Die Historiker behaupten, das Volk sei nach ungläubigem Schweigen gerührt gewesen und habe dem hemmungslosen Führer applaudiert.

Danach soll das Volk ihn sympathischer gefunden und ihn auf seinem Posten belassen haben, wähnend, er sei ein durchaus herzensguter Mensch, der das Gemeinwohl über das eigene Leben stelle.

Er nutzte dies aus, um die Selbstherrschaft zu festigen.

Er regierte sehr glücklich, bis er bald darauf starb.

Die Historiker jedoch, als sie irgendwie von all diesen Einzelheiten erfuhren, namentlich von dem Dolch, nagelten ihn an den Schandpfahl als Schurken und Gauner, der diese Affäre mit kalter Berechnung eingefädelt habe, um die Macht fester in die Hände zu kriegen.

Überhaupt könnte man über Könige und Herrscher eine unzählige Masse interessanter Histörchen erzählen, bis man es über hätte.

Mich aber interessiert das Privatleben mit seinen Schattenseiten mehr als alles andere. Mich interessiert die Arglist, die, wenn man so sagen kann, ausschließlich für den Privatgebrauch angewendet wurde.

29. Ich habe vor, Ihnen von einem Mann zu erzählen, der sich großer Arglist bediente, um sein Ziel zu erreichen. Unter dieser Arglist hatten viele zu

leiden, und zweien wurde sogar die Zunge abgeschnitten. Das war unter der russischen Zarin Elisabeth.

Im großen und ganzen war das so.

Zuerst hatte dort, vielleicht haben Sie davon gehört, eine gewisse Anna Leopoldowna regiert. Ein ziemlich junges Weibsbild mit einem kleinen Sohn. Aber sie wurde natürlich bald vertrieben, und den Thron bestieg Elisabeth, übrigens eine Tochter Peters des Großen. Natürlich setzten, wie das so zu sein pflegt, sofort nach dem Umsturz Verhaftungen und so weiter ein. Überhaupt wurden viele Senatoren und Höflinge davongejagt. So mancher geriet ins Gefängnis. Dann gab es da einen Oberhofmarschall Löwenwold, der sollte nach Sibirien verbannt werden.

Nun war dieser ein äußerst schöner Mann und Fant. Er hatte mächtigen Schlag bei den Frauen. Und erfreute sich bei ihnen großen Erfolges.

Als nun ein solcher Mann verbannt werden sollte, gerieten natürlich viele in Aufregung.

Eine davon, die schöne Lopuchina, hatte in Erfahrung gebracht, wann er losfahren sollte und wohin, und bat den Chef der Abteilung zu sich, die den Fant nach Sibirien eskortieren sollte.

30. Dieser war ein gewisser Oberleutnant Berger.

Er führte in Petersburg ein vergnügtes und interessantes Leben. Er verjuxte und verjubelte eine Erbschaft und hatte natürlich nicht die geringste Lust, nach Sibirien zu fahren.

Nun also lud ihn die Lopuchina ein und äußerte den Wunsch, mit ihm zu sprechen.

Er kommt also zu ihr, und sie sagt ihm, sorgen Sie doch bitte schön um den Arrestanten. Und richten Sie ihm aus, daß ich ihn aufrichtig liebe und seiner gedenke. Und er möge es sich nicht verdrießen lassen und auf eine Wendung zum Besseren hoffen.

Dies sagte sie ihm ganz offen und verabschiedete ihn dann.

Als der junge Oberleutnant den Satz von der Wendung zum Besseren hörte, beschloß er, etwas für seine Karriere zu tun. Er beschloß, die Geschichte aufzubauschen, denn er hoffte, man werde ihn dann nicht nach Sibirien schicken, sondern zu seinem Glück den Arrestanten gleich hier hängen. Na ja, er rannte sofort in den Palast und erzählte dem Kammerherrn Lestok mit Übertreibungen, was ihm gesagt worden war.

31. Lestok, dieser alte Fuchs, wollte sich noch mehr hervortun und beschloß, den Fall zu gewaltiger Größe aufzubauschen. Er beschloß, so etwas wie eine Art Verschwörung draus zu machen. Alsbald kam es zur Bildung einer Kommission, zur Untersuchung, zum Gerichtsverfahren.

Die arme schöne Lopuchina wurde ihres unvorsichtigen Satzes halber gefoltert und gepeinigt. Die Schurken schnitten ihr die Zunge ab, peitschten sie mit der Knute und verbannten sie nach Sibirien.

Den Berger ließ die Zarin zu sich rufen und dankte ihm. Sie sagte: „Ich lobe dich. Mach weiter so. Jetzt“, sagte sie, „habe ich das Gefühl, daß ich mich ganz auf dich verlassen kann bei dieser verantwortungsvollen Sache, der Bewachung des Staatsverbrechers Löwenwold. Fahre mit Gott! Nochmals mein Lob.“

Sodann ward ihm verstattet, der Zarin Händchen zu küssen, und drei Tage später saß er, ganz benommen von all diesen Vorfällen, in der rüttelnden Kibitka und eskortierte den Gefangenen nach Sibirien.

So hatte seine Schuftigkeit ihm nicht das Erhoffte eingebracht.

Ich hätte das auch als sehr betrüblich empfunden.

Im großen und ganzen blieb er mehrere Jahre in Sibirien. Dort ergab er sich dem Trunk. Und starb an der Wassersucht.

Dazu führt es manchesmal, wenn man so arglistige Pläne ausheckt.

Aber die Geschichte vom Oberleutnant Berger ist für das Menschenherz immerhin noch verständlich. Nun gut, der Mann intrigierte, um nicht nach Sibirien zu müssen. Doch ohne Erfolg.

In der Historie finden wir haufenweise Fälle, daß ein Halunke sein Glück auf fremdem Unglück aufbaut und zu diesem Zweck mit List, Schikanen und Belauern zu Werke geht. Das ist sozusagen eine Sache von Ewigkeit, die man zu allen Zeiten heftig bekämpfen muß.

Manchmal freilich wird auch ohne besondere Notwendigkeit arglistig gehandelt. Das ist es, was mich besonders wundert.

32. Folgende historische Novelle möchte ich Ihnen erzählen. Freilich ist die Geschichte schon sehr lange her. Sie geschah im sechsten Jahrhundert. Es wird daher gebeten, sich nicht über die Eigennamen zu wundern, die durchaus wahr und nicht erdacht sind.

Die Frau des Königs hieß Austrachilda. Der König hieß Guntram. Er war König von Burgund. Die

Historiker behaupten, er sei ein Sohn des Merowingerkönigs Chlothars I. gewesen. Tja, solche Könige gab es in der Morgenröte des europäischen Lebens!

Also, die Gattin des Burgunderkönigs, Madame Austrachilda, hatte in letzter Zeit gekränkelt. Sie muß wohl eine innere Krankheit gehabt haben, denn die besten Ärzte jener Zeit gerieten ins Schwimmen und konnten nicht feststellen, was ihr eigentlich fehlte.

Irgendwie wurde sie behandelt. Freilich war sie teilweise unzufrieden mit den Kuren und wechselte in anderthalb Jahren neunmal den Arzt, doch ging es ihr immer schlimmer, und endlich lag sie im Sterben.

Natürlich versammelten sich die Verwandten an ihrem Kopfende. Ihre Kinder kamen. Und auch der Burgunderkönig Guntram erschien.

Bestimmt hat er sie getröstet, als wie, was soll man machen, Sie müssen's ertragen. Gott hat's gegeben, Gott hat's genommen. Keine Bange, wir werden Sie prächtig bestatten. Haben Sie nicht vielleicht noch irgendwelche letzten irdischen Sorgen, Bitten oder Anweisungen?

Sie sagt zu ihm:

„Ja, ich hab noch ein paar irdische Sorgen. Neun Ärzte haben mich behandelt. Trotzdem muß ich jetzt, wie Sie sehen, sterben. Ich", sagt sie, „bitte Euer Majestät, denen am Tag meines Todes den Kopf abzuschlagen. Dies ist mein letzter Wunsch."

33. Die Historiker verschweigen, was Guntram auf diese Bitte seiner Gattin geantwortet hat. Höchstwahrscheinlich hat er achselzuckend gesagt:

„Bitte sehr. Ist doch keine Frage! Wie viele waren's? Ach, bloß neun. Auch eine Gefälligkeit! Aber sehr gern! Warum haben Sie das nicht früher gesagt?"

Austrachilda sagt:

„Bloß so. Ich hatte gehofft, es wären anständige Leute, und sie würden mich heilen, aber Sie sehen ja, wie weit sie mich gebracht haben, jetzt sterbe ich, bestimmt wegen dieser Ärzte."

„Ich weiß nicht, wie Sie's halten", sagt Guntram, „aber ich laß die nicht mal einen Kanonenschuß weit an mich heran. Sie haben da einen Bock geschossen."

Austrachilda sagt:

„Deshalb bitte ich Sie ja jetzt, diese Mitarbeiter des Gesundheitswesens zu köpfen."

Guntram sagt:

„Ihre Bitte wird natürlich erfüllt. Bei was anderm wüßt ich's nicht genau, aber dies mach ich mit größtem Vergnügen. Mir tut bloß leid, daß Sie es nur für so wenig Leute erbitten. Vielleicht möchten Sie noch irgendwas dranhängen, Ihre Krankenwärterinnen zum Beispiel oder die Reinemachefrauen?"

34. Austrachilda sagt:

„Meinetwegen die auch. Sie machen doch bloß Blödsinn."

Natürlich erfüllte ihr der König und zärtliche Gatte diesen letzten Wunsch.

Austrachilda starb abends, und am nächsten Morgen in aller Frühe wurden die neun unglücklichen Ärzte vor der königlichen Behausung geköpft. Man muß annehmen, daß dies seinerzeit ein ziemlicher Schlag gegen die Medizin war.

Natürlich rührte das daher, daß die Königin bestimmt sehr enttäuscht von der Medizin war, was in ihrer kritischen Lage ganz natürlich ist.

Der Hauptgrund aber war zweifellos der, daß die Königin ein rachsüchtiges Frauenzimmer war und einen höchst arglistigen und bösartigen Sinn hatte.

Aber wie auch immer, die Ärzte werden ihre gelichteten Reihen geschlossen und bei kleinem wieder kuriert haben, ohne öfters auf solche Patienten zu stoßen. Ab und an aber mag ihnen Ähnliches wie diese Patientin begegnet sein.

Hier noch ein Fall aus dem Gebiet der Arglist.

35. Unter Katharina II. lebte ein großer Politiker, ein gewisser Orlow. Der berühmte Graf und Pferdeliebhaber.

Von Haus aus war er kein Graf, aber nach der Ermordung Peters III., an der er beteiligt war, wurde er zum Grafen befördert.

Im großen und ganzen war er ein gewaltiger Spitzbube. Einer der Gentlemen aus menschlichem Abschaum, die dank ihrer Erfolge, ihrer persönlichen Frechheit und ihres begnadeten Aussehens Karriere machen.

Zu allem Überfluß war sein Bruder, Grischa Orlow, bekanntlich eine Zeitlang Katharinas Geliebter. Was Wunder, daß der Lebensweg der beiden Brüder mit Rosen bestreut war.

Kurz gesagt: Eines Tages läßt Katharina diesen Gentleman zu sich kommen und sagt zu ihm:

„Sei so nett“, sagt sie, „und fahr jetzt gleich nach Italien. Dort hat sich“, sagt sie, „eine Usurpatorin zur Zarin ernannt, die Fürstin Tarakanowa. Sie gibt sich übrigens für eine Tochter von Kaiserin Elisabeth aus. Vielleicht ist sie auch wirklich ihre

Tochter. Aber sie will mit Gewalt auf den Thron. Ich möchte das aber nicht. Ich bin selber noch interessiert zu regieren. Kürzer gesagt: Du, Orlow, kriegst den Auftrag, diese Staatsverbrecherin irgendwie zu verhaften und herzuschaffen."

Orlow fuhr natürlich hin. Bestimmt nicht ohne Vergnügen, denn es war eine interessante Dienstreise.

36. Er fuhr nach Rom, stellte sich der Fürstin vor und tat ganz außerordentlich verliebt.

Ihr Damenherz schmolz sofort vor dieser Liebe, und sie begann ihm zu vertrauen.

Er sagt:

„Ich bin dermaßen in Sie verliebt, daß ich mich erbiete, Ihnen auf den allrussischen Thron zu verhelfen."

Was es bei ihnen in Rom sonst noch für Einzelheiten gab, wissen die Historiker nicht, nur wissen alle übrigen, daß sie ihm später im Gefängnis ein Kindelchen gebar.

Orlow machte also der Fürstin den Hof, zeigte sich überall mit ihr und veranstaltete zu ihrer Zerstreuung mancherlei Besichtigungen und Paraden.

Eines Tages fuhren sie zu diesem Zweck nach Livorno. Dort lag die russische Flotte, und die Fürstin Tarakanowa war als künftige Zarin an dieser Flotte stark interessiert. Vielleicht wollte sie sehen, wie die so schwamm.

Orlow, der sie auf diesen Gedanken gestoßen hatte, sagte:

„Ich zeige Ihnen eine Seeparade, Frau Tarakanowa, das ist etwas ganz Besonderes."

Sie fahren also nach Livorno und sehen sich an, was auf dem Meer so passiert.

Orlow, dieser Hund, sagt zu ihr:

„Haben Sie vielleicht Lust, eine Seefahrt zu machen? Dann“, sagt er, „fahr ich Sie mit großem Vergnügen auf einem Kriegsschiff spazieren, id est, auf so einem Schiff da.“

Sie sagt:

„Meinethalben.“

37. Sie steigen also auf das Schiff und fahren los.

Er behandelt sie sehr liebenswürdig und küßt ihr alle naslang die Hände. Und sagt:

„Wir fahren ein bißchen spazieren und dann zurück. Keine Aufregung.“

Bloß plötzlich fällt ihr auf, daß sie schon ziemlich lange fahren und die Küste außer Sicht ist. Sie fängt an, sich aufzuregen, aber er sagt zu ihr:

„Ich bitte Sie! Was kann es für Zweifel geben! Wenn Sie wollen“, sagt er, „können wir uns jetzt gleich auf dem Schiff trauen lassen.“

Ein paar Matrosen verkleiden sich als Popen, und zum unterdrückten Gelächter der Umstehenden wird ihr eine Trauung vorgegaukelt.

Sodann ziehen sich die Neuvermählten in die Kajüte zurück.

Am nächsten Tag wird vor der Kajüte ein Posten aufgestellt, und man erklärt die Fürstin für verhaftet.

Die Fürstin Tarakanowa wurde also nach Petersburg gebracht und in die Peter-Paul-Festung gesperrt.

Strahlend erschien Orlow vor der Zarin und erzählte ihr, wie alles zugegangen war. Sie aber runzelte die Stirn und sagte:

„Na, da hast du dich zu sehr angestrengt. Hast übers Ziel hinausgeschossen. Aber einen Sieger verurteilt man nicht, und für deinen Fang danke ich dir."

Bald hernach gebar die Fürstin Tarakanowa in der Kasematte einen Orlowschen Sprößling. Sie selbst starb kurze Zeit später an der Schwindsucht. Das Kindchen ist, glaube ich, auch gestorben.

Orlow besaß die Frechheit, sie aufzusuchen, um sie zu verhören. Sie spuckte ihm ins Gesicht, und außerdem bezog er von ihr eine Backpfeife.

Lebte er noch, so würde ich ihm auch bei der ersten Begegnung in die Fresse hauen.

Solche Fälle von schlimmster Arglist gibt es.

38. Damit wollte ich eigentlich meine historischen Novellen abschließen. Aber das ist nicht ganz einfach. Dies ist nicht der Abschnitt „Liebe", wo Ihnen nach fünf oder sechs Geschichtchen alles klar und verständlich war. Wir sind bei der „Arglist", die es in der Historie in unheimlicher Menge gab. Da ist mit fünf Novellen nicht auszukommen.

Bei mir hat sich eine gewaltige Anzahl verschiedener Tatsachen angesammelt.

Darum habe ich beschlossen, folgendes zu tun.

Ich erzähle Ihnen keine historischen Geschichten über die Arglist mehr. Die Fakten aber, die ich hier habe, schütte ich Ihnen auf einen Haufen, dann können Sie selber sehen. Das soll so eine Art Abschnitt „Gemischtes" sein.

Sie werden darunter sehr interessante, scharfe kleine Szenen und Vorfälle finden. Wenn ein Schriftsteller zu faul ist, in der historischen Wäsche zu wühlen, kann er sogar, wenn er will, das eine oder andere Thema benutzen. Der Autor wird es jedenfalls nicht übelnehmen. Zumal die Historie, kann man sagen, Gemeingut und gemeinsames Anliegen ist, für das jeder erröten sollte.

Also, die historischen Novellen sind beendet. Es beginnen diverse Kleinigkeiten und Anekdoten. Hier sind sie:

39. ◦ Julius Cäsar ließ alle Truppenteile anweisen, ihre Waffen mit Gold, Silber und Edelsteinen zu schmücken. Er kalkulierte, daß die Soldaten dann ihre Waffen auf der Flucht nicht wegwerfen würden. So kam es auch.

◦ Nach alten russischen Gesetzen wurde ein Beschuldigter, der seine Schuld leugnete, der Feuerprobe unterzogen. Er mußte ein Stück glühendes Eisen in die bloße Hand nehmen. Blieb die Hand unverletzt, so war der Beschuldigte laut Gesetz freizusprechen.

◦ Der römische Kaiser Konstantin wollte das Christentum verbreiten und gab einen Beschluß heraus, wonach allen Sklaven, die sich taufen ließen, die Freiheit zu schenken war.

◦ Voltaire veröffentlichte seine mutigsten Bücher unter fremdem Namen. Er schrieb sie verstorbenen Autoren zu.

◦ Bei einem Gastmahl brach der römische Kaiser Caligula nach einem Blick auf die beiden neben ihm liegenden Senatoren in lautes Gelächter aus. Die Senatoren fragten höflich, warum er lache.

„Weil", antwortete Caligula, „ich bloß zu nicken brauche, und man erwürgt euch beide. Darum habe ich gelacht."

40. ◦ Ludwig XIV. wollte den Glanz seiner Regierung vergrößern und überschüttete die Maler, Schriftsteller und Poeten mit Gold. Tatsächlich

priesen sie ihn in ihren Werken, indem sie den Wohlstand des Landes und den gewaltigen Geist des Herrschers beschrieben.

∘ Der russische Poet Nadson korrespondierte mit einer Verehrerin, der Gräfin Lida, und antwortete ihr sehr offen auf ihre politischen Fragen. Die Gräfin war jedoch die Gattin eines Gendarmenobristen und handelte im Auftrag der Polizei.

∘ Protopopow, der beim letzten Zaren Minister war, wollte sich Macht und Einfluß bei Hofe verschaffen und erließ eine polizeiliche Anordnung, nach der aus allen Ecken Rußlands Telegramme mit dem Ausdruck untertänigster Gefühle an die Zarin geschickt werden sollten.

∘ Der erste russische Dramatiker, der berühmte Sumarokow (1775), schuldete dem reichen Demidow zweitausend Rubel. Demidow ließ Sumarokows Haus pfänden. Die Beamten wollten den Schriftsteller demütigen und schätzten das Haus, das sechzehntausend Rubel wert war, auf neunhunderteinen Rubel sechzehneinhalb Kopeken, und für diese Summe wurde das Haus verkauft.

41. Machen wir eine kleine Atempause. Diese Unmasse von Schurken und Halunken hat mir Herzklopfen und Händezittern verursacht.

Von den erwähnten Kleinigkeiten sei erstens folgendes Faktum hervorgehoben. Man kann sich die gemeinen Visagen der Beamten vorstellen, die mit ihren Aktentaschen kommen, sich in den Sesseln breitmachen, sich wichtig tun und, um ihre Macht zu zeigen, das Haus so niedrig taxieren. Sumarokow ging es so, daß er infolge dieser Gemeinheit, wie er selbst sagte, „den Mut verlor und sich dem Trunk ergab". Er kam herunter und starb bald danach schrecklich verarmt.

Sehr interessant ist zweitens die Sache mit Protopopow. Darüber hat übrigens der britische Botschafter Buchanan geschrieben. Es könnte ohne weiteres stimmen. Diese dreckige Type war durchaus imstande, zu solch schäbiger Arglist zu greifen.

Was Nadson betrifft, so wurde sein Briefwechsel mit der „Gräfin Lida" seinerzeit veröffentlicht und soll einen gewaltigen Skandal hervorgerufen haben.

Caligula hingegen war nach den Worten des römischen Historikers Sueton ein hervorragender Verbrecher und Übeltäter. Da nimmt es nicht wunder, daß er so dachte und dann darüber lachte. Ich male mir aus, wie das auf das Selbstbewußtsein der beiden Senatoren wirken mochte. Bestimmt hat sich der eine heftig geräuspert, und der andere hat wahrscheinlich ein flatterndes Gelächter ausgestoßen und gesagt:

„Ihnen fällt aber auch immer wieder was Ulkiges ein, Euer Majestät. Sehr witzig."

Und was Cäsars Anweisung betrifft, die Waffen zu schmücken, so war das ein interessanter psychologischer Trick. Überhaupt war er ein großer Feldherr. Tüchtiger Kerl!

42. Aber gehen wir weiter.

o Der Liebhaber von Katharina I., der Kammerherr Mons, wurde von Peter zum Tode verurteilt. Man spießte den Unglücklichen auf einen Pfahl. Hernach schnitt man ihm den Kopf ab und steckte ihn in ein Glas mit Spiritus. Dieses Glas ließ Peter in Katharinas Gemach stellen. Als der Kopf gebracht wurde, sagte sie zu ihren Höflingen:

„Da sehen Sie, meine Herren, wohin die Unzucht der Höflinge führt."

∘ In dem Todesurteil für Mons heißt es wörtlich: „Der Staatsverbrecher Mons wird zum Tode verurteilt, weil er sich in Dinge einmischte, die ihn nichts angingen."

∘ Katharina II. fuhr mit einer Galeere den Dnepr hinunter, um neueroberte Gebiete zu besichtigen. Der erlauchte Fürst Potjomkin wollte die Zarin verblüffen und ihr zeigen, daß diese Ländereien märchenhaft reich wären. Darum ließ er längs des Dnepr schöne Häuser, Kirchen und Parks errichten. Herden von Kühen und Schafen wurden dorthin getrieben. Pferdewagen fuhren. Falsche Bauern in schmucker Kleidung saßen am Ufer.

∘ Vor der Ankunft Katharinas in Moskau (1785) ließ der Gouverneur sämtliche Bettler aus der Stadt vertreiben, „damit der Anblick einer derartigen Anzahl von Bettlern sie nicht beunruhige".

∘ Peterhof wurde von Peter I. in der Manier von Versailles angelegt. Ausländische Gäste waren sehr beeindruckt von der märchenhaften Pracht des Palastes, und das zerstörte bei ihnen, wie die Historiker schreiben, „die gewohnte Vorstellung von einem wilden, barbarischen Moskowiterreich".

∘ Der Student Sasonow, der eine Bombe auf den Minister Plehwe warf, wurde von einem Splitter verletzt. Als er im Krankenhaus zu sich kam, beugte sich ein gütiges Arztgesicht über ihn.

„Sie haben phantasiert, junger Mann", sagte der Arzt, „und verschiedene Namen genannt. Aber das macht nichts, Sie können sich ganz auf mich verlassen. Ich habe mich früher selbst für Ideen begeistert. Sie können mir vertrauen."

Ein Krankenhausangestellter warnte Sasonow, daß dieser Arzt Polizeiagent sei.

„Warum schreien Sie denn so?“ fragte der Arzt, nachdem Sasonow ihn gebeten hatte zu gehen. „Na schön, ich rufe den Feldscher, der wird Sie verbinden.“

Der Feldscher erwies sich ebenfalls als Agent der Kriminalpolizei.

43. Damit möchte ich meinen historischen Bericht schließen. Es tut mir nachgerade leid, ich habe noch einen ganzen Haufen Material. Um aber nicht gegen die Schönheit der Form zu verstoßen, habe ich mich entschlossen, hier zu enden.

Ganz flüchtig nur möchte ich noch einiges erwähnen. Ich möchte sozusagen einen Funken in Ihre Phantasie fallen lassen. Sie als meine Wohltäter werden sich das Gesamtbild bitteschön selbst ausmalen.

Ich erwähne etwa die Provokateure. Bei ihnen stand die Arglist in höchster Blüte. Was hat nicht allein schon der Agent Asef damit ausgerichtet! Oder nehmen wir die Methoden Subatows. Das war geradezu unerhört. Dieser Herr organisierte plötzlich mit Hilfe der Polizei die Arbeiterbewegung. Sogar Streiks veranstaltete dieser Hund!

Ich erwähne des weiteren die Vertreter der Handelswelt und ihre berühmte Losung „Betrügst du nicht, verkaufst du nicht“. Ich lenke Ihre Aufmerksamkeit auf das Alltagsleben der Bourgeoisie, in dem sich oft die Schoßhündchen vollfraßen und die Werktätigen zusehen mußten.

Ich nenne endlich die viel zu sanfte Feder der Herren Schriftsteller, die so manches Mal keineswegs schrieben, was sie dachten. Und umgekehrt.

Ach, ich kann mir das Vergnügen nicht versagen, ein sozusagen kleines Geschreibsel zu zitieren, aus dem dies genau hervorgeht.

Ein unbekannter Madrider Federfuchser schrieb einen Bericht über das Generalautodafé im Jahre 1680. Darin äußerte er sich wie folgt.

44. Zuvor allerdings muß ich sagen, daß in der Zeit der Inquisition Ketzer und Staatsverbrecher nicht selten zum Feuertod verurteilt wurden. Wer seine Häresie bereute, wurde vorher erwürgt. Renitente Sünder verbrannte man lebendigen Leibes.

Der Verfasser des Berichts schreibt in diesem Stil über die Hinrichtung:

„Die letzteren (das heißt, die Renitenten) gingen mit seltsam blassen Gesichtern, mit Augen, die verdüstert waren und doch zu lodern schienen, und sie sahen aus, als seien sie vom Teufel besessen ..." – „Die aber bekehrt waren, gingen versöhnt, getröstet, demütig und seelisch heiter, so daß es schien, als strahle aus ihnen Gottes Gnade. Man konnte meinen, die Glücklichen wären bereits gen Himmel gefahren ... Sodann erfolgte die Exekution der Verbrecher. Die Bekehrten wurden zunächst an der Garrotte erwürgt, die Renitenten wurden dem Feuer überantwortet und lebendig verbrannt, wobei sie Zeichen von Ungeduld, Ärger und Verzweiflung von sich gaben."

Vortrefflich geschrieben! Und gewiß so, wie es verlangt wurde. Zwischen den Zeilen sehe ich direkt die boshafte Visage des Verfassers sich übers Papier beugen. Er schmunzelt. Käufliche Person! Seelische Heiterkeit bei Todgeweihten! Da aber ein solch begeisterter Stil von oben gefordert wurde, kam er dem eben nach.

Na ja, begreiflich ist es schon. Futtern muß der Mensch. Familie. Gattin. Kinder. Was nicht noch! Trotzdem war er ein Schweinehund. Geschmeiß.

Also, mit diesen teuflischen Zeilen ist mein historischer Bericht beendet.

Mit zerrissenem Herzen klappe ich die schmutzvergilbten Seiten der Historie zu.

Sie erzählt dies über die Arglist.

45. Sie erzählt, daß es davon im Lauf der Weltgeschichte viel zuviel und mehr als genug gab, wo man auch hinspuckte.

Überhaupt ist fast jede Seite der Historie damit vollgestopft.

Die Arglist besuchte prächtige Paläste und üppige Schlösser. Sie schaute in ärmliche Hütten und jämmerliche Buden hinein. Ihr Geist war bald da, bald dort zugegen.

Die Armen betraten manches Mal diesen schlüpfrigen Pfad, um den Faden ihres Lebens nicht zu verlieren. Die Reichen zeigten sich arglistig infolge ihres bösartigen und kleinbürgerlichen Charakters.

Was die Popen und die Zaren betrifft, so taten sich diese, wie wir gesehen haben, ganz besonders hervor.

Hier war die Rede von vergangenen Zeiten und Jahrhunderten. Interessant nun zu wissen, wie es derzeit damit bestellt ist.

Mütterchen Europa hat natürlich eine bürgerliche Ordnung, so daß die Arglist dort zweifellos auf der früheren Höhe steht. Unterschiede haben sich dort höchstwahrscheinlich nicht ergeben.

Was nun unser Land betrifft, so haben sich in unserem Leben natürlich große Veränderungen abgespielt. Mancherlei Gutes und Großartiges ist da, was ich in den anderen Abschnitten schon erwähnt habe. Aber Arglist gibt es natürlich bei uns.

46. Was die Arglist betrifft – o weh! –, zweifellos gibt es sie noch bei uns, machen wir uns nichts vor, es gibt noch genug davon.

Es wäre auch seltsam, wenn es sie gar nicht mehr gäbe. Wo doch so viele Jahrhunderte sie hervorgebracht und gehätschelt haben. Bestimmt ist es ausgeschlossen, daß sie – eins zwei drei – plötzlich weg wäre.

Nein, natürlich gibt es sie noch bei uns. Man hat sogar spezielle Bezeichnungen für solche Leute eingeführt – Doppelzüngler, Kombinatoren, Abenteurer, Dingdreher, Halunken und so weiter. Woraus deutlich hervorgeht, daß es diese Sache bei uns noch zur Genüge gibt.

Gut ist aber bei uns, daß wir ganz zuversichtlich sein können – im Lauf der Zeit wird die Arglist bei uns verschwinden. Wie sollte sie auch bleiben können, wenn ihre Ursachen aussterben?

Einstweilen aber gibt es natürlich auch an unserem Horizont noch derartige Dinge. Sehen wir also, was für Dinge das sind. Kehren wir mit dem Besen der Satire hinweg, was man hinwegkehren kann und muß.

Damit beginnen die Geschichten aus unserm Leben.

Geschichten von der Arglist

Ein interessanter Diebstahl im Konsum

Diebstahl gibt es bei uns. Aber bedeutend weniger. So mancher Typ wurde umgeschmiedet und stiehlt nicht mehr. Bei anderen ist es so, daß die Auswahl des Sortiments sie nicht eben zufriedenstellt. Noch andere finden keine Eigentümer und Millionäre mehr vor, deshalb haben sie sich umorientiert und beklauen nunmehr den Staat.

Selbstredend aber klauen sie nicht so, wie sie es früher getan haben.

Heutzutage klauen nur noch Dummköpfe, die die Gegenwart nicht kapieren.

Viele aber kapieren die Gegenwart sehr gut und machen sich bereits die neuesten Strömungen zu eigen.

So fand unlängst in unserm Konsum ein Diebstahl statt. Hinter diesem Diebstahl ist ein hohes Maß an philosophischem Denken zu erkennen.

Das war folgendermaßen:

Ein Konsum. Na ja, eine Genossenschaft. Sozusagen ein öffentlicher Warenverteiler.

Allerhand Waren natürlich. Exportenten liegen im Fenster. Aus irgendwelchen Gründen auch Lachs. Schweinefleisch, Verzeihung. Käse. Soviel zu den Nahrungsmitteln. Andere Dinge sind auch eine Menge da. Damenstrümpfe. Kämmchen. Und so weiter.

All das liegt reichlich rum, ist sozusagen höchst attraktiv im Schaufenster verteilt.

Natürlich hat das mancher Leuts Blick angezogen.

Kürzer ausgedrückt: Irgendwer ist nächtlings durch den Hintereingang in den Laden eingedrungen und hat dort intensiv gewirtschaftet.

Und das Schärfste, der Hausmeister hat vor der Tür geschlafen und nichts Derartiges bemerkt.

„Irgendwelche Träume", sagt er, „hab ich in dieser Nacht tatsächlich gehabt, aber so was Abseitiges hab ich nicht gehört."

Im übrigen ist er sehr erschrocken, wie der Diebstahl ans Licht kommt. Er läuft durch den Laden und hält sich an jedem fest. Fleht, ihn nicht im Stich zu lassen. Und so weiter.

Der Vorsitzer sagt:

„Du hast wenig damit zu tun. Daß du geschlafen hast, dafür wird dir natürlich keiner den Kopf streicheln, doch eine Anklage wird man dir kaum anhängen. Hab nicht solche Angst. Lauf hier nicht allen vor den Füßen rum und mach nicht die Mitarbeiter des Ladens durch deine Ausrufe nervös. Geh nach Hause und schlaf dich aus."

Aber der Hausmeister geht nicht. Er steht da und ist ganz verstört.

Vor allem verstört ihn, daß so viel geklaut wurde.

„Das", sagt er, „kann ich überhaupt nicht verstehen. Ich habe einen leichten Schlaf und strecke die Beine quer vor die Tür. Es kann doch nicht sein, daß einer zwei Sack Zucker über mich hinwegträgt. Das kommt mir sehr merkwürdig vor."

Der Vorsitzer sagt:

„Ganz fest hast du geschlafen, du Schweinehund! Entsetzlich, wieviel geklaut wurde!"

Der Hausmeister sagt:

„Daß viel geklaut wurde, kann nicht sein. Ich wäre aufgewacht."

Der Vorsitzer sagt:

„Wir setzen jetzt eine Liste auf, dann werden wir sehen, was für ein Vogel du bist und welch unwahrscheinlicher Verlust dem Staat zugefügt wurde."

Nun wird also in Gegenwart der Miliz eine Liste aufgesetzt. Man nennt Zahlen. Rechnet. Schätzt. Und all so was.

Der arme Hausmeister schlägt die Hände zusammen und heult beinah, so sehr scheint sein Bürgersinn zu leiden, so sehr fühlt er mit dem Staat und erniedrigt sich wegen seines schläfrigen Zustands.

Der Vorsitzer sagt:

„Schreiben Sie: Neun Pud Raffinade. Hundertsechzig Päckchen Zigaretten. Damenstrümpfe zwei Dutzend. Acht Ringe Wurst ..."

Er diktiert, und bei jeder Zahl reißt es den Hausmeister in die Höhe.

Plötzlich sagt die Kassiererin:

„Schreiben Sie, aus der Kasse fehlen Bons über hundertzweiunddreißig Rubel. Drei Tintenstifte und eine Schere."

Bei diesen Worten grunzt der Hausmeister und geht in die Knie, so sehr scheint er bekümmert über die riesigen Verluste.

Der Vorsitzer sagt zur Miliz:

„Schafft diesen Hausmeister weg! Er stört nur mit seinem Grunzen."

Der Milizionär sagt:

„Hör zu, Onkel, geh nach Hause! Man wird dich schon holen, wenn du gebraucht wirst."

In diesem Moment ruft der Buchhalter aus dem Hinterzimmer:

„Mein seidenes Halstuch hat hier an der Wand gehangen, das ist weg. Ich verlange, auch die mir zugefügten Verluste aufzuschreiben."

Auf einmal sagt der Hausmeister:

„Ach, dieser Halunke! Ich hab sein Tuch nicht. Und acht Ringe Wurst, das ist der reinste Hohn! Zwei Ringe Wurst wurden gestohlen."

Im Laden trat eine ausdrucksvolle Stille ein.

Der Hausmeister sagt:

„Hol euch der Köter! Ich gestehe. Ich habe gestohlen. Aber ich bin ein verhältnismäßig ehrlicher Mensch. Ich lasse nicht zu, daß zuviel aufgeschrieben wird."

Der Milizionär sagt:

„Das heißt also, Onkel, du bist in den Laden eingestiegen?"

Der Hausmeister sagt:

„Bin ich. Aber ich hab weder die Bons noch die Schere angerührt und schon gar nicht das widerliche Halstuch. Ich habe", sagt er, „wenn Sie's wissen wollen, einen halben Sack Zucker genommen, ein Dutzend Damenstrümpfe und zwei Ringe Wurst. Ich", sagt er, „erlaube nicht, daß eine derartige Gaunerei unter meiner Flagge segelt. Ich stehe auf Wacht für die Staatsinteressen. Mich als Sowjetmenschen empört es, was hier vorgeht, wo mir frech derart viel aufgeschlagen wird."

Der Vorsitzer sagt:

„Natürlich, wir können uns irren. Aber das prüfen wir nach. Ich freue mich sehr, wenn weniger geklaut wurde. Gleich wiegen wir alles nach."

Die Kassiererin sagt:

„Pardon, die Bons sind in die Ecke gerutscht. Die sind nicht geklaut. Aber die Schere fehlt."

Der Hausmeister sagt:

„Ach, ich spuck ihr gleich in ihre schamlosen Augen! Ich hab ihre Schere nicht genommen. Los, such besser nach, du Hühnersterz! Oder ich zerr dich aus deiner Kasse raus."

Die Kassiererin sagt:

„Ach richtig, die Schere ist auch da. Sie ist mir hinter die Kassette gefallen. Da liegt sie."

Der Buchhalter sagt:

„Das Halstuch ist auch gefunden. Es hatte sich in die Manteltasche verirrt."

Der Vorsitzer sagt:

„Hör zu, ihr müßt die Liste neu schreiben. Es fehlt tatsächlich bloß ein halber Sack Zucker."

Der Hausmeister sagt:

„Zähl die Wurst, du Miststück. Oder ich kann für mich nicht mehr bürgen. Wenn's schon so weit kommt, ich hab eine Zeugin, Tante Njuscha."

Bald war die Ware gezählt. Tatsächlich fehlte nur das, was der Hausmeister angegeben hatte.

Man packte ihn beim Kragen und schaffte ihn aufs Revier.

Seine Tante Njuscha wurde gleichfalls festgenommen. Bei ihr waren all die Produkte versteckt.

Sie sehen also, geklaut wurde für eine Kopeke und Wind gemacht für tausend. Wir erkennen daran sozusagen das Spiel einer arglistigen Phantasie und ein gewisses philosophisches Denken.

Ohne das, sagt man, geht es jetzt nicht mehr. Ohne das klaut nur ein Idiot. Und wird alsbald erwischt.

In diesem Fall haben also Arglist und Schläue mitgewirkt. Manchmal erscheinen selbst die Gebrüder Kant und Nietzsche als die reinsten Säuglinge, verglichen mit zeitgenössischem Denken.

Aus der nunmehr folgenden Geschichte geht das auch ganz eindeutig hervor.

Geschichte vom Diebstahl eines Koffers

Unweit von Shmerinka wurde einem Bürger der Koffer geklaut oder, wie man sagt, „entwendet“.

Das passierte natürlich im Schnellzug.

Man muß geradezu staunen, auf welche Weise ihm das Köfferchen geklaut wurde.

Vor allem deshalb, weil der Geschädigte wie zum Justament ein im höchsten Maße vorsichtiger und vernünftiger Bürger war.

Solchen wird gemeinhin überhaupt nichts entwendet. Dies ist nicht so zu verstehen, daß er nun bei anderen abstauben ginge. Nein, er ist ehrlich. Aber er ist vorsichtig.

Zum Beispiel ließ er seinen Koffer den ganzen Tag nicht aus der Hand. Ich glaube, er ging mit ihm sogar aufs Klo. Obwohl ihm das, wie man so sagt, nicht ganz leichtfiel.

Nächtlicherweile lag er vielleicht mit dem Ohr darauf. Sozusagen wegen des feineren Gehörs und damit man ihn ihm während des Schlafprozesses nicht wegtrug, nahm er ihn unter den Kopf. Irgendwie wird er darauf geschlafen haben, was weiß ich. Sicherheitshalber hob er kein einziges Mal den Kopf von diesem seinem Gepäckstück. Wenn er sich auf die andere Seite legen wollte, drehte er sich irgendwie mitsamt dem Koffer um.

Nein, zu seinem Gepäck hatte er eine höchst behutsame und vorsichtige Einstellung.

Und plötzlich war der Koffer geklaut. Das war ein Ding!

Um so mehr, als man ihn vor dem Schlaf gewarnt hatte. Als er sich hinlegte, hatte ihm irgendwer gesagt:

„Sie, reisen Sie doch freundlicherweise hier etwas vorsichtiger."

„Was ist denn?" fragt der Kofferbesitzer.

„Auf allen Strecken", sagt der andere, „haben die Diebstähle fast ganz aufgehört. Auf diesem Abschnitt aber kommt es noch vor, daß geräubert wird. Manchmal werden den verschlafenen Leuten sogar die Stiefel von den Füßen gezogen, ganz zu schweigen von Gepäck und so."

Unser Mann sagt:

„Mich betrifft das nicht. Wenn von meinem Koffer die Rede ist, so habe ich die Gewohnheit, ziemlich leise auf ihm zu schlafen. Dieser Streckenabschnitt regt mich nicht auf."

Mit diesen Worten legt er sich auf seine obere Pritsche und schiebt sich den Koffer mit verschiedenen gewiß sehr kostbaren häuslichen Klamotten unter den Kopf.

Legt sich also hin und schläft in aller Ruhe ein.

Plötzlich in der Nacht kommt jemand in der Dunkelheit zu ihm und fängt klammheimlich an, ihm den einen Stiefel vom Fuß zu ziehen.

Unser Reisender aber hat russische Stiefel an. Solche Stiefel kriegt man wegen ihrer langen Schäfte nicht mit einem Ruck ausgezogen. Der Unbekannte zerrt ihm den Stiefel nur ein Stückchen vom Fuß.

Unser Bürger hält sich zurück und denkt:

Wollen doch mal abwarten, wie's weitergeht. Interessant. Der will mir doch nicht etwa die Stiefel ausziehen?

Inzwischen macht sich der Unbekannte an den anderen Fuß und zupft wieder. Diesmal aber zupft er mit aller Kraft.

Hei, wie unser Mann da in die Höhe fährt, wie

er den Dieb bei der Schulter packt! Und wie der zur Seite hüpft! Und wie unser Reisender von seiner Pritsche herab nach ihm tritt! Vor allem, er will ihm ja nachrennen, aber das geht nicht, weil ihm die Stiefel zur Hälfte ausgezogen sind. Sie baumeln an den Füßen wie Glockenklöppel.

Einstweilen müht er sich ab, steckt die Füße wieder richtig rein, dann kuckt er – der Spitzbube ist längst spurlos verschwunden. Man hört ihn nur noch die Perrontür zuknallen.

Nun erhebt sich Geschrei. Gezeter. Alles fährt hoch.

Unser Reisender sagt:

„Interessante Sache. Eben hätt mir beinah einer im Schlaf die Stiefel ausgezogen."

Dabei wirft er plötzlich einen Seitenblick auf seine Pritsche, wo sein Koffer stehen muß.

Aber o weh, der Koffer ist weg.

Nun erhebt sich natürlich wieder Geschrei und Gezeter.

Ein Reisender sagt:

„Bestimmt hat der Sie mit Absicht am Bein gezogen, damit Sie, Verzeihung, den Koffer von Ihrem Kopf befreien. Vorher hatten Sie ja bloß dauernd draufgelegen. Höchstwahrscheinlich hat er Sie deshalb behelligt."

Der Geschädigte sagt unter Tränen des Leides: „Das weiß ich nicht."

Auf der nächsten Station rennt er zur Transportabteilung und macht eine Anzeige.

Dort sagt man ihm:

„Die Verschlagenheit und Arglist dieser Spitzbuben läßt sich nicht beschreiben."

Nachdem man noch erfragt hat, was im Koffer

ist, verspricht man, ihn im Falle eines Falles zu verständigen.

Man sagt:

„Wir werden suchen. Verbürgen können wir uns natürlich nicht.“

Man tat natürlich gut daran, sich nicht zu verbürgen, denn Dieb und Koffer blieben wirklich unentdeckt.

Ich weiß hingegen einen praktischen Vorfall, bei dem der Fang eines Diebes fehlerlos ablief. Man hätte sich sogar schon ganz zu Anfang verbürgen können, daß der Dieb ertappt würde. Man bediente sich nämlich dazu einer ganz einmaligen Arglist. Das war folgendermaßen.

Originelle Methode zum Fang eines Diebes

(Eine wahre Geschichte)

Brennholz war gestohlen worden. Im Hof unseres Hauses. Interessante Einzelheit: Der Diebstahl spielte sich während der Winterszeit ab, in der das Brennholz für jedermann eine besondere Kostbarkeit darstellt.

Allgemein gesprochen, ist Brennholz auch in anderen Saisons von gewissem Interesse für die Bevölkerung.

Manche beschenken sich damit sogar zum Namenstag.

Ich weiß noch, wie ich einer Verwandten, Jelisaweta Ignatjewna, einmal ein ganzes Bündel Brennholz zum Geburtstag schenkte. Pjotr Andrejewitsch, ihr Gatte, ein hitziger und jähzorniger Mensch und teilweise Kleinbürger, der immer hinter den Ereignissen hertrottet, hieb mir ein Scheit über den Kopf, dieser Vagabund. Allerdings erst gegen Ende der abendlichen Feier.

„Wir sind", sagt er, „nicht im neunzehner Jahr und nicht in der damaligen Ära, daß wir uns noch Brennholz darbringen."

Aber das natürlich nur nebenbei.

Jedenfalls ist Brennholz eine kostbare und heilige Sache. Wie sagte doch der Dichter Block:

> Vor Glück ich schmolz
> und war so stolz,
> hatte ich Holz ...

Und er hat noch weitere im höchsten Maße wertvolle Worte über das Brennholz gesagt.

Also, bei uns im Hof verschwand Brennholz.

Nun, Brennholz liegt bekanntlich im Hof gestapelt. Von dort verschwand es also. Irgendwer eignete es sich behufs Heizung an.

Einem Mieter waren ein paar Scheite abhanden gekommen. Dann dem zweiten, und endlich erhob auch der dritte Geschrei:

„Mir", schrie er, „fehlen auch welche."

Unmöglich herauszufinden, wer es stiehlt, wo es ist und wer es benützt.

Da machten die Mieter eine Versammlung und sprachen zueinander:

„Im Hause hat sich ein Dieb eingenistet. Das ist interessant. Vielleicht sitzt er sogar hier und kuckt uns alle an. Da wir aber fünfundvierzig Mieter haben, stellt es sich nicht als möglich dar, ihn herauszufinden. Laßt uns schlimmstenfalls einen Wächter anheuern, oder wir halten selber der Reihe nach Wache."

Ein gewisser Serjoga Pestrikow rechnete sofort auf, wie teuer ein Wächter zu stehen käme. Es erwies sich, daß jedes Scheit sich auf neunzig Kopeken verteuern würde. Das fanden alle zu kostspielig.

Daraufhin wurde beschlossen, selber Wache zu halten.

Serjoga Pestrikow verfaßte eine Liste und hängte sie im Hof aus.

Nun hielten alle der Reihe nach Wache. Aber siehe da, schon wieder verschwand Holz.

Da bildete sich im Hof eine kleine Sondergruppe von drei Personen.

Es waren ein gewisser Boborykin, ein Jegor Iwanowitsch Wlassow und dessen Neffe Mischka, der aus irgendwelchen Gründen auch Wlassow hieß.

Dieser Mischka kommt also zu seinem Onkel und spricht vertraulich zu ihm wie folgt:

„Ich", sagt er, „gehöre, wie Sie wissen, dem Chemikerverband an, Genosse Onkel. Wir haben da bei uns verschiedene chemische Sächelchen, allerlei so Gase, Rauchkörper und ähnlichen Teufelskram. Ich", sagt er, „habe die letzten Nächte schlecht geschlafen. Ich", sagt er, „träume davon, eine Dynamitpatrone nach Hause mitzubringen, Genosse Onkel. Diese Patrone möchte ich in ein Holzscheit stecken. Das Scheit schmeißen wir, Entschuldigung, Onkel, zu den anderen, als ob es dort einfach so liegt. Der Dieb wird es natürlich mitnehmen. Und in den Ofen schieben. Und dann, Genosse Onkel, lassen Sie nur die Technik machen."

Der Onkel, der das Was und Wie nicht gleich kapiert, sagt:

„Na schön, bring sie mit. Wir werden sehen."

Der Neffe sagt:

„Das ist so ein Mittel, Onkel, dem kein Dieb standhält. Das heißt, wir werden ihn so oder anders unbedingt erwischen. In welcher Wohnung die Explosion sein wird, da ist der Dieb."

Der Onkel sagt erfreut:

„Dann bring sie mit. Das ist tatsächlich höchst interessant. Wir werden am Abend vorher ganz schön die Luft anhalten, damit wir hören, bei wem es bumst."

Der Mieter Boborykin sagt:

„Wir dürfen bloß nichts verraten, müssen alles selbst tun und herausfinden. Bei wem der Ofen explodiert, das ist der Mann, den wir suchen. Das wird ein Jux."

Der Neffe Mischka sagt:

„Ich bring ein kleines Patrönchen mit, damit bloß eine kleine Zerstörung passiert und keine Katastrophe."

Boborykin sagt:

„Eine kleine Katastrophe können wir schon in Kauf nehmen. Das ist sogar nützlich für die andern. Sie könnte ein bißchen abschreckend und zurechtweisend auf alle wirken. Das ist nützlich. Das Haus aber muß dabei nicht unbedingt kaputtgehen."

Bald danach brachte Mischka eine Patrone von der Arbeit mit, und die steckten sie in ein Holzscheit. Das heißt, sie bohrten ein Loch in das Scheit und steckten die Patrone da hinein.

Dieses Scheit warfen sie lässig auf den Holzstoß. Dann harrten sie interessiert der Dinge, die nun kamen.

Schon am nächsten Abend ereignete sich im Hause eine höllische Explosion.

Sie ereignete sich genau unter dem Mieter Boborykin in der Wohnung des Sergej Pestrikow.

Allen dämmerte sogleich, was für eine Explosion das war und wer sie verursacht hatte. Und alle stürzten zum Schauplatz.

Und alle starrten Sergej Pestrikow an, der an seinem zerfallenen Ofen herumwirtschaftete und dabei ausrief:

„Wie kann denn das passieren, Herrschaften?“

Aber man sagte ihm nichts. Man sagte nur:

„Nanu, so was!“

Übrigens hatte Mischka die Sache nicht genau berechnet, und die Patrone war so kampfkräftig gewesen, daß sie den ganzen Ofen und zwei Wände vollständig zerkrümelt hatte.

Überdies waren in zwei Etagen die Scheiben zerschlagen. Auch mit der Kanalisation war etwas geschehen. Sie hatte schon vorher fast nie funktioniert und war jetzt vollends verstopft. Wobei viele dies nicht der Explosion zuschreiben.

Ein Opfer gab es. Serjogas Untermieter, der Invalide Gussew, starb vor Schreck. Eigentlich war ihm ein Ziegelstein ins Genick gekracht. Vom Krieg her an zahlreiche Verwundungen gewöhnt, geriet er hier im Hinterland völlig durcheinander und befahl, wie es heißt, sofort und ohne Widerstand seine Seele Gott. Das heißt, er verstarb.

Außerdem bewirkte das zerschlagene Fenster bei Serjogas Schwester, die gar nichts damit zu tun hatte, einen weiteren Auftrieb ihres Zahngeschwürs.

Serjoga gestand, daß er aus Sparsamkeitsgründen gelegentlich ein Scheit von anderen nahm und damit keinen besonderen Raub oder Diebstahl zu begehen wähnte.

Bald wird er vor Gericht stehen und dort erschöpfende Auskunft geben.

Im übrigen kommt auch unsere kämpferische Troika vor Gericht – die beiden Wlassows und Boborykin.

Sie werden ungesetzlicher Handlungen und der Zerstörung von Staatseigentum geziehen.

Man wird also auch sie verurteilen.

Bestimmt wird man sie verurteilen, denn derart außergewöhnliche Handlungen sollte man doch unterlassen.

Mischka hat einstweilen seine Tätigkeit noch mehr entfaltet.

In einer anderen Kommunalwohnung, bei seiner Mutter, kam Petroleum weg. Mischka verdünnte das Petroleum mit Wasser und paßte hinterher auf, wessen Kocher zischte.

Überhaupt berechtigt dieser Junge zu großen Hoffnungen dank seinem Verständnis für die moderne Arglist.

Nun aber folgt eine weitere Erzählung, die auf raffiniertester zeitgenössischer Schlauheit fußt.

An dem Vorkommnis war ich teilweise selbst beteiligt, so daß ich die Sache mit größtem Vergnügen wiedergebe.

Das war so.

Ein kleiner Vorfall aus dem Privatleben

Dieser Tage wollte ich am Bahnhof Frachtgut aufgeben.

Ich wollte es als Gepäckfracht schicken. An eine Verwandte. Die Sachen gehörten ihr. Sie hatten zeitweilig bei mir gelegen. Nun hatte sie auf einmal gebeten, ihr das Zeug zu schicken.

Ich fuhr also zum Bahnhof, um die Fracht aufzugeben.

Auf dem Bahnhof sehe ich ein Bild vor mir im Stile Raffaels.

Eine Bude, wo die Versandstücke angenommen werden. Natürlich eine Schlange. Eine Dezimalwaage. Dahinter der Wiegemeister. Dieser, so ein hochgradig edler Angestellter, rattert Zahlen herunter, trägt ein, hantiert mit Gewichten, klebt Etikette auf und gibt Erläuterungen.

Man hört nur immer seine sympathische Stimme:

„Vierzig. Einhundertzwanzig. Fünfzig. Nehmen Sie's runter. Da, bitte. Treten Sie zurück ... Stell's nicht hierher, du Trottel, stell's auf die andere Seite."

Ein wohltuendes Bild von Arbeit und schnellem Tempo.

Doch plötzlich fällt mir auf, daß der Wiegemeister bei aller Schönheit seiner Arbeit ein allzu anspruchsvoller Vorschriftenkenner ist. Sehr genau nimmt er die Interessen der Bürger und des Staates wahr. Nicht bei jedem freilich, aber bei jedem Dritten oder Vierten weist er garantiert das Versandgut zurück. Ist die Verpackung ein wenig lokker, schon nimmt er die Sendung nicht an. Obwohl man ihm ansieht, daß es ihm schwerfällt.

Wessen Verpackung schlampig ist, der ächzt natürlich und stöhnt und leidet.

Der Wiegemeister sagt:

„Statt zu leiden, befestigen Sie lieber Ihre Verpackung. Hier treibt sich irgendwo ein Kerl mit Nägeln rum. Der soll sie Ihnen befestigen. Soll hier und da ein paar Nägel reinklopfen und Draht rumwickeln. Dann kommen Sie außer der Reihe, und ich nehm's an."

Tatsächlich, es stimmt: Hinter dem Büdchen steht ein Mann. In der Hand hat er Nägel und einen Hammer. Er arbeitet im Schweiße seines Angesichts und befestigt Interessenten die schwache Verpackung. Wer an der Waage abgewiesen wurde, der blickt ihn flehend an, offeriert ihm seine Freundschaft und obendrein noch Geld.

Aber jetzt ist ein Bürger dran. So ein Blonder mit Brille. Zur Intelligenz gehört er nicht, ist aber trotzdem kurzsichtig. Hat wohl ein Trachom an den Augen. Die Brille hat er aufgesetzt, damit andere ihn nicht so gut sehen können. Vielleicht dient er auch in einer optischen Fabrik und hat die Brille dort umsonst gekriegt.

Jetzt stellt er seine sechs Kisten auf die Dezimalwaage.

Der Wiegemeister mustert sie und sagt:

„Die Verpackung ist zu locker, das geht nicht. Nimm's zurück."

Wie der Bebrillte diese Worte hört, sackt ihm das Herz in die Hose. Aber bevor ihm das Herz in die Hose sackt, stürzt er sich dermaßen auf den Wiegemeister, daß er ihm fast die Zähne einhaut.

Der Bebrillte schreit:

„Was machst du mit mir, du Hund! Ich", sagt er, „will ja nicht meine eigenen Kisten aufgeben. Ich", sagt er, „gebe staatliche Kisten auf. Wo soll ich jetzt mit den Kisten hin? Wo find ich jetzt ein Fuhrwerk? Wo nehm ich die hundert Rubel her, um zurückzufahren? Sag mir das, du Hund, oder ich mach 'ne Bulette aus dir!"

Der Wiegemeister sagt:

„Woher soll ich das wissen?"

Dabei weist er mit der Hand zur Seite.

Der andere nimmt infolge der Kurzsichtigkeit seines Sehvermögens und auf Grund seiner beschlagenen Brille diese Bewegung für etwas anderes. Er schluchzt, etwas längst Vergessenes fällt ihm ein, er stöbert in seinen Taschen und kramt acht Rubel Geld hervor, alles in einzelnen Rubeln, die will er dem Wiegemeiser zustecken.

Der Wiegemeister färbt sich beim Anblick des Geldes lila.

Er schreit:

„Wie soll ich das verstehen? Du bebrilltes Pferd willst mich doch nicht etwa bestechen?"

Der Bebrillte kapiert natürlich sofort, wie schmachvoll und entsetzlich seine Lage ist.

Er sagt:

„Nein, ich hab das Geld nur so rausgeholt. Ich wollte, daß Sie's halten, derweil ich die Kisten von der Waage nehme."

Er verheddert sich völlig, redet höheren Unsinn, entschuldigt sich und ist, scheint's, sogar erbötig, sich eins aufs Maul hauen zu lassen, damit nur nichts anderes passiert.

Der Wiegemeister sagt:

„Schäm dich! Hier werden keine Schmiergelder genommen. Nehmen Sie Ihre sechs Kisten von der Waage runter, an denen erkälte ich mir buchstäblich die Seele. Aber insofern es staatliche Kisten sind, wenden Sie sich an den Arbeiter da, der wird Ihnen die lockere Verpackung befestigen. Und was das Geld betrifft, so danken Sie dem Schicksal, daß ich zu wenig Zeit hab, mich mit Ihnen abzugeben."

Nichtsdestoweniger ruft er noch einen Angestellten herbei und sagt zu ihm im Ton eines Menschen, dem soeben eine Beleidigung widerfahren ist:

„Wissen Sie, eben wollte man mich bestechen. So was Absurdes! Es tut mir leid, daß ich's so eilig hatte und das Geld nicht zum Schein genommen habe, denn so ist es schwer zu beweisen."

Der andere Angestellte antwortet:

„Ja, schade. Man hätt was draus machen können. Keiner soll denken, wir laufen wie früher mit Dreck am Stecken rum."

Der Bebrillte plagt sich schweißüberströmt mit seinen Kisten ab. Man befestigt sie ihm, verleiht ihnen ein christliches Aussehen und schleppt sie wieder auf die Waage.

Da beginnt mir zu dämmern, daß meine Verpakkung auch zu locker ist. Da ich noch nicht an der Reihe bin, gehe ich zu dem Arbeiter und bitte ihn, für alle Fälle meine zweifelhafte Verpackung zu befestigen.

Er verlangt acht Rubel dafür.

Ich sag:

„Was denn?" sag ich. „Sind Sie verrückt geworden, für drei Nägel acht Rubel zu nehmen?"

Er sagt mir mit intimer Stimme:

„Das ist richtig, ich würd's Ihnen auch für'n Dreier machen, aber", sagt er, „versetzen Sie sich in meine kitzlige Lage, ich muß doch mit dem Knilch da teilen."

Jetzt geht mir die ganze Mechanik auf.

„Demnach", sag ich, „teilen Sie mit dem Wiegemeister?"

Da wird er ein bißchen verlegen, daß er sich verplappert hat, redet verschiedenen Stuß und Schwindel, murmelt von seinem winzigen Gehalt und von der Teuerung, räumt mir einen großzügigen Rabatt ein und macht sich ans Werk.

Nun bin ich dran.

Ich stell meine Kiste auf die Waage und liebäugle mit der guten Verpackung.

Der Wiegemeister sagt:

„Die Verpackung ist bißchen locker. Das geht nicht."

Ich sag:

„Aber nanu? Sie ist doch eben erst befestigt worden. Der da mit der Zange hat's getan."

Der Wiegemeister antwortet:

„Oh, Pardon, Pardon! Ich entschuldige mich. Jetzt ist Ihre Verpackung gut, aber sie war locker. So was fällt mir immer gleich in die Augen. Was Pardon ist, muß Pardon bleiben."

Er nimmt meine Kiste an und schreibt den Frachtbrief aus.

Ich lese den Frachtbrief, und da steht gesagt: „Verpackung locker."

„Was denn?" sag ich. „Was macht ihr mit mir, ihr Haidamaken? Bei dieser Aufschrift", sag ich, „wird mir doch die Kiste unterwegs ausgeraubt. Und mit der Aufschrift kann ich nicht mal Ersatz beanspruchen. Jetzt", sag ich, „durchschau ich eure haidamakischen Kombinationen."

Der Wiegemeister sagt:

„Was Pardon ist, muß Pardon bleiben, ich entschuldige mich."

Er streicht die Aufschrift, und während ich nach Hause gehe, denke ich an die Umgestaltung der Charaktere, an Pfiffigkeit und Arglist und an die mangelnde Bereitschaft einiger meiner verehrten Mitbürger, ihre eingesessenen Stühle frei zu machen.

Aber sie werden diese ihre Stühle früher oder später frei machen müssen. Einige werden das übrigens erst nach langwierigen Kämpfen tun.

Es kann uns sogar egal sein, daß manche eine andere Linie verfolgen und, wie Sie sehen, den Kampf nach allen Regeln der Kunst führen.

Wir werden sie auch dort ausräuchern. Trotzdem ihre Position vorzüglich und nicht für jeden erkennbar ist.

Ich versetze ihnen jetzt obendrein von der Flanke her leichte Hiebe. Diese richten sich akkurat gegen jegliche Schweinerei und Gaunerei.

Aber hier nun noch eine Kampferzählung aus der Serie „Arglist“, die ich Ihrer bescheidenen Aufmerksamkeit anempfehlen möchte.

Geschichte von einem Halunken

Da dies ebenfalls eine wahre Begebenheit ist und von einem noch lebenden Menschen die Rede sein wird, möchte ich seinen Namen nicht nennen.

Das heißt, allgemein gesprochen, ist er natürlich ein Halunke und sollte öffentlich durch die Mangel gedreht werden, doch er ist derzeit ohnehin so über alle Maßen aus dem Gleis geworfen, daß er sich in nächster Zeit gewiß umstellen wird.

Aus solcherlei pädagogischen Überlegungen nenne ich ihn ***.

Dieser „Drei Sternchen“ fährt also mit der Straßenbahn.

Da fährt er also mit der Straßenbahn. Dem Aussehen nach würde man nicht sagen, daß es ein Halunke ist, der da fährt. Dem Aussehen nach fährt da ein bescheidener Angestellter in Filzstiefeln. Er fährt zu Besuch. Zu seinem Freund, der Namenstag hat.

Da fährt er also mit der Straßenbahn zu ihm zu Besuch und denkt vielleicht an so mancherlei Halunkigkeiten – was er dort alles futtern wird, und wie gut, daß er dem Jubilar kein Geschenk gekauft hat. Manche, so denkt er, haben die Angewohnheit, Geschenke zu kaufen, doch was mich betrifft, so bin ich da ganz anders.

Da fährt er nun also ohne Geschenk zum Namenstag. An der Ecke der Linie 7 steigt er aus. Genauer gesagt, er springt ab, ohne bis zur Haltestelle zu warten, um schneller hinzukommen, denn sonst, denkt er, ist schon alles weggeputzt. Das freche Volk dort würde sich bloß freuen, käme er zu spät.

Demzufolge springt er also von der Straßenbahn ab. Plötzlich hört er's pfeifen, dann kommen Füße angetrappelt. Es ist die Miliz, die zu ihm eilt. Sie wünscht zu erfahren, wie er abgesprungen ist, ob er sich nicht die Innereien beschädigt hat und überhaupt, ob er überflüssigen Zaster in der Tasche hat.

Unser Held denkt:

Na, jetzt bin ich einen Dreier los. Hätt ich man lieber, denkt er, dem Jubilar ein paar wurmige Äpfel gekauft, als jetzt Strafe zu bezahlen!

Nachdem er dies gedacht hat, mischt er sich eilig unter die Menge und geht weiter, als wär nichts gewesen. Als wär nicht er abgesprungen, sondern ein anderer.

Der Milizionär sagt:

„Es ist unschön, daß Sie weglaufen!"

*** sagt:

„Was liegt denn an? Ich bin nicht abgesprungen.

Wofür soll ich Strafe zahlen? Bist du schon ganz verblödet auf deinem Posten? Ich geh hier ruhig meines Wegs. Mit der Straßenbahn bin ich mindestens drei Tage nicht gefahren."

Der Milizionär sagt:

„Ach, solche Reden führen Sie also! Dann kommen Sie mit zur Miliz."

*** sagt:

„Bitte sehr."

Und da er ringsum keinerlei Zeugen entdeckt, fängt er unterwegs an, unsern Milizionär dermaßen anzupöbeln und anzustänkern, daß der Mund und Nase aufsperrt, er hält sich jedoch zurück. Die entsetzlichsten Worte und Grobheiten schmeißt er ihm an den Kopf. Der Milizionär aber schweigt taktvoll und behält seine Würde.

Sie kommen zur Miliz. Melden dem Diensthabenden, was vorgefallen ist. Der Milizionär sagt:

„Und außerdem hat er mich unverdient beleidigt. Schreiben Sie's auf."

Unser Halunke sagt:

„Das ist unverschämt gelogen. Ich habe keinerlei Beleidigungen begangen. Zeugen gibt es nicht, und ich bestreite diese Angaben."

Der Milizchef sagt:

„Wir sind es gewohnt, unsern Milizionären zu glauben. Und über dich setzen wir jetzt ein Protokoll auf."

Sie setzen also das Protokoll auf und fragen ihn, wo er arbeitet und wo er wohnt. *** gibt vor Schreck und aus Halunkigkeit eine falsche Adresse an. Sonst, denkt er, krieg ich noch eins auf den Hut.

Er nennt also eine falsche Adresse und sagt:

„Kann ich gehen? Sonst komm ich zu spät."

Der Diensthabende sagt:
„Bleib noch bißchen sitzen."
Dann eilt er zum Telefon. Ruft die Adressenauskunft an und erkundigt sich.
Da sagt ***:
„Oh, Pardon, ich war ganz durcheinander! Ich hab Ihnen die falsche Adresse gesagt. Und den falschen Namen. Es war eine Geistesschwäche."
Der Milizchef sagt:
„Ach, so ein Früchtchen bist du! Na, nun wissen wir, was du für einen Charakter hast. Sag uns die richtige Adresse und verpfeif dich."
Daraufhin gibt ***, da er ein Gerichtsverfahren und Verdrießlichkeiten voraussieht, eine Adresse an, aber wiederum nicht die seine, sondern behufs Vermeidung weiterer Unbill für alle Fälle die seines Freundes, des Jubilars.
Dabei denkt er: Dem passiert sowieso kein Stück. Er beweist seine Unschuld, und wenn die hier die Auskunft anrufen, stimmt die Adresse, und ich komm mit 'nem blauen Auge davon.
Er nennt also Namen und Adresse des Jubilars.
Der Milizchef ruft wieder die Auskunft an, und von dort sagt man ihm bald:
„Den gibt's, die Adresse stimmt, hat alles seine Richtigkeit. Laßt ihn laufen."
Nun eilt unser *** in prächtiger Laune zum Namenstag. Freilich kommt er zu spät. Man hat schon alles aufgegessen, und er kriegt nur ein Glas Tee und ein paar Kleinigkeiten.
***, verdrossen über solcherlei Beköstigung, denkt bei sich: Macht nichts, dafür hab ich ihm auch ein schönes Geschenk untergejubelt. Wird sich umkucken, der Strolch!
In prächtiger Laune geht er nach Hause.

Zwei Tage später kommt der vorgestrige Jubilar ganz außer sich zur Arbeit und sagt zu seinen Freunden:

„Mir ist ein Ding passiert, so was gibt's sonst nur im Märchen. Irgendwelche Halunken haben mir fünfundzwanzig Rubel Strafe aufgebrummt wegen Beleidigung der Miliz und Schwindeleien. Jetzt", sagt er, „kapier ich überhaupt nichts mehr. Und die Miliz sagt: Bezahle, oder wir pfänden dir das Gehalt."

Bei diesen Worten wird *** ganz konfus und antwortet wie folgt:

„Weißt du, Wanja, ich hab dir doch zum Namenstag nichts geschenkt. Hier hast du 'n Zehner, dann brauchst du dich über die Strafe nicht ganz so aufzuregen."

Da geht dem ehemaligen Jubilar plötzlich ein Licht auf.

„Erlaube mal!" sagt er. „Ich weiß genau, wie filzig du bist. Daß du mir einen Zehner zusteckst, verwundert mich im höchsten Maße. Dann bist am Ende du der Hund, der mir dieses Ding untergejubelt hat? Richtig, du bist ja auch zu spät gekommen und warst voll von verdrossenen Gefühlen. Solche Geschenke also machst du deinen Freunden!" Mit diesen Worten holt er aus und haut dem andern eins in die Visage.

Der wundert sich und sagt:

„Na schön, ich bezahl die ganze Strafe, aber verdirb mir nicht meinen guten Ruf. Hier hast du fünfundzwanzig Piepen, geh schnell hin und bezahle."

Das gewesene Namenstagskind sagt:

„Das ist ja ganz was Neues! Du bist der Halunke, und ich soll hingehen und bezahlen."

*** sagt:

„Na schön, ich geh selber hin und bezahle. Aber mach nicht solchen Wind."

Und er läuft zur Miliz.

Dort aber sitzt wie aus Daffke der Chef, der sich mit dem Jubilar auseinandergesetzt hat, und nicht der Chef, der beim erstenmal dabei war. Unser Held, der sich über solche Kleinigkeiten nicht den Kopf zerbricht, legt die Vorladung hin und obendrauf das Geld.

Der Diensthabende staunt über das veränderte Aussehen des Ankömmlings und sagt:

„Hol Sie der Teufel! Ich kapier hier was nicht. Der eine will nicht bezahlen, und der andere im Gegenteil, der will."

Da kommt plötzlich der Chef des Milizreviers.

Er durchschaut sofort die ganze Affäre und sagt:

„Aha, so ist das. Na, jetzt kriegst du eine Anklage übergebraten."

*** bittet um Verzeihung und demütigt sich. Man setzt jedoch ein Protokoll auf. Dieses Protokoll wird zu seiner Dienststelle geschickt.

Hier tagte dann das Kameradschaftsgericht und knöpfte unserm Halunken zur allgemeinen Verwunderung zehn Rubel Strafe ab.

Überdies wurde er zu einer öffentlichen Rüge verurteilt und kriegte einen strengen Verweis nebst Verwarnung.

Der ehemalige Jubilar grüßte ihn nicht mehr, er sagte:

„Und so was nennt sich Geschenk zum Namenstag!"

Diese Type selbst verhält sich jetzt mucksmäuseinstill und sagt:

„Ich bin ja im allgemeinen ehrlich, aber manchmal überkommt mich eben eine Geistesschwäche. Nach dieser Geschichte jedenfalls bin ich gänzlich umgekrempelt."

An diese Umkrempelung stellen wir jedoch ziemliche Anforderungen. Wenn von Umkrempelung die Rede ist, wünschen wir uns unsere Mitmenschen klug und ehrlich und daß sie Gedichte schreiben können. Na, Gedichte, darauf kann man schlimmstenfalls verzichten. Hauptsache, sie sind klug.

Obwohl übrigens der Verstand, der ist natürlich eine unerforschte Angelegenheit. Oft weiß man nicht, woher nehmen.

Wir wünschen uns also, daß alle wenigstens ehrlich sind und sich nicht prügeln. Schlimmstenfalls sollen sie sich sogar ein bißchen prügeln, bloß lügen sollen sie nicht.

Das heißt nicht, daß man überhaupt nicht lügen soll. Doch, lügen kann man schon mal. Aber bloß ganz wenig. Wenn zum Beispiel die Frau fragt: „Wo warst du?", und du magst es nicht sagen. Na, da sagst du eben, du warst in der Apotheke. Dann haut sie dir natürlich – batsch – schwungvoll eins in die Visage.

„Wieso", sagt sie, „in der Apotheke, wenn du beispielsweise nach Bier riechst?"

Nein, prügeln ist auch nicht schön.

Das Beste wäre ganz ohne Flunkern, dann hört vielleicht auch das Prügeln auf.

Es wäre also zu wünschen, daß alle möglichst ehrlich sind und daß selbst im Privatleben, und sei es auch nur, wenn man irgendwo zu Besuch ist, weniger Lügen und Schweinereien vorkämen.

Sonst haben die Gastgeber darunter gelegentlich sehr zu leiden.

Es folgt nun zum Beispiel ein Vorfall, der sich einmal infolge Alltagsarglist in einer Abendgesellschaft zutrug.

Ein interessanter Vorfall auf Besuch

Das ist schon ziemlich lange her. Ich glaube, acht Jahre. Oder so ungefähr. Es lebte damals in Moskau ein gewisser Grigori Antonowitsch Karawajew.

Er war Angestellter. Buchhalter. Nicht mehr sehr jung, aber ein Freund der Jugend. An Sonntagen strömte ihm stets viel Publikum zu. Zumeist sozusagen junge, debütierende Geister.

Verschiedene Debatten wurden geführt. Verschiedene Diskussionen. Und so weiter.

Man sprach vielleicht über Philosophie, über Poesie. Und sonstiges. Bestimmt über Kunst. Und so fort. Über Theater wurde sicherlich auch gestritten. Über Dramatik.

Eines Tages kommt das Gespräch auf die internationale Politik. Wahrscheinlich hat einer der Gäste, nachdem er Tee getrunken, etwas international Aktuelles gesagt. Ein anderer hat ihm sicherlich widersprochen. Ein dritter sagt: England. Der Hausherr fügt bestimmt auch etwas Dämliches hinzu. Jedenfalls kommt es zu einem höllischen Streit mit Geschrei, Aufregung und so weiter. Eben eine Diskussion.

Nach und nach kommt man dann auf Afrika zu sprechen, danach auf Australien und so weiter. Jedenfalls ist es ein hochgradig dümmlicher, prinzipienloser Streit.

Im Eifer der Diskussion sagt plötzlich einer der

Gäste, die Genossin Anna Sidorowna, Angestellte seit dreiundzwanzig:

„Genossen, was sollen wir selber derart entlegene Materien erörtern, rufen wir doch lieber einen maßgebenden Genossen an und fragen ihn, wie er über diese internationale Frage denkt. Das ist am einfachsten."

Einer der Gäste sagt wie im Scherz:

„Vielleicht fragen wir den Vorsitzenden der Volkskommissare?"

Die Frau Anna Sidorowna wird ein bißchen blaß und sagt:

„Warum nicht? Rufen wir zum Beispiel den Kreml an. Bitten einen maßgeblichen Genossen an den Apparat. Und sprechen mit ihm."

Nun tritt unter den Gästen eine gewisse Stille ein. Alle blicken wie auf Kommando nach dem Telefon.

Da wird Anna Sidorowna noch blasser und sagt:

„Rufen wir den Genossen Vorsitzenden an den Apparat und fragen ihn. Was soll sein."

Da erhebt sich Geschrei und Getöse. Vielen kommt das interessant vor.

Einige sagen:

„Daran ist nichts Besonderes."

Andere sagen:

„Nein, laßt es lieber."

Aber der Gastgeber antwortet:

„Dieser Anruf von uns könnte ihn natürlich stören, aber interessant wär's schon, mit ihm zu sprechen. Ich liebe die Jugend und erbiete mich, ihr für diesen Zweck das Telefon zur Verfügung zu stellen."

Ein energischer Genosse namens Mitrochin geht festen Schritts zum Telefon und spricht:

„Ich ruf ihn jetzt an."

Nimmt den Hörer ab und spricht:

„Seien Sie so liebenswürdig, den Kreml."

Die Gäste bauen sich im Halbkreis rund um den Apparat auf und halten den Atem an. Die Genossin Anna Sidorowna wird bleich wie Papier und geht in die Küche, um sich zu erfrischen.

Natürlich finden sich die Mieter aus der ganzen Wohnung in dem Zimmer ein. Es erscheint auch die Hauptmieterin, auf deren Namen die Wohnung eingetragen ist, Darja Wassiljewna Pilatowa.

Sie ist die verantwortliche Hauptmieterin. Und sie kommt, um zu sehen, ob in der ihr anvertrauten Wohnung alles richtig läuft.

Sie bleibt an der Tür stehen, und viele bemerken in ihren Augen Schwermut und Unverständnis für die Gegenwart.

Der energische Genosse Mitrochin spricht:

„Seien Sie so liebenswürdig und bitten Sie den Genossen Vorsitzenden an den Apparat. Was?"

Und auf einmal sehen die Gäste, wie der Genosse Mitrochin blaß wird, die Anwesenden mit flackerndem Blick streift, den Hörer zwischen die Knie klemmt, damit nichts zu hören sei, und flüsternd sagt:

„Was soll ich sagen? Sie fragen, in welcher Angelegenheit. Von wo ich spreche. Wahrscheinlich der Sekretär. So sagt doch was, zum Donnerwetter!"

Die Gesellschaft prallt ein bißchen vom Telefon zurück. Einer meint:

„Sag doch, hier ist die Redaktion der ‚Prawda'. Nun red doch, du Halunke."

„Hier ist die ‚Prawda'", sagt Mitrochin dumpf. „Wie bitte? Na ja, wegen einem Artikel."

Einer sagt:

„Da habt ihr eine schöne Suppe eingerührt. Nun löffelt sie auch aus. Das war ja nun nicht nötig, zu schwindeln, hier wär die ‚Prawda'. Erst war alles gut, doch jetzt habt ihr geschwindelt, und wer weiß, was noch daraus wird."

Die Wohnungsinhaberin Darja Wassiljewna Pilatowa, auf deren edlen Namen die Wohnung eingetragen ist, wankt auf ihrem Stuhl und sagt:

„O Gott, ist mir übel! Ihr habt mir den Garaus gemacht, ihr Halunken. Legt den Hörer auf. Legt in meiner Wohnung den Hörer auf. Ich erlaube nicht, daß in meiner Wohnung mit den Führern telefoniert wird."

Der Genosse Mitrochin streift mit seinem flakkernden Blick die Gesellschaft und legt den Hörer auf.

Im Zimmer tritt Stille ein. Einige Gäste stehen auf und gehen nach Hause.

Der verbliebene Rest der Gesellschaft sitzt fünf Minuten lang still da und diskutiert darüber, daß es nicht nötig war zu schwindeln. Daß man ihn einfach in einer persönlichen Angelegenheit an den Apparat hätte bitten und mit ihm reden sollen. Klar, das wäre nicht abgeschlagen worden. Doch jetzt haben sie geschwindelt, und die Situation ist fatal.

Während dieses trauten Gesprächs schrillt plötzlich das Telefon. Der Zimmermieter, der Buchhalter Karawajew, geht an den Apparat und nimmt mit finsterer Miene den Hörer ab.

Und horcht hinein. Plötzlich werden seine Augen rund, und seine Stirn überzieht sich mit Schweiß. Der Telefonhörer klappert ihm gegen das Ohr.

Im Hörer dröhnt eine Stimme:

„Wer hat den Genossen Vorsitzenden verlangt? In welcher Angelegenheit?"

„Ein Irrtum", sagt Karawajew. „Niemand hat ihn verlangt. Ich entschuldige mich ..."

„Kein Irrtum! Von Ihnen aus ist angerufen worden."

Die Gäste gehen hinaus auf die Diele. Der anderen Blicke meidend, begeben sie sich schweigsam auf die Straße.

Keiner ahnt, daß dieser Anruf ein Jux war.

Sie erfuhren es erst am nächsten Tag. Da stellte sich heraus, einer der Gäste hatte gleich nach dem ersten Telefonat das Zimmer verlassen, die Apotheke aufgesucht und von dort angerufen, um die ganze Gesellschaft hochzunehmen.

Er gab es am nächsten Tag selbst zu. Lachte sich schief dabei.

Aber der Gastgeber, Buchhalter Karawajew, konnte nicht mitlachen und zerstritt sich mit diesem Bekannten. Er wollte ihm sogar eins aufs Maul hauen, dem gemeinen Schuft, der um der eigenen Zerstreuung willen derart schäbige Kniffe und Tricks ausheckte, mit denen er andere verstörte. Und vor allem mochte er ihm nicht die spaßeshalber ins Telefon gesagten Schimpfworte verzeihen, denn er hatte sie als verdient empfunden. Die verzieh er ihm auch künftighin nicht und lud ihn auch nicht mehr zu seinen Abenden ein, die er bald danach ohnehin ganz aufgab.

Ansonsten folgt nunmehr eine Geschichte, die noch spaßiger ist durch ihre Alltagspfiffigkeit.

Ein spaßiger Vorfall mit einer Kassiererin

Die Genossenschaft „Proletarischer Weg“ hatte in den letzten anderthalb Jahren dreiundzwanzig Kassiererinnen verbraucht. Ich übertreibe da kein bißchen.

Dreiundzwanzig Kassiererinnen in so kurzer Zeit! Das ist in der Tat merkwürdig und erstaunlich.

Der Vorsitzende hatte sich seinerzeit so darüber geäußert. Er hatte geäußert:

„Sie alle entsprachen nicht ihrer Bestimmung. Sie alle waren dumm.“

So hatte er nacheinander zweiundzwanzig Stück verbraucht.

Natürlich gab es Damengekreisch, Geheul und Auseinandersetzungen. Aber das änderte nichts. Jede Kassiererin arbeitete bei ihm eine oder anderthalb Wochen, dann wurde sie achtkantig gefeuert. Er feuerte sie zurück zum Arbeitsamt. Und forderte die nächste an.

„Wenn's geht“, sagte er, „schickt mir einen Kassierer. Einen Mann.“

Aber aus irgendwelchen Gründen schickten sie ihm ewig das Falsche. Frauen also. Kassiererinnen. Bestimmt waren keine Männer vorhanden. Sonst hätten sie ihm natürlich einen geschickt. Das ist überhaupt eine ziemlich merkwürdige psychologische Erscheinung. So steht hinterm Ladentisch garantiert ein Mann, und an der Kasse sitzt mit Sicherheit eine Frau.

Warum eigentlich? Warum sitzt eine Frau an der Kasse? Was ist das für eine eigenartige Naturerscheinung?

Kann etwa ein Mann wie unsereiner nicht gleichgültig zusehen, wie rings um ihn das Geld kreist? Ergibt er sich etwa dem Trunk unter der ständigen moralischen Einwirkung und dem Geldgeklimper? Oder hat das noch andere Ursachen? Jedenfalls sieht man unsereinen sehr selten bei dem heiklen Umgang mit Geld. Und dann ist es zumeist ein betagter Kerl, weibisch, mit schläfrigen Augen und dünner Stimme.

Kürzer gesagt, der Vorsitzende kriegte trotz seiner Bitten immer wieder ein Fräulein zugeschickt.

Er hatte schon fast zwei Dutzend gefeuert.

Jetzt feuerte er die Dreiundzwanzigste.

Diese Dreiundzwanzigste aber war ein sehr hübsches Mädchen. Sah interessant aus. War teilweise sogar eine Schönheit. Herausgeputzt jedenfalls. Gut gekleidet. Darum sah sie auch gut aus. Im großen und ganzen war sie recht erfreulich anzuschauen.

Ungeachtet ihrer Lieblichkeit wurde sie von unserm Vorsitzenden, der dafür keinen Blick hatte, ebenfalls gefeuert.

Da brach sie plötzlich in Tränen aus. Ein Drama. Hysterische Anfälle. Skandal.

Eine heutige Kassiererin wird sich natürlich teilweise wundern über diese hysterischen Anfälle. Wird den Grund solcher Betrübnis nicht begreifen. Aber noch vor fünf Jahren war das im höchsten Maße begreiflich. Damals lag die Arbeit nicht auf der Straße. Und an einem Posten als Kassiererin waren viele interessiert.

Jedenfalls brach diese unsere hübsche Kassiererin, als sie gefeuert wurde, in Tränen aus.

Und sagt zu den Umstehenden:

„Ich weiß, warum unser Vorsitzender mich rausgeschmissen hat. Ich", sagt sie, „hab mich streng zu ihm verhalten und ihn kaum", sagt sie, „als Frau angekuckt. Deswegen hat er mich gefeuert."

Diese Gerüchte drangen natürlich bis zur Arbeitsinspektion. Nun ja, Sowjetkontrolle. Und so weiter.

Unser Vorsitzender wird hinbestellt.

Er sagt:

„Das ist frech gelogen. Ich hab dieses Fräulein gar nicht beachtet. Sie interessiert mich überhaupt nur wenig. Sehen Sie sich doch mal meinen Lebensweg an: Anderthalb Jahre lang hab ich dauernd welche entlassen."

Man sagt ihm:

„Aber vielleicht haben Sie die auch wegen dem entlassen, worüber sich diese beschwert."

Der Vorsitzende sagt:

„Ich", sagt er, „finde keine Worte vor Empörung. Gut", sagt er, „wenn's so ist, muß ich gestehen, warum ich sie entlassen hab. Da ich jetzt beim dreiundzwanzigsten Mal genau im gegenteiligen Sinne beschuldigt werd, halt ich's nicht mehr für möglich, den wahren Grund zu verheimlichen. Sehen Sie, die Sache ist die. Ich bin, wie soll ich sagen, ein Freund davon, manchmal zu fluchen. Na ja, wissen Sie, eine Frontgewohnheit. Bei der Arbeit nehm ich mich noch zusammen. Aber am Ende des Arbeitstags oder dann bei der Inventur hab ich Mühe, mich zu beherrschen. Und wenn ich eine Kassiererin dabei hab, engt mich das völlig ein. Sie verhindert, daß ich mich schöpferisch entfalte. Darum hab ich die zweiundzwanzig Kassiererinnen entlassen. Und auch die dreiundzwanzigste. Mit Rücksicht auf ihre Naivität. Ich hab immer gehofft, man würd mir mal einen von meiner Sorte schicken, vor dem ich hätt ich selbst sein können. Darum hab ich mich auf solche Arglist eingelassen und nacheinander sämtliche Fräuleins gefeuert, in der Hoffnung, mal an einen Mann zu geraten. Leider ist das nicht eingetreten. Darum hab ich jetzt für meine Schlauheit zu leiden. Darum befinde ich mich vor Ihnen."

Daraufhin läßt die Inspektion die hübsche Kassiererin kommen. Und sagt zu ihr:

„Warum erzählen Sie falsche Sachen? So ist er doch gar nicht!"

Die Kassiererin sagt:

„Woher sollte ich das wissen? Ich dachte, er hat mich aus andern Gründen entlassen. Was dies betrifft, das hätt mich gar nicht gestört. Du lieber Gott, so'n bißchen Theater! Wenn's sonstwas wär, aber dafür hätt er mich wahrhaftig nicht rausschmeißen brauchen. Lächerlich."

Der Vorsitzende sagt:

„Ja, mir scheint, mit dieser Kassiererin hätt ich mich einarbeiten können. Tut mir leid, daß ich sie rausgeschmissen hab, ohne ihre Charakteristik zu kennen."

Die Kassiererin arbeitet also wieder in dem Laden.

Der Vorsitzende aber arbeitet leider nicht mehr da. Man hat ihm einen strengen Verweis nebst Verwarnung ausgesprochen und ihm gesagt, er solle das nächste Mal nicht solche Schuftigkeiten begehen, um seinen niederträchtigen Geschmack zu befriedigen.

Er wurde in die Lagerräume versetzt. Dort kann er sich vielleicht Luft machen. Man möchte meinen, daß dies ihn zurechtgestaucht und er seine Gewohnheit aufgegeben hat, dank deren er dreiundzwanzig Frauen, von denen die eine gar nicht so übel aussah, dermaßen mitspielte.

Eine interessante List wurde auch in einer Gemeinschaftswohnung angewendet.

Ich empfehle dieses kleine Vorkommnis Ihrer Aufmerksamkeit.

Eine List, die in einer Gemeinschaftswohnung angewendet wurde

In einer Gemeinschaftswohnung lebte eine gewisse Marussja Korabljowa. Eine sehr kokette Person. Ziemlich jung noch. Ungefähr achtzehn. Recht zappelig und überhaupt mit einem Hang zu kleinbürgerlicher Behaglichkeit.

In der Schule war sie natürlich nicht besonders. Aber sie liebte es im höchsten Maße, den Männern zu gefallen. Zu diesem Behufe zog sie die Augen nach und puderte die Haut. Überdies parfümierte sie sich wie wild. Mit Parfüm oder Eau de Cologne. Das war ihr schnurz.

Trotz ihrer bescheidenen Kapitalien wandte sie stets und ständig Geld für solche Flüssigkeiten auf.

Vor ihrem Bettchen stand ein Nachttisch, und darauf prangte stets ein Fläschchen mit Parfüm. Daneben lagen diverse Faltenschmieren, ein Spiegelchen und so weiter.

Eines Tages aber kriegte Marussja spitz, daß jemand von ihrem Parfüm nahm. Daß es jemand mitbenutzte.

Von da an legte sie das Fläschchen in die Schublade. Trotzdem füllte jemand unablässig davon ab. Vielleicht war es eine Freundin, die keine eigene Parfümerie besaß und die fremde mitbenutzte.

Marussja versteckte ihr Parfüm in der Schublade und unterm Kopfkissen, doch das half nichts. Immer wieder kam es, daß eine unsichtbare Hand ein bißchen davon mauste.

Da machte sie Zeichen auf das Etikett, wieviel darin war. Auch das half nicht. Die Diebe achteten nicht darauf und füllten sich bei jeder passenden Gelegenheit seelenruhig etwas ab.

Kürzer gesagt, Marussja ließ sich folgendes Ding einfallen. Sie beklebte das Fläschchen mit einem Zettel „Gift" und malte darunter einen Totenkopf nebst zwei Knochen. Dieses Fläschchen ließ sie auf dem Nachttisch stehen. Seitdem rührte niemand mehr die Flüssigkeit an.

Außer einem einzigen Mal. Eine hysterische Frau nahm die Flasche und trank sie in einem Zug leer.

Sie hatte sich mit einem Bekannten zerstritten, wissen Sie. Dummerweise verschluckte sie die ganze Flüssigkeit, nahm freilich keinen besonderen Schaden.

Ohne diesen Vorfall hätte die Erfindung tadellos funktioniert. Marussja hätte sich sogar ein Patent darauf besorgen können, sozusagen für Scharfsinn und schlaues Denken. Zweifellos aber verblaßt die Erfindung ein wenig, da sie auf kleinbürgerliche Interessen abzielt, nämlich den Schutz des Privateigentums.

Ansonsten hat Marussja nach diesem Vorfall ihre Taktik geändert. Sie trägt jetzt das Fläschchen in ihrer Handtasche. Zuzeiten ist das unbequem und beschwerlich, dafür aber sicher.

Diese spaßige Geschichte empfehle ich der Aufmerksamkeit koketter Frauenspersonen. Ohne daß ich ihnen unangenehme Minuten verschaffen will.

Bei der nächsten Geschichte möchten sich die koketten Frauenspersonen bitte nicht bemühen. Väter und Großväter sollen sie lesen und sogar Mütter. Für Kinder ist sie ebenfalls nicht empfehlenswert, denn der philosophische Denkgehalt dieses Werkes könnte sie auf ähnliche Ideen bringen.

Geschichte, wie einem kleinen Mädchen Stiefelchen gekauft wurden

Trofimytsch aus unserer Kommunalwohnung ging seiner Tochter Stiefel kaufen.

Seine Tochter Njuschka ist so ein Dingelchen mit einem Defekt, sozusagen übergroß. Sieben Jahre alt.

Trofimytsch wollte also für seine Njuschka Stiefelchen anschaffen. Es ging auf den Herbst, und natürlich hatte sie keine Stiefel.

Trofimytsch knirschte mit den Zähnen über diese gewaltige Ausgabe, nahm zum Beispiel seine Njuschka beim Pfötchen und zottelte mit ihr los, um die Anschaffung vorzunehmen.

Er ging also mit seinem Kind in ein Handelsgeschäft. Ließ sich die Ware zeigen. Ließ anpassen. Alles bestens: gute Ware, genaue Paßform. Nur eines sagte ihm nicht zu, wissen Sie – der Preis. Den Preis, ich sag's offen, fand er uninteressant.

Zumal Trofimytsch diese kindliche Untergröße natürlich für ein Butterbrot erstehen wollte. Aber der Preis verstörte ihn. Da ging Trofimytsch trotz Njuschkas gellendem Gebrüll in einen andern Laden. Hier wurde der gleiche Preis gefordert. Im dritten Laden auch. Kurzum, wohin sie kamen, dieselbe Geschichte: der Schuh paßte, die Ware war gut, der Preis stimmte nicht, und Njuschka brüllte.

Im fünften Laden paßt Njuschka wieder Schuhe an. Sie sind gut. Er fragt nach dem Preis. Man sagt ihm:

„Sie laufen vergeblich rum, der Preis", sagt man ihm, „ist überall staatlich, und Nachlaß wird nicht gewährt."

Da fängt Trofimytsch an, ihnen zuzusetzen, sie sollten ihm doch um seines moralischen Gleichgewichts willen ein paar Rubel nachlassen. Inzwischen geht Njuschka mit ihren neuen Schuhen zur Tür und flitzt, nicht dumm, hinaus auf die Straße.

Trofimytsch will diesem seinem Kinde hinterherstürzen, doch der Geschäftsführer hält ihn zurück.

„Erst", sagt er, „müssen Sie bezahlen, Genosse, dann können Sie Ihren Angelegenheiten nachgehen."

Da fängt Trofimytsch an, ihnen zuzusetzen, sie sollten warten. „Das Kind", sagt er, „taucht vielleicht gleich wieder auf. Das Kind ist vielleicht bloß losgezogen, um sich in den neuen Stiefeln die Füße zu vertreten."

Der Geschäftsführer sagt:

„Das geht mich nichts an. Ich sehe die Ware nicht. Bezahlen Sie für die Ware Geld. Oder Sie kommen nicht aus dem Laden raus."

Trofimytsch antwortet:

„Ich geh nicht aus dem Laden. Ich wart, bis das Kind zurückkommt."

Aber Njuschka kam nicht in den Laden zurück.

Sie hatte den Laden verlassen und ging, nicht dumm, mit ihren nagelneuen Schuhen nach Hause.

Sonst, dachte sie, kauft der Papa sie todsicher wieder nicht angesichts der Teuerung.

Sie kam also nicht zurück.

Nichts zu machen, Trofimytsch bezahlte zähneknirschend das Verlangte und ging nach Hause.

Njuschka war schon da und stolzierte in ihren Stiefelchen einher.

Zwar putzte Trofimytsch sie ein bißchen herunter, aber die Treter verblieben nun doch bei ihr.

Jetzt nach dieser Geschichte ist Ihnen vielleicht schon aufgefallen, daß man in den staatlichen Läden zum Anprobieren jeweils nur den linken Trittling rausrückt.

Der rechte wird irgendwo versteckt, oder der Geschäftsführer klemmt ihn zwischen die Knie und läßt niemand heran.

Die Kinder sind natürlich schon recht selbständig geworden.

Ich sage Ihnen, es ist eine ziemlich freie Generation.

Daß seitens des Kindes eine kleine List angewendet wurde, liegt, so meine ich, vor allem an der väterlichen Filzigkeit, vielleicht aber hatte er auch nicht genug Zaster.

Mit dieser unschuldigen Kindergeschichte wollte ich eigentlich den Abschnitt „Arglist“ beenden, um zu dem neuen Abschnitt „Miseren“ überzugehen, jedoch die Nähe dieses Abschnitts erlaubt es mir, noch eine Novelle zu erzählen, in der diese beiden Gegenstände – Arglist und Miseren – miteinander vereint sind. Folgendes hat sich zugetragen.

Geschichte von der Verkleidung

Jeder weiß natürlich, daß es heutigentags nicht eben leicht ist, ein Hotelzimmer zu kriegen.

Als ich im Süden eintraf, konnte ich mich alsbald davon überzeugen.

Ich verlasse den Dampfer, betrete ein Hotel, und da sagt der Portier zu mir:

„Wissen Sie, ich muß mich doch sehr wundern über das heutige Publikum. Kaum legt ein Dampfer an, da kommt alles unweigerlich zu uns gelaufen. Als ob wir hier 'n Hotel hätten. Nu schön, wir haben ein Hotel. Bloß Zimmer haben wir nicht. Alles überfüllt."

Da entschließe ich mich zu einer List, gehe hinaus auf die Straße und lege mir einen Aktionsplan zurecht.

Ich habe zwei Gepäckstücke bei mir. Das eine ist ein gewöhnlicher Korb, uninteressant zu betrachten. Dafür ist das andere ein sehr prächtiger Koffer aus Vulkanfiber oder, genauer gesagt, aus Sperrholz.

Den Korb lasse ich beim Zeitungsonkel, dann kehre ich meinen internationalen Gummimantel mit dem karierten Futter nach außen, ziehe mir die Sportmütze auf die Nase, kaufe mir eine Zigarre, brenne sie an und dringe in dieser unnatürlichen Aufmachung mit meinem Exportkoffer in das Hotel ein.

Der Empfangschef sagt:

„Sie brauchen gar nicht reinzukommen, wir haben keine Zimmer frei."

Ich trete auf den Empfangschef zu und sage gebrochen zu ihm:

„Ejn Chambre-Zimmer", sag ich, „jawohl?"

Der Empfangschef sagt:

„Du lieber Gott, da muß doch so ein Ausländer bei uns aufkreuzen."

Und gebrochen antwortet er mir:

„Jawohl, jawohl. Ein Chambre-Zimmer, unbedingt, jawohl. Bitte–dritte diese Minute. Ich geb Ihnen sofort ein möglichst schönes Zimmer mit möglichst wenig Wanzen."

In hochmütiger Haltung steh ich da, aber mir schlottern die Knie.

Der Empfangschef, der mit Vorliebe auswärts redet, fragt:

„Pardon", sagt er, „mein Herr, Verzeihung. Vous êtes germanija oder vielleicht was anderes?"

Hol's der Deibel, denk ich, am Ende kann der Knilch deutsch radebrechen? Dann läßt er sich gleich in dieser Sprache aus.

„No", sag ich, „je suis ein Chambre-Zimmer ispanija, comprenez? Ispanija. Pas d'espagne."

Oho, da verliert der Empfangschef vollends den Verstand.

„Du lieber Himmel", sagt er, „sollte es etwa einen Spanier hierher verschlagen haben? Sofort", sagt er. „Aber gewiß doch", sagt er, „ich weiß, hab schon davon gehört – Ispanija, pas d'espagne."

Ich seh, wie ihm die Hände schlottern. Auch mir schlottern die Hände. Auch ihm schlottern sie. So stehen wir beide da, plaudern und schlottern.

Ich sag ihm in gebrochenem Spanisch:

„Jawohl", sag ich, „bitte serr, bitte. Tragen Sie", sag ich, „schleunigst den Koffer in meine Zimmerilla, hinterher", sag ich, „können wir alles noch besprechen und bereden."

„Jawohl, jawohl", antwortet der Empfangschef, „keine Sorge."

Dann aber kriegt seine merkantile Ader die Oberhand.

„Wie", sagt er, „werden Sie bezahlen? Invalut oder trotzdem etwa mit unserm Geld?"

Dabei formt er aus seinen Fingern Zeichen, die zugereisten Ausländern verständlich sein mögen – Nullen und Einsen.

Ich sag:

„Das ich nix verstehn. Bring", sag ich, „sofort meinen Koffer rauf, du Halunke."

Wenn ich erst, denk ich, mein Zimmer hab, dann kann er Fladen aus mir machen.

Er grapscht meinen Koffer. Vor Eifer grapscht er so energisch zu, daß das schwache Schloß aufgeht.

Der Deckel klappt runter, und natürlich fällt, ehrlich gesagt, diverser Krempel raus. Dreckige Wäsche, halblange Unterhosen, Seife und sonstiger vaterländischer Plunder.

Der Empfangschef mustert meinen Besitz, erbleicht und begreift alles.

„Los", sagt er, „zeig mir dein Dokument, du spanischer Schurke."

Ich sag:

„Nix verstehn. Aber wenn", sag ich, „keine Zimmer frei sind, geh ich."

Der Empfangschef sagt zum Portier:

„Haben Sie das gesehen? Der wollte sich hier als Ausländer einmogeln."

Ich will schleunigst weg, aber der Portier sagt:

„Pst, Genosse, kommen Sie mal her. Haben Sie keine Angst. Sagen Sie mal, brauchen Sie das Zimmer wirklich so nötig?"

Ich sag:

„Der Dampfer hat mich so durchgeschlingert, ich

kann kaum noch stehen. Ich würd sogar eine Prämie bezahlen, wenn ich bloß in einem Zimmer ein bißchen liegen kann."

Der Empfangschef sagt:

„Bei uns werden keine Schmiergelder genommen. Aber wenn Sie das Zimmer so nötig brauchen, kann ich's Ihnen auch so geben. Gratis. Aber es hat keinen Schlüssel. Ist abgeschlossen und der Schlüssel verbummelt. Geben Sie dem Schlosser fünfzehn Rubel. Er schließt es Ihnen auf und fummelt Ihnen aus Altmaterial einen zurecht."

Ich bezahle diese Summe und kriege das Zimmer.

Abends erfahre ich, daß der Zimmerschlüssel gar nicht verbummelt ist, sie haben mir schlicht den ganz normalen Zimmerschlüssel für fünfzehn Piepen untergejubelt. Dies erzählt mir mein Nachbar, dem sie dafür zehn Rubel abgeknöpft haben. Für mich als ehemaligen Spanier kam es fünf Rubel teurer.

Abgesehen davon war ich zufrieden, ein Zimmer zu haben.

Mit dieser Geschichte schließe ich meinen Bericht über die Arglist. Natürlich kann es durchaus sein und ist sogar wahrscheinlich, daß ich auf diesem Gebiet noch dies und jenes vergessen habe. Wenn also dem Leser noch eine scharfe Sache über die Arglist einfällt, mag er sie in seinem Herzen vermerken.

Lesen Sie nunmehr noch ein kleines Nachwörtchen zu meinem Abschnitt „Arglist". Danach kommen wir zum vierten Buch „Miseren".

Darin wird die Rede sein von Dingen, die Männer zum Zittern und Frauen zum Ächzen bringen.

Lesen Sie also noch das kurze, geschwätzartige

Nachwörtchen. Es knüpft sozusagen mit einem Seemannsknoten all das zusammen, was ich Ihnen über die Arglist erzählt habe.

Nachwort

Damit also, liebe Freunde, schließe ich meinen Abschnitt „Arglist".

Was sehen wir, nachdem wir die historischen Novellen und die spaßigen Kleinigkeiten aus unserm Leben gelesen haben?

Wir sehen, daß in der Historie kaum je etwas ohne Arglist geschah. Und daß zweifellos die finstere Vergangenheit viele auf diesen schlüpfrigen Pfad gestoßen hat.

Da aber bei uns eine Kursänderung vor sich geht, ist mir um die Zukunft selbstverständlich nicht bange. Was die ausländischen Touristen betrifft, so werden sie sich gewiß auch an den Verstand fassen und auf irgendwelche Gedanken kommen. Um so mehr, als viele von denen nicht wünschen, daß bei ihnen hauptsächlich Schieber und finstere Schacherer mit Arglist und Tücke auf dem Gipfel des Lebens ihr Wesen treiben, noch dazu in Glanz und märchenhaftem Luxus.

Das heißt, wissen Sie, es ist geradezu ein historischer Treppenwitz. Wer am meisten gerafft hat, ist König. Wer am meisten gewonnen oder zusammengeschoben hat, genießt die größte Achtung. Nun, was ergibt sich daraus? Klar, daß die Arglist übermäßig gedeiht.

Nein, es kann nicht sein, daß dies bei denen für ewige Zeiten so bleibt. Klar, daß es sich ändern wird.

Unter allen Umständen und ohne Zweifel wird die alte Welt mit ihren Gaunern, Kaufleuten und Schiebern künftig zu Staub zerfallen und zur Hölle fahren. Höchstens, daß der Kuriosität halber irgendwo etwas übrigbleibt wie Monte Carlo, wohin all die wallfahren werden, die sich gern an das frühere Leben erinnern.

Möglich ist auch, daß Madame Großbritannien aus Stolz und Ehrgeiz sich irgendwas Originelles einfallen läßt. Da sie eine moderne Ordnung plus König hat, ist von ihr noch irgendeine ganz kuriose Mischung zu erwarten, etwa Kapitalismus mit Sozialismus und sonst noch was. Aber vielleicht kommt sie auch ohne das aus.

Ansonsten hege ich keinen Zweifel am Siegeszug des Lebens. Alles Lumpige wird vergehen. Die Niedertracht wird verschwinden. Kränkungen, Schmerz, Tränen und Kümmernisse wird man vergessen. Die Kinderchen werden lachen. Die Erwachsenen applaudieren. Und man wird die ganze alte Welt, die ganze Vergangenheit ansehen als ein trauriges Mißverständnis im Morgengrauen der Menschheit.

All dies Vergangene wird verschwinden und sozusagen vergehen.

Wie sagt doch der Dichter:

> Alles weicht, wie Dunst vom Apfelbaum.

Daran zweifle ich nicht.

Also, Freunde, nachdem wir in erhabener Weise an die Zukunft gedacht haben, gehen wir über zum nächsten Abschnitt – „Miseren".

Darin wird, wie viele gewiß schon erraten haben, von Miseren die Rede sein. Schon höre ich abgerissene Stimmen und Schluchzen. Ich höre Murren und unzufriedene Redensarten. Jemand klagt auch. Wer da murrt und klagt, das sind die Pechvögel. Ach, sie wollen keine Miseren. Sie wollen leben wie die Made im Speck. Aber das ist natürlich nicht so ganz leicht. Darum murren sie …

Abgesehen davon kommen wir nun zum Abschnitt „Miseren".

IV. Miseren

1. Als ich seinerzeit behaglich in der Wiege lag und mit meinem winzigen Mäulchen, kaum etwas begreifend, warme Milch aus der Brustwarze lutschte, habe ich bestimmt eine Erzglückseligkeit empfunden angesichts des Lebens ringsum.

2. Der Hauptgrund dafür, wie ich heute annehme, war der, daß ich von keiner Seite irgendwelche Unannehmlichkeiten erwartete und keinerlei Miseren erlitt.

Allenfalls hat mir, nehmen wir mal an, plötzlich das Bäuchlein weh getan, weil ein Floh, von einem Erwachsenen herabgesprungen, mich in das noch nicht gekräftigte Körperchen zwickte.

Das waren sozusagen alle Miseren, alle Schwierigkeiten des Übergangsalters.

Alles übrige strömte natürlich im wundersamen Licht eines friedvollen Daseins dahin.

3. Doch wie erstaunlich, wie geradezu märchenhaft zeichnete sich mir die Umwelt, als ich, ein Jüngling noch, mit größtem Vergnügen meinen schwankenden Lebensweg betrat.

Welch geradezu zauberhaftes Panorama breitete sich damals vor meinem unschuldigen Blick!

Die ganze Welt, so dünkte es mich, war angefüllt mit Glück, Erfolgen, Liebenswürdigkeit und sonst noch was in dieser Art. Der reinste Rausch.

Die Männer erschienen mir als Denker. Die Frauen malten sich in meiner Phantasie als bravouröse spanische Sängerinnen, die in einer Tour bloß singen, lachen und trinken. Rings um sie nichts als Hochzeiten, Tanzabende, Empfangstage und Küssereien.

Manchmal, so dachte ich, passiert auch was Unangenehmes – eine Feuersbrunst oder eine Ohnmacht. Aber dann gibt's gleich wieder Empfangstage. Tanzabende. Und so weiter.

4. Aber mit der Zeit ging der Zauber der Jugend natürlich flöten. Und alles kehrte sich, wie man so sagt, ins Gegenteil.

Ich besaß sozusagen die Unvorsichtigkeit, die umliegende Landschaft mit den Augen der Vernunft zu besichtigen. Plötzlich waren wie im Märchen in einem einzigen Augenblick all diese zauberhaften Bilderchen weg. Die bunten Farben verblichen. All das, was mich in solch unbeschreibliche Begeisterung versetzt hatte, ging verloren.

Wie ein Traum verschwand das alles, erlosch und hörte auf.

Das machte mich so ärgerlich, daß ich es gar nicht ausdrücken kann.

Über solcherlei Ärger hat sich seinerzeit einer unserer ruhmreichen Poeten sehr schön geäußert. Folgenden Ausruf ließ er hören, als er von den verwichenen Tagen seiner Jugend sprach. Folgendermaßen sprach er mit Verdruß, äußerster Erregung und einem Zittern der Betrübnis über diese Misere. Hier seine Worte:

Mein Leben, so rief er, dem Traume gleich bist du
verflossen!
Mir ist doch, als wär ich in stürmischem Frühlings-
galopp
Dahingesprengt auf einem rosa Rosse.

5. Ja, sehr schön gesagt.

Wie auf einem rosa Rosse, kaum etwas verstehend, bin ich über die blühenden Gefilde meiner Jugend gesprengt.

Als ich jedoch zu verstehen anfing, fand ich keineswegs alles so wunderschön, wie es mich im Sattel meines rosa Rappen gedünkt hatte. All die rosa Bilder, die sich mir dargeboten hatten, erwiesen sich als ganz anders. Außer Feuersbrünsten und Ohnmachten gab es ringsum noch gewaltige Miseren. Mit diesen gewaltigen Miseren war unser Land vor der Revolution buchstäblich vollgestopft.

Selbst unser wunderbarer, jedoch lyrischer Dichter jener Zeit, der hauptsächlich Blumen, den Mond und Sträuße sehen wollte, hat einmal ausgerufen:

Die Dörfer, ärmlich, jammervoll,
Kein Auge kann sie zählen!
Oh, du mein armes Vaterland,
Was bist du meinem Herzen?
Oh, du mein teures Eheweib,
Was macht dir solche Schmerzen?

Beenden wir jedoch unsere lyrischen Abschweifungen und kommen wir zur Sache.

6. Schlagen wir nach dem Beispiel der zurückliegenden Abschnitte die Historie auf, um nachzuse-

hen, wie es bei denen früher mit den Miseren bestellt war. Und wo sie eigentlich herkamen, die Miseren. Von Dummheit eventuell? Wenn nicht, so ist das vielleicht reparabel.

Blicken wir also in die Historie. Blättern wir sie hier und da auf. Mittelalter. Antike. Chaldäa gab's da. Phönizien. Und sonst noch alles mögliche. Persien. Siam.

Und wir sehen etwas geradezu Bestürzendes.

Das heißt, außer Miseren gab es bei denen sonst noch alles mögliche: Bettler strolchen rum. Aussätzige liegen da. Sklaven werden irgendwo hingetrieben. Mit der Knute gepeitscht. Krieg dröhnt. Eine Mutti weint. Einer wird vom Zaren an den Rippen aufgehängt. Ein Pappi wird im Streit erschlagen. Ein Reicher mißhandelt einen Armen. Irgendwer wird ins Gefängnis gesteckt. Eine Braut muß leiden. Der Bräutigam erscheint, und ihm fehlt ein Bein. Ein Säugling wird an den Beinchen gepackt und gegen die Wand geschlagen ... Also ziemlich viele Miseren. Und alles sehr auffällige Miseren.

Ein gelehrter russischer Pope äußerte sich im Jahre 1734 folgendermaßen. Er meinte die berühmte Geheimkanzlei, die die Feinde des Zaren grausam abstrafte. Er sagte in seinem idiotischen Dialekt:

„Höbe man an eben dieser Stelle mit dem Finger ein Partikelchen Erde auf, so sprudelte ein Springbrunnen aus Menschenblut darunter hervor."

Nachdem ich nunmehr endgültig von meinem rosa Gaul heruntergesprungen bin, wollen wir dieses Motiv einmal berühren.

7. Ja, von all den teuflischen Miseren, die über sämtliche Seiten der Historie verstreut sind, be-

stürzt uns am meisten die geradezu reißende Grausamkeit der Menschen gegenüber dem untergebenen Publikum.

Manchmal will es einem gar nicht in den Kopf, immerhin begegnet man gelegentlich lieben Menschen. Und plötzlich lesen wir, eine ganze Familie wird in den Bärenzwinger gestoßen. Anderen wird die Haut vom Leibe geschunden. Oder eine Hand abgehackt. Die Nase abgeschnitten. Einem wird der Hut auf dem Kopf festgenagelt. Mancher wird auf den Pfahl gespießt.

Der englische Gesandte Horsey schreibt in seinem Tagebuch (1578):

„Tulupow wurde auf einen so langen Pfahl gesetzt, daß dieser in seinem Nacken herauskam. Fünfzehn Stunden lang quälte sich der Fürst und sprach dabei mit seiner Frau."

Einen anderen „Gesetzesbrecher", Doktor Jemeljan Bomelnja, ließ Iwan der Schreckliche am Spieß braten. Der Arzt wurde an eine Stange gebunden und langsam geröstet, indem man die Stange drehte. Halbtot wurde er in die Scheune aufs Stroh geworfen.

8. Die berühmte Schönheit Lopuchina und ihre Freundin (1743) wurden in Petersburg öffentlich ausgepeitscht, dann schnitt man ihnen auf Befehl der Zarin Elisabeth die Zunge heraus. Als sich die Lopuchina gegen den Henker sträubte, packte er sie an der Kehle, schüttelte sie, zog ihr mit der Hand die Zunge heraus und kniff sie mit einer Zange ab. Als Greisin kehrte die Lopuchina aus der Verbannung zurück. Bei Hofe bestaunte man ihr Gelalle. So teilt es Madame Historie mit.

Aber vielleicht hören wir mit diesen unangenehmen Dingen auf?

Nein, es wird gebeten, sich noch etwas zu gedulden. Lesen Sie trotz allem noch ein Stückchen weiter. Sonst begreifen Sie nicht, was das ist – Misere.

Die verbreitetste Folter in Rußland ging folgendermaßen. Man band dem Delinquenten die Hände auf dem Rücken zusammen und befestigte daran einen Strick. Dieser Strick lief über eine Rolle an der Decke. Nun wurden die Hände nach oben gezogen, je höher man zog, desto mehr verdrehten sich die Arme in den Schultergelenken. Dabei wurde der Delinquent meist zusätzlich auf kleinem Feuer geröstet oder mit der Knute gepeitscht.

9. Bis zur Mitte des achtzehnten Jahrhunderts wurden Beschuldigte oftmals in die Erde gegraben, so daß nur noch der Kopf herausschaute. Dies war ein höchst qualvoller Tod, der erst am vierten oder auch am fünften Tag eintrat. Manche wurden an den Beinen oder Rippen aufgehängt. Bis ins neunzehnte Jahrhundert hinein wurde gevierteilt.

Ein schwedischer Offizier, der bei der Vierteilung des Verräters Patkul (unter Karl XII.) zugegen war, konnte den Anblick dieser Hinrichtung nicht mehr ertragen und erschoß den Verbrecher. Man hatte Patkul einen Arm und ein Bein abgeschlagen und dann den anderen Arm. Er lebte aber noch und sah den Offizier mit großen Augen an; dieser zog die Pistole und erschoß ihn. Dafür ließ Karl XII. auch ihn sogleich erschießen.

Noch grausamer aber war das Rädern, bei dem dem Verurteilten sämtliche Knochen zerschmettert und sodann die Beine an den Kopf gebunden wurden. Diese Hinrichtungsart war in Rom aufgekommen und wurde in ganz Europa bis ins neunzehnte Jahrhundert hinein praktiziert.

Vielleicht hören wir auf? Vielleicht gehen wir gleich zu den historischen Anekdötchen über?

10. Vielleicht, meine Herrschaften, sind Ihre Nerven nicht besonders, und Sie können derartige moralische Erschütterungen nicht vertragen? Vielleicht leiden Sie an Migräne oder Lungentuberkulose?

Wenn's so ist, stelle ich die Beschreibung derartiger Dinge ein. Ich hoffe, Sie haben sich schon eine gewisse Vorstellung von dem und jenem gemacht.

Es war also wirklich eine sehr erlesene Gesellschaft. Einerseits feinsinnige Leute, die die Schönheit schätzten, Herrschaften von Stande, bei denen aus irgendwelchen Gründen die Kunst und namentlich die Malerei blühten. Andererseits die erwähnten Sachen.

Irgendwie ist das sonderbar. Will einem nicht in den Kopf.

Teilweise kann man sogar den französischen Dichter Musset verstehen, der einmal ausrief, gewiß nachdem er über all die Dinge nachgedacht hatte:

> Fluch über Familie und Gesellschaft!
> Wehe dem Haus und wehe der Stadt!
> Fluch über unser Vaterland!

Ja, solch teuflische Worte konnte man aussprechen unter der Last furchtbarer Miseren und vor allem ohne den leisesten Ausblick auf künftige Veränderungen.

11. Ich höre also auf mit der Beschreibung solch grausamer Dinge. Und gehe über zu freundlicheren historischen Momenten. Und zu beschwingteren Szenen und Landschaften.

Dennoch bleibt sozusagen ein etwas unangenehmer Nachgeschmack. Eine Art Bitterkeit.

Der Dichter hat dies so ausgedrückt, die Gefühle durch seinen poetischen Genius verstärkend:

Und doch ist das Herz mir auf ewig verdüstert,
Das Atmen fällt schwer, und das Leben ist Qual.

Was die Qual betrifft, so ist sie natürlich poetisch verstärkt, jedoch einen widerwärtigen Beigeschmack hat die Sache. Es ist, Entschuldigung, als habe man in einem Schlachthof geweilt und nicht in der erlesenen Gesellschaft von Zaren und Würdenträgern.

Übrigens ist das eine großartige Lehre für alle Arten von Fräuleins, die infolge der Naivität ihrer Weltanschauung geneigt sind auszurufen, ach, wie gern hätten sie in dem poetischen 16. Jahrhundert gelebt, viel lieber als in unserer prosaischen Zeit.

Schöne Poesie, wo man, Entschuldigung, an den Rippen aufgehängt wird. Dumme Gänse.

12. Wirklich blöd, dieser Hang zu poetischen Idealen. Man hätte sie durch den Wolf gedreht damals!

Allerdings hat die Poesie selbst ein bißchen zur Vernebelung beigetragen.

Rosen und Träumereien, das ja, aber vom Aufhängen an den Beinen hat die Poesie den Fräuleins nichts zugetragen.

Im übrigen entschuldige ich mich, daß ich Ihnen gleich so viel moralische Beschwernisse zugemutet habe. Da jedoch von Miseren die Rede ist, muß ich natürlich dies und jenes streifen.

Kommen wir also zu den normalen historischen Novellen über Miseren. Ich hoffe, darin kommt nichts Derartiges mehr vor. Garantieren kann ich's freilich nicht.

Ansonsten, Freunde, kennt die Historie eine Unmasse von Ereignissen, die mit Miseren zu tun haben. Darunter ist ein kleiner Vorfall, den ich geradezu lieb finde wegen seiner unberührten Schlichtheit. Und wiewohl es schon lange her ist, gewinnt er auch in unseren Tagen eine gewisse, nun ja, Aktualität. Ohne weiteres kann er bei uns unter der Losung laufen – Kampf gegen das religiöse Opium, oder so ähnlich.

13. Ja, das war in den ältesten Zeiten, als noch irgendwelche Dorer in Blüte standen. Sie führten dazumal Krieg gegen Athen. Ansonsten jedoch waren sie ebenfalls Griechen. Auch die Athener waren Griechen. Über die Athener braucht man nicht viel zu reden. Sie waren natürlich vor allem Griechen. Ist ja allgemein bekannt. Athen. Und so weiter. Nichtsdestoweniger führten sie einen heftigen Krieg untereinander, diese Griechen. In den alten Zeiten gab es manchmal solches Durcheinander. Fakt ist nur, daß sie einen langwährenden Krieg führten.

Die Spartaner und diese hier. Es war eine große Rauferei. Weiß der Teufel.

Athen hatte einen König, der den bestimmt echt griechischen Namen Kodros führte.

Dieser Kodros sitzt eines Tages in seinem Kriegszelt und grübelt, wie er den Krieg gegen diese Tölpel, die Dorer, besser ankurbeln könnte.

Da plötzlich wird ihm gemeldet, ein berühmtes spartanisches Orakel habe unlängst bei den Dorern eine interessante Weissagung getan. Es habe versichert, die Dorer würden unbedingt den Sieg davontragen. Verlieren würden sie nur, wenn sie den Athener König Kodros töteten. Dann könnten sie auf ihre Niederlage warten.

14. Wie Kodros diese Worte hört, fängt er in seinem Zelt richtig zu zittern an. Da er sein Griechenland über die Maßen liebt, beschließt er, seine Person zu opfern. Sozusagen um seiner heroischen Heimat willen.

Nachts zieht er andere Kleider an, schleicht ins Lager der Dorer und sucht dort mit einem Soldaten Streit, in dessen Ergebnis unser Held totgeschlagen wird.

Wahrscheinlich hat er dieses Ende mit einem Lächeln auf den Lippen empfangen, als wie, hab ich euch doch überlistet, und nun habt ihr Dorer mich totgeschlagen. Ergebt euch also, wie es euer Orakel vorgeschrieben hat.

Das Komischste an dieser Geschichte ist, daß die Dorer, nachdem sie Kodros getötet hatten, obendrein noch seine Truppen schlugen und bald den ganzen Krieg gewannen.

Der Lorbeer des Orakels muß danach ziemlich verwelkt sein. Durch seine Schuld hatte vor allem unser mutiger König Kodros unschuldig zu leiden, dessen übermäßige Vertrauensseligkeit und teilweise auch Dummheit ihm einen derartigen Reinfall eingebracht hatte. Im übrigen kommt so eine gewaltige Misere wirklich nur einmal im Leben vor.

Das hat man davon, wenn man Spitzbuben und Chiromanten vertraut.

So ist er also gestorben, der Einfaltspinsel. Ich glaube sogar, es war auch mit seiner Dynastie aus. So was! Ein richtiger Psychopath.

15. Einen interessanten Fall von Misere lernte auch der berühmte und gepriesene römische Papst Alexander VI. Borgia (gestorben 1503) am eigenen Leibe kennen.

Ich werde ihn hier nicht beschreiben. Seine negative Persönlichkeit ist jedermann bekannt. Erwähnt sei nur, daß solche Originale und Spitzbuben mehr als einmal auf dem päpstlichen Thron gesessen haben. Dieser aber war ein besonderer Fall. Er war wie vom Teufel geritten.

Was uns an diesem Papst vor allem verblüfft, ist seine Mordlust. Er schreckte vor überhaupt nichts zurück, um seine Ideale zu verwirklichen.

Überhaupt war er eine ziemlich starke Persönlichkeit. Dem italienischen Volk hat er viel Blut abgezapft durch sein stürmisches Benehmen.

Obendrein hatte er einen Sohn, Cesare. Der war vollends ein Dieb und Spitzbube. Die beiden, Papst und Sohn, traut vereint, waren dort bei sich in Rom ganz tüchtig am Wirken.

Eigentlich ist das sogar unbegreiflich. Epoche der Renaissance. Raffael immerhin. Michelangelo. Übrigens war auch Leonardo da Vinci bei diesem Papst beschäftigt. Und dann so ein toller Papst. Geradezu merkwürdig von unserem Gesichtspunkt aus. Damals wird man sich weniger darüber gewundert haben.

16. Ja, in der katholischen Kirche gab es damals einige Aufregungen. Der Papst wollte ganz Italien unter seiner göttlichen Macht vereinigen. Die an-

deren zierten sich und wollten das nicht. Da geriet Alexander VI. in siedende Wut.

Vor allem zwei Kardinäle wollte er sich aus dem Wege räumen. Er schickte Mörder zu ihnen, doch die richteten einstweilen nichts aus. Da lud er die beiden eines Tages zu seinem Namenstag ein. Das konnten sie schlecht abschlagen. Immerhin war er Papst.

Also kamen sie natürlich.

Darauf hatte der Papst nur gewartet. Er wollte sie beim Abendessen vergiften. So reicherte er den Wein mit einem starken ägyptischen Gift an.

Damit den Gästen keine Zweifel kämen, wurde der Wein in vier einheitlichen Goldpokalen von einem Lakaien auf dem Tablett serviert. Von so einer Art Majordomus. Feierlich mag er das Tablett ins Eßzimmer getragen haben. Der Papst sagte liebenswürdig: „So und so, Freunde, wieviel sind wir denn – eins, zwei, drei, vier –, ihr beide, mein Sohn und ich. Wir wollen einander zum Namenstag gratulieren und dieses feurige Getränk zur Brust nehmen. Hurra!“

17. Irgendwas in dieser Art mag er gesagt haben. Und zwinkerte dabei dem Lakaien zu, als wie, nun mach schon, du Idiot, stell jedem seinen Pokal hin.

Nun muß gesagt werden, daß die beiden Pokale mit dem Gift ein ganz klein wenig höher waren. Die beiden kleineren enthielten reinen Wein.

Der Lakai jedoch, dieser Idiot, brachte das vor Erschöpfung durcheinander und schob den Kardinälen die kleineren Becher zu. Die etwas größeren Pokale schnappten sich natürlich der Papst und sein Sohn.

Beim Papst ist es noch verständlich. Er hatte ja

nur die Anordnung getroffen und wußte nicht, in welchen Pokalen Gift war. Er verließ sich auf seine Leute. Was jedoch den Sohn, Cesare, betrifft, so ist es geradezu erstaunlich. Er selbst hatte das Gift hineingeschüttet und im letzten Moment die Merkmale vergessen. Und nun führte er das vergiftete Getränk zum Munde.

Sein Vater blickte zu ihm hinüber und griff ebenfalls zu.

Die Kardinäle stießen mit ihnen an.

Fakt ist, daß alle vier ihren Wein austranken. Plötzlich verdrehten Vater und Sohn die Augen. Der Sohn sagte: „Weißt du was, Pappi, ich glaub, wir haben uns geirrt."

18. Die Kardinäle sagten zu ihnen: „So und so, was habt ihr denn, Vater und Sohn?" Da sackte der Papst schon unter den Tisch.

Ein Drama natürlich, ein Skandal. Geschrei. Alles klärte sich auf. Die Kardinäle kriegten noch nachträglich das Zittern. Blickten zur Decke hinauf und bekreuzigten sich zum Dank für ihre wundersame Errettung. Sodann eilten sie zum Papst, aber der lag schon mit dem Bauch nach oben und bekam keine Luft mehr.

Sein Sohn, der rasende Cesare, hatte zwar seinen Wein ebenfalls gekippt, aber vielleicht infolge Jugend und Frechheit sprang er auf die Füße und stürzte blitzschnell irgendwohin. Im Nu hatte er ein Gegengift gefunden und eingenommen. Zwar kotzte er tüchtig und fühlte sich schwach, doch zur allgemeinen Verwunderung blieb er am Leben. Als man ihn später vor Gericht stellen wollte, entwich er ins Ausland. Dort lebte er herrlich und in Freuden, bis er bald danach starb. Ich glaube, sie haben ihn dort totgeschlagen. So daß er den ihm gebührenden Planeten doch noch erreichte.

Sein Vater aber war auf der Stelle tot. Das war eine Misere. So ein Dussel.

19. Aber natürlich war das eher persönliches Pech als eine Misere. Es gibt ja Miseren von größter Bedeutung. Irgendwelche Geschwüre der Gesellschaft und so weiter. Oder Erscheinungsformen von Liebedienerei, Kriechertum und sonstwas in der Art. Natürlich sind das auch Miseren, jedoch auf charakterlichem Gebiet. Es sind bereits gesellschaftliche Miseren. Das heißt, es geht nicht mehr um Bagatellen wie den obenerwähnten Irrtum, wo die Pokale verwechselt wurden.

Stellen Sie sich zum Beispiel folgende Szene aus dem römischen Leben vor.

Der römische Kaiser Tiberius. Anfangs war er nicht übel. Das heißt, er war in seiner Jugend sogar ein angenehmer Mensch. Jedenfalls kein Schurke. Gegen Ende aber war er verdorben. Die Macht hatte ihm den Kopf verdreht. In seiner Grausamkeit richtete er teuflische Dinge an. Er war sehr verhaßt in Rom. Aber das war ihm egal. Er sprach folgenden historischen Satz: „Sollen sie mich hassen, wenn sie nur parieren."

Nichtsdestoweniger aber war er in seiner Jugend kein übler Bursche. Wie die Geschichte vermerkt, glühte er sogar in den besten Bestrebungen. Namentlich als er noch Konsul war. Da hatte er noch verschiedene Pläne. Behandelte die Menschen liebevoll. Irgendwie human.

20. Als er eines Tages weich gestimmt war, hat er bei Tisch gesagt:

„Meine Herren, ich habe alles auf der Welt und erfreue mich bester Gesundheit. Viele Unglückliche aber sind vielleicht zur gleichen Zeit krank und liegen im Sterben. Das ist nicht schön. Ich möchte“, sagt er, „ihnen mein Mitgefühl kundtun. Ich den nächsten Tagen“, sagt er, „werde ich unbedingt sämtliche Spitäler aufsuchen und die Kranken fragen, wer was braucht. Ich“, sagt er, „will mit den Leiden in Berührung kommen, um wenigstens ein bißchen meinen Dank abzustatten.“

Seine Umgebung hat ihm daraufhin gewiß applaudiert. Als wie, so ein gutes Herz, solch edle Taten – da fährt der Mann von Spital zu Spital, obwohl er Konsul ist, und kuckt sich diverse Geschwüre und Flechten an.

Tiberius sagt:

„Ach, laßt doch. Was soll das. Ich kann sogar schon morgen losfahren.“

Daraufhin hat er, in seinen besten Gefühlen entbrannt, tatsächlich beschlossen, am nächsten Tag die Spitäler zu besuchen.

Die Bonzen jedoch wollten ihm gefällig sein und ihm bei der Besichtigung der Spitäler möglichst viele Schwierigkeiten ersparen, daher beschlossen sie, die Sache zu vereinfachen. Es erging also Befehl, sämtliche Kranke in den Stadtpark zu schaffen und sie dort, nach Krankheiten sortiert, hinzulegen.

Was nach den Worten des römischen Historikers Sueton am nächsten Tag ausgeführt wurde.

21. Man kann sich vorstellen, welche Aufregung es in den Spitälern gab, als eine derartige Anordnung erging.

Viele Krankenhausdirektoren laufen natürlich

spornstreichs zu ihrer übergeordneten Hauptverwaltung. Bringen Argumente vor. Ereifern sich. Als wie, das ist doch gar nicht möglich. Wo nehm ich die Transportmittel her und so weiter. Zumal viele Patienten bei uns, die fühlen sich ziemlich mies, sie sind krank. Manch einer kann sich sogar kaum bewegen. Einige sind schwach oder haben Typhus. Sollen wir die alle im Park abladen, Herrschaften? Oder wie? Erklärt mir doch mal die Anordnung. Natürlich, wenn Sie darauf bestehen. Ich widerspreche nicht. Zumal wenn das ein Befehl ist, versteh ich ja, daß man ihn ausführen muß.

Sodann sausen die medizinischen Mitarbeiter seufzend und zischend und kleinbürgerliche Phrasen wechselnd zurück in ihre Spitäler und bereiten dort die Kranken auf den Transport vor.

Alsbald werden diese unter Trommelwirbeln in den Stadtpark überführt. Hier legt man sie gruppenweise nieder. Oder, wie Sueton sagt, nach der Art ihrer Erkrankung.

Das bedeutet sicherlich, daß man Schwindsüchtige zu Schwindsüchtigen gesetzt hat. Gichtige zu Gichtigen. Die Rheumatiker kamen als malerische Gruppe unter einen Baum. Die Lungenentzündungen wurden neben das Wasserbassin plaziert, damit sie sich erfrischen und ihren Durst stillen konnten. Und so weiter.

Sodann wartete man. Die Musik legte los. Gichtkranke und kreißende Mütter nahmen Haltung an und wirkten recht keck.

Endlich ertönten Stimmen: „Er kommt." Tiberius, von seinen Freunden umgeben, jung und strahlend, trat vor die schlotternde Medizin.

22. Zu seiner Ehre sei gesagt, daß dieses lebende Bild im Stadtpark ihm mißfiel.

Das heißt, anfangs brachte er vor Verblüffung keine zwei Worte heraus.

Einer der Bonzen sagte:

„Wir haben sie alle im Park zusammengefaßt. Damit Sie sozusagen nicht durch verschiedene Institutionen zu rennen brauchen."

Tiberius sagt:

„Ja, aber wie geht denn das, meine Herren? Alle auf einem Haufen zusammenfassen ... Irgendwie merkwürdig."

„Wieso denn merkwürdig? Wir haben sie zu einem Haufen zusammengefaßt, damit Sie sozusagen jede Gruppe für sich in Augenschein nehmen können."

Tiberius sagt:

„Ja, aber vielleicht wollen die das gar nicht. Vielleicht sind sie krank. Seht doch, wie kränklich die kucken."

„Weshalb sollen sie nicht wollen? Und ob sie wollen. Bloß sie genieren sich vor Ihnen. Darum kukken sie bißchen kränklich. Bevor Sie kamen, haben die sich hier noch im Diskuswerfen geübt. Und nicht bloß das."

23. Tiberius sagt:

„Nicht doch, ich sag ja gar nichts, bloß warum sehen sie so blaß aus? Sind die krank oder was?"

„Ja, krank. Darum sind sie so weiß. Aber sonst fehlt ihnen nichts. Sind ganz kräftig."

Tiberius sagt:

„Was meinen denn die Ärzte?"

„Die Ärzte sind geradezu im siebenten Himmel vor Vergnügen. Sie meinen, sie hätten schon so lange Jahre gewartet, daß dies endlich eintritt, und nun ist es eingetreten. Sie danken Ihnen für diesen Beschluß. Sie sagen, sie spüren erst jetzt so richtig, daß die Medizin nicht vergessen ist. Vorher haben sie sich ganz verwaist gefühlt. Waren ganz schwermütig. Jetzt plötzlich fühlen sie sich entschädigt. Notfalls kann man die Kranken ja immer noch zurückbringen lassen. Falls Sie sich an den Bildern menschlichen Leidens schon satt gesehen haben."

Tiberius sagt:

„Vielleicht geh ich und entschuldige mich bei den Kranken."

Er trat vor die Kranken hin und entschuldigte sich für die überflüssige Maßnahme und die seelenlose, bürokratische Überspitzung seitens der Behörde.

Nach den Worten des Historikers Sueton „entschuldigte er sich sogar bei ganz kleinen und unbekannten Leuten".

Sodann dröhnte wieder die Musik. Die Kranken nahmen Haltung an. Unser Tiberius, seufzend und kopfschüttelnd, verließ den Park in Begleitung seiner begeisterten Freunde.

Diese Geschichte zeigt, wie es manchmal zu Miseren kommt, die man zu allen Zeiten eifrig bekämpfen muß vermittels Satire und Aufklärung.

24. Aber was ist das schon. Da gab es eine noch viel schlimmere Misere. Im Jahre 1740 wurde in Europa bekannt, der Großherzog von Toskana, Franz Stephan, wolle einen herrlichen Brillanten verkaufen.

Dieser Herzog hatte nämlich Krieg gegen Spanien geführt. Nun war er ziemlich blank. Und brauchte unbedingt Geld.

Darum bot er seinen besten Brillanten feil.

Es war tatsächlich ein märchenhaft schöner Brillant. Und er war sehr riesig. Hundertvierunddreißig Karat.

Das heißt, die Juweliere behaupten, dies sei etwas Besonderes. Sie behaupten, es gebe nur drei oder vier noch größere Diamanten. Ein solch phantastischer Diamant von dreihundertsechzig Karat gehört dem Sultan von Borneo. Der nächste hat zweihundertsiebzig Karat. Dann gibt's einen, der heißt „Großmogul". Es folgt ein französischer Diamant von einhundertsechsunddreißig Karat. Und dann kommt schon unser Scherben mit seinen hundertvierunddreißig Karat.

Sie können sich also vorstellen, was für ein Steinchen das war.

Und der war plötzlich zu haben.

25. Natürlich gerieten die herrschenden Personen in Erregung. Es war für jeden Zaren nicht ohne Interesse, einen derartigen Diamanten in seine Krone einzusetzen. Der Herzog aber feilschte. Man bot ihm eine halbe Million, doch das war ihm zuwenig.

Ganz besonders gierig nach diesem Diamanten war unsere russische Zarin Anna Iwanowna mit ihrem Biron. Sie hatte selber einen in der Krone, doch das war ein kleiner von dreiundfünfzig Karat, und sie wollte unbedingt noch den großen einsetzen. Sie bildete sich ein, der würde ihr stehen. Würde zu ihrem Aussehen passen. Dabei war sie, wie Zeitgenossen berichten, eine gesetzte, dickliche Dame mit pockennarbigem Gesicht und rotgeränderten Augen. Ich glaube, der Stein hätte ihr kaum gestanden.

Da sie jedoch Zarin von Rußland war, brauchte sie sich in ihren närrischen Phantastereien nicht einzuschränken. Sie handelte also um den Stein.

Ach ja, in der russischen Krone gab es noch einen riesigen Brillanten von hundertdreiundneunzig Karat. Aber der wurde erst später angeschafft, unter Katharina II. Unsere Dame hingegen lebte ausgerechnet früher. Natürlich verdroß es sie, daß sie nicht in diese künftige Epoche mit dem größeren Stein hineingerutscht war.

Der Herzog, als er sie dermaßen auf den Kauf erpicht sah, war nicht dumm und forderte eine Million.

26. Eine halbe Million konnte sie immerhin zusammenkratzen, aber die ganze Summe hatte sie nicht. Da sprach sie zu ihm den historischen Satz:

„Herzog, ich gebe Ihnen eine halbe Million und obendrein fünfzigtausend russische Soldaten, damit Sie den Krieg gegen Spanien fortsetzen können."

Dem Herzog zitterten die Knie vor Aufregung, und er wollte schon einschlagen, doch da mischte sich Österreich ein und pumpte ihm zwei Millionen, damit er sich nicht mit den Russen einließ.

Der Herzog sagte zu unserer Dame: „Der Diamant ist mir nicht mehr feil. Er bleibt in meiner Krone. Basta."

So kriegte sie den Diamanten nicht. Bestimmt hat sie geheult, die dumme Kuh.

Hier besteht die Misere natürlich nicht darin, daß der Kauf scheiterte. Sondern darin, daß beinahe fünfzigtausend Russen in den Krieg gegen Spanien geschickt worden wären. Fünfzigtausend gesunde russische Burschen hätten für die Damenlaune eines pockennarbigen Weibes fallen können.

Welche Misere, daß so etwas dazumal derart leicht anzuordnen war. Im übrigen haben sich solche Miseren zu allen Zeiten unserer ruhmreichen Historie ereignet.

So eine Bestie. Sagt einfach: „Ich gebe Ihnen fünfzigtausend Soldaten, Herr Herzog." Diesen Satz muß man gut verstehen, Leute. Dann kann man von Politik reden.

27. Zu den großen Miseren kann man auch die seinerzeit miserable Einstellung zur Poesie zählen.

Unter derselben Anna Iwanowna lebte in Rußland der nicht ganz unbekannte Dichter Tredjakowski.

Als Dichter stellte er nichts Besonderes vor. Trotzdem hat er irgendwelche Verschen zusammengestümpert.

Etwa in der Art:

Zirpender Heuhupf im grünenden Morricht,
Giftig Gewürm, was da kriecht im Gehälm.

Es geriet ihm recht originell. Zu seiner Zeit galt er auch als passabel. Als einer der größten Dichter. So ungefähr wie Utkin.

Als Mensch aber war er nicht besonders sympathisch. Genauer gesagt, er war ein großer Intrigant und Schmeichler. Bestimmt hat ihn die finstere Epoche dazu gemacht. Er war ziemlich gelehrt. Und nicht ohne Bildung. Im großen und ganzen hat er meine Sympathie.

Aber das nur nebenbei. Er lebte so vor sich hin. Schrieb Gedichte. Plötzlich wird er zum Minister gerufen.

28. Minister Wolynski sagt zu ihm:

„Hör zu, Freund, wir machen auf Anordnung der Zarin eine Narrenhochzeit. Wir verheiraten unsern Hofnarren Golizyn mit einer Zwergin. Zu dieser spaßigen Eheschließung sollst du uns ein paar Gedichte schreiben. Sintemal du Poet bist, erwarten wir von dir zu diesem Anlaß eine Blüte deines Schaffens."

Tredjakowski wollte sich den Auftrag abwimmeln, aber der Minister sagt ihm:

„Dann befehle ich's dir einfach, und punktum. Du kannst doch nicht mit einem Minister herumstreiten."

Der Poet sagt:

„Ich habe nicht die Absicht, meine poetische Begabung für so was zu verplempern. Suchen Sie sich doch einen anderen Dichter."

Die Historiker berichten, der Minister habe vor Wut gezittert und den Poeten gebackpfeift. Wie es damals hieß: „Er hat ihn eigenhändig in die Fresse gehauen." Nachdem er ihn geschlagen, ließ er ihn festnehmen. Man packte den unglückseligen Dichter am Kragen und schleppte ihn in die Wachstube. Zum Abschied sagte ihm der Minister:

„Ich lasse dich Elenden nicht eher raus, als bis du mir ein paar schöne Verse geschrieben hast."

29. Am nächsten Tag schrieb der Dichter, in der Wachstube sitzend, doch noch die Verse. Sie sind sozusagen in den eisernen Fonds der russischen Poesie eingegangen. Historische Verse.

Hier sind sie:

Gruß euch, Narr und Närrin, heut vermählt!
Nun ist's Zeit, sich froh zu amüsieren.
Alle sollen fleißig pokulieren.

Und so weiter. Gerechtigkeitshalber hätte man eigentlich dem Poeten seine Dichtung um die Ohren hauen müssen. Aber der Minister hatte es eilig. Und er hatte sich ja schon vor der Abfassung bemüht. Und damit sozusagen teilweise pädagogisch gehandelt.

Woraus zu folgern ist, daß die Zeit ein Aufblühen der Poesie nicht eben begünstigte.

Im übrigen geriet der Minister, der den Dichter geschlagen hatte, ebenfalls in die Misere.

Durch irgendwas war er Biron unangenehm aufgefallen und mußte seinen Hitzkopf auf den Richtblock legen. Er wurde gefoltert. Man hackte ihm die rechte Hand ab und dann auch den Kopf.

Solche Miseren gab es in der Poesie wie auch in der Prosa.

Zum Schluß unseres Novellenkonzerts hören sie nunmehr den Strauß-Walzer „Künstlerleben".

Ach, das ist eine sehr rührende Geschichte!

30. Diese sentimentale Novelle handelt von W. P. Botkin, der um die Mitte des 19. Jahrhunderts in Rußland lebte.

Übrigens war er ein Freund von Belinski und Nekrassow. Er selbst beschäftigte sich auch mit Literatur, schrieb Kritiken, Gedichte und sonst noch was.

Man sagt, er sei ein Mensch von feinster Seele gewesen. Ein Ästhet. Er begeisterte sich für das Schöne. Liebte die Musik. Deklamierte Gedichte. Schwärmte für hübsche Damen. Und so weiter. Er schrieb: „Die Hauptaufgabe des Schriftstellers ist, den ästhetischen Geschmack des Lesers zu entwikkeln."

Die Dichterin Awdotja Panajewa, das heißt, sie

war keine Dichterin, sondern die Freundin des Dichters Nekrassow, äußerte sich in ihrem Tagebuch über ihn wie folgt:

„Er war ein feinsinniger Verehrer aller schönen Künste."

So einer also war unser Held.

31. Solche Ästheten gab es übrigens nicht wenige unter den wohlhabenden russischen Intelligenzlern und Gutsbesitzern.

Unser Botkin war zwar kein Gutsbesitzer, aber er hatte Kapital auf der Bank. Er lebte von den Prozenten. Sein Pappi besaß eine Teefirma. Er hatte unserm Wassili Petrowitsch hundertfünfzigtausend in Gold hinterlassen. Kein Pappenstil!

Geld hatte er also reichlich. Aber er rührte das Kapital nicht an und verbrauchte auch die Zinsen nicht. Er geizte. Häufte Geld. Wußte selbst nicht wozu. Und lebte mehr als bescheiden.

Die Panajewa sagt, er sei äußerst filzig gewesen. Er zählte zum Beispiel nach, wieviel Konfekt in der Schachtel war. Fehlte nur eines, so machte er seinen Lakaien Geschrei und Skandal.

Wenn er in Paris Kaffee trank, hatte er die Gewohnheit, den übriggebliebenen Zucker einzustekken.

Als er einmal in Paris blau gewesen war und einer Kokotte hundert Francs geschenkt hatte, konnte er sich eine Woche lang nicht beruhigen.

Nichtsdestoweniger war er ein Ästhet und liebte das Schöne, wo immer es sich ausdrückte.

32. Und nun wurde unser Ästhet vierundfünfzig. Er begann zu kränkeln.

Bekam Schmerzen in der rechten Hüfte. Außerdem hatte die dauernde Begeisterung für das Schöne sein Nervensystem geschwächt.

Kurz und gut, er wurde schwach und kränklich.

Da dachte er zum erstenmal darüber nach, daß alle Menschen sterblich sind. Vorher hatte er geglaubt, es werde ewig so weitergehen. Schönheit und so. Und plötzlich war Feierabend.

Ich lebe jetzt vierundfünfzig Jahre, dachte er. Jetzt kommt das Alter und alles so was. Wie habe ich gelebt? Ich habe ein gewaltiges Kapital angehäuft. Und gelebt wie ein Vieh. Habe gegeizt und geknausert. Dies gedacht, begann er das Geld mit vollen Händen um sich zu schmeißen.

Er mietete eine prächtige Neunzimmerwohnung. Richtete sie mit unerhörtem Luxus ein.

Als er jedoch eingezogen war, kränkelte er noch mehr. Er konnte nicht einmal die Bälle veranstalten, derentwegen er das Appartement eigentlich bezogen hatte.

33. Nun suchte er sein Vergnügen im Essen. Er wurde gefräßig. Heuerte den besten Koch an. Gab die aufregendsten Gerichte in Auftrag. Doch plötzlich streikte sein Magen. Er konnte nur noch den Saft aus dem Beefsteak lutschen.

Nun kaufte er Gemälde der besten Meister zusammen. Doch da traf ihn der schlimmste Schlag – er erblindete. Konnte sich nicht mehr an den Meisterwerken erfreuen, mit denen er seine Wände vollgehängt hatte.

Nun mietete er eine Französin, die ihm Romane vorlesen mußte. Welk und schwach saß er im Sessel und hörte kaum, was sie ihm vorlas.

Und als eines Tages Panajew zu ihm kam, sagte er verzweifelt:

„Weißt du, Iwan Iwanowitsch, ich habe noch nicht mal meine Zinsen verbraucht. Das ist es, was mich tötet."

Bald danach starb er. Niemand gedachte seiner. Nur die Dichterin Panajewa schrieb über ihn: „Er war geizig, kleinlich und feig."

Das ist die ganze Erinnerung, die von diesem Kunstliebhaber übriggeblieben ist.

Welch eine Misere!

34. Apropos, Sie werden bemerkt haben, daß wir auf einmal näher an das Leben von Dichtern und Schriftstellern herangekommen sind.

Das ist verständlich. Ich weiß das. Es ist durchaus einzusehen.

Ich fahre also fort. Im gleichen Geiste. So wie man von einem Tropfen auf das Wasser schließen kann, so können wir anhand der Dichter und Schriftsteller sehen, wie es überhaupt zuging.

Natürlich werde ich Ihnen keine Novellen mehr erzählen, sondern nach dem Beispiel des letzten Abschnitts wieder „Diverses" aufzeichnen. Diverses aus dem Leben von Dichtern und Schriftstellern. Sie, meine Wohltäter, können sich darauf Ihren eigenen Vers machen. So gewöhnen Sie sich an selbständiges Denken. Hier sind die Splitter:

◦ Garschin war schon ein bekannter Schriftsteller und mußte doch eine Verkäuferstelle in einem Schreibwarenladen des Gostiny Dwor annehmen.

◦ Der berühmte Philosoph Spinoza lebte davon, daß er Gläser für optische Instrumente schliff. Er starb 1677 an der Schwindsucht.

◦ Am 16. April 1852 wurde Turgenjew für einen Artikel über Gogol in die Arrestzelle gesperrt.

35. ∘ Nadeshdin schrieb 1830 über Puschkins „Eugen Onegin“: „Eine windige und leichtsinnige Parodie auf das Leben. Seifenblasen einer verworrenen Phantasie. Sein Talent läßt nach.“

∘ Bulgarin über Puschkin: „Kein einziger Gedanke, keine einzige Empfindung, kein einziges Bild, die der Betrachtung wert wären. Ein Niedergang hat sich vollzogen.“

∘ Voltaire verspottete den Herzog Rohan und seinen Hochmut. Der Herzog wies seine Lakaien an, Voltaire zu verprügeln. Was auch ausgeführt wurde. Voltaire forderte den Herzog zum Duell. Dieser lehnte jedoch ab, denn Voltaire war nicht adlig.

∘ Der berühmte Historiker Polybius wurde in die Sklaverei verkauft und aus seiner Heimat verschleppt. Er starb an Not und Entbehrungen.

∘ Defoe, der Verfasser des „Robinson Crusoe“, wurde 1703 für einen satirischen Artikel zu Kerkerhaft verurteilt. Einen Tag und eine Nacht hing er am Schandpfahl. Die Passanten waren verpflichtet, ihn anzuspucken. Defoe war damals zweiundvierzig Jahre alt.

∘ Cervantes, Verfasser des „Don Quijote“, geriet in die Gefangenschaft von Seeräubern und wurde als Sklave nach Algier verkauft. Dort schlug man ihm die linke Hand ab. Seine Angehörigen kauften ihn los. Die letzten Jahre seines Lebens zog er als Steuereinnehmer durch die Dörfer. Er starb 1616 in Armut.

36. Verschnaufen wir ein wenig. Sonst sind das zuviel Miseren auf einmal.

Cervantes tut mir besonders leid. Defoe war auch ein armer Hund. Ich stelle mir seinen Zorn vor, als sie ihn anspuckten. Au, ich weiß nicht, was ich gemacht hätte!

Und Voltaire? Man kann sich ebenfalls vorstellen, welche Wut auf den schurkischen Herzog in ihm brannte.

Bulgarin ist ein Halunke. Eine Schweineseele. Allerdings werden derartige Fehlurteile häufig gefällt. Auch hier stecken schreckliche Fehler und Miseren. Lesen Sie zum Beispiel, was Zeitgenossen über Gogol schrieben.

∘ Senkowski schrieb: „Ich verehre die Reinheit – Ihre stinkigen Bilder flößen mir Ekel ein."

∘ N. A. Polewoi über die „Toten Seelen": „Beginnen wir mit dem Inhalt – welche Armut."

∘ Die „Biene des Nordens" über Gogol: „Von Gogol hat man viel erwartet. Aber er ist mit den armseligen ‚Toten Seelen' niedergekommen."

∘ Aus einem kritischen Artikel: „Gogol möchte sich nicht einmal so weit erheben, daß er Paul de Kock nicht nachstünde."

37. ∘ Der Schriftsteller Drushinin schrieb über sich selbst: „Ich werde immer in den ersten Reihen der Literatur stehen."

∘ Kukolnik sagte: „Die Nachfahren werden Kukolnik schätzen."

∘ Puschkin wurde „Poet des leichten Genres" genannt, Baratynski hingegen „Poet des Denkens".

∘ Den elenden und heute unbekannten Dichter Timofejew nannte die Kritik „einen russischen Byron, mit dem es allenfalls Goethe aufnehmen kann".

∘ Der große ukrainische Dichter Schewtschenko wurde verhaftet und zu den Soldaten gesteckt. Man verbannte ihn nach Orsk.

○ Dostojewski wurde zum Tode verurteilt. Fünf Minuten lang stand er mit verbundenen Augen und wartete darauf, gehängt zu werden. Die Hinrichtung wurde in Zwangsarbeit umgewandelt.
○ Den Dichter Leonid Semjonow (einen Freund Blocks) schlugen Polizisten auf der Wache wegen revolutionärer Tätigkeit halbtot.
○ Über den Tod des in den Kaukasus verbannten Dichters Lermontow sagte Nikolaus I.: „Einem Hund – ein hündischer Tod."

Noch nicht zuviel? Also weiter.

38. ○ Der berühmte griechische Philosoph Diogenes wurde in vorgerücktem Alter auf die Insel Kreta in die Sklaverei verkauft.
○ Der nicht minder berühmte Fabeldichter Aesop war so arm, daß er sich selbst in die Sklaverei verkaufte, um seine Schulden zu bezahlen. Er war damals dreißig Jahre alt. Er war klein und bucklig.
○ Der berühmte italienische Philosoph Giordano Bruno wurde für seine „Ketzerphilosophie" auf dem Scheiterhaufen verbrannt.
○ Etliche hundert Matrosen und Kaufleute von Athen untersuchten den Fall Sokrates. Wegen seiner falschen philosophischen Ansichten verurteilten sie ihn zum Tode.
○ Der Philosoph Plato wurde als Sklave auf die Insel Ägina verkauft. Es fand sich ein Verehrer, der ihn für dreißig Minen freikaufte. Plato war damals fünfundvierzig Jahre alt.
○ Der spanische Dichter Serrano do Cresto saß wegen seiner satirischen und freimütigen Gedichte zehn Jahre im Gefängnis. Das Heilige Tribunal zwang ihn, die Hinrichtung seines Sohnes mitanzusehen, den man erdrosselte und verbrannte.

○ Der portugiesische Dramatiker Antonio Silva wurde am 19. Oktober 1739 verbrannt. Am selben Tag lief im Theater sein Stück „Der Tod Phaetons".
○ Der berühmte Schriftsteller Tschernyschewski wurde nach zwei Jahren Kerkerhaft zu vierzehn Jahren Zwangsarbeit im Bergwerk verurteilt.

39. ○ Der russische Schriftsteller Poleshajew wurde für ein Gedicht zu den Soldaten gesteckt. Wegen eigenmächtigen Entfernens von der Truppe saß er ein Jahr im Kerker, in Ketten geschmiedet. Er wurde zum Spießrutenlaufen verurteilt und starb mit dreiunddreißig Jahren.
○ Der russische Schriftsteller Radistschew wurde zum Tode verurteilt und zu ewiger Verbannung begnadigt.
○ L. N. Tolstoi wurde in den Kirchenbann getan. Einmal jährlich wurde in allen Kirchen feierlich der Bannfluch gegen drei Personen verkündet – gegen Masepa, Grischka Otrepjew und unsern großen Schriftsteller.
○ Der Schriftsteller N. Uspenski gab aus äußerster Armut in Kaschemmen Zirkusvorstellungen. Er schnitt sich mit einem Rasiermesser die Kehle durch.
○ Der Schriftsteller Marlinski (Bestushew) wurde im Gefolge des Dekabristenaufstandes zum Tode verurteilt und zu zwanzigjähriger Verbannung begnadigt. Bei einem Scharmützel wurde er von Berglern mit Säbeln zerhackt.
○ Die Marmorkirche in Petersburg, unter Katharina II. begonnen, wurde unter Paul mit Ziegelsteinen fertiggebaut. Der Dichter Akimow schrieb folgende Zeilen:

Dies imposante Denkmal,
Zwei Zaren haben's gespendet.
Von Marmor ist der Sockel,
Mit Ziegeln ward's vollendet.

Für diesen Vierzeiler schnitt man dem Dichter Ohren und Zunge ab und schickte ihn nach Sibirien.

40. ◦ Rousseau wurde für sein Buch „Emile" zu Kerkerhaft verurteilt. Er floh nach England.
◦ Beaumarchais wurde nach der Aufführung seines Stücks „Die Hochzeit des Figaro" verhaftet und ins Gefängnis gesteckt. Ludwig XVI., der gerade beim Kartenspiel saß, schrieb den Haftbefehl auf eine Piksieben.
◦ Voltaires Buch „Philosophische Briefe" wurde von einem Scharfrichter verbrannt. Voltaire floh ins Ausland.
◦ Der italienische Philosoph Campanella schreibt: „Das letztemal dauerte meine Folter vierzig Stunden. Umschnürt von Stricken, die mir die Knochen zerschnitten, und über einem spitzen Pfahl aufgehängt, verlor ich sechzehn Pfund Blut und blieb durch ein Wunder am Leben."

Er hatte sich in seiner Lehre für das Gemeineigentum eingesetzt.
◦ Der berühmte Possoschkow, der unter Peter I. seine „Erörterung über den Reichtum" schrieb, wurde ins Gefängnis gesperrt und dort bis zu seinem Tode festgehalten.
◦ Den gänzlich schuldlosen italienischen Dichter Torquato Tasso hielt der Herzog von Este sieben Jahre lang im Gefängnis.

41. ◦ Nach den Siegen der Römer wurden viele griechische Philosophen nach Rom gebracht und als Sklaven verkauft. Römische Matronen kauften sie als Erzieher für ihre Söhne. Damit die Sklaven nicht davonliefen, hielten die Händler sie in Gruben, aus denen die Käufer sie herauszogen.

◦ Der Protopope Awwakum, ein berühmter Schriftsteller, schrieb 1678: „Strelitzen nahmen mich in der Nacht fest und fesselten mich mit Ketten. Zusammengekettet warfen sie mich in eine dunkle Zelle, wo ich drei Tage saß, ohne zu essen und zu trinken. Niemand kam zu mir, nur Mäuse und Schaben, Grillen zirpten, und Flöhe gab es reichlich."

Als Ketzer wurde er mitsamt seinen Gleichgesinnten verbrannt.

◦ Der berühmte russische Volksdichter Kolzow, von allen vergessen, lag unter entsetzlichen Bedingungen in einem Durchgangszimmer im Sterben. In der Wohnung spielte sich eine Hochzeit ab. 1842 schrieb der Dichter: „Es gab ein ständiges Kommen und Gehen durch mein Zimmer. Andauernd werden die Fußböden aufgewischt, und die Feuchtigkeit ist für mich tödlich. Täglich werden wohlriechende Pfeifen geraucht. An meiner rechten Seite hat sich eine Entzündung gebildet. Dann auch an der linken Seite. Und eben findet eine Abendgesellschaft statt. Ich bitte, nicht zu rauchen – man raucht noch mehr. Ich bitte, keine Düfte zu verbreiten – man tut es noch mehr."

Der Dichter starb mit 33 Jahren.

42. Eigentlich wollte ich jetzt verstummen, aber ein paar Worte sage ich doch noch. Die letzte Geschichte ist schon sehr bezeichnend. Ein wunder-

barer Dichter liegt im Sterben. Und ringsum solches Pack. Dieses Elend. Zur gleichen Zeit hat irgendein hohlköpfiger Narr, eine durchtriebene Bestie, Besitzer eines Ladens oder einer Teestube, keine Ahnung, was Not ist. Das kann einen traurig machen. Das ist eine der größten Miseren bei den Kapitalisten und Kneipenwirten.

Und die Philosophen erst! Man stelle sich bloß dieses Bild vor. Die Sonne scheint hell. Staub. Markt. Geschrei. Eine Grube, in der die Philosophen sitzen. Einige seufzen. Einige wollen rausgelassen werden. Jemand sagt:

„Voriges Mal kamen wir schnell raus, doch heute dauert's ja sehr lange."

Ein anderer sagt:

„Hören Sie doch auf zu jammern, Sokrates Pawlowitsch. Sie wollen ein Stoiker sein? Ich muß mich doch sehr über Sie wundern."

Der Sklavenhändler steht mit einem Stock am Rand der Grube und sagt:

„He, wo willst du hin, du Halunke? Gleich knall ich dir eins über die Nase. Philosoph ... Gelehrtenvisage ..."

Junge, Junge! Was gab es doch für grausige Miseren bei der denkenden Bruderschaft! Vielleicht geschah das, damit sie weniger nachdachten. Bestimmt ist es so. Da stutzt man richtig.

43. Lassen Sie uns nun noch einen flüchtigen Blick auf die Nicht-Schriftsteller werfen. Vielleicht erholen wir uns dabei ein bißchen von all den Miseren. Vielleicht haben die etwas interessanter gelebt. Doch kaum. Schon sehe ich sozusagen den morschen Gang des Lebens.

○ Der holsteinische Gelehrte Olearius, der 1621

Moskau besuchte, schrieb, dort werde dem einfachen Volk in maßloser Weise die Haut vom Leibe geschunden.

○ Der erlauchte Fürst Potjomkin, einer polnischen Fürstin wegen auf den Hauptmann Stscheglow eifersüchtig, schickte ihn ohne Gerichtsverfahren in Ketten nach Sibirien, wo dieser zweiundfünfzig Jahre blieb.

○ Der Sekretär des sächsischen Gesandten schrieb über Katharina I. an seinen König: „Sie ist ewig betrunken, torkelt ewig, ist ewig in besinnungslosem Zustand."

○ Die Inquisition wurde offiziell erst vor hundert Jahren abgeschafft, im Jahre 1835.

○ Nikolaus I. zeigte bei einem Besuch des ersten Gymnasiums (1842) auf einen Schüler und schnauzte den Direktor an: „Was ist denn das da für eine Finnenvisage?" Der Direktor stammelte etwas, und Nikolaus I. fügte hinzu: „Das erste Gymnasium soll in jeder Beziehung das erste sein. Solche Visagen gehören nicht hierher."

○ Als Syrakus gefallen war, streiften die römischen Krieger plündernd durch die Häuser. Zwei Soldaten stürmten in das Zimmer des großen Mathematikers Archimedes. Er war dabei, Figuren auf den Boden zu zeichnen. Das ärgerte die Soldaten, und sie durchbohrten ihn mit einem Wurfspieß.

○ Der römische Historiker Sueton schreibt über die Gesetzlosigkeiten Neros: „Ein Römer wurde verurteilt, weil sein Gesicht beständig die Miene eines mißvergnügten Pädagogen zeigte."

44. ○ Der große Astronom Galilei wurde vom Heiligen Tribunal verhaftet. Man zwang ihn, seiner wissenschaftlichen „Ketzerei" abzuschwören. Der

große Philosoph, im Hemd kniend, das heißt in der Kleidung des bußfertigen Sünders, mußte vor versammeltem Volke eine Rede ablesen, welche die Inquisitoren für ihn verfaßt hatten.

∘ Iwaschka Kultygin (17. Jahrhundert), Knecht in der Mühle an der Jausa, erfand einen Segelschlitten. Dafür wurde er ergriffen und gefoltert – wozu hatte er sich so einen Schlitten ausgedacht. Der Schlitten wurde verbrannt und Kultygin mit Stökken geschlagen.

∘ Die berüchtigte Gutsbesitzerin Darja Saltykowa prügelte mehr als hundert ihrer Leibeigenen zu Tode.

∘ Der Menschenhandel fand am Ende des 18. Jahrhunderts in Petersburg auf dem Platz vor der Wladimirkirche statt, da, wo heute der Kusnetschny-Markt ist.

∘ Ein Inserat aus den „Sankt Petersburger Nachrichten" im Jahre 1800: „Auf der Wassiljew-Insel, Bolschoi Prospekt Nr. 76, sind zu verkaufen ein Herrenschneider, ein drolliger grüner Papagei und ein Paar Pistolen."

∘ Der Preis für Leibeigene im Jahre 1810: eine Magd hundertfünfzig Rubel, ein Knecht zweihundert Rubel, ein Schreibkundiger dreihundert Rubel.

∘ Ein Gutsbesitzer hatte das Recht, einen Leibeigenen zur Zwangsarbeit zu verbannen. Die Gutsbesitzerin Koslejanowa verbannte den Leibeigenen Sergejew für zwanzig Jahre.

∘ Nach Meinung der Historiker haben die Reformen Peters I. die Bevölkerung Rußlands um etwa zwanzig Prozent dezimiert.

45. ○ Im siebten Jahrhundert verbrannten die Araber, nachdem sie Ägypten erobert hatten, die weltberühmte, einmalige Bibliothek von Alexandria. Monatelang wurde das städtische Bad mit dieser Bibliothek geheizt. Der Feldherr, der den Befehl dazu gegeben hatte, sagte: „Im Koran steht ohnehin alles."

○ Der zaristische Verkehrsminister Kriwoschein baute die Südbahn so, daß sie seinen Besitz durchquerte.

○ Der Gutsbesitzer Ismailow besaß im Jahre 1810 elftausend Leibeigene. Sein Hausgesinde bestand aus achthundert Personen. Zwölf junge Mädchen hatten sich nur um seine gesetzlichen und außerehelichen Kinder zu kümmern.

○ Der Ingenieur Torgowatow, ein Autodidakt, reichte ein Projekt für den Bau eines Tunnels unter der Newa ein. Alexander I. entschied: „Man zahle ihm zweihundert Rubel und verpflichte ihn unterschriftlich, sich nicht mehr mit Projekten zu befassen."

○ Einige Bauern überreichten Paul I. eine Bittschrift, in der sie sich über die grausame Behandlung durch ihre Herrschaft beklagten. Paul entschied: „Jeder Kläger soll so viel Schläge erhalten, wie seine Herrschaft wünscht."

○ Nach dem Attentat Karakosows auf Alexander II. wurde ein Bildnis seines „Erretters" Komissarow durch die Straßen getragen. Wer vor diesem Bilde nicht die Mütze zog, wurde unbarmherzig verprügelt. Die Zeitungen schrieben süßlich und salbungsvoll: „Ein einzelner mit schwachen Kräften ward für würdig befunden, Werkzeug des lebendigen Gottes zu sein."

46. ◦ Nach dem Jahresbericht der Moshaisker Kanzlei auf das Jahr 1807 erhielten Buchhalter ein Monatsgehalt von drei Rubel, und manche Beamten erhielten nur ein bis zwei Rubel.

◦ Der reiche Petersburger General Trofimow, der neun Häuser besaß, setzte am Ende jedes Jahres mitten im Winter bis zu zehn Prozent seiner Mieter auf die Straße, einige wegen unpünktlicher Mietzahlung, andere wegen politischer Wankelmütigkeit oder unhöflichen Benehmens zum Hausbesitzer. Trofimow sagte: „Ich erleide Verluste um meiner Prinzipien willen."

◦ Der Moskauer Getreidehändler Sorokin zahlte seinen Gehilfen monatlich ein Aufgeld von zehn Rubel und bedang sich dafür aus, sie im Jähzorn schlagen zu dürfen.

◦ In Rom kamen auf jeweils tausend Einwohner vierzigtausend Sklaven.

◦ Die Grafen Genrikow täten sich damit dicke, von dem Kutscher und Pferdewärter Gendrikow abzustammen. Die Skawronskis stammten von dem Schuster Skawronski ab, einem Verwandten des „Soldatenliebchens" Katharina I. Der erlauchte Fürst Menschikow war ehemaliger Offiziersbursche. Einige Grafengeschlechter hatte Katharina II. mit ihren Liebhabern begründet.

◦ Nach dem Jahresbericht der Gefängnisbehörde auf das Jahr 1899 saßen in Rußland mehr als hunderttausend Menschen im Gefängnis.

47. ◦ Nach dem 9. Thermidor wurden in Paris „Tanzabende der Opfer" veranstaltet. An diesen Abenden durften nur Leute tanzen, deren Angehörige guillotiniert worden waren. Die Damen tanzten in schwarzem Kleid, ein schmales rotes Band um den Hals.

○ Der Verräter Pausanias verbarg sich im Tempel, wo laut Gesetz niemand getötet werden durfte. Daraufhin beschlossen die Athener, den Verbrecher einzumauern. Den ersten Stein mußte seine Mutter einsetzen. Was sie auch tat.

○ Die Mutter des Dekabristen Iwaschow bat Nikolaus I. um Erlaubnis, ihren Sohn in Sibirien zu besuchen. Nikolaus I. schrieb auf das Bittgesuch folgenden Entscheid: „Fahren darf sie, aber nicht nach Rußland zurückkehren."

○ Mereshkowski, Sohn eines Hoflakaien, und seine Frau S. Gippius flohen nach der Revolution ins Ausland und nahmen (nach dem Zeugnis Jasinskis) höchst seltene Dokumente zur Geschichte der Revolution mit. Sie waren für ein bibliographisches Wörterbuch bestimmt, an dem zu arbeiten Mereshkowski sich bereit erklärt hatte.

○ Der letzte assyrische König Sardanapal, der in äußerstem Luxus lebte, bot eine riesige Prämie für denjenigen, dem ein neuer Genuß einfiel.

48. Dazu sei folgendes erwähnt. Der assyrische König blieb bei seinen Genüssen, und keiner kriegte die Prämie. Dem König war wohl schon selber alles eingefallen.

Was die Zahl der Sklaven in Rom betrifft, so war diese Proportion nicht allzu erstaunlich. In der bürgerlichen Ordnung kamen auf jeweils tausend Kaufleute, Bankiers und hochmögende Herren noch weit mehr „Bedienung" und Personal, über das sie fast unbegrenzt verfügen konnten. Was schon teilweise aus dem Benehmen des Hausbesitzers Trofimow ersichtlich ist. Solche Spitzbuben, Verzeihung, gab es bei uns, wo immer man hinspuckte.

Wiewohl zwölf Kindermädchen den Nachwuchs des Gutsbesitzers Ismailow versorgten, wurde nichts Vernünftiges daraus. Seine tüchtige Nachkommenschaft, einer so zärtlichen und sorgsamen Erziehung teilhaftig, wird im Bürgerkrieg zum Ruhm der Konterrevolution für die Ideale ihres Vaters umgekommen sein. Überhaupt, wenn man all diese Splitter liest, fällt einem gewiß der Satz ein, den Ludwig XV. seinerzeit spielerisch sagte: „Wäre ich an der Stelle meiner Untertanen, ich würde meutern."

Ach, das war gar nicht dumm gesagt. Von Zeit zu Zeit ist es denn auch so gekommen.

Mit diesem Satz, meine Freunde, beende ich meinen historischen Bericht.

Dies also erzählt die Historie von den Miseren.

49. Sie erzählt, daß die Bevölkerung in unerhörtem Elend lebte. In solchem Elend, daß ich die Arme ausbreiten und mich vor dem Publikum entschuldigen muß für die vorgekommenen Extreme. Wissen Sie, auch die Schriftsteller haben nicht besonders gelebt. Ich hatte immer gedacht, es wäre ihnen damals großartig gegangen, doch in Wirklichkeit – siehe oben. Die armen Philosophen hatten auch sehr zu leiden.

Und dann die Sklaven und sonstigen Untergebenen. Entsetzlich!

Was die hohen Herren betrifft, so muß man sich geradezu wundern, daß ihnen alle diese Bilder nicht die Laune verdorben haben. Andere wären davon längst physisch und moralisch erkrankt. Freilich, krank wird die Kaufmannschaft in aller Welt ganz von selbst. Viele Kaufleute sind entsetzlich geschwächt und träumen vom Ende des kultivierten Lebens. Sie möchten, wie sie sagen, zurück zu jenen fernen Zeiten, als alle nur in Badehose rumliefen und vielleicht Stachelschweine jagten. Bei dieser Vorstellung seufzen sie heftig, wenn sie tanzen und saufen. Einige aber sind im Gegenteil sehr gesund, und alles ist ihnen schnuppe.

Natürlich war bei mir von vergangenen Jahrhunderten und Epochen die Rede, und etliche Premierminister könnten mir von der Höhe ihres Europas herab ärgerlich widersprechen, all das sei die kulturlose Vergangenheit, und in unsern Tagen gäbe es andere Lieder und andere Bilder – nun, es wird gebeten, das nicht zu vermengen.

50. Aber teilweise vermenge ich das doch, denn vor meinem Blick liegt ein annähernd so großartiges Bild wie damals, als ich nicht ohne Zittern das Geschichtsbuch aufschlug.

Bettler strolchen rum. Syphilitiker liegen da. Krieg dröhnt. Eine Mutti weint. Einem wird mit der Axt der Kopf abgehauen. Der Reiche gibt dem Armen nichts zu fressen, er ersäuft das Getreide im Meer, um den Preis zu halten. Eine Braut muß leiden. Der Bräutigam erscheint, und ihm fehlt ein Bein. Bücher werden verbrannt, die irgendeiner Regierung nicht passen („steht alles im Koran"). Einer wird gefoltert. Dann ins Gefängnis gesteckt. Mit dem Gummiknüppel verdroschen. Der Arme heult. Der Reiche tanzt Charleston und amüsiert sich.

Nein, ehrlich gesagt, beinahe die gleichen Miseren, meine Herren Premierminister.

Höchstens daß man gelernt hat, schneller durch die Straßen zu fahren. Und sich selbst zu rasieren. Und das Radio zu verstehen. Und bis zum Himmel hinaufzufliegen. Und überhaupt – die Technik.

In der Einstellung zueinander aber gibt es fast gar keine Veränderungen. Ich wäre von Herzen erfreut, etwas Besonderes feststellen zu können, aber es gelingt nicht, meine Herrschaften, nicht böse sein. Natürlich gibt es eine gewisse moralische Besserung – in dem Sinne, daß zum Beispiel keine öffentlichen Hinrichtungen mehr veranstaltet werden. Aber geht das nicht vielleicht auf das Konto nervlicher Schwäche?

Und wenn sich dort einige Schriftsteller Villen am Mittelmeer kaufen, so gab es das teilweise auch früher schon. Wer zum Beispiel nicht mit dem römischen Papst verkracht war, konnte ziemlich anständig leben und unter großen Ehrungen sterben.

Die schönen Worte über die Technik, daß sie die Beziehungen zwischen den Menschen verbessert, haben sich nicht bewahrheitet. Das muß man betrübt eingestehen.

51. Was uns betrifft, so kommen bei uns natürlich auch Miseren vor. Immerhin sind noch nicht so sehr viele Jahre nach der Umwälzung vergangen. Natürlich gibt es bei uns die vielfältigsten Miseren. Aber gut ist, daß zum Beispiel einige Miseren schon verschwunden sind. Zum Beispiel lebt bei uns nicht der am besten, der zum Beispiel flott mit Garn handelt oder sich beizeiten mit Kartoffeln eindeckt, um sie dann mit Gewinn abzustoßen, wie das im Ausland der Fall ist, sondern derjenige, der vorzüglich arbeitet. Fähigkeiten besitzt, Klavier spielt, tanzt oder singt. Oder wer gut deklamiert, zeichnet und so weiter. Oder wer Talent für die Wissenschaft hat, ein tüchtiger Flieger ist oder seine Heimat vorbehaltlos liebt.

Demzufolge ist eine der gefährlichsten Miseren

aus dem Rechenbrett des Lebens herausgenommen. Wozu ich jedermann beglückwünsche.

Was jedoch einige andere Fragen betrifft, so kommen natürlich noch Miseren vor. Das wird bei uns nicht abgestritten. Dagegen wird gekämpft.

52. Wissen Sie, neulich lag ich abends in der Hängematte und dachte über mich nach: was es zum Beispiel in meinem persönlichen Leben so für Miseren gibt.

Ich dachte also nach. Zunächst kam mir aller mögliche Kleinkram in den Sinn. Ich fragte mich schon: Du verfällst doch nicht etwa in Spießertum?

Zum Beispiel dachte ich daran, daß ich am nächsten Tag sehr früh aufstehen muß. Keine Lust. Das Radio bei den Nachbarn dröhnt bis spät in die Nacht, da kann ich nicht ausschlafen. Die Frau verlangt dauernd Geld, angeblich um Schulden zu bezahlen. Und Geld ist nicht eben leicht ranzuschaffen. Der Hausverwalter äußert neuerdings sein Mißvergnügen betreffend die Antisanität. Das heißt, er sagt, es sei schmutzig. Er reibt sich an mir. Achtet mich nicht als Menschen. Dabei sieht er's selber gern, wenn man ihn achtet und lobt. Das ist noch gar nichts. Gern würde ich im Herbst nach Jalta fahren, aber wer weiß, was morgen ist. Meine Schwester ist fünfundvierzig geworden, der Mann hat sie verlassen und eine Junge geheiratet. Nun ist sie traurig. Und ihre Stimmung überträgt sich auf mich. Ich war hinter einem Frauenzimmer her, da wollte ihr Mann sie vom Wohnraum verjagen. Ich mußte meine Gefühle für sie zurückstellen.

Solche Gedanken kamen mir, als ich in der Hängematte lag und die Mängel meines persönlichen Lebens überdachte.

Aber diese Mängel sind eigentlich nicht groß. Es sind vergleichsweise kleine Alltagsmiseren, die jedem passieren können. Dabei ist nichts Besonderes.

53. Widerfährt aber jemandem eine größere Misere, so ist er vielleicht selber schuld. Oder er ist gar zu dumm. Manche klugen Leute sitzen schuldlos einer Misere auf, dann handelt es sich schlicht um ein Mißverständnis. Das läßt sich klären. Ist es weder das eine noch das andere, so brauchen wir nicht darüber zu reden.

Zu den Miseren: Die Verwandten sind in letzter Zeit auch irgendwie mäklig geworden. Manche äußern ihre Gefühle nicht mehr so wie in früheren Zeiten. Sie nehmen es kühler hin, wenn sie zum Beispiel erkranken oder ableben. Früher haben sie in Erwartung milder Gaben einen Kranken seufzend in den Familienkreis eingeschlossen. Heute, wo die Kranken keine eigenen Equipagen mehr haben, wo sie per Beine laufen, mit der Straßenbahn fahren und die Inschrift „Lasse jegliche Hoffnung fahren" in der Visage tragen, da ist nichts mehr mit liebenswürdiger Aufmerksamkeit. Schwache und Einsame kann das ängstigen und in einen Abgrund von Melancholie stürzen, doch Starke frohlocken vielleicht: es ist besser so.

Natürlich ist es mangels Gewohnheit irgendwie komisch, mit solchen Verwandten zu leben. Aber daran gewöhnt man sich. Das ist sogar viel besser. Man sieht zumindest, mit wem man zu tun hat. Und man sieht, wer seinen Charakter korrigieren muß und wie, wenn dieser durch die Zeit und objektive Gründe ins Wanken geraten ist.

54. Im übrigen ist es an der Zeit, falsche Illusionen abzuwerfen. Es ist Zeit, sich davon zu trennen, um dem wirklichen Leben ins Auge zu sehen. Manche ausländischen Touristen wollen das nicht, sie haben vielleicht ihren Spaß an der käuflichen und korrupten Liebenswürdigkeit ihrer Verwandten. Ihnen gefällt das vielleicht.

Verdammt, eine heikle Frage.

Mit solch einem falschen Schlüssel öffnen sie die Türen, um einzugehen in das Paradies ihres bürgerlichen Lebens. Das ist eine ihrer größten und unkorrigierbaren Miseren.

Im übrigen will ich jetzt statt des abstrakten Geredes über dies und jenes zur Sache kommen. Ich will unsere Miseren kritisch betrachten, um sie künftighin zu vermeiden, wenn sie uns nicht so ganz zufriedenstellen.

Aber vielleicht sind sie teilweise Überbleibsel vergangener Tage und schon im Rückgang begriffen? Dann will ich mich freundlich von ihnen verabschieden und sie eilig zur Tür geleiten.

55. Und wenn ich auf eine Misere treffe, von der heute noch nicht loszukommen ist, so hege ich die Hoffnung, daß sie sich bei uns nicht lange hält. Wie sagte doch der Philosoph: Alles fließt, nichts bleibt auf seinem Platz. In der Vergangenheit, das haben Sie jetzt gesehen, ist hauptsächlich der Dreck und Schmutz des russischen Lebens geflossen. Darum wären wir trotz des Fließens nie mit dem Philosophen zufrieden gewesen. Denn ob es floß oder nicht – es war eine einzige Misere.

Heute aber, wo solche Veränderungen eingetreten sind, erscheinen viele Miseren in ihrer ursprünglichen Bedeutung verblaßt. Sie regen uns nicht mehr so auf wie früher, da wir jetzt die Zuversicht besitzen, daß alles Übriggebliebene endgültig verschwinden und zu Staub werden wird zusamt Dummheit, Flegelei, Spießertum, seelenloser Bürokratie und süßlichem Geschmeichel.

Aber nun beginnen die Geschichten von den Miseren unserer Zeit.

Geschichten von Miseren

Ein Vorfall auf der Wolga

Fürs erste möchte ich Ihnen von einer spaßigen kleinen Misere erzählen.

Diese Misere bestand nämlich darin, daß eine Urlaubergruppe infolge eines Mißverständnisses moralisch erschüttert ward.

Das kam so. Es ist eine wahre Geschichte.

In den ersten Jahren nach der Revolution, als das Leben sich festigte und auf der Wolga wunderschöne Dampfer mit erstklassigen Kajüten und warmen Speisen für die Passagiere verkehrten, machte eine Gruppe erholungssuchender Bürger – sechs Kontoristen, darunter auch ich – Urlaub auf der Wolga. Alle Welt hatte uns zu der Wolgafahrt geraten. Man erhole sich großartig. Die Natur. Die Ufer. Wasser, Essen und Kajüte.

Die Gruppe Kontoristen, vom Donner der Revolution sozusagen erschöpft, fuhr also sich erholen.

Wir gerieten auf einen wunderschönen erstklassigen Dampfer mit dem Namen „Genosse Penkin“.

Auf unsere Frage, wer dieser Penkin sei, sagte

man uns, er sei wohl Mitarbeiter bei der Flußschiffahrtsverwaltung.

An sich war uns das schnurz, und wir fuhren natürlich auf diesem unbekannten Genossen.

In Samara wurde angelegt. Unsere Gruppe stieg aus, und wir wollten die Stadt besichtigen. Wie wir noch am Besichtigen sind, hören wir plötzlich Sirenentöne.

Einer sagt:

„Der Fahrplan ist jetzt nicht so genau. Am Ende fährt unsere ‚Penkin' noch ab. Wir wollen lieber umkehren."

Nach notdürftiger Stadtbesichtigung kehren wir also um.

Wir kommen zur Anlegestelle und kucken – unser Dampfer ist nicht mehr da. Ist weg.

Da erhebt sich natürlich Geschrei und Geheul.

Einer von uns schreit: „Ich hab dort meine Papiere in der Hose." Andere schreien: „Wir haben dort unser Gepäck und Geld. Was machen wir jetzt? Entsetzlich!"

Ich sag:

„Steigen wir doch auf den Gegendampfer da und fahren zurück."

Wir kucken, da liegt tatsächlich an der Anlegestelle ein Wolgadampfer, „Gewitter" mit Namen.

Mit weinerlicher Stimme fragen wir das Publikum, ob die „Penkin" schon lange weg sei. Ob man sie vielleicht auf dem Landweg einholen könne.

Das Publikum sagt:

„Wozu einholen? Da liegt sie ja, die ‚Penkin'. Bloß daß sie jetzt ‚Gewitter' heißt. Es ist die ehemalige ‚Penkin'.

Der Name ist geändert worden."

Da haben wir uns über alle Maßen gefreut. Haben unsern Dampfer gestürmt und ihn bis Saratow nicht verlassen. Aus Angst.

Im übrigen haben wir den Kapitän gefragt, was dieser ulkige Vorfall und diese Eile für einen Grund hätten.

Der Kapitän sagt:

„Sehen Sie, wir hatten den Dampfer teilweise falsch benannt. Einen Penkin gibt's bei der Flußschiffahrtsverwaltung, aber er war teilweise nicht auf der Höhe der Situation. Gegenwärtig steht er vor Gericht. Wegen Machtmißbrauch. Wir haben ein Telegramm bekommen, den Namen zu übertünchen. Jetzt haben wir das Schiff ‚Gewitter' genannt."

Da sagten wir „Ach, so ist das!" und lachten gleichgültig.

Wir kamen nach Saratow. Unsere Gruppe ging die Stadt besichtigen.

Lange haben wir uns auch da nicht abgekühlt. An einem Kiosk kauften wir Zigaretten. Und wir sahen uns ein paar Gebäude an.

Wie wir zurückkommen, sehen wir, unsere „Gewitter" ist wieder nicht da. Statt dessen liegt ein anderer Dampfer an der Anlegestelle.

Natürlich ist der Schreck diesmal nicht ganz so heftig wie in Samara. Einige Chancen rechnen wir uns aus. Vielleicht haben sie wieder bloß die Überschrift geändert. Trotzdem kriegen ein paar von uns wieder einen mächtigen Schreck.

Wir laufen näher heran. Fragen das Publikum:

„Wo ist die ‚Gewitter'?"

Das Publikum sagt:

„Das da ist ja die ‚Gewitter'. Die ehemalige ‚Penkin'. Jetzt aber ab Saratow heißt sie ‚Korolenko'."

Wir sagen:

„Warum schmeißen die so mit der Farbe rum?"

Das Publikum sagt:

„Keine Ahnung. Fragen Sie den Bootsmann."

Der Bootsmann sagt:

„Ein Elend ist es mit den Umbenennungen. Der Name ‚Penkin' war falsch. ‚Gewitter' aber ist eine wenig aktuelle Benennung. Teilweise prinzipienlos. Ein Gewitter ist eine Naturerscheinung. Es gibt dem Geist und dem Herzen nichts. Der Kapitän hat dafür eins reingewürgt gekriegt. Darum wurde der Name übertüncht."

Wir freuten uns und sagten:

„Ach, so ist das!" Dann bestiegen wir die „Korolenko" und fuhren weiter.

Der Bootsmann sagte uns:

„Paßt auf, daß ihr in Astrachan nicht erschreckt, wenn zurückzu wieder ein neuer Name dasteht."

Aber wir haben ihm gesagt:

„Nein, wohl kaum. Denn Korolenko ist ein hervorragender Schriftsteller."

Im übrigen kamen wir wohlbehalten nach Astrachan. Von dort zottelten wir übers Festland weiter.

Deshalb ist mir das weitere Schicksal des Dampfers unbekannt.

Man braucht jedoch nicht zu bezweifeln, daß er die letzte Benennung beibehalten hat. Für alle Zeiten. Zumal Korolenko schon tot ist. Penkin, der lebte noch, das war seine größte Misere, die ihn bis zur Umbenennung brachte.

Darum besteht die Misere hier höchstwahrscheinlich darin, daß es noch lebende Menschen gibt. Nein, Verzeihung, man begreift nicht, wo eigentlich das Wesen der Misere steckt. Einerseits scheint es zuzeiten vorteilhaft zu sein, wenn man nicht mehr lebt. Andererseits möchte ich dafür sozusagen bestens danken. Es wäre ein zweifelhaftes Glück. Lieber nicht. Dennoch ist das Lebendigsein in diesem Sinne auch eine relative Misere.

Man möchte sagen, hier wird der Mensch von zwei Seiten durch Unannehmlichkeiten eingeengt.

Das ist der Grund, warum ich diese Bagatelle, eine Art Mißverständnis, in die Reihe meiner Geschichten von Miseren aufgenommen habe.

Allerdings spielen sich große Miseren nicht nur auf der Wolga, sondern auch in Bädern ab.

Die Geschichte von so einer Misere möchte ich Ihrer Aufmerksamkeit empfehlen.

Geschichte von Bädern und ihren Besuchern

Ich habe seinerzeit schon einmal über Bäder geschrieben. Habe eine Gefahr signalisiert. Daß nämlich ein nackter Mensch nicht weiß, wohin mit der Garderobennummer und so weiter.

Seither sind einige Jahre vergangen.

Das von mir aufgeworfene Problem hat im Bäder- und Wäschereitrust heftige Diskussionen ausgelöst. Daraufhin wurden in einigen Bädern besondere Kästen eingeführt, in denen die Passagiere ihre wie immer beschaffene Kleidung aufbewahren können. Der Kasten wird zugeschlossen. Freudigen Herzens eilt der Passagier sich waschen. Dort bindet er den Schlüssel an den Kübel. Schlimmstenfalls behält er ihn in der Hand. Und wäscht sich irgendwie.

Kürzer gesagt, die folgenden Ereignisse haben sich trotzdem in einem Leningrader Bad zugetragen.

Ein Techniker will sich nach dem Waschen wieder anziehen. Plötzlich bemerkt er zu seinem Entsetzen, daß seine Garderobe gestohlen ist. Immerhin hat der weichherzige Dieb ihm Weste, Mütze und Gürtel zurückgelassen.

Der Techniker schreit auf vor Schreck. Mit nichts an steht er vor seinem Kasten und hat nicht die geringste Perspektive. Er steht vor dem Kasten, wie seine Mutter ihn geboren, und breitet hilflos die Arme aus. Er ist niedergeschmettert.

Aber er ist Techniker. Nicht ohne Bildung. Und doch hat er nicht die leiseste Vorstellung, wie er jetzt nach Hause gehen soll. Er taumelt geradezu auf den Beinen.

Dann aber zieht er sich wütend die Weste an, setzt die Mütze auf, nimmt den Gürtel in die Hand, schreitet in diesem, man kann sagen, gänzlich abstrakten Aufzug durch den Liegeraum und weiß nur noch wenig von sich.

Ein paar Leute aus dem Publikum sagen:

„In diesem Bad kommen jeden Tag Diebstähle vor."

Unser Techniker, dem ganz schwindlig ist, hebt zu sprechen an und bedient sich dabei der Redeweise des alten Regimes unter Verwendung der Worte „meine Herren". Bestimmt hat er infolge der starken Erregung einige Eigenschaften seiner neuen Persönlichkeit eingebüßt.

Er sagt:

„Meine Herren, am meisten interessiert mich, wie ich jetzt nach Hause komme."

Einer der Badegäste sagt zu ihm:

„Rufen Sie doch den Leiter des Bades her. Der muß sich irgendwas einfallen lassen."

Der Techniker sagt mit schwacher Stimme:

„Meine Herren, rufen Sie mir den Leiter."

Ein Badewärter, nur mit einer Hose bekleidet, stürzt zum Ausgang und kommt alsbald mit dem Leiter zurück. Und plötzlich fällt allen Anwesenden auf, daß dieser Leiter eine Frau ist. Der Techniker nimmt die Mütze vom Kopf und sagt versonnen:

„Leute, was ist denn das nun wieder! Das wird ja immer schöner! Wir alle haben davon geträumt, jetzt einen Mann kommen zu sehen, und auf einmal, bitte sehr, erscheint eine Frau. Daß es in einem Männerbad solche Leiter gibt", sagt er, „das ist ja geradezu", sagt er, „eine Art Kursker Anomalie."

Er hält sich die Mütze vor und setzt sich erschöpft auf ein Sofa.

Andere Männer sagen:

„Eine Frau als Leiter, das ist wirklich eine Kursker Anomalie!"

Die Leiterin sagt:

„Für Sie bin ich vielleicht eine Kursker Anomalie. Aber ich habe da drüben eine Damenabteilung. Dort", sagt sie, „bin ich ganz und gar keine Kursker Anomalie. Ich bitte, derartige Ausdrücke zu vermeiden."

Unser Techniker rafft die Weste um sich und sagt:

„Wir wollten Sie nicht beleidigen, Madame. Was quengeln Sie denn gleich? Denken Sie lieber nach", sagt er, „in was ich jetzt nach Hause geh."

Die Leiterin sagt:

„Natürlich, vor mir gab es hier auch männliche Leiter. In dieser Ihrer Hälfte haben sie sich auch prima bewährt, bloß in der Damenabteilung sind sie immer ganz fahrig geworden. Alle naselang hatten sie dort zu tun. Jetzt werden Männer nur noch selten als Leiter eingesetzt. Meistens kriegt den Posten eine Frau. Was mich betrifft, so schaue ich nach Maßgabe der Notwendigkeit hier herein oder wenn was geklaut wurde. Mich bringt das nicht durcheinander. Aber wenn ich hier bei Ihnen dauernd auf Beleidigungen stoße und jeder Badegast mich unbedingt als Kursker Anomalie anpöbelt, da muß ich warnen: Ich werde jeden, der mich künftighin auf meinem Posten beleidigt, zur Miliz bringen lassen. Was ist hier passiert?"

Der Techniker sagt:

„Leute, was quengelt sie bloß? Der Teufel soll sie holen. Ich sehe nicht voraus, wie ich ohne Hose nach Haus gehen werde, und sie will mir nicht erlauben, sie Kursker Anomalie zu nennen. Und sie droht, mich zur Miliz zu bringen. Nein, hier sollte doch lieber ein männlicher Leiter sein. Der könnte mir wenigstens irgendwelche Reservehosen borgen. Daß hier eine Frau die Leiterin ist, gibt mir den Rest. Ich bin jetzt überzeugt, Leute, daß ich mehrere Tage lang nicht aus diesem Bad herauskommen werde. Sehen Sie mich doch an."

Die Umstehenden sagen zur Leiterin:

„Hören Sie, Madame, vielleicht haben Sie hier im Bad einen Ehemann. Vielleicht hat der eine überzählige Hose. Die könnten Sie dem Herrn wirklich zeitweilig zu tragen geben. Sonst regt er sich so schrecklich auf. Und weiß nicht, wie er nach Hause kommt."

Die Leiterin sagt:

„Bei mir in der Damenabteilung herrscht völlige Stille, und in dieser Hälfte passiert täglich etwas wie ein Vulkanausbruch. Nein, meine Herren, ich weigere mich, hier die Leiterin zu machen. Mein

Mann arbeitet in Wjatka. Von irgendwelchen Hosen kann keine Rede sein. Zumal das heute schon die zweite Diebstahlmeldung ist. Ein Glück, daß beim erstenmal nur Kleinigkeiten gestohlen wurden. Sonst hätt man mir da auch schon mit Hosen zugesetzt. Also hören Sie zu: Wenn einer von Ihnen eine Reservehose hat, soll er sie ihm geben, denn es stimmt mich geradezu schwermütig, ihn anzusehen. Von all diesen Aufregungen entwickelt sich bei mir schon eine Migräne."

Der Badewärter sagt:

„Gut, dann werde ich mal wieder meine Ersatzhose hergeben. Aber wir sollten uns endlich eine staatliche Hose nähen lassen. Bei uns wird oft gestohlen, und meine Hose ist diesen Monat schon ziemlich abgetragen. Heute nimmt sie einer mit, morgen der nächste. Dabei ist es meine private Hose."

Der Badewärter gibt also unserm Techniker eine Kattunhose, und einer der Badegäste leiht ihm Jacke und Badeschuhe. Unser Freund, der nur mühsam sein Schluchzen unterdrückt, bekleidet sich mit diesem musealen Putz. In solch dummem Aufzug verläßt er das Bad und begreift die Welt nicht mehr.

Kaum ist er weg, da schreit einer los:

„Seht doch, da liegt ja eine überzählige Weste und auch eine Socke."

Daraufhin umstehen alle diese aufgefundenen Gegenstände.

Einer sagt:

„Wahrscheinlich hat sie der Dieb verloren. Seht doch mal ordentlich in der Weste nach, ob was in den Taschen ist. Viele bewahren ihre Papiere in Westen auf."

Man stülpt die Taschen nach außen und findet plötzlich einen Ausweis. Es ist eine Kennkarte auf den Namen Selifanow, angestellt in der Zentralschneiderei.

Nun dämmert allen, daß die Spuren des Diebes entdeckt sind.

Die Leiterin ruft flink bei der Miliz an, und zwei Stunden später findet bei diesem Selifanow eine Haussuchung statt.

Selifanow wundert sich sehr und sagt:

„Seid ihr denn verrückt geworden? Mir sind doch selber heute in dem Bad Sachen gestohlen worden. Ich habe das sogar gemeldet. Was diese meine Weste betrifft, so wird der Dieb sie verloren haben."

Nun entschuldigen sich alle bei Selifanow und sagen zu ihm, es sei ein Mißverständnis.

Aber plötzlich sagt der Leiter der Zentralschneiderei, wo dieser Selifanow arbeitet:

„Ja, ich bin überzeugt, daß Sie selbst im Bad zu Schaden gekommen sind. Aber sagen Sie, wo haben Sie den Wollstoff her, der da in der Truhe liegt? Er stammt aus unserer Schneiderei und ist bei uns abgängig. Bestimmt haben Sie ihn mitgenommen. Ein Glück, daß ich aus Neugier der Haussuchung beigewohnt habe."

Selifanow fängt an, verschiedene Worte zu stammeln, und bald gibt er zu, den Stoff gestohlen zu haben.

Sofort wird er festgenommen. Damit ist diese Badegeschichte zu Ende, nun kommen andere Dinge. Ich sage dazu nichts mehr, um nicht zwei Themen zu vermengen.

Im übrigen sollte man denken, die Bäder und die Badegäste hätten sich in letzter Zeit am Riemen reißen und einen wirkungsvolleren Anblick bieten können. In den Bädern hätte man sich dazu etwas einfallen lassen sollen, und die Leute brauchten an so verantwortlichen Stellen nicht zu stehlen.

Verglichen mit anderen Institutionen, hinkt man hier noch hinterher.

Sehr schade.

Was die erwähnten anderen Institutionen betrifft, so kommen dort natürlich auch mitunter Miseren vor.

Es folgt nunmehr eine ziemliche Misere, die mir einmal mit der städtischen Behörde zum Schutz der Boulevards und der Grünanlagen passierte.

Das war folgendermaßen.

Die Leiden des jungen Werther

Eines Tages fuhr ich Rad.

Ich habe ein ziemlich gutes Fahrrad. Eine englische Marke – B. S. A. Es ist ein ordentliches Rad, mit dem ich manchmal Fahrten durchführe, um meine Nerven zu beruhigen und mein seelisches Gleichgewicht wiederzufinden.

Es ist ein sehr gutes, prachtvolles, modernes Fahrrad. Leider sind die Räder nicht vollständig. Das heißt, vollständig sind sie, aber zusammengesucht. Das eine ist von der englischen Marke „Three Rifles", das andere von der deutschen Marke „Dux". Der Lenker ist ukrainisch. Trotzdem kann man damit fahren. Bei trockenem Wetter.

Offen gestanden, es ist natürlich eine einzige Qual, aber zwecks seelischer Aufmunterung und wenn mir mal nicht sehr am Leben liegt, radle ich damit los.

Eines Tages fahre ich also Rad.

Kamennoostrowski-Prospekt. Der Boulevard.

Ich biege in die Nebenallee ein, die sich längs des Boulevards hinzieht, und radle so vor mich hin.

Vor mir entfaltet sich die herbstliche Natur. Vergilbtes Gras. Ein Beet mit welken Blümchen. Gelbe Blätter auf dem Weg. Eine Krähe pickt im Kehricht. Vor einem Tor kläfft ein kleiner grauer Hund.

Ich betrachte dieses herbstliche Bild, und auf einmal wird mir das Herz weich, und ich mag an nichts Böses denken. Ein herrliches Leben male ich mir aus. Gütige, verständnisvolle Menschen. Achtung vor dem anderen. Freundliche Umgangsformen. Nächstenliebe. Kein Schimpfen mehr, keine Grobheit.

Bei solchen Gedanken krieg ich auf einmal Lust, alle zu umarmen, ihnen Angenehmes zu sagen. Brüder, möcht ich rufen, die größten Schwierigkeiten liegen hinter uns. Bald werden wir leben wie die adligen Barone.

Plötzlich gellt ein Pfiff.

„Da hat sich wer strafbar gemacht", sprech ich zu mir selber, „wahrscheinlich ist einer falsch übern Damm gelaufen. Künftig wird so was wohl nicht mehr vorkommen. Wir werden sie nicht mehr so oft hören, diese schrillen Pfiffe, bei denen man immer gleich an Strafen, Vergehen und Rechtsbrüche denken muß."

Wieder hör ich ganz in meiner Nähe den alarmierenden Pfiff, undeutliches Geschrei und grobes Schimpfen.

So gräßlich werden die Leute dann wohl auch nicht mehr schreien, denk ich. Na, Geschrei wird's vielleicht noch geben, aber nicht mehr dieses grobe, beleidigende Geschimpf.

Hinter mir hör ich wen rennen. Eine heisere Stimme brüllt:

„Wirst du wohl nicht türmen, du Hund, daß dich der Geier zwanzigmal fresse! Wirst du wohl sofort stehenbleiben!"

„Sie verfolgen wen", sprech ich zu mir selber und radle langsam, doch frohgemut weiter.

„Ljoschka", schreit einer, „los, du Halunke, schneid ihm von links den Weg ab! Paß auf, daß er nicht entwischt!"

Links von mir läuft ein junger Bursche. Er schwenkt einen Knüppel und droht mit der Faust. Aber ich kann noch nicht erkennen, wem seine Drohungen gelten.

Ich dreh mich um. Ein ehrwürdiger grauhaariger Wächter läuft mir hinterher und brüllt aus vollem Halse:

„Packt ihn, Leute, haltet ihn fest! Ljoschka, laß ihn nicht entwischen!"

Ljoschka zielt auf mich und wirft mir den Knüppel in die Speichen. Jetzt dämmert mir, daß sie mich meinen. Ich schwinge mich vom Rad und bleibe abwartend stehen.

Da kommt auch schon der Wächter angerannt. Aus seiner Brust tönt ein Röcheln, und sein Atem stößt geräuschvoll nach außen.

„Haltet ihn!" schreit er.

Wohl ein Dutzend Hilfsbeflissener kommt auf mich zugelaufen und packt mich bei den Armen.

Ich sag:

„Was ist denn mit euch los, Leute, ihr habt wohl nicht alle Tassen im Schrank! Habt ihr gemeinsam mit diesem ältlichen Trottel den Verstand verloren?"

Der Wächter sagt:

„Du kannst gleich paar in die Zähne kriegen, mich hier bei der Ausübung meiner Dienstpflichten zu beleidigen! Haltet ihn ja fest, laßt ihn nicht entwischen, den Hund."

Um uns sammelt sich eine Menschenmenge. Einer fragt:

„Was hat er denn gemacht?"

Der Wächter sagt:

„Ich bin dreiundfünfzig, und wegen dem Hund hier muß ich mich abhetzen. Auf dem falschen Weg fährt er, wo das Radfahren verboten ist. Dabei steht groß und breit ein Schild. Aber er fährt wie'n Verrückter. Ich pfeif, er strampelt weiter. Kapiert's nicht, wissen Sie. Als ob er vom Mond gefallen wär. Ein Glück, daß mein Gehilfe ihn gestoppt hat."

Ljoschka drängt sich durch die Menge, krallt seine Klauen in meinen Arm und sagt:

„Ich wollte ihm den Arm brechen, dem Strolch, damit er nicht weiterfahren kann."

„Leute, ich hab nicht gewußt, daß man hier nicht radfahren darf", sag ich. „Ich wollte nicht abhauen."

Der Wächter ruft keuchend:

„Er wollte nicht abhauen! Dabei habt ihr alle seine frechen Reden gesehen. Bringt ihn zur Miliz! Haltet ihn gut fest! Solche türmen bei mir immer."

Ich sag:

„Leute, ich zahl meine Strafe. Ich sträub mich ja gar nicht. Ihr braucht mir nicht die Arme umzudrehen."

Einer sagt:

„Soll er seine Dokumente zeigen, und dann nehmen Sie ihm 'ne Strafe ab. Wozu ihn umsonst zur Miliz schleppen? So groß ist sein Vergehen ja nun wieder nicht."

Der Wächter und ein paar von den Hilfsbeflissenen haben nicht übel Lust, mich zur Miliz zu schleppen, aber unter dem Druck des übrigen Publikums knöpft mir der Wächter gräßlich fluchend eine Strafgebühr ab und läßt mich dann mit sichtlichem Bedauern wieder laufen.

Taumelnd schiebe ich mein Rad weiter. In meinem Schädel dröhnt es, vor meinen Augen flimmern Punkte und Kreise. Mit zerfleddertem Gemüt schleiche ich dahin.

Unterwegs entfährt mir versehentlich der Ausruf: „Du lieber Gott!" Ich massiere mir die Hände und spreche „Pfui!" ins Leere.

Als ich den Kai erreiche, setzte ich mich wieder auf meine Maschine und sage:

„Na wennschon. So'n adliger Baron bin ich wieder nicht, daß mir vom Armeumdrehen ein Zacken aus der Krone fällt."

Langsam radle ich den Kai entlang. Dabei vergesse ich allmählich die unfeine Szene. Anmutige Bilder der nahen Zukunft umgaukeln mich.

So fahre ich, angenommen, auf einem Fahrrad mit zwei Rädern, die einander gleichen wie ein Ei dem andern.

Nun biege ich in die unglückselige Nebenallee ein. Da hör ich wen lachen. Ich seh den Wächter kommen, er trägt einen weichen Hut. In der Hand hält er ein Blümchen, ein Vergißmeinnicht oder so eine Herbsttulpe. Er zwirbelt das Blümchen am Stiel und sagt lachend:

„Na, Freundchen, wo fährst du denn lang? Bist wohl aus Dummheit hierhergeraten? Du kleiner zerstreuter Professor du! Komm, troll dich zurück, sonst kriegst du zur Strafe nicht das Blümchen."

Mit leisem Lachen reicht er mir das Vergißmeinnicht. Nachdem wir uns freundlich betrachtet haben, trennen wir uns.

Diese stille Szene gießt Balsam in mein leidendes Herz. Munter radle ich dahin, lasse die Pedale kreisen und spreche zu mir selber: „Halb so schlimm. Die Seele wird's überstehen. Ich bin jung. Ich will gerne warten."

Wieder ist mein Herz erfüllt von Freude und von Liebe zu den Menschen. Wieder möcht ich ihnen Angenehmes sagen oder ihnen zurufen: Genossen, wir bauen ein neues Leben, wir haben gesiegt, wir haben gewaltige Schwierigkeiten bezwungen – laßt uns Achtung haben voreinander!

Mit übervollem Herzen bin ich nach Hause zurückgekehrt und habe diese kleine Szene aufgeschrieben, die Sie jetzt lesen.

Sie geschah im vergangenen Jahr, und ich habe seitdem keine ähnlichen Vorkommnisse mehr erlebt, woraus ich den Schluß ziehe, daß die allzu kämpferische Stimmung bei den Schützern der Grünanlagen im Abnehmen ist. Sehr erfreulich. Sonst wär das eine gar zu verdrießliche Misere, die man mit ganzer Energie bekämpfen müßte.

Eine andere höchst ärgerliche Misere habe ich einmal auf dem Lande inmitten von Feldern und Ebenen beobachtet. Sie hat mich nicht minder betrübt als die vorige.

Geschichte von einem Namenstagskind

Eines Tages fuhr ich in das Dorf Borki. Ich hatte dort zu tun. Von der Bahnstation bis zum Dorf ist es nicht allzu weit. Ungefähr drei Kilometer. Aber ich wag es nicht, zu Fuß zu gehen. Der Frühjahrsschlamm ist buchstäblich knietief.

Vor der Station, beim Konsum, steht ein Bauernfuhrwerk. Ein betagter Bauer mit Wintermütze macht sich an dem Gaul zu schaffen.

„Was ist, Onkel", frag ich, „willst du mich nicht nach Borki mitnehmen?"

„Kann ich machen", sagt der Bauer, „bloß umsonst geht es nicht. Ein Rubelchen muß ich dir abknöpfen, guter Mann. Die Straße ist gar zu schwierig. Viel Schlamm."

Ich steig auf den Wagen, und wir fahren los.

Die Straße ist tatsächlich schauderhaft. Sie scheint seinerzeit eigens so scharfsinnig konstruiert worden zu sein, daß der ganze Frühlingsschlamm von den umliegenden Feldern sich auf ihr sammelt. In dem flüssigen Matsch sinken die Räder fast gänzlich ein.

„So was von Schlamm", sag ich.

„Ist natürlich viel", antwortet der Bauer gleichmütig.

Er hockt auf dem Sitzbrett, läßt die Beine baumeln und schnalzt pausenlos dem Pferd zu.

Übrigens tut er das den ganzen Weg über. Wenn er für einen Moment aufhört zu schnalzen, stellt das Pferd die Ohren rückwärts und bleibt gutmütig stehen.

An die hundert Schritt sind wir gefahren, als plötzlich hinter uns beim Konsum wie irrsinnig ein Weib loskreischt.

Eine Frau in grauem Umschlagtuch rennt, heftig mit den Armen rudernd und auf Teufelkommraus schimpfend, eiligst hinter dem Wagen her und kann in dem zähen Schlamm nur mühsam die Beine bewegen.

„Was soll denn das, du Landstreicher!“ schreit sie, bei einzelnen Wörtern in gellendes Kreischen abkippend. „Wen hast du denn da im Wagen, du zerlumpter Satan? Du Klotz, du Elendsknochen!“

Mein Bauer dreht sich um und schmunzelt in sein Bärtchen. „Ach, dieses Schmarotzerweib“, sagt er lächelnd, „wie sie zetert!“

„Was hat sie denn?“ frag ich.

„Weiß der Köter“, sagt der Bauer und schneuzt sich. „Ich glaub, sie will auch in den Wagen. Hat wohl keine Lust, durch den Modder zu stapfen.“

„Soll sie doch aufsteigen“, sag ich.

„Drei sind zuviel“, antwortet der Bauer, „die Straße ist zu schlecht.“

Das Weib hat die Röcke fast bis zum Bauch hochgerafft und legt immer mehr Tempo zu, aber uns in diesem Schlamm einzuholen ist ziemlich schwierig.

„Hattest du denn mit ihr was abgemacht?“ frag ich.

„Warum denn?“ antwortet der Bauer. „Sie ist doch meine Frau. Was soll ich da mit ihr abmachen?“

„Waas? Deine Frau?“ frag ich verblüfft. „Wozu hast du sie überhaupt mitgenommen?“

„Hat sich doch nicht abschütteln lassen, das Weib. Weißte, sie hat doch heute ihren Namenstag. Da sind wir einkaufen gefahren. Zum Konsum. Hei, kuck doch, wie sie galoppiert! Auweia, ich lach mich schief!“

Mir als Stadtmenschen ist es entsetzlich peinlich, im Wagen zu fahren, zumal das Namenstagskind jetzt mich, meine Angehörigen und ihren nur mäßig verehrten Gatten lauter und immer lauter beschimpft.

Ich geb dem Bauern einen Rubel, spring ab und sag:

„Laß sie aufsteigen. Ich geh zu Fuß."

Der Bauer nimmt den Rubel und schiebt ihn, ohne die Mütze zu lüften, unter die Haare.

Auf sein Namenstagskind jedoch wartet er nicht, sondern schnalzt wieder mit der Zunge und fährt weiter.

Ich schreite tapfer nebenher und halt mich am Wagen fest.

„Warum läßt du sie denn nicht aufsteigen?" frag ich.

Der Bauer seufzt schwer.

„Die Straße ist gar zu schlecht. Das geht jetzt nicht. Macht ihr auch nichts aus, der Frau. Sie ist unheimlich zäh, die Hexe."

Da steig ich während der Fahrt wieder auf und fahr mit bis ins Dorf.

Vielleicht liegt hier eine der größten Miseren des russischen Lebens.

Unterwegs sagt der Bauer:

„Weißte, eigentlich tut mir das Pferd leid. Zumal wir nicht im Kolchos sind. Ich bin Einzelbauer. Sonst hätt ich die Frau bestimmt aufsteigen lassen. Wenn's ein staatliches Pferd wär. So aber schon ich's. Um so mehr, als meine Frau, die kann laufen. Die schafft die schlimmsten Straßen."

Ich sag zu dem Bauern:

„Trotzdem, sie hat doch Namenstag. Du solltest Achtung vor ihr haben."

„Zu Hause hab ich auch Achtung vor ihr", sagt der Bauer. „Aber hier ist die Straße scheußlich, außerdem sitzt du noch drin."

Eine halbe Stunde später sind wir da.

Der Bauer sagt:

„Die Straße ist wirklich schauderhaft, jawohl. Bei so 'ner Straße muß ich euch Städtern einen Dreier abknöpfen. Siehst ja, ich hab nicht mal die Frau aufsteigen lassen, so schlecht ist die Straße."

„Gegen den Preis hab ich nichts", sag ich.

Und geb ihm das Geld.

Wie ich damit fertig bin, kommt plötzlich das Namenstagskind dazu. Der Schweiß läuft in Strömen an ihr runter. Sie zieht die Röcke zurecht und sagt, ohne ihr Ehegespons anzusehen:

„Soll ich ausladen oder wie?"

„Natürlich", sagt der Bauer, „oder sollen die Sachen bis zum Sommer hier liegen?"

Das Namenstagskind nimmt die Einkäufe aus dem Wagen und trägt sie ins Haus.

Ich schenkte dem Namenstagskind fünf Rubel und ging mit zerknitterter Seele meinen Geschäften nach.

Während ich dann in die Stadt zurückfuhr, dachte ich über das dörfliche Leben nach. Und über seine Sitten, die noch nicht mal in der Literatur ihren Niederschlag gefunden haben.

Solcherart Miseren gibt es also auch, liebe Freunde. Gut, daß sie allmählich Erfolgen Platz machen.

Und es ist in der Tat gut und ein Erfolg, daß der jetzige Umschwung auf dem Lande auch ein Schlag ist gegen solche Ehemänner, die solche Namenstagskinder haben. Und ein Schlag gegen eine Lebensweise, die ich Ihnen hier nur knapp dargelegt habe.

Ich hege die zuversichtliche Hoffnung, daß die schlimme Ordnung des alten Dorflebens nunmehr bald, wie man so schön sagt, zu Staub zerfallen wird.

Vielleicht lag hier eine der größten Miseren des russischen Lebens.

Dies war also ein Beispiel für eine Misere, das uns auf notwendige Veränderungen hinweist.

Und jetzt, Freunde, wie wär's mit einem Abstecher in die Stadt? Dort ist mir eine kleine Misere passiert. Sozusagen um des Gelächters willen möchte ich Ihnen davon erzählen.

Ein kleiner Vorfall aus meinem Privatleben

Natürlich, in der Straßenbahn eine Galosche zu verlieren ist nicht schwer. Besonders dann nicht, wenn man eingequetscht steht und einem von hinten ein Penner auf die Hacken tritt – schon ist man die Galosche los.

Eine Galosche zu verlieren, das ist 'ne Kleinigkeit. Ich hab meine Galosche in Nullkommanichts verloren. Wie man so sagt, ich konnte nicht mal mucksen.

Wie ich in die Straßenbahn stieg, hatte ich noch beide Galoschen an, das weiß ich genau. Ich hatte sogar beim Einsteigen mit der Hand nachgefühlt, ob sie noch da wären. Wie ich aber aus der Straßenbahn steig, kuck ich runter: Die eine Galosche ist noch da, ist mir lieb und wert, doch die andere ist weg. Der Stiefel ist noch da. Auch die Socke, seh ich, ist da. Ebenso die Unterhose. Aber die eine Galosche fehlt.

Der Straßenbahn kann man natürlich nicht hinterherrennen.

Ich zieh die verbliebene Galosche aus, wickle sie in eine Zeitung und geh ohne weiter. Nach der Arbeit, denk ich mir, mach ich mich auf die Suche. Das Ding kann ja nicht verschwunden sein. Irgendwo werd ich sie schon wieder ausbuddeln.

Nach der Arbeit geh ich auf die Suche. Als erstes berat ich mich mit einem mir bekannten Wagenführer.

Der macht mir gute Hoffnung.

„Sei froh“, sagt er, „daß du sie in der Straßenbahn verloren hast. Da hast du Schwein gehabt, daß du sie gerade in der Straßenbahn verloren hast. An einer andern öffentlichen Stelle – da würd ich mich nicht verbürgen, aber wenn du in der Straßenbahn was verlierst, ist das 'ne sichere Sache. Wir haben nämlich ein Fundbüro. Geh hin und hol sie dir. Sichere Sache.“

„Na, schönen Dank“, sag ich. „Da fällt mir ja ein Riesenstein vom Herzen. Die Galosche ist nämlich noch fast nagelneu. Ich trag sie erst das dritte Jahr.“

Am nächsten Tag bin ich zum Fundbüro gegangen.

„Kann ich bei euch meine Galosche wiederkriegen, liebe Leute?“ sag ich. „Man hat sie mir in der Straßenbahn abgetreten.“

„Kannst du“, sagen sie. „Wie sieht sie denn aus?“

„Eine gewöhnliche Galosche“, sag ich. „Größe zwölf.“

„Bei uns“, sagen sie, „liegen an die zwölftausend Galoschen Größe zwölf. Du mußt uns genaue Merkmale nennen.“

„Die Merkmale“, sag ich, „sind ganz gewöhnlich. Die Kappe ist natürlich abgelaufen, und das Innenfutter fehlt, ist ausgelatscht.“

„Von solchen Galoschen“, sagen sie, „liegen bei uns über tausend. Hat sie denn keine besonderen Kennzeichen?“

„Besondere Kennzeichen“, sag ich, „hat sie. Die Spitze ist fast ganz abgerissen, sie hält kaum noch. Und der Absatz“, sag ich, „fehlt fast völlig. Abgenutzt ist er. Aber die Seiten“, sag ich, „die sind noch in Ordnung, haben sich gehalten. Die Galosche“, sag ich, „ist natürlich nicht ganz neu, aber sie ist mir teuer, denn sie erinnert mich an das ausgegebene Geld.“

„Setz dich dort hin“, sagen sie, „wir sehen mal nach.“

Plötzlich bringen sie mir meine Galosche. Ich freu mich riesig. Geradezu ergriffen bin ich.

Großartig arbeitet der Apparat, denk ich. Und was für aufgeklärte Leute hier sitzen, was für Mühe sie sich machen wegen einer Galosche!

Ich sag ihnen:

„Ich werd euch“, sag ich, „bis an mein Lebensende dankbar sein, Freunde. Gebt sie rasch her, ich zieh sie gleich an. Und ich danke euch.“

„Nichts ist“, sagen sie, „verehrter Genosse, wir können sie Ihnen nicht geben. Wir“, sagen sie, „wissen ja nicht, ob sie nicht vielleicht jemand anders verloren hat.“

„Ich hab sie verloren“, sag ich. „Was ist, seid ihr nicht ganz gesund?“

Sie sagen:

„Wir glauben Ihnen und bedauern Sie, und es ist sehr wahrscheinlich, daß Sie es waren, der diese Galosche verloren hat. Aber herausgeben können wir sie nicht. Bring uns eine Bescheinigung, daß du tatsächlich die Galosche verloren hast. Soll dir die Hausverwaltung diese Tatsache bescheinigen, dann geben wir dir ohne große Scherereien das, was du gesetzlich verloren hast.“

„Brüder“, sag ich, „herzliebe Genossen, in meinem Haus weiß doch keiner davon. Vielleicht geben sie mir dort gar kein Papier."

„Doch", sagen sie, „das ist ja ihre Aufgabe. Wozu wären sie sonst da?"

Ich werfe noch einen Blick auf meine Galosche und gehe.

Am nächsten Tag suche ich den Vorsitzenden unseres Hauses auf.

„Gib mir", sag ich, „ein Papier, sonst ist meine Galosche futsch."

„Hast du sie wirklich verloren?" sagt er. „Oder ist das ein fauler Trick? Vielleicht willst du dir bloß einen zusätzlichen Bedarfsartikel verschaffen?"

„Bei Gott", sag ich, „ich hab sie verloren."

„Auf deine Worte allein kann ich mich nicht verlassen", sagt er. „Wenn du eine Bescheinigung vom Straßenbahndepot hättest, daß du die Galosche verloren hast, würd ich dir ein Papier geben. So kann ich's nicht."

„Aber sie haben mich doch zu dir geschickt", sag ich.

„Dann schreib mir eine Erklärung", sagt er.

„Was soll ich denn schreiben?" sag ich.

„Schreib: ‚Am soundsovielten hab ich eine Galosche verloren'", sagt er. „Und so weiter. Schreib auch, daß du dich verpflichtest, bis zur Klärung der Angelegenheit am Ort zu bleiben."

Ich habe die Erklärung geschrieben.

Am nächsten Tag bekam ich eine formelle Bescheinigung.

Mit dieser Bescheinigung geh ich also zum Fundbüro. Und dort, stellt euch vor, krieg ich ohne Umschweife und ohne Schwierigkeiten meine Galosche.

Wie ich die Galosche anzieh, fühl ich mich geradezu gerührt. So arbeiten die Leute! denk ich. Hätt man irgendwo anders derart viele Umstände mit meiner Galosche gemacht? Aus der Straßenbahn hätt man sie geschmissen, und Schluß. Hier aber hat man sich beinahe eine Woche abgeplagt – und schon hab ich sie zurück. Ärgerlich nur, daß ich in dieser sorgenvollen Woche die erste Galosche verloren hab. Die ganze Zeit hab ich sie eingewickelt unterm Arm getragen, und nun weiß ich nicht mehr, wo ich sie liegengelassen hab. Bestimmt nicht in der Straßenbahn. Das ist übel. Wo soll ich sie suchen? Aber dafür hab ich ja die andere Galosche. Ich hab sie auf meine Kommode gestellt. Wenn ich schlechte Laune hab, kuck ich sie mir an, dann wird mir leicht und froh ums Herz. Großartig arbeiten die Behörden, denk ich dann.

Nachdem ich Ihnen diese Geschichte erzählt habe, kriege ich doch einen Schreck. Am Ende sind die Straßenbahner mir böse. Aber warum sollten sie? Bestimmt haben sie diese ihre Mängel schon beseitigt. Bestimmt geben sie die Galoschen schon leichter heraus. Zumal meine Geschichte im Jahre dreißig passierte. Seitdem hab ich nichts mehr verloren. Somit kann ich Ihre Neugier nicht befriedigen.

Im übrigen geht es dabei nicht um die Straßenbahn, sondern um die verzwirnte Psychologie. Da aber gegen diese Psychologie angekämpft wird und die Behörden sich einander angleichen, braucht man nicht mehr darüber zu reden. Natürlich, leicht ist der Kampf nicht. Zumal eine derartige Psychologie wohl weiter nichts ist als Dummheit. Und Dummheit ist kein Kopfweh, das nach einem Pülverchen vergeht.

Aber nun folgt ein anderer kleiner Vorfall aus dem Bereich der Miseren. Er passierte nicht mir, sondern anderen. Folgendes geschah.

Ein interessanter Vorfall in einer Behörde

Unlängst hat ein angesehener Genosse, Fjodor Alexejewitsch Kulkow, ein Verfahren gegen die Bürokratie ersonnen. Ein Staatsköpfchen hat der Mann!

Die Methode ist so wirksam und so billig, daß er darauf ein Patent beantragen sollte, aber bedauerlicherweise geht das derzeit nicht – Fjodor Alexejewitsch Kulkow sitzt ein, der brave Freund, seines Experiments wegen. Der Prophet gilt nichts in seinem Vaterlande.

Folgende scharfe Methode gegen die Bürokratie hat Fjodor Kulkow ersonnen:

Kulkow, wissen Sie, der suchte sehr oft eine Behörde auf. Er hatte dort einen Antrag laufen. Einen Monat lang oder gar zwei sprach er täglich vor. Immer ohne Ergebnis. Die Bürokraten nämlich schenkten ihm keinerlei Beachtung, er hätte sich auf den Kopf stellen können. Sie suchten auch seinen Vorgang nicht heraus. Mal schickten sie ihn von einer Etage in die andere. Mal luden sie ihn zum Frühstück ein. Mal war die einzige Antwort ein grobes Schneuzen.

Einerseits war es geradezu erstaunlich, diese bürokratische Einstellung ihm gegenüber zu beobachten. Sind doch die Behörden bei uns gegenwärtig sehr auf der Höhe.

Andererseits war es teilweise begreiflich. Sie waren im Herbst in ein anderes Gebäude gezogen und hatten die Akte Kulkow irgendwo verbummelt. Vielleicht auch verloren. Jedenfalls konnten sie sie nicht gleich finden. Sie suchten wohl auch nicht allzu freudig.

Nun zogen sie die Sache natürlich in die Länge. Wollten vielleicht mit Hilfe der Zeit aus der Affäre heraus. Später werden wir sie schon finden, dachten sie. Vielleicht hofften sie auch, der Besucher werde erkranken und sterben. Dann hätte sich alles von selbst geregelt, und man brauchte nicht mehr zu suchen. Oder etwas anderes konnte passieren.

Vielleicht dachten sie so, jedenfalls trieben sie mit ihm ein ermüdendes Spiel. Obendrein unterließen sie es, ihm diese Einzelheiten zu erzählen. Es war ihnen peinlich.

Also mußte er wie verblödet täglich die Behörde aufsuchen. Natürlich erfaßte ihn Haß gegen sie.

Er konnte sie schon nicht mehr sehen, diese Bürohengste, die hinter ihren Tischen saßen und irgendwas fummelten.

Ihm graute vor ihnen. Aber er verlor nicht den Mut.

Höchstens, daß er etwas gellender mit ihnen sprach, als es sich gehörte. Immerhin hielt er sich noch zurück.

Eines Tages ging er wieder hin und dachte:

Wenn ich meine Sache heute nicht zum Abschluß bringe, werden sie mich wohl noch einen Monat vertrösten.

Und mit solchen Gedanken fragte er einen dort:

„Na, was ist?“

Der andere sagt:

„Wir haben sie“, sagt er, „noch nicht gefunden.“

In völliger Gefühlsverwirrung läuft unser Kulkow von diesem Angestellten weg, um schleunigst die Straße zu gewinnen und zu verschnaufen.

Auf dem Wege dorthin sieht er in einem der Räume ein geradezu empörendes Bild.

Da sitzt an einem Tisch ein Bürokrat mittleren Alters und tut absolut nichts. Er poliert sich die Nägel und pfiffelt vor sich hin. Sieht aufgeblasen aus. Sitzt breitgefläzt auf dem Stuhl. Baumelt mit dem übergeschlagenen Bein. Wie im Salonwagen.

Dieses Bild bringt unsern geduldigen Kulkow auf den Baum.

Ohnehin ist er erregt aus dem Zimmer gelaufen. Und dann plötzlich auf so ein Stilleben zu stoßen!

Gewiß hat Kulkow gedacht:

Ich lauf schon über einen Monat in diese Behörde, man führt mich an der Nase herum und schleppt die Sache in die Länge, und hier sitzen Bürokraten solches Typs. Nein, das kann ich nicht ertragen.

Mit wachsender Entrüstung tritt er an diesen Beamten heran, und ohne lange zu fackeln, holt er weit aus und haut ihm eine Ohrfeige.

Der Bürokrat fällt von seinem Wiener Stuhl. Und bricht in Gebrüll aus.

Die andern Bürokraten laufen von überall zusammen. Sie packen Kulkow und halten ihn fest, damit er nicht entweiche.

Der Geschlagene rappelt sich hoch und sagt:

„Ich“, sagt er, „hab einen Antrag laufen und sitze schon seit dem Morgen mit leerem Magen hier. Und wenn ich“, sagt er, „in dieser Behörde auf nüchternen Magen dermaßen eine gescheuert kriege, so bin ich“, sagt er, „ganz entschieden dagegen.“

Kulkow ist über diese Worte aufs höchste verwundert. Er sagt:

„Ach, Sie arbeiten gar nicht hier, Sie sind ein Besucher?"

Der Geschlagene sagt:

„Ja. Schon seit zwei Monaten komm ich dauernd wegen meines Antrags her. Die hier ziehen die Sache in die Länge. Jedenfalls hätt man mich nicht schlagen sollen. Das ist es ja gerade, daß ich ein Besucher bin. Wär ich einer von denen hier, so hätt ich vielleicht gar nichts gesagt."

Kulkow sagt zu ihm:

„Pardon, Genosse, das hab ich nicht gewußt. Ich dachte, Sie sind einer von den Bürokraten und tun nichts, sitzen bloß so am Tisch."

Der Geschlagene sagt:

„Ich bin hier schon fast wie zu Hause, da hab ich mich eben an den Tisch gesetzt. Und Sie kommen und schlagen mich."

Währenddem brüllen irgendwelche Chefs:

„Los, los, die Akte Kulkow raussuchen. Der ist ja ein schönes Früchtchen. Wollen doch mal in seinen Papieren nachsehen."

Der Geschlagene sagt:

„Erlauben Sie, warum kriegt der Schläger so ein Privileg? Dann soll auch meine Akte rausgesucht werden. Mein Name ist Obreskin."

Die Chefs brüllen:

„Los, los, auch die Akte Obreskin raussuchen."

Obreskin sagt zu Kulkow:

„Jetzt werden sie sie wohl finden. Ohne Sie wär das wohl nicht passiert."

Kulkow sagt:

„Bedanken Sie sich. Ohne mich hätten Sie hier alt und grau werden können."

In weniger als einer Stunde sind beide Akten gefunden.

Man sagt zu Kulkow:

„Hier sind Ihre Papiere, nehmen Sie sie, aber für das Schlagen in unserer Behörde werden Sie sich nach dem Gesetz verantworten."

Dann wendet man sich an Obreskin und sagt zu ihm:

„Was Sie betrifft, junger Mann, so haben Sie sich überhaupt in der Behörde geirrt. Sie müssen zur Versicherung, nicht zu uns. Also haben sie die Maulschelle sogar teilweise umsonst gekriegt. Ihr Pech."

Obreskin geht verbittert. Über Kulkow wird ein Protokoll aufgesetzt. Die Maulschelle kostet ihn einen Monat Haft.

Und mit Recht. Man kann sich nicht so gehenlassen. Lieber sich beschweren als gleich in die Visage dreschen. Aber die Misere besteht hier eigentlich nicht darin, daß Obreskin geschlagen wurde, sondern darin, daß bei der Büroarbeit noch solche Zerstreutheit herrscht und Papiere verbummelt werden. Aber das sind natürlich Kleinigkeiten, Bagatellen vor dem allgemeinen Hintergrund des Lebens.

Eine viel schlimmere Geschichte als mit Kulkow passierte übrigens einem Dichter. Es war eine gewaltige Misere.

Er war zugereist. Unlängst suchte er mich im Leningrader Literaturfonds auf, und ich mußte ihm hundert Rubel Fahrgeld auszahlen.

Folgendes war ihm passiert. Er erzählte mir ausführlich seine Misere. Sonst hätte er diese Unterstützung nicht bekommen. Sein Bericht ist also eher auf Notwendigkeit zurückzuführen als auf mitteilsamen Charakter. Hier ist seine poetische Geschichte, die den Literaturfonds hundert Rubel kostete.

Ich werde sie übrigens kürzer erzählen als der Poet. Er brauchte das Geld nötig für die Heimfahrt, darum bemühte er sich, keine Einzelheiten auszulassen, um die psychologische Bedeutung der Affäre nicht herunterzuspielen.

Ich erzähle das Ganze mit meinen Worten wieder, ohne besondere Feinheiten, aber mit Kenntnis des Männerherzens.

Romantische Geschichte von einem angehenden Poeten

Ein junger Dichter von ziemlich interessantem, tatkräftigem Aussehen, Verfasser des Buches „Dem Leben entgegen", verliebte sich in einem Badeort in ein recht hübsches Mädchen.

Sie war keine Dichterin, hatte aber schon immer eine Vorliebe für die Poesie, so daß unser Poet darüber gänzlich hinschmolz.

Überdies gefiel sie ihm zusätzlich als Typ. Das heißt, ihr Aussehen entsprach seinen Idealen.

Sie war eine Blondine, und das im Süden, wo, wie er mir sagte, die Schwarzen überwiegen, die jedoch keine poetischen Emotionen bei ihm auslösen. Zumal er Lyriker und, wie er sich ausdrückte, Sänger des revolutionären Alltags ist. Das Resultat war, daß er sich bis zur Besinnungslosigkeit in diese Person verliebte.

Na ja, ein Dichter. Weltanschauung. Leidenschaftliche, zerstreute Natur. Schreibt Verse. Liebt Blumen und gutes Essen. Jegliche Schönheit ist ihm faßlich. Er versteht auch was von Psychologie. Kennt Damen. Und glaubt an ihre Bestimmung.

Er begegnete ihr am südlichen Gestade, wo er im September mit einem Reisescheck eintraf. Sie war, ebenfalls mit Reisescheck, zur gleichen Zeit ebendorthin gekommen.

So hatten sie das unverhoffte Glück, sich zu begegnen. Lernten sich kennen. In ihm entstand ein Gefühl für sie. Sie war ebenfalls äußerst hingerissen.

Der Monat dort verging ihnen wie im Rausch.

Einerseits das Meer, die Natur, sorgloses Leben mit vorgesetztem Essen, andererseits gegenseitiges Verstehen, Poesie, Schönheit, inneres Erleben.

Das heißt, die Tage huschten vorüber wie im Traum, einer immer schöner als der andere.

Dann schlug die Trennungsstunde. Es kam die Zeit, wo sie auseinandergehen mußten.

Sie fuhr zurück nach Hause, nach Leningrad, und machte sich dort an den Abschluß eines Kurses, in dem sie irgendwelche außerordentlichen Wissenschaften studierte. Er fuhr wieder nach Rostow oder wo er wohnte.

Und machte weiter seine Poesie.

Aber er konnte sie nicht weitermachen, denn immer wieder fiel ihm seine Freundin ein. Er sehnte sich nach ihr. Und da er Lyriker war, grämte er sich.

Nachdem er nun ein paar Wochen in seiner südlichen Stadt gesessen, packte er plötzlich seine Koffer und fuhr, ohne jemandem ein Wort zu sagen, ab zu seiner Freundin ins ferne Leningrad.

Erst im letzten Moment sagte er zu seiner Gattin:

„Ich empfinde Liebesgefühle für eine andere.

Wir müssen uns trennen. Geld schick ich mit der Post."

Mit diesen Worten entschwebte er nach Leningrad. Zumal sie ihn dringlich eingeladen hatte. Sie hatte zu ihm gesagt:

„Komm recht bald. Ich lebe dort völlig einsam. Bin ganz allein. Mein Wissenschaftskursus ist bald zu Ende. Ich bin von keinem Menschen abhängig. Dann können wir dort unser Gefühl fortsetzen."

Während unser Poet diese zarten Worte im Gedächtnis durchging, Worte voll tiefer Bedeutung, hatte er es fieberhaft eilig, sie so bald wie möglich zu sehen.

Er wunderte sich sogar, wieso er nicht gleich darauf verfallen war, zu ihr zu fahren, wo doch die Voraussetzungen so großartig waren.

Kürzer gesagt, er traf bei ihr ein und hielt sie alsbald in den Armen.

Beide waren so zufrieden, daß es sich gar nicht beschreiben läßt.

Sie fragte ihn: „Bleibst du lange?" Und er antwortete poetisch: „Für ewig!"

Wieder waren beide sehr zufrieden.

Aber er konnte nicht bei ihr bleiben, denn sie wohnte nicht allein in dem Wohnheim.

Nicht ohne eine gewisse Erregung entdeckte er plötzlich in ihrem behaglichen Zimmer vier Betten, bei deren Anblick sich ihm das Herz umdrehte.

„Ich wohne mit drei Studienkolleginnen zusammen", sagte sie.

„Ich sehe es, und es will mir nicht in den Kopf", sagte er. „Sie sprachen doch von Ihrer Einsamkeit, nur deshalb habe ich ja herzukommen gewagt. Ich glaube, Sie haben aufgeschnitten."

„Als ich sagte, ich lebe allein, meinte ich das nicht im Sinne des Zimmers, sondern im Sinne der Gefühle und der Ehe."

„Ach so. Dann ist das also ein Mißverständnis."

Worauf sie sich wieder in die Arme sanken und sich aneinander lange nicht satt sehen konnten.

„Macht nichts", sagte er. „Dann ziehe ich einstweilen ins Hotel. Dann werden wir weitersehen. Vielleicht werden Sie mit Ihrer Ausbildung fertig, oder vielleicht schreib ich ein paar wertvolle Verse."

„Das ist gut", sagte sie.

Er zog also ins Hotel „Hermes" und lebte dort mit ihr.

Allerdings hatte er sich schon ziemlich verausgabt und wußte nicht recht, wie es eigentlich weitergehen sollte. Obendrein war sie zu seinem Pech gleich nach seiner Ankunft zwei Tage hintereinander Namenstagskind. Das heißt, an einem Tag feierte sie ihren Namenstag. Unser Poet, der das Leben wenig kannte, hatte sich schon ganz beruhigt, als am zweiten Tag ohne Pause plötzlich ihr Geburtstag hereinbrach. Die Ausgaben zu diesem Anlaß brachten ihn fast um den Verstand. Am ersten Tag hatte er ihr beim Konditor einen Kringel gekauft und gedacht, damit sei Feierabend. Als er jedoch hörte, sie habe Geburtstag, kaufte er ihr verwirrt eine Glasperlenkette. Wer beschreibt sein Erstaunen, als sie bei der Übergabe der Perlen zu ihm sagte:

„Heute möchte ich anläßlich meines Geburtstages mit Ihnen in ein teures Restaurant gehen und dabei die Perlen ausführen."

Dann sagte sie noch etwas über den Dichter Block, der seinerzeit auch sehr gern einfach so in

Restaurants und Konditoreien herumgesessen habe.

„Ja, Block“, antwortete er ausweichend.

Dennoch besuchte er abends mit ihr ein Restaurant, wo seine Leiden den Höhepunkt erreichten angesichts der Preise, von denen er in Rostow nur flüchtig gehört hatte.

Nein, knausrig war er nicht, unser Poet, aber er war sozusagen völlig blank. Außerdem konnte er sich wegen seines kleinbürgerlichen Wesens nicht entschließen, ihr seine extreme Situation zu beichten. Allerdings machte er Anspielungen, daß es ihm im Hotel zu unruhig sei. Sie dachte jedoch an seine Nervosität und sagte:

„Man muß sich zusammennehmen.“

Er versuchte sich zusammenzunehmen. An ihrem Geburtstag probierte er, seine poetische Muse zu satteln, um wenigstens ein paar kleine Gedichte zu kritzeln zwecks Verkauf an eine Zeitschrift.

Aber daraus wurde nichts. Die Muse wollte ihm lange nicht wohl, und als sie wollte, wunderte sich der Dichter, was daraus wurde. Jedenfalls, als er sein Produkt überlas, wußte er, daß von Honorar keine Rede sein konnte. Er hatte etwas ganz Einmaliges geschrieben, wofür er teilweise seiner Eile und seinem unruhigen Geist die Schuld gab.

Nachdem unser junger Dichter über die Wechselfälle des Schicksals nachgesonnen hatte und darüber, daß die Poesie eigentlich eine recht dunkle Angelegenheit sei, die nicht unbedingt zu einem leichten Leben beitrage, verkaufte er auf dem Markt seinen Mantel.

Leicht gekleidet besuchte er mit seinem Fräulein die Stätte, die sie sich wünschte.

Er wollte etliche Tage, möglichst ohne nachzudenken, fein leben, zu seinem vollsten Vergnügen sozusagen, und von dem glanzvollen Abend im Restaurant zehren. Erst danach wollte er seine Lage überdenken. Sich irgendwie aus der Verlegenheit ziehen. Schlimmstenfalls wollte er sein Fräulein um eine gewisse Summe anpumpen.

Aber am Tage nach ihrem Geburtstag kam es in Leningrad zu einem zeitigen Frosteinbruch. Unser Dichter hüpfte in seinem leichten Jäckchen durch die Straßen und sagte, er habe sich daheim im Süden völlig abgehärtet und laufe deshalb fast ohne Kleidung herum.

Was soll ich sagen, er erkältete sich. Legte sich in seinem Hotel „Hermes" zu Bett. Dort wunderte man sich über seine Impertinenz und sagte, er solle gefälligst zuerst das Zimmer bezahlen und dann krank werden.

Als man jedoch erfuhr, daß er Dichter sei, gab man sich human und sagte, man werde ihn bis zu seiner Genesung in Ruhe lassen. Nach welchen Worten sich unser Poet physisch gänzlich geschwächt fühlte und sechs Tage im Bett liegenblieb, verstört bei dem Gedanken, daß unter sowjetischen Bedingungen sogar einem bettlägrigen Gast der volle Zimmerpreis berechnet würde.

Das Fräulein besuchte ihn fleißig und brachte ihm zu futtern, sonst hätt er wohl nicht aus noch ein gewußt. Vielleicht wär er nie wieder genesen.

Nach der Genesung gedachte er wieder seine Muse anzupeilen. Sie weigerte sich jedoch rundheraus, ihm etwas Verwendbares zu produzieren. Der Poet war so niedergeschlagen, daß er im stillen gelobte, eine Arbeit anzunehmen, falls er aus der entstandenen Situation einen Ausweg fand, um künftighin nicht mehr auf die reine Kunst angewiesen zu sein.

Nachdem allerdings der Hoteldirektor bei ihm vorgesprochen hatte, wollte es der Dichter ein drittes Mal mit seiner Muse probieren, doch nur drei Zeilen konnte er aus sich herausquetschen:

> Oftmals schau ich in den Himmel,
> höre der Propeller Sang,
> jemand springt mit dem …

Aber schon das Wort „Fallschirm" paßte überhaupt nicht ins Versmaß. „Am Fallschirm" zu sagen wagte er nicht, da er die Luftfahrtterminologie nicht kannte. Worauf er vollends in Schwermut verfiel und die Flinte ins Korn schmiß.

Der Traum, seine Freundin anzupumpen, erwies sich ebenfalls als irreal. Zu seiner Bestürzung sagte sie ihm just in dem Moment, als er sie darauf ansprechen wollte, genau dasselbe, doch in umgekehrtem Sinne. So daß der vom Kranksein geschwächte Dichter nicht gleich begriff, wie sehr sich seine Situation zugespitzt hatte. Sie eröffnete ihm, sie bekomme erst in einer Woche Geld, und er solle ihr doch womöglich etwas borgen, zumal sie ihn während seiner Krankheit verpflegt habe.

„Unbedingt", sagte er.

Nachdem sie gegangen war, beschloß er, seinen Wollanzug zu versilbern.

Er verkaufte ihn auf dem Markt, erledigte einen Teil seiner Verbindlichkeiten und erschien eines schönen Tages nur in Turnhemd und Sporthose bei mir im Leningrader Literaturfonds, wo er mir seine Geschichte erzählte.

Ich habe ihm für diese Geschichte hundert Rubel gegeben, damit er sich eine Fahrkarte kaufen und wieder nach Hause fahren konnte.

Er sagte zu mir:

„Diese Summe reicht für die Reise. Ich würde aber gern noch eine Woche hier bleiben. Sehr gern sogar."

Aber ich habe ihm gesagt:

„Fahren Sie lieber gleich. Am besten Sie nehmen zu Hause eine Arbeit an. Sie können ja nebenbei manchmal gute Gedichte schreiben. Das wird für Sie der richtige Weg sein."

„Ja, so werd ich's wohl machen", sagte er. „Ich finde ja auch, junge Autoren sollten sich neben ihrer Poesie auf noch etwas stützen. Sonst kommt es zu solchen Situationen. Ganz richtig, daß dafür eine Kampagne geführt wurde."

Er bedankte sich und ging. Wir vom Literaturfonds dachten mit den Worten des Dichters:

Oh, wie göttlich ist die Vereinigung,
geschaffen für zwei, die einander gewogen,
doch Menschen, die herzlich einander gewogen,
o weh, vereinigen sich gar zu selten.

Damit endet die Geschichte vom angehenden Poeten, und eine andere, noch ungewöhnlichere, beginnt.

Einem Angestellten nämlich widerfuhr etwas ganz anderes als dem Dichter. Was ihm widerfuhr, war für ihn eine ungeheure Misere, für seine Mitmenschen jedoch wohl kaum.

Folgendes passierte ihm.

Geschichte vom Manne, der aus der Partei hinausgesäubert wurde

Schon bei der ersten Säuberung wurde ein Mann aus der Partei hinausgesäubert.

Er gehörte zur Sorte der invaliden Friseure und Bartputzer.

Hinausgesäubert wurde er wegen eines ganz alltäglichen Kennzeichens – er trank zu gern. Überhaupt hatte er die Natur eines Treidlers. Bei jeder Kleinigkeit goß er eins hinter den Kragen. Und stand nicht immer fest auf beiden Beinen.

Da er nun kein Bürohengst war, sondern Bartputzer, bestand die Gefahr, daß er seine Kunden physisch verstümmelte. Ganz zu schweigen davon, daß er seinen Patienten die Weltanschauung vermurkste und so weiter.

Ich glaube, man wird ihn unter der Losung „Unkraut gehört nicht aufs Feld“ hinausgesäubert haben.

Mit diesen Worten wurde er also hinausgesäubert.

Er konnte nicht feststellen, daß sonst etwas gegen ihn vorlag. Er glaubte, allseitig auf der Höhe der Situation zu sein. Er arbeitete fleißig, war in nichts Besonderes verwickelt und wunderte sich überhaupt sehr, daß man ihn hinaussäuberte.

Das verdroß ihn mächtig.

Wieviel Jahre hab ich mich zusammengenommen und die Ausbrüche meiner Natur unterdrückt, dachte er. Wieviel Jahre, dachte er, hab ich mir nichts Besonderes erlaubt. Mich ordentlich benommen. Keinerlei Exzesse begangen. Und plötzlich – bitte zum Rasieren. Was das Saufen angeht, warum eigentlich nicht?

Der Kommission sagte er nichts, aber er dachte: Ach, so ist das. Also, wie er nach Hause kam, jubelte er sich einen an, ließ sich vollaufen, verdrosch seine Gattin, zertrümmerte die Fenster der Hausmeisterwohnung und verschwand für ein paar Tage.

Wo er sich rumtrieb, ist unbekannt. Zurück kehrte er mit blau geschlagener Visage, zerrissenen Sachen und ohne Mantel.

Zu den Mietern sagte er:

„Daß sie mich hinausgesäubert haben, läßt mich kalt. Im Gegenteil, ich freu mich, nicht länger auf überflüssige Disziplin zu stoßen. Wieviel Jahre", sagte er, „hab ich mich zusammengenommen und mir mit allen möglichen Hemmungen das Blut verdorben. Dies durfte ich nicht, jenes war falsch, und die Frau verdreschen is nich. Aber das war mal. Amen. Mein Beruf wird unter jedem Regime benötigt. Darum seid ihr mir allesamt schnuppe."

Die Mieter bestaunten seine Worte. Er selbst aber hielt seine Taten für richtig. Nachdem er sich wieder hatte vollaufen lassen, zertrümmerte er in der Hausmeisterwohnung die eben erst frisch eingesetzten Fensterscheiben.

In der Hausverwaltung fetzte er sämtliche Losungen und sanitären Plakate von der Wand. Ein Pappplakat mit der Aufschrift „Der Pionier raucht und trinkt mitnichten. Erwachsene, danach solltet ihr euch richten!" zerdrosch er auf dem Vorsitzenden.

Überhaupt ließ er drei Tage lang seiner Natur dermaßen freien Lauf, daß alle im Haus ganz perplex waren.

Plötzlich erfuhr er irgendwoher, oder jemand

sagte ihm, daß er nach der Säuberung angeblich wieder aufgenommen sei.

Was nun kam, läßt sich unmöglich beschreiben.

Im Nu wurde er nüchtern und säuberte sich. Dann rief er die Mieter zusammen und sagte ihnen:

„Freunde, es passiert so dies und jenes. Ich flehe euch an, vergeßt, was ihr dieser Tage gesehen habt! Man scheint mich komischerweise wieder aufgenommen zu haben."

Sodann sauste er zu der entsprechenden Stelle und sagte dort:

„Da habt ihr ja eine schöne Nummer mit mir abgezogen. Erst schmeißt ihr mich raus, dann legt ihr den Rückwärtsgang ein. Da muß man ja irre werden, wie man sich zu verhalten hat. Ich", sagte er, „hab das nicht gewußt und in den letzten Tagen allerhand angerichtet. Wenn man euch jetzt zwei Anzeigen gegen mich zuschickt, so bin nicht ich daran schuld, sondern die Umstände sind es."

Man sagte ihm:

„Wir haben dich nicht wieder aufgenommen, Genosse, also was regst du dich auf? Ein Genosse hat tatsächlich von dir gesagt: ‚Ich glaube, er ist nicht schlecht, er säuft bloß, also habt ihr ihn vielleicht zu Unrecht hinausgesäubert.' Aber jetzt fallen sämtliche Zweifel weg, wenn das so aussieht."

„Ich hab's doch nicht gewußt", sagte er.

Man antwortete ihm:

„Also bist du auch kein lupenreiner Prolet. Der würde sich in jeder Situation glasklar benehmen. Du aber entdeckst bei jeder Kleinigkeit deinen inneren Schweinehund. Guten Tag."

Sie nahmen ihn nicht wieder auf.

Jetzt sitzt er still in seinem Zimmer und treibt

keinen Unfug. Dauernd denkt er, man werde ihn rufen und ihm sagen: Wir sehen, du bist auf der Höhe der Situation, du bist wieder aufgenommen.

Aber man ruft ihn nicht. Man kennt ihn zu gut.

Die Misere dieses Mannes bestand darin, daß er in vollem Umfang gezeigt hatte, wie er wirklich war. Für seine Mitmenschen war das ein Erfolg. Er wäre noch größer, wenn sich die Geschichte mit weiteren Leuten wiederholte.

Im übrigen, eine ganz andere Geschichte als diesem Schwachkopf widerfuhr unlängst einem alten Mann.

Er wurde nirgends hinausgesäubert und von nirgends vertrieben. Aber sein Verhalten brachte alle in Beklemmung. Und vergraulte sie aus der Wohnung.

Folgende Misere passierte voriges Jahr einem Dummkopf.

Geschichte von einem unruhigen alten Manne

Bei uns in Leningrad fiel ein alter Mann in lethargischen Schlaf. Ein Jahr zuvor, wissen Sie, war er an Nachtblindheit erkrankt. Doch das hatte sich gegeben. Er kam sogar wieder in die Küche, um die Mieter hinsichtlich Fragen der Kultur zu beschimpfen.

Unlängst aber schlief er unverhofft ein.

In der Nacht fiel er in lethargischen Schlaf. Wachte am Morgen auf und merkte, daß etwas mit ihm nicht im Lot war. Das heißt, genauer gesagt, die Angehörigen sahen seinen Körper flachliegen und keinerlei Lebenszeichen von sich geben. Er hatte keinen Puls, die Hühnerbrust hob sich nicht, und als man ihm einen Spiegel vor den Mund hielt, zeigte der keine Trübung.

Nun dämmerte natürlich allen, daß der Alte still und leise entschlafen sei, und sie trafen natürlich mancherlei Anordnungen.

Sie trafen die Anordnungen in Eile, denn die ganze Familie bewohnte ein kleines Zimmer. Drumherum war eine Kommunalwohnung. Man wußte nicht mal, wo man den Alten, Verzeihung, hinlegen sollte, so eng war's. In solcher Lage kommt man schon in Eile.

Es muß jedoch gesagt werden, daß der entschlafene Greis bei seinen Angehörigen wohnte. Dies waren Mann, Frau, Kind und Kindermädchen. Obendrein war er sozusagen der Vater oder, schlichter ausgedrückt, der Pappi der Frau, das heißt, ihr Pappi. Ein ehemaliger Werktätiger. Alles, wie es sich gehört. Rentner.

Das Kindermädchen war sechzehn Jahre alt, und die Familie hatte sie angeheuert, um eine Hilfe zu haben, denn alle beide, Mann und Frau, das heißt, die Tochter ihres Pappis oder, schlichter ausgedrückt, ihres Vaters, arbeiteten in der Produktion.

Sie waren also berufstätig, und nun sahen sie am Morgen dieses traurige Mißverständnis, daß der Pappi verblichen sei.

Nun, natürlich Betrübnis, Zerrissenheit der Gefühle: das Zimmer nur klein, und jetzt ein überflüssiges Element darin.

Da liegt nun das überflüssige Element im Zimmer, da liegt das alte Männlein, lieb und proper anzuschauen, richtig nett. Liegt da, frisch wie ein welkes Vergißmeinnicht, wie ein aufgegessenes Krimäpfelchen.

Liegt da und weiß von nichts und will nichts, verlangt nur, daß man ihm die letzte Aufmerksamkeit erweist.

Verlangt, daß man ihn so schnell wie möglich bekleidet, ihm ein letztes „Lebewohl“ entböte und ihn schleunig irgendwo beisetze.

Verlangt, daß dies schleunig geschehe, denn immerhin nur ein Zimmer, und überhaupt ziemlich beengt. Denn immerhin plärrt das Kind. Und das Kindermädchen fürchtet sich, das Zimmer mit Verstorbenen zu teilen. Na ja, ein dummes Ding, möchte in einer Tour bloß leben und bildet sich ein, das ginge endlos. Hat Angst, Leichen zu sehen, die dumme Gans. Der Ehemann, das Familienoberhaupt, saust ins Bezirksbüro für Beerdigungsprozessionen. Und kommt bald von dort zurück.

„Alles in Butter“, sagt er. „Bloß mit den Pferden hapert's noch bißchen. Den Wagen“, sagt er, „können wir gleich kriegen, aber die Gäule frühestens in vier Tagen.“

Seine Frau sagt:

„Ich hab's ja gewußt. Du“, sagt sie, „hast dich zu Lebzeiten meines Vaters dauernd mit ihm gekabbelt und kannst ihm jetzt nicht mal den Gefallen tun, Pferde zu besorgen.“

Der Ehemann sagt:

„Geht doch alle zum Teufel! Ich bin kein Reiter, ich hab keine Pferde unter mir. Ich“, sagt er, „bin selber nicht eben erfreut, noch so lange zu warten. Ganz bestimmt“, sagt er, „bin ich mächtig interessiert, dauernd deinen Pappi hier zu sehen.“

Nun kommt es zu mannigfachen Familienszenen. Das Kind, nicht gewöhnt, leblose Menschen um sich zu haben, erschrickt und brüllt aus Leibeskräften.

Das Kindermädchen weigert sich, bei einer Familie zu dienen, in deren Zimmer ein Toter lebt.

Man redet ihr jedoch zu, den Beruf noch nicht aufzugeben, und verspricht ihr, den Tod im Zimmer so schnell wie möglich zu liquidieren.

Daraufhin eilt Madame, von all den Verdrießlichkeiten ermüdet, höchstpersönlich ins Leichenbüro, kehrt jedoch sehr bald von dort zurück, bleich wie ein Laken.

„Pferde", sagt sie, „kriegen wir nicht so bald. Hätt sich mein Mann, dieser Esel, der am Leben geblieben ist, gleich beim erstenmal eingetragen, dann hätten wir sie schon in drei Tagen. Den Wagen", sagt sie, „können wir tatsächlich sofort kriegen."

Dabei zieht sie in Eile ihr Kind an, nimmt das brüllende Mädchen mit und begibt sich in diesem Aufzug nach Sestrorezk, um sich bei Bekannten einzuquartieren.

„Das Kind", sagt sie, „ist mir wichtiger. Ich kann ihm nicht schon von klein auf derart nebelhafte Bilder zeigen. Mach du, was du willst."

Der Ehemann sagt:

„Ich", sagt er, „bleibe auch nicht bei ihm. Wie ihr wollt. Ist ja nicht mein Alter. Ich", sagt er, „hab ihn schon zu Lebzeiten nicht sehr gemocht, und jetzt", sagt er, „ist es mir ganz zuwider, mit ihm zusammen zu leben. Entweder", sagt er, „ich stell ihn in den Korridor, oder ich zieh zu meinem Bruder. Dann kann er hier allein auf die Pferde warten."

Die Familie übersiedelt also nach Sestrorezk, und der Mann, das Familienoberhaupt, entweicht zu seinem Bruder.

Bei dem Bruder aber spielt sich gerade in der ganzen Familie eine Diphtherie ab, darum hat er keine Lust, ihn zu beherbergen.

Daraufhin kehrt der Mann zurück, bettet den verblichenen Greis auf einen schmalen Spieltisch und stellt dieses Möbel in den Korridor neben die Badezimmertür. Sodann schließt er sich ein und antwortet zwei Tage lang auf kein Klopfen und Schreien.

Daraufhin kommt es in der Kommunalwohnung zu komplettem Blödsinn, Gekreisch und totalem Chaos.

Die Mieter erheben Lärm und Geheul.

Die Frauen und Kinder hören gänzlich auf, irgendwo hinzugehen, mit der Begründung, sie könnten nicht an dem Möbel vorbeigehen, ohne sich zu gruseln.

Daraufhin ergreifen die Männer geschwind das Möbel und bauen es im Vorderflur auf, was natürlich höchste Panik und Wirrnis bei denen auslöst, die die Wohnung betreten.

Der Leiter der Wohngenossenschaft, der das vorderste Zimmer innehat, erklärt, aus irgendwelchen Gründen kämen häufig Frauen zu ihm, und er könne ihre nervliche Gesundheit nicht aufs Spiel setzen.

Eiligst wird die Hausverwaltung herbeigerufen, doch sie steuert auch keine Rationalisierung zu der Angelegenheit bei.

Nun wird der Vorschlag gemacht, das Möbel in den Hof zu stellen.

Aber der Hausverwalter erklärt:

„Dies“, sagt er, „könne unter den noch lebenden Mietern eine ungesunde Verwirrung hervorrufen und vor allem einen Rückgang in der Mietzahlung zur Folge haben, die ohnedies nur zögernd stattfindet.“

Nunmehr gellen Schreie und Drohungen an die

Adresse des Besitzers der Leiche, der sich in seinem Zimmer eingeschlossen hat und grade diverse Klamotten des Alten und übriggebliebenen Plunder verheizt.

Es wird der Beschluß gefaßt, die Tür mit Gewalt zu öffnen und das Möbel ins Zimmer einzuquartieren.

Unter Geschrei wird der Tisch angehoben, woraufhin der Tote leise seufzt und sich bewegt.

Nach einer gelinden Panik und Konfusion schikken sich die Mieter in die neue Situation.

Mit neuer Kraft stürzen sie zu dem Zimmer. Hämmern gegen die Tür und schreien, der Alte lebe noch und wolle hinein.

Allein, der Eingeschlossene gibt lange keine Antwort. Erst nach einer Stunde sagt er:

„Hört auf mit euren hundsgemeinen Scherzen. Ich weiß genau, ihr wollt mich aufs Kreuz legen."

Nach langwierigen Verhandlungen verlangt der Besitzer des Alten, dieser solle seine Stimme erheben.

Der Alte, nicht übermäßig phantasiebegabt, sagt mit dünner Stimme:

„Hoho ..."

Diese Stimme mag der Eingeschlossene nicht für echt anerkennen.

Endlich kuckt er durchs Schlüsselloch, nachdem er vorher gebeten hat, den Alten davor aufzustellen.

Lange will er den aufgestellten Alten nicht als lebendig anerkennen. Er sagt, die Mieter schütteln ihm absichtlich Arme und Beine.

Da fängt der Alte ganz außer sich an, Radau zu schlagen und unbarmherzig zu fluchen, wie er es zu seinen Lebzeiten pflegte, worauf die Tür sich öffnet und der Alte feierlich ins Zimmer einzieht.

Nachdem er seinen Schwiegersohn für dies und jenes beschimpft hat, fällt ihm plötzlich auf, daß sein Hab und Gut verschwunden ist und teilweise im Ofen glimmt. Auch das Klappbett fehlt, auf dem er grade erst verblichen ist.

Darauf legt sich der wiederbelebte Greis aus eigenem Antrieb und mit all der Frechheit, die diesem Alter eignet, auf das gemeinsame Bett und verlangt was zu essen. Er ißt, trinkt Milch und kündigt an, seine Angehörigen trotz der Verwandtschaft wegen Eigentumsraubes bei Gericht zu verklagen.

Alsbald trifft aus Sestrorezk die Frau ein, das heißt, die Tochter dieses verstorbenen Pappis.

Freuden- und Schreckensschreie ertönen. Das junge Kind, biologischer Einzelheiten noch unkundig, nimmt die Auferstehung recht gelassen hin. Das Kindermädchen hingegen, diese sechzehnjährige Gans, bekundet erneut Anzeichen von Desinteresse, weiterhin bei dieser Familie zu dienen, bei der andauernd gestorben und wieder auferstanden wird.

Am neunten Tag erscheint plötzlich ein weißer Wagen mit Fackeln, gezogen von einem Rappen mit Scheuklappen.

Das Familienoberhaupt, der Ehemann, der grade nervös aus dem Fenster kuckt, um Vergessen zu suchen, wird als erster dieser Ankunft gewahr.

Er sagt:

„Da, Papa, jetzt kommt man Sie mit Pferden holen."

Der Alte spuckt aus und verkündet, nirgends mehr hinzufahren.

Er öffnet das Lüftungsfensterchen, spuckt auf

die Straße und ruft mit schwacher Stimme, der Kutscher solle schleunigst verschwinden und nicht lebendigen Menschen lästig fallen.

Der mit weißem Gehrock und gelbem Zylinder angetane Kutscher, der nicht warten mag, bis man ihm den Toten herausbringt, kommt die Treppe herauf und äußert unter grobem Geschimpf die Forderung, ihm endlich das zu überantworten, wonach er gekommen, und ihn nicht auf der feuchten Straße stehen zu lassen.

Er sagt:

„Ich habe keinerlei Verständnis für das niedrige Niveau der Bewohner dieses Hauses. Alle wissen doch, daß Pferde äußerst knapp sind. Nein", sagt er, „in dieses Haus komm ich nie wieder."

Die versammelten Mieter stoßen gemeinsam mit dem auferstandenen Greis den Kutscher hinaus ins Treppenhaus und kippen ihn mitsamt Gehrock und Zylinder die Treppe hinunter.

Der Kutscher will lange nicht abfahren, er verlangt, man solle ihm wenigstens seinen Fahrtenauftrag unterschreiben. Ohne Unterschrift fahre er nirgendwohin.

Der auferstandene Alte spuckt durchs Lüftungsfenster, bedroht den Kutscher mit der Faust und trägt ein heftiges Schimpfduell mit ihm aus.

Als der Kutscher vom Schreien heiser ist, fährt er endlich erschöpft und niedergeschlagen davon, worauf das Leben seinen normalen Fortgang nimmt.

Der Alte hatte sich am offenen Lüftungsfenster eine Erkältung geholt und starb vierzehn Tage später, diesmal richtig.

Anfangs glaubte niemand daran, alle dachten, der Alte verstelle sich bloß wieder, doch der herbeigerufene Arzt beruhigte alle mit der Versicherung, diesmal sei kein Betrug im Spiel.

Nun spielte sich bei den Bewohnern der Kommunalwohnung komplette Panik und Wirrnis ab.

Die meisten Mieter verschlossen ihre Zimmer und zogen zeitweilig aus.

Die Ehefrau, schlichter gesagt, die Tochter ihres Vaters, hatte Hemmungen, nochmals das Leichenbüro aufzusuchen, und zog abermals nebst Kind und heulendem Kindermädchen nach Sestrorezk.

Der Ehemann, das Familienoberhaupt, wollte sich in einem Erholungsheim einquartieren. Aber diesmal traf der Wagen überraschend schon am zweiten Tag ein. Alles endete wohlbehalten.

Es handelte sich also beim erstenmal eher um Schlamperei mit dem Totenkarren als um dauerndes Getrödel. So etwas kommt nicht immer vor, sondern nur manchmal aus Zufall. Nun ja, es war eine Misere, ein Mißverständnis.

Aber jetzt klappt der Leichentransport. Die Wagen kommen so pünktlich, daß es eine Pracht ist. Besser geht's gar nicht.

Damit möchte ich meine Novellen über Miseren abschließen, aber die Nähe des neuen Abschnitts „Erstaunliche Begebenheiten“, in dem vor allem von Erfolgen die Rede sein wird, erlaubt es mir, noch ein Histörchen zu erzählen, in dem diese beiden Dinge – Erfolg und Misere – vereinigt sind.

Daraus ergab sich folgendes.

Geschichte von einem wohlhabenden Manne

Natürlich, manche sagen, alles sei eine Sache des Wohlstandes. Armut erniedrige den Menschen, und ein armer Mensch könne nicht auf der Höhe der Situation sein. Sei er jedoch wohlhabend, so erblühe er alsbald, richte sich auf und tue das, was alle von ihm erwarten.

Was die Armut betrifft, so mag ich nicht widersprechen. Natürlich erniedrigt sie die Persönlichkeit, und wer arm ist, hat es ziemlich schwer, sich in seinen Grenzen zu behaupten. Was jedoch den Wohlstand betrifft, so erbringt er noch nicht immer die richtigen Ergebnisse.

Da war ein Bote namens Fjodor. Er arbeitete in einem Werk. Stammte vom Lande. War sehr arm. Hatte sich noch nicht eingelebt. Lief sogar die erste Zeit in Holzschuhen herum. Und er war ein großer Grobian. Ein Schnapstrinker. Ein Flucher. Ein grober Krakeeler und Skandalmacher.

Man brachte ihn im Wohnheim unter. Hier bezog er einen kräftigen Rüffel.

Man sagte ihm:

„Was hast du noch vor? So geht das nicht weiter."

Darauf gab er folgende Antwort:

„Ihr Gewerkschaftsführer beschämt mich wegen meines Benehmens. Fragt mich doch mal, wo das herkommt."

Darauf fragten sie ihn:

„Also sagen Sie's."

Er antwortete:

„Ich leb absolut nich so, wie ich möcht. Bin ganz allein, ohne Frau und Familie. Vielleicht hab ich Frau und Familie, und die leben im Dorf. Vielleicht hab ich großen Jammer, weil ich sie nicht zu sehen krieg. Meine beiden Kinderchen müssen bestimmt bei Regen und Schneesturm die Kühe hüten. Ich leb wie ein Knecht, besitze bloß ein Jakkett und hab nich mal ein Kissen, auf das ich mich legen kann, wenn ich müde von der Arbeit komm. Und ihr interessiert euch, warum ich trink, warum ich im Suff die andern grob anschnauze und alle Welt verprügle. Nun wißt ihr, wo das herkommt."

Da wurden alle sehr verlegen und sagten:

„Du kriegst ganz bestimmt ein Zimmer."

Bald danach gaben sie ihm ein Zimmer, und er ließ geschwind seine Frau und die beiden Hirtenkinder aus dem Dorf kommen.

Nun lebte er mit ihnen zusammen, doch wir bemerkten, daß er nach wie vor soff, krakeelte, rumbrüllte, alle verprügelte und seine Hirtenkinder mit Ohrfeigen und Maulschellen traktierte.

Wieder wurde er in die Verwaltung bestellt.

Er sagte:

„Ja, natürlich, ich bin auch jetzt noch ein Schuft. Ich trinke und alles, und wenn ich Wut hab, schlag ich drauflos. Das kommt, weil ich nervös bin. Ich seh Bilder der Armut vor mir. Wir kochen unsere Kohlsuppe auf einem Petroleumkocher. Das Zimmer ist mit sechs Menschen vollgestopft. Die Frau zankt sich mit ihrer Mutter, und ich schlage und dresche drein, weil ich wenig Interesse hab, diese dörfliche Monotonie und Unkultiviertheit mit anzusehen. Der Alltag frißt mich mit Haut und Haar. Obendrein geht mein Fenster auf den Hof. Ginge es zum Beispiel auf den Fluß, dann könnt ich mich vielleicht den ganzen Tag davorsetzen, Lieder singen und zuschauen, wie sich die Vögel auf den Wellen tummeln."

Da waren alle sehr verlegen und sagten zu ihm: „Bei uns wird jetzt ein Haus fertig. Wir geben dir eine Wohnung. Mit Gas und Heizung. Und alles, was das Herz begehrt. Dort scheint dir strahlendes Licht in die Augen, und du kannst alles Gute aus dir herausholen."

Bald danach kriegte er die Wohnung. Zwei Zimmer mit Bad. Drei Schränke für seinen Bedarf. Fenster zum Garten. Im Garten blühten alljährlich die Bäume. Gas war da. Und alles, was das Herz begehrt.

Sein Gehalt wurde erhöht. Obendrein gewann er auf ein Anleihelos. Ließ sich ein Jackett nähen. Und eine Hose schneidern. Erwarb bei günstiger Gelegenheit ein Sofa und ein Pianola. So erhob sich unser Genosse Fjodor auf ungeahnte Höhen.

Aber es fiel auf, daß er ein Säufer und Schläger geblieben war. Er fluchte heftig, riß vom Fenster aus junge Zweige von den Bäumen und verdrosch damit die ehemaligen Hirtenkinder. Desgleichen seine Frau und seine ehrenwerte Schwiegermutter, und auch die Nachbarn verprügelte er bei jeder Gelegenheit, so daß sie vor Angst die Flucht ergriffen.

Da wurde er wieder zur Verantwortung gezogen.

Er sagte:

„Ja, merkwürdig. Bei mir klappt alles nicht recht. Ich hab schöne Möbel, und die Pianola spielt in einer Tour. Aber", sagte er, „meine Frau, diese dumme Gans vom Lande, paßt mit ihrem Aussehen nicht mehr zu meiner Einrichtung. Sie bringt mich in Wut, ich will eine andere heiraten. Dann fängt bei mir bestimmt eine neue Musik an."

Er teilte also seine Wohnung. Eine Stenotypistin zog zu ihm. Aber bald gab es auch mit ihr Raufereien und Schlägereien. Er war eifersüchtig, schlug sie unbarmherzig und jagte sie auf die Straße.

Nun sah jeder, was los war. Alle begriffen, daß er schlicht ein mieser, mißratener Kerl war.

Und nun sahen alle, daß er zwar Wohlstand benötigte, daß man ihn dabei jedoch hegen und umerziehen mußte.

Daraufhin wurde allen leichter ums Herz. Alle seufzten und wußten nun, was mit ihm tun.

Dieses Wissen war ein großer Erfolg. Unter dem Druck dieses Erfolgs werden die obenerwähnten Miseren nachlassen, und das von allen Gewünschte wird eintreten.

Damit, Freunde, beende ich meine Geschichten von Miseren, um so schnell wie möglich zu einem neuen, erfreulicheren Abschnitt überzugehen.

Die Nähe dieser neuen Seiten hebt meine Stimmung, und trotz der soeben erzählten Miseren macht mir das Leben Spaß und Vergnügen.

Und ich bin froh festzustellen, daß die verfluchten und gräßlichen Miseren meinen eisernen Charakter nicht zerbrochen haben.

Nach all dem Unflat wasche und spüle ich mir nur noch rasch die Hände, dann geht es weiter.

Ach so, vielleicht hab ich bei der Aufzählung der Miseren dies und jenes zu erwähnen vergessen. Es wird gebeten, dies wiederum im Herzen zu vermerken.

Lesen Sie noch ein kleines Nachwort zu meinem Abschnitt „Miseren". Es zieht sozusagen die Bilanz aus dem, was über die Miseren gesagt wurde.

Danach kommen wir zu dem neuen Buch „Erstaunliche Begebenheiten".

Lesen Sie also bitte noch ein kleines geschwätzartiges Nachwort.

Nachwort

Damit also, Freunde, beende ich mein viertes Buch.

Erlauben Sie mir, Ihnen nach soviel schweren Prüfungen dazu von Herzen zu gratulieren.

Lassen Sie uns kurz die Bilanz ziehen.

Was haben wir beim Lesen der historischen Novellen und der Geschichten aus unserm Leben gesehen, Freunde?

Vor allem in der Vergangenheit eine reiche Ernte an Miseren.

Sodann haben wir gesehen, daß diese Ernte aus vielerlei Gründen eingebracht wird, von denen Dummheit und Unwissenheit nicht grade hintenan marschieren.

Zum Teil haben wir sogar bemerkt, daß die Miseren ein legitimes Kind sind, geboren aus dem Ehebund aller dieser Gründe mit dem hastigen Wunsch, fein zu leben.

Also brauchen wir uns nicht zu wundern, wo sie herkommen.

Sie kommen nicht vom gnädigen Schicksal her, wie es Leute mit schwacher und zaghafter Weltanschauung gern annehmen. Sie entstehen aus schlichteren und derberen Gründen. Demzufolge kann man, wenn man nicht die Hände in den Schoß legt, vieles bedeutend verbessern.

Bei uns ist man damit kühn ans Werk gegangen. Wenn es auch die obenerwähnten Miseren gibt, so ist das Publikum teilweise noch daran gewöhnt, und überhaupt ist der Kampf dagegen noch längst nicht abgeschlossen.

Wenn wir von der Zukunft sprechen, so werden zwar die Miseren bei uns nicht gänzlich verschwinden, aber sie werden sicherlich zu bestaunten Seltenheiten.

Vielleicht wird sogar die Dummheit unter dem Druck von irgendwas Besonderem eines Tages ihre Größe einbüßen. Kommt es dazu, so können alle einander zu diesem unwahrscheinlichen Erfolg beglückwünschen.

Global betrachtet, sehe ich ohne sonderliche Besorgnis in die Zukunft. Die Völker ringsum werden ihr letztes Wort sagen. Werden ihr Recht vertreten. Das wird allen Auftrieb geben. Und alle werden es komisch finden, daß es in der Morgenröte ihrer Jugend solche Miseren gab.

Wenn wir von unserm Land reden, so kann ich nur die wunderbaren prophetischen Worte des Dichters wiederholen, die er im vergangenen Jahrhundert sprach:

Vieles ertrug schon das russische Volk.
Alles wird's tun, um mit eigener Kraft
Besserer Zukunft entgegenzustreben.
Schade, das Glück, das es selber sich schafft,
Werden wir alle nicht mehr erleben.

Ich sehe jetzt, was ich sehe. Eine erstaunliche Prophezeiung, die vor unsern Augen allmählich in Erfüllung geht. Aber natürlich darf man nicht vergessen, daß der Kampf längst nicht beendet ist und die Revolution weitergeht. Die beiden Welten und alles, was damit zusammenhängt, stoßen aufeinander. Darum werden wir von schöner Stille später reden. Dann wird man meinen Abschnitt über die Miseren mit nachsichtigem Lächeln lesen.

Was das Gedicht betrifft, so hat es ein großer Dichter gemacht, der vor sechzig Jahren gestorben ist. Wir sollten sein Andenken durch Erheben von den Plätzen ehren.

Schade, daß er nicht bis in unsere Zeit gelebt hat.

Apropos Tod.

Einige halten es für eine Misere, das menschliche Leben, das so kurz ist wie ein Traum. Bedenkt man aber, daß man vielleicht zweihundert Jahre lang denken und grübeln müßte, so empfindet man unsere achtzigjährige Lebenserwartung nicht mehr als Misere.

Damit also beende ich das Buch von den Miseren und gehe zum nächsten Abschnitt über, dem letzten.

Schon höre ich Lärm und Schüsse. Jemand klatscht in die Hände. Jemand schreit „Hurra!"

Das sind Leute, denen die Miseren nicht die Geistesgegenwart geraubt haben und die neuen Ufern entgegenstreben.

Und Leute, die zwar nirgendwo hinstreben, sich aber immerhin so benehmen, wie es verlangt wird.

Nicht ohne Erregung eile ich hin, um ihnen die Hand zu drücken und ihnen „Guten Tag" zu sagen.

Damit also beginnt der neue Abschnitt – „Erstaunliche Begebenheiten".

V. Erstaunliche Begebenheiten

1. Und nun nähert sich unser Buch dem ersehnten Ende.

Einen letzten Teil haben wir noch zu bewältigen. Da liegt er vor Ihnen. Er enthält das, was uns sehr fehlen würde, wenn unser Leben nur so wäre, wie ich es Ihnen bislang dargeboten habe.

Man könnte vor Kummer die Fassung verlieren, wenn das Werk damit beendet wäre.

2. Glücklicherweise aber hat auch das Leben noch einen fünften Teil. Nur hat er sich nicht jedem aufgetan.

Viele haben nur vier Teile erlebt und waren darüber sehr unglücklich. Viele von ihnen haben sich aufgehängt, andere ergaben sich dem Trunk, noch andere trugen Gemütskrankheiten davon, und noch andere spielten einfach verrückt. Manche verfielen in Melancholie und riefen nur noch: „Ach du lieber Gott!“

Genauso, wie seinerzeit ein wunderbarer Dichter ausrief: „Ach du lieber Gott“, hat er ausgerufen,

> Das Leben, schaust du’ richtig an,
> kalt und aufmerksam,
> ist ein hohles, dummes Glück.

Oder Stück. Weiß nicht mehr genau. Kurzum, irgendwas in dieser Art hat er ausgerufen in seiner tiefen Melancholie.

3. Viele aber dachten nicht so und deklamierten keine solchen Verse über das Leben, sondern traten, nachdem sie gesehen, wie alles so zuging, tatkräftig zum Kampf dagegen an. Und äußerten ihre Gedanken. Und zeigten Wunder an Mut, Kühnheit und Verständnis.

Von solchen Leuten, von solchen Taten, von vielen hervorragenden Werken und Helden möchte ich erzählen.

Solchen Leuten habe ich das letzte, fünfte Kapitel reserviert, damit sie mit ihrem Beispiel zeigen, was Kleinmütige tun können.

Sie werden solch schwächliche Leser durch ihr Verhalten ins Schlepptau nehmen und in die richtige Richtung ziehen.

Doch betrachten wir diesen Gegenstand von allen Seiten.

4. Der Leser, an die Themen moderner Literatur gewöhnt, ahnt gewiß schon, daß von den Kämpfern der Revolution die Rede sein wird, die sich um eine schöne Zukunft bemüht haben.

In der Tat, von diesen Leuten wird die Rede sein.

Wir sehen jetzt eine solche Freiheit, eine solche Tapferkeit, eine solche Kraft menschlichen Geistes, daß, hätten wir einen schweren Stein auf dem Herzen, uns sogleich leichter würde und wir Lust hätten auf Leben und Freude.

Wir alle würden dann die Menschen liebenswürdig und aufmerksam behandeln. Wir würden ausrufen: Wie erstaunlich, daß es so hervorragende Helden gibt!

In der Tat, wie erfreulich, daß es inmitten von Dreck, Sumpf und mittelmäßiger Abgeschmacktheit derart starke Menschen gibt.

Jawohl, jetzt wird die Rede sein von den revolutionären Ereignissen und den Leuten, die sich damit befaßt haben. Vorher aber möchte ich noch ein paar einleitende Worte über dies und jenes sagen, mit dem Leser ein bißchen plaudern.

5. Genauer gesagt, ich möchte nicht mal mit dem Leser plaudern, sondern mit einem, na, sagen wir, Vertreter der bürgerlichen Philosophie. Bloß soll er um Gottes willen nicht wütend werden und mich gleich bei der Gurgel packen. Ordentlich und korrekt soll er sich benehmen.

Dann würde ich auf dem Sofa leise mit ihm plauschen.

Sicherlich würde er ironisch grinsen, mit dem Monokel spielen und zu mir sagen:

„Na schön, Kampf, Revolution ... Aber das Leben vergeht doch so schnell wie ein Traum, Herrschaften. Zu kurz ist es, das Leben. Wäre es da nicht besser, Herrschaften, so weiterzumachen wie bisher, als an irgendeine Zukunft zu denken? Und unsere gezählten Tage dafür zu verschwenden? Kommen Sie, Señor, schlagen Sie ein – Frieden und Stille. Eigentlich sind wir doch alle Kinder einer kranken Mutter."

Ich blicke ihm in das glatte Gesicht, sehe den schönen Ring an seinem Finger und frage:

„Verzeihung, Sir, daß ich Sie unterbreche. Wie war das doch, besitzen Sie nicht ein Haus oder gar zwei?"

„Eins. Warum?"
„Einfach so. Fahren Sie bitte fort, Sir."
„Ja, was ich sagen wollte", meint der Philosoph, „eigentlich ist das Leben irreal. Sollen sich doch die Völker amüsieren und Operetten veranstalten mit ihren Königen, Soldaten, Kaufleuten. Einer treibt Handel. Macht Gewinn. Manche sind Bettler. Andere sind steinreich. Das Ganze ist ein Spiel. Verstehen Sie? Und Sie wollen ernsthaft leben. Entschuldigen Sie, aber das ist doch dumm. Sie wollen dieses leere, aber eigentlich doch ganz schöne Leben für irgendeinen Traum hergeben. Der ist vielleicht noch langweiliger. Bestimmt sogar. So ein Unsinn!"

6. Ich frage den Philosophen:
„Sagen Sie, bringt Ihnen Ihr Haus große Einkünfte? Es ist doch bestimmt ein Wolkenkratzer."
„Was hat denn das Haus damit zu tun? Na ja, es bringt Einkünfte, nicht viel, was man heute so Einkünfte nennt. Der Traum ..."
Ärgerlich drückt unser Philosoph seine Zigarre aus und lehnt sich im Sofa zurück.
Ich sage dem Philosophen unter Wahrung der internationalen Gesetze von Achtung und Höflichkeit:
„Hören Sie, Sir. Behalten wir meinetwegen Ihre ulkige Definition des Lebens als Operette bei. Aber ich wage zu bemerken, daß Sie sich für eine Operette einsetzen, in der nur ein Schauspieler singt, während die übrigen ihm den Vorhang hochziehen. Wir hingegen ..."
„Ach, ihr", unterbricht er mich, „ihr seid für eine Operette, in der alle Schauspieler Statisten sind und Tenöre werden möchten."

„Keineswegs. Wir sind für eine Aufführung, bei der die Rollen an alle Schauspieler gerecht verteilt werden, nach Begabung, Fähigkeit und Stimmlage. Ein Sänger ohne Stimme kriegt bei uns keine Hauptrolle, wie das bei Ihnen vorkommt."

„Aber bei euch bleibt ein kleiner Schauspieler klein. Er hat nicht das Bestreben, groß zu werden. Bei uns ..."

„Verzeihung, Sir, Sie wissen über uns nicht Bescheid. Sie schöpfen Ihre Weisheit aus der alten Geschichte. Bei uns gibt es ganz unterschiedliche Schauspielergagen. Wir haben, zu Ihrer Kenntnis, nicht die sogenannte Gleichmacherei. Außerdem gibt es bei uns andere Anreize für die Arbeit."

7. Der Philosoph sagt:

„Trotzdem", sagt er, „hätte ich keine Lust, bei eurer Aufführung mitzuwirken. Bei euch ist die Phantasie eingeschränkt. Bei uns kann ich mich dauernd vorwärtsbewegen. Ich kann Millionär werden. Ich kann die Welt umkrempeln. Ich habe ein Ziel. Mich stößt sozusagen das Geld vorwärts. Ich habe Bestrebungen. Ich scheue mich nicht, es auszusprechen – ich mache Geld. Ich häufe Geld auf. Das Leben ist Bewegung. Man darf nicht stehenbleiben. Dies gibt mir das Ziel, was ich brauche. Noch einmal, ich scheue mich nicht, es auszusprechen – ich mache Geld. Ist es nicht egal, welches Ziel man hat angesichts des Todes? Und wenn Geld keine Rolle spielt, dann ..."

„Sir, Sie wissen wieder nicht Bescheid. Bei uns spielt das Geld eine sehr bedeutende Rolle, und Sie können es in Ihrem Sparkassenbuch anhäufen, wenn Ihnen das so wichtig ist. Mehr noch, sie kriegen sogar Prozente dafür. Oder eine Art Prämie, glaub ich."

Der Philosoph wird lebhaft.

„Das kann doch nicht sein", sagt er.

„Bloß", sag ich, „das geht bei uns anders vor sich. Geld kriegt nur, wer es verdient."

„Ach so", sagt der Philosoph enttäuscht, „wer es verdient. Das ist langweilig, Herrschaften. Nein, mit euch hab ich nichts zu schaffen. Ihr habt eine ulkige Einstellung zum Leben – wie zu einer ewigen Realität. Sein Brot verdienen! Für die Zukunft sorgen! Wie dumm und lächerlich ist es, sich das Leben einzurichten wie ein Haus, in dem man ewig zu wohnen gedenkt! Wo wird man das schon? Auf dem Friedhof. Wir alle geben doch bloß ein Gastspiel in diesem Leben, wir kommen und gehen. Man sollte das Wort ‚verdienen' nicht wie ein Hausherr aussprechen. Welch barbarische Denkweise! Was für Kummer steht Ihnen noch bevor, wenn Sie lernen, die Kürze des Lebens und die Realität des Todes philosophisch einzuschätzen."

8. Mit einem mitleidigen Blick auf mich fährt er fort:

„Wir hingegen sehen das Leben als etwas Irreales an. Die Welt ist meine Vorstellung. Alles ist wie im Märchen, alles ist Rauch, Traum, irreal. Das unterscheidet uns voneinander. Und wir haben recht. Was zum Teufel kann es für eine Realität geben, wenn das menschliche Leben wie im Fluge vergeht!"

„Ich erlaube mir aber zu bemerken, Ihr eigenes Haus ist doch eine Realität."

Der Philosoph antwortet sichtlich unwillig:

„Nein, das Haus ist zum Teil auch irreal."

„Aber wenn es irreal ist, warum lassen Sie dann nicht irreale Menschen einziehen und verzichten nicht irreal auf irreales Geld? Das tun Sie doch nicht?“

Der Philosoph sagt erschrocken:

„Was wollen Sie damit sagen? Hören Sie, lassen Sie doch mein Haus aus dem Spiel. Damit fallen Sie mir wahrhaftig auf die Nerven. Ich spreche im Weltmaßstab, und Sie lenken dauernd auf Kleinkram ab. Als ob Sie mir an der Leber knappern – das Haus, das Haus ... Ist ja langweilig. Na schön, das Haus. Alles irreal.“

„Aber ich bitte Sie“, sag ich, „irreal ...“

Der Philosoph sagt fast weinend:

„Sie machen einen wirklich ganz nervös. Ausgerechnet jetzt fällt mir ein, daß drei Leute mir noch die Miete schulden. Jetzt ist es mit meiner Ruhe aus. Was habt ihr bloß alle, Pardon, für grobe Soldatengehirne. Laßt einen nicht philosophieren.“

Erschöpft lehnt sich der Philosoph im Sofa zurück und raucht nervös.

9. Ich sag zu ihm:

„Ich bin sogar mit Ihnen einer Meinung, daß ...“

Der Philosoph wird lebhaft.

„Sehen Sie, einer Meinung ... Aber erst lassen Sie einen nicht mal Luft holen.“

Ich sag:

„Ich bin mit Ihnen einer Meinung, daß das Leben kurz ist. Genauer gesagt, es ist nicht so sehr kurz wie schlecht. Vielleicht ist es darum kurz. Soll es kurz sein. Aber ein kurzes Leben kann schön sein und kann schlecht sein. Wir sind für ein langes, schönes Leben. Das ist unser Ziel, und dahin geht unser Streben. Die Kürze des Lebens hat Sie doch aber wohl nicht gehindert, hunderttausend auf die Bank zu bringen. Verzeihung, Sir."

„Puh, so was Grobes!", sagt der Philosoph hüstelnd, „aber reden Sie, was Sie wollen. Mir ist das jetzt egal. Irgendwie haben Sie mir richtig die Laune verdorben. Im übrigen glaube ich", fügt er kühl hinzu, „daß die menschlichen Eigenschaften unveränderlich sind. Sie sind Natur. Der Schuh wird immer noch nach dem Fuß ausgetreten. Guten Tag."

Höflich stehe ich vom Sofa auf und sage unter Wahrung der Weltanstandsregeln:

„Sir, ich bin Ihr ergebener Diener. Nehmen Sie die Versicherung meiner allergrößten Hochachtung bis zum letzten Atemzug entgegen. Was die menschlichen Eigenschaften betrifft, so ändern sie sich je nach Regime und Erziehung, mein Herr."

Wütend wirft der Philosoph den Stummel zu Boden, spuckt aus und murmelt, mit der Hand grüßend, im Gehen:

„Ja, aber Regime und Erziehung sind in der Hand von Menschen, und Menschen bleiben Menschen ..."

10. Ich habe Ihnen diese Phantasieszene wiedergegeben, um zu zeigen, was für ein Kampf sich im Bereich des Denkens abspielt.

In der Tat, manche Erörterungen können schwächere Gemüter teilweise verwirren. Ein schwächeres Gemüt könnte von solchen Worten wie Traum, kurzes Leben, irreal, gezählte Tage den Mut verlieren. Diese Worte haben selbst sattelfestere Gemüter verwirrt. Sogar unter den Revolutionären gab es Leute, die die Kurve kratzten und ins andere Lager überwechselten. Die Geschichte kennt dafür Beispiele.

Man muß tatsächlich ein mutiges Herz haben, um sich vom Gift solcher Worte nicht verwirren zu lassen. Sie enthalten ein Körnchen Wahrheit, sonst würden sie keinen beeinflussen. Trotzdem sind sie falsch und verlogen. Das ist Dialektik. Nein, ich möchte nicht sagen, daß alles furchtbar leicht und der Kampf ein Spaziergang wäre. Manche, die jetzt bei uns mit den Armen fuchteln und sich in Hitze reden (vielleicht auch ich), hätten nicht den Mut, von vorne anzufangen. Aber es haben sich Leute gefunden, die über den Dingen standen. Es waren erstaunliche Leute. Und sie haben erstaunliche Begebenheiten in Gang gesetzt. Und sich bemüht, alles umzugestalten, was da in Schmutz und Schlamm und Unflat zappelte.

Von diesen Leuten möchte ich Ihnen nach dem Gespräch mit dem Philosophen erzählen. Gleich werden Sie eine solche Geisteskraft erblicken, daß Sie vor Ihrem eigenen Kleinmut erschauern.

II. Zuvor aber noch eine ganz kurze Abschweifung. Eine Art Information.

Die Vertreter der alten Welt haben die eigentlich begreifliche Angewohnheit, Revolutionäre als gewissenlos und unmenschlich zu verketzern. Ich weiß nicht, wie es in anderen Ländern ist, doch bei uns, im Mütterchen Rußland, war es üblich, solche Leute als Frevler und nicht russische Menschen zu bezeichnen.

Als Beispiel möchte ich ein paar Worte anführen dürfen, die der zaristische Zensor Nikitenko über den gehängten Dekabristen Rylejew schrieb.

„Ich kenne keinen andern Menschen, der solche Anziehungskraft besitzt wie Rylejew", so Nikitenko. „Er flößt einem auf den ersten Blick sozusagen ein Vorgefühl jenes Zaubers ein, welchem man bei näherer Bekanntschaft unweigerlich erliegt. Wenn ein Lächeln sein Gesicht erhellt, wenn man ihm tiefer in seine wunderschönen Augen blickt, ist man ihm von ganzem Herzen verfallen. Auch ich habe die bezaubernde Wirkung seiner Humanität und Güte gespürt."

Das also schrieb Nikitenko über den „Frevler" Rylejew.

Nachdem ich diese Zeilen gelesen habe, möchte ich mit guten Vorgefühlen übergehen zu den historischen Novellen von diesen Kämpfern für die Revolution.

12. Da ist die Geschichte Rylejews. Rylejew war Dichter. Er war Edelmann und Offizier. Was ihn jedoch nicht hinderte, diese Agitationszeilen zu schreiben:

> Soll das Russenvolk noch lange
> Freiwild für die Herren sein?
> Soll noch lange man mit Menschen
> handeln wie mit Rind und Schwein?

Er war ein tapferer Revolutionär. Vor dem 14. Dezember sprach er sich für eine sofortige Erhebung gegen den Zaren aus.

Am Abend davor besuchte er zusammen mit seinem Freund N. Bestushew mehrere Regimenter und rief die Soldaten zur Erhebung auf.

Mehr noch, er hielt Soldaten auf der Straße an und sprach mit ihnen.

Dann kam der Tag des Aufstands.

Schon krachten Gewehrschüsse, und die beiden feindlichen Lager erstarrten in Unschlüssigkeit.

Die Rebellen standen im Karree vor dem Senat,

die zarentreuen Truppen drängten sich bei der im Bau befindlichen Isaak-Kathedrale.

Es gab einen Moment, da hatten die Aufständischen das moralische Übergewicht.

Nikolaus I. schreibt in seinem Tagebuch über diesen Moment:

„Schon pfiffen mir Kugeln über den Kopf. Die Arbeiter der Isaak-Kathedrale hinter den Abzäunungen warfen mit Holzstückchen nach uns. Wir mußten schnell ein Ende machen, sonst hätte die Meuterei auf den Pöbel übergegriffen, und die Truppen wären in eine heikle Lage geraten."

13. Da sagte der zaristische General Wassiltschikow zu Nikolaus:

„Euer Majestät, wir brauchen Kartätschen."

Der Monarch sagte:

„Soll ich am ersten Tag meiner Regierung das Blut meiner Untertanen vergießen?"

„Um das Reich zu retten", sagte der General.

Alsbald wurden gegenüber dem Senat Kanonen aufgestellt.

Nikolaus selber kommandierte:

„Feuer!"

Der erste Schuß krachte.

„Der erste Schuß", schreibt Nikolaus, „schlug oben im Senatsgebäude ein, die Meuterer antworteten mit wilden Schreien und Plänkelfeuer."

Da nahm Rylejew die Mütze ab, trat auf Bestushew zu und umarmte ihn.

„Unsere letzten Minuten sind nahe", sagte er. „Aber es sind Minuten unserer Freiheit. Wir haben Freiheit geatmet. Dafür gebe ich jetzt gern mein Leben hin."

Verstehen Sie, was er sagte? Er sagte, nun sei

bald alles aus, doch selbst für das nur minutenlange Empfinden der Freiheit an diesem Tag gebe er ohne Bedauern sein Leben hin.

Zweifellos hat sich der Zensor nicht geirrt, als er sich so schön über Rylejew äußerte. Diese Worte, wie Rylejew sie in solch einem Moment sagte, konnte nur ein großer und hervorragender Mann sagen. Ich freue mich und bin ganz aufgeregt, daß er dies gesagt und sich als so großer Mann erwiesen hat. Es gibt also nichts darüber zu streiten, wem man damals hätte folgen müssen.

14. Ein paar Minuten später war tatsächlich auf dem Senatsplatz alles aus.

Die Hoffnungen General Wassiltschikows gingen in Erfüllung.

Die Kanonen hatten ihr Werk getan.

„Der zweite und dritte Schuß", schreibt Nikolaus I., „trafen mitten in die Menge."

Das Karree der Aufständischen wankte. Ein Teil der meuternden Soldaten flüchtete zur Newa, zum Englischen Kai, ein anderer Teil, wie Nikolaus I. schreibt, „lief den Kanonenschüssen des Semjonow-Regiments entgegen, um die Ufer des Krjukow-Kanals zu erreichen."

Im großen und ganzen war damit alles aus.

Rylejew wurde noch am nämlichen Tag verhaftet und nach einer Gerichtsverhandlung zum Tode verurteilt.

Er war ein wirklich tapferer Mann mit einem großen Herzen. Entsetzlich, daß sein Leben am Galgen endete.

Er war einunddreißig Jahre alt. Bitter zu wissen, daß sein Leben so früh und so gräßlich endete.

Er starb mannhaft wie selten einer.

15. An heroischen Geschichten, bei denen Frauen mitwirkten, ist mir die folgende bekannt.

Es geht um eine kühne und mutige Revolutionärin.

Natürlich kennt die Geschichte der Revolution viele würdige Frauen, von denen einige in der ganzen Welt berühmt sind. Über sie ist viel geschrieben worden. Sicherlich wissen Sie fast alles von ihnen.

Ich möchte aber von einer Frau erzählen, über die so gut wie gar nichts geschrieben wurde.

Es ist die Geschichte einer wenig bekannten Revolutionärin, der Tabakarbeiterin Lisa Torssujewa.

Sie lebte zu Beginn der neunziger Jahre des vorigen Jahrhunderts in Rostow.

Sie arbeitete in der Tabakfabrik Asmolow.

Dort in Rostow gründete sie mit ihrem Bruder einen Arbeiterzirkel. Es war ein sozialdemokratischer Zirkel, in welchem die Grundlagen des wissenschaftlichen Sozialismus studiert wurden.

Um in einem solchen Zirkel zu arbeiten, brauchte es viel Mut und Kühnheit, denn die Arbeiterbewegung wurde grausam bekämpft.

16. Die Arbeiterbewegung versetzte die Gendarmen in Entsetzen, Zittern und Bestürzung. Darum unterdrückten sie sie mit ungeheurer Erbitterung. Fast jeden Schritt mußten die Revolutionäre mit Gefängnis, Verbannung und sogar Zwangsarbeit bezahlen.

Außerdem: der Arbeitstag in der Fabrik dauerte vierzehn Stunden, zur Sommerszeit sogar sechzehn!

Der Monatsverdienst betrug acht Rubel.

Jetzt wird man begreifen, welches Heldentum erforderlich war, um trotz all dieser Hindernisse auf das Ziel loszugehen.

Die Tabakarbeiterin Lisa Torssujewa leistete trotz aller Hürden eine energische und kühne revolutionäre Arbeit.

Ihr Bruder wurde leider bald Tolstoianer und zog sich von der Arbeiterbewegung zurück.

Lisa aber ließ sich nicht beirren, mit zwei Arbeitern ging sie tatkräftig ans Werk.

17. Unter den Arbeitern der Tabakfabrik herrschten dazumal große Unwissenheit und großer Wissensdurst.

Außer der Politik mußte man noch vieles andere erfahren.

Lisa Torssujewa selbst besaß fast gar keine Bildung. Nächtelang hockte sie über den Büchern, um Antworten auf all die Fragen zu finden, die die Arbeiter ihr stellten.

Sie war damals fünfundzwanzig Jahre alt, jung und sehr schön. Jedermann war beeindruckt von ihrem Zauber, ihrem Verstand und ihrem ungewöhnlichen Mut.

Sie war sehr mutig und kühn.

Als sie zum Beispiel die Aufrufe für den 1. Mai 1898 anklebte, konnte sie es sich nicht verkneifen, ein Exemplar am Tor der Gendarmerieverwaltung anzubringen. Sie klebte es mit Lack an, so daß die Gendarmen das Plakat nur zusammen mit der Tür entfernen konnten.

Überdies hängte ihr Zirkel an die im Bau befindliche Kirche eine rote Fahne mit der Aufschrift: „Es lebe die Sozialdemokratische Partei! Proletarier aller Länder, vereinigt euch!“

Die Fahne hing drei Stunden lang an der Kirche, denn die Arbeiter hatten die unteren Teile des Gerüsts entfernt.

Auch diese Fahne spielte eine agitatorische Rolle – in der Stadt gab es viele Gespräche und große Erregung.

18. Als die Gendarmen nun sahen, daß die illegale Arbeit im Zirkel glänzend gedieh, verfielen sie in große Betrübnis. Sie beschlossen, dem ein Ende zu setzen.

Mehrere Arbeiter aus dem Komitee wurden festgenommen. Eines Morgens stellten sich zwei Spitzel vor Lisas Haustür auf. Sie sollten sie verhaften, sobald sie die Straße betrat.

Natürlich hätten sie sie auch zu Hause verhaften können, doch es galt als günstiger, dies draußen zu tun, denn sie konnte ja wichtige Dokumente bei sich haben oder eine den Gendarmen unbekannte konspirative Wohnung aufsuchen. Darum warteten diese vor der Haustür.

Lisa Torssujewa war jedoch von Freunden gewarnt worden.

Sie ließ die Schwester ihr Kleid anziehen und schickte sie auf die Straße.

Die Schwester nahm ein Wäschepaket und verließ das Haus.

Die Spitzel hielten sie für Lisa und schlichen ihr nach in der Hoffnung, sie werde in Geschäften des Zirkels irgendwohin gehen. Lisas Schwester jedoch führte sie zwei Stunden lang durch die Straßen. Endlich verloren die Gendarmen die Geduld und verhafteten sie. Als sie dann erfuhren, dies sei nicht Lisa, sondern Valentina Torssujewa, kehrten sie spornstreichs auf ihren Posten zurück. Aber es war schon zu spät. Lisa hatte ihren Koffer gepackt und Rostow verlassen.

19. Als der Gendarmerieobrist Artemjew erfuhr, daß die Hauptschuldige verschwunden sei, schäumte er vor Wut. Wahllos ließ er noch dreißig Personen verhaften und sagte ihnen, sie würden nicht eher freigelassen, als bis Lisa Torssujewa in Gewahrsam sei. Lisa hielt sich während dieser Zeit im Kaukasus verborgen. Sie erfuhr jedoch von Freunden, was der Obrist gesagt hatte. Daraufhin sagte sie zu ihren Freunden:

„Meine Person ist für die Sache weniger wichtig als die vielen verhafteten aktiven Mitarbeiter. Ich muß zurück nach Rostow."

Mit diesen Worten kehrte sie zurück und stellte sich freiwillig der Gendarmerieverwaltung.

Der Obrist ließ die Geiseln frei, setzte aber Lisa Torssujewa für fast ein Jahr in Einzelhaft.

Dann wurde auch sie entlassen. Mit neuer Energie ging sie wieder an die revolutionäre Arbeit.

Solche Frauen gibt es – unsere Gattinnen, Schwestern und Töchter.

Angenehm zu wissen, daß die Frauen das Banner der Revolution so hoch gehalten haben.

20. An erstaunlichen heroischen Ereignissen, bei denen Schriftsteller beteiligt waren, kennt die Historie folgende Geschichte.

Der Schriftsteller Radistschew schrieb unter Katharina II. sein berühmtes Buch „Reise von Petersburg nach Moskau". Das Buch enthielt so kühne und revolutionäre Ansichten, daß man beim Lesen noch heute den ungewöhnlichen Mut des Autors bewundern muß.

Schwer vorstellbar, was dem Autor blühen mochte, als er dieses Buch im zaristischen Rußland, im Rußland der Leibeigenen, herausgab.

So heißt es etwa über die Leibeigenschaft, es sei eine bestialische Sitte, Wesen gleicher Art zu unterjochen.

Das ganze Buch war eine offene Aufforderung zur Meuterei gegen die zaristische Regierung.

Es war ein Aufstandsappell, so daß der Autor nur Tod oder Flucht zu erwarten hatte.

Hier scheiden sich die Meinungen der Nachkommen. Einige halten seine Tat für ungewöhnlich mutig. Andere sehen sie als wenig durchdachte und blinde Unvernunft an. Als Beweis zitieren sie Radistschews gefügige Worte über seine angeblich „vorübergehende Geistesverwirrung" und sein Verhalten, welches stolzer und kühner hätte sein können bei einem Mann, der ein so mutiges Buch geschrieben.

21. Hier muß ich mich für den Autor einsetzen. Sein Verhalten war völlig richtig, nur hatte er schlechte Nerven und konnte sich deshalb nicht immer beherrschen. Dabei ist nichts Erstaunliches. Es beweist überhaupt nichts.

Was seinen Mut betrifft, so sei hier eine Schilderung wiedergegeben.

Die Setzer wollten das Buch trotz Erlaubnis nicht setzen. Da richtete Radistschew in seinem Dorf eine Druckerei ein und druckte das Buch selber in einer Auflage von sechshundertfünfzig Exemplaren.

Mehr noch, mit einer Kiepe voll Bücher wanderte er umher und verteilte sie auf Landstraßen und in Ausspannhöfen. Das war keine vorübergehende Geistesverwirrung, sondern die Tat eines Revolutionärs und Agitators.

Er wurde zum Tode verurteilt und zur Verbannung nach Sibirien begnadigt.

Er war ein großer Staatsbürger, und man muß mit Freude und Achtung seiner gedenken. Solche Menschen gab es nicht selten in der Bruderschaft der Schreibenden. Erfreulich, das zu wissen.

22. Hören Sie nunmehr die Geschichte von der Heldentat des Fjodor Podtelkow.

Er entstammte einer armen Kosakenfamilie. Er war ein Sohn des werktätigen Volkes.

Im ersten Weltkrieg war er Soldat in einem Garderegiment. Er wurde für seinen Mut und sein vorzügliches militärisches Wissen zum Unterfähnrich befördert.

Sein vorzügliches militärisches Wissen stellte er später ehrenvoll der Revolution zur Verfügung.

Im April 1918 war er bereits Befehlshaber der sowjetischen Donarmee.

Um diese seine revolutionäre Armee zu vergrößern, organisierte er eine Expedition zur Mobilisierung und Anwerbung von Kosaken aus den nördlichen Kreisen. An der Spitze einer kleinen Abteilung zog er durch die Kosakenstanizen.

In einem der Bezirke jedoch hielten weißgardistische Kosakenabteilungen Podtelkows Expedition auf. Sie sympathisierten mit dem Ataman Kaledin, der damals Rostow eingenommen hatte, umzingelten die Abteilung und entwaffneten sie durch eine Täuschung. Die ganze Abteilung wurde zum Tode durch Erschießen verurteilt. Um Podtelkow und seinen Stellvertreter Kriwoschlykow zu erniedrigen, sollten sie gehängt werden.

23. Am 11. Mai 1918 wurde in der Staniza Krasnokutskaja dieses entsetzliche Werk vollbracht.

Sechsundsiebzig Menschen wurden erschossen. Zwei sollten gehängt werden.

Als es ans Hängen ging, zeigten sie bewunderungswürdige Kaltblütigkeit und großen Mut.

Podtelkow aber beeindruckte alle durch sein tapferes Verhalten.

Bei dem Galgen stand eine riesige Menge Kosaken.

Podtelkow hielt die Schlinge mit der Hand fest und wandte sich mit einer Rede an die Kosaken.

Zuerst sagte er: „Eine Minute Gehör."

Diese unerwarteten Worte ließen die Menge buchstäblich erstarren. Da schob Podtelkow den verwirrten Henker zur Seite und sagte:

„Werktätiges Volk! Ich rufe euch auf, den trügerischen Worten der Offiziere und des Adels unter Ataman Kaledin nicht zu trauen. Die Gutsbesitzer wollen wieder das Blut des werktätigen Volkes saufen. Seht ihr das nicht? Dann seid ihr verblendet. Ich rufe euch auf, für die Sache der werktätigen Arbeiter und Bauern zu kämpfen."

24. Die Menge geriet in Erregung.

Der Chef der Wache, Stabshauptmann Senin, schrie: „Was soll das Gerede", zog den Nagant und stürzte sich auf Podtelkow.

Aber da hatte sich der Henker schon auf seine Pflicht besonnen, und nach wenigen Minuten war alles vorüber.

So starb der Donkosak und Sohn des werktätigen Volkes Fjodor Podtelkow aus der Staniza Ust-Choperskaja, Kreis Medwediza.

Darin zeigte sich Tapferkeit, Willenskraft und

Pflichtgefühl eines Revolutionärs. Ein Pflichtgefühl, das stärker war als persönliche Gefühle und Todesangst.

Der Name Fjodor Podtelkow sollte nicht minder bekannt sein als die berühmten Namen anderer revolutionärer Helden.

Übrigens zählt der Erschießungsbefehl für die ganze Abteilung sechsundsiebzig Namen auf. Ganz unten, vor der Unterschrift des Konterrevolutionärs Popow, heißt es: „Drei wollten keine Angaben zur Person machen."

Schade, daß wir die Namen dieser drei Revolutionäre nicht kennen, die genug Tapferkeit und Verachtung besaßen, ihren Namen zu verschweigen.

25. Es folgt die heroische Geschichte von dem französischen Revolutionär Louis Blanqui (1805–1881).

Er war ein furchtloser Mensch, so daß es eindrucksvoll ist, von ihm zu lesen.

Zweimal wurde er zum Tode verurteilt. Dreimal in Straßenkämpfen mit der Polizei verwundet. Zweimal aus dem geliebten Vaterland vertrieben. Und viele Male ins Gefängnis geworfen.

Es ist derselbe Blanqui, der achtunddreißig Jahre seines Lebens in Gefängnis und Verbannung verbrachte.

Man kann sich vorstellen, welch ein Druck auf diesen Revolutionär ausgeübt wurde.

Aber das verdarb ihm nicht die Laune. Buchstäblich am Tag seiner Entlassung aus dem Gefängnis nahm er mit unbeugsamer Energie seine revolutionäre Arbeit wieder auf.

Sein Programm ist in diesen Worten ausgedrückt: Früher wurde das Volk von Adel und Klerus unterdrückt. Heute wird es von Adel, Klerus und Finanzaristokratie unterdrückt. Und damit muß Schluß sein.

Darum war er fünfzig Jahre lang eine Bedrohung für seine Regierung.

26. Es ist derselbe Blanqui, über den Thiers seinen historischen Satz sagte. Am 18. März 1871 wurde nämlich in Paris die Kommune ausgerufen. Ein paar Tage vor dem Aufstand wurde Blanqui verhaftet und ins Gefängnis geworfen.

Daraufhin traten die Pariser Kommunarden in Verhandlungen mit der Versailler Regierung. Sie boten ihr an, Blanqui gegen eine ziemlich wichtige geistliche Person auszutauschen. Sie hatten nämlich den Pariser Erzbischof in Gewahrsam genommen und wollten ihn nun gegen Blanqui herausgeben. Sie schickten also eine Botschaft an die Versailler Regierung, sie würden diese geistliche Person, den für die Regierung höchst wichtigen Erzbischof, im Austausch gegen Blanqui freilassen.

Ein Mitglied der Versailler Regierung, der Blutsäufer Thiers, lehnte diesen Tausch trotz der dringlichen Bitten der Geistlichkeit ab. Und er sprach den historischen Satz:

„Wenn wir ihnen Blanqui zurückgeben, ist es dasselbe, als wenn wir ihnen ein Armeekorps zu Hilfe schickten."

Das war richtig gesagt.

Nach der Zerschlagung der Kommune saß Blanqui sieben Jahre lang im Kerker von Neukaledonien.

Drei Jahre vor seinem Tode wurde er freigelassen.

27. Und nun kam er aus dem Gefängnis, ein hochangesehener, grauhaariger, dreiundsiebzigjähriger Greis, ein Gelehrter und Revolutionär.

Man sollte denken, nach einem so stürmischen und schweren Leben hätte er Ruhe und Erholung vollauf verdient. Aber das war nicht seine Sache. Er besaß jetzt gewaltige Popularität und einen großen Namen, den er für die Revolution nutzen mußte. Sogleich nach seiner Freilassung bereiste er die Industriezentren. Seine flammenden Reden und seine Anweisenheit flößten allen Zuversicht auf ein glückliches und siegreiches Ende des revolutionären Kampfes ein. Dies wie sein ganzes Leben erscheint mir nicht minder bewunderungswürdig als das, was ich über die andern gesagt habe. Darin war nicht weniger Tapferkeit und Heldentum. Er starb 1881 und hatte die Arbeit bis zum letzten Moment nicht unterbrochen.

Sein Andenken wird ewig leben.

28. Natürlich, dies und alles zuvor Erzählte sind nur Tropfen im Meer ähnlicher Vorkommnisse. Meine Geschichten über heldenhafte Taten und Ereignisse sind nur ein winziger Strich im allgemeinen Lauf des Lebens. Um mich erschöpfend darüber zu äußern, müßte ich ein Werk von mindestens zwölf Bänden schreiben. Hat doch die Revolution immer wieder so starke Menschen und so mächtige Charaktere hervorgebracht, daß man nur staunen kann und ihnen recht geben muß.

Es gibt keinen Bereich des Lebens, der Ähnliches kennt. Alle ruhmreichen Leistungen in Sport, Kunst und Wissenschaft, alle militärischen Heldentaten verblassen im Vergleich damit. Das also heißt Überzeugung von der Richtigkeit eines Gedankens und eines hohen Ziels.

Dazu könnte ich eine Vielzahl Beispiele anführen.

Teilweise werde ich das tun.

Ich empfehle Ihrer Aufmerksamkeit einen Abschnitt, der nach der Tradition meines Buches unter „Historische Novellen“ läuft. Er trägt den Titel „Gemischtes“. Nun liegt er vor Ihnen. Er wird Ihnen beredt Zusätzliches darüber erzählen, wie es damit in der Vergangenheit bestellt war.

29. ◦ Nikolaus I. sagte bei einem Verhör zu dem Dekabristen N. Bestushew: „Ich könnte Ihnen verzeihen, wenn ich glaubte, in Ihnen einen treuen Diener zu haben.“ Bestushew antwortete: „Ich wünschte, Majestät, das Los Ihrer Untertanen hinge vom Gesetz ab und nicht von Ihrer Gewogenheit.“

◦ Stepan Rasin zeigte sich bei der Folter ungewöhnlich tapfer. Als der Henker ihm ein glühendes Eisen auf die Brust drückte und lächelnd fragte: „Tut's jetzt weh?“, antwortete Rasin: „Überhaupt nicht, als ob mich ein Weib mit der Nadel sticht.“

◦ Der Arbeiter (Weber) und Revolutionär Pjotr Alexejew (1849–1891), zu zehn Jahren Zwangsarbeit verurteilt, hielt vor Gericht eine berühmte Rede. Vergeblich suchte der Vorsitzende des Gerichts ihm Einhalt zu gebieten. Alexejew schloß mit den Worten: „Bald wird sich die muskulöse Faust des Millionen zählenden Arbeitervolkes erheben, und dann wird das von Soldatenbajonetten gestützte Joch des Despotismus zu Staub zerfallen ...“

◦ Am 15. November 1905 gab der Marineoffizier Leutnant Schmidt auf dem Kreuzer „Otschakow" das Signal zum Aufstand: „Die Schwarzmeerflotte hört auf mein Kommando."

30. ◦ Ippolit Myschkin, im Prozeß der 139 angeklagt, sagte in seiner Rede: „Hier schachern Senatoren aus Gemeinheit und Liebedienerei, für Ränge und Dotationen mit fremden Leben, mit Wahrheit und Gerechtigkeit."

◦ Während eines Judenpogroms in Odessa (1905) verteidigten sechs Studenten von der kaukasischen Landsmannschaft der Sozialdemokratischen Partei, mit Revolvern bewaffnet, einen ganzen Häuserblock und hielten dem Ansturm einer vertierten Menge von Schwarzhundertern stand.

◦ Die bolschewistische Dumafraktion (1914) sprach sich gegen Krieg und Kriegskredite aus.

In jenem patriotischen Moment des „allgemeinen Enthusiasmus" konnte dieses Verhalten nur als Staatsverrat angesehen werden. Für ihre bolschewistische Arbeit wurde die Fraktion (Samoilow, Badajew, Petrowski, Schagow, Muranow) nach Sibirien verbannt.

◦ Der in die Region Turuchansk verbannte Badajew gründete dort eine defätistische Gruppe und agitierte energisch gegen den Krieg. Dafür wurde er zum zweiten Mal vor Gericht gestellt.

31. ◦ A. Sonkin, Mitglied des Ersten Arbeiterkomitees (Kiew, 1898), erhielt den Auftrag, eilig Proklamationen in einer Maschinenfabrik zu verteilen. Die Fabrik war jedoch von Polizei umstellt. Daraufhin besorgte Sonkin ein Paket Reklamezettel für einen Manufakturladen, erschien vor der Fa-

brik und verteilte unter den Augen der Polizei die Proklamationen an die Arbeiter, die Reklamezettel aber an die Polizisten.

◦ Die Moskauer Französischlehrerin und französische Kommunistin Jeanne Labourbe erbot sich, unter den französischen Soldaten und Matrosen, die 1919 Odessa besetzt hielten, zu agitieren. Sie wurde von Offizieren erschossen.

◦ Der zaristische General A. P. Nikolajew beteiligte sich aktiv an der Organisierung der Roten Armee. Er wurde von den Weißen ergriffen, verprügelt und zum Tod durch Erhängen verurteilt. Auf dem Platz vor dem Galgen (in Jamburg) sagte er nach der Urteilsverkündung: „Sie nehmen mir das Leben, aber den Glauben an das künftige Glück der Menschen können Sie mir nicht nehmen."

◦ A. S. Rakow, Kellner im Grand-Hotel und Mitglied der bolschewistischen Partei, war im Bürgerkrieg Kriegskommissar in einer Brigade. Seine Stabsunterkunft wurde von Weißen umzingelt, und da er sich nicht ergeben wollte, verbarrikadierte er sich allein in dem Bauernhaus und schoß stundenlang mit dem Maschinengewehr zurück. Als alle Gurte verbraucht waren, erschoß er sich.

Die finnischen Weißgardisten hatten seinen Kopf auf dreißigtausend Goldmark taxiert.

32. ◦ J. M. Swerdlow war während seines kurzen Lebens (vierunddreißig Jahre) sechsmal verhaftet, saß zwei Jahre in der Festung, wurde in die Region Narym verbannt (von wo er entfloh) und schließlich nach der Region Turuchansk verschickt. Er widmete sein ganzes Leben der proletarischen Revolution.

◦ 1919 warf ein Anarchist eine Bombe in das Gebäude des Moskauer Komitees, als dort gerade eine Sitzung der Parteiarbeiter stattfand. Der anwesende Bolschewik Denis Sagorski nahm unverzagt die zischende Bombe in die Hand und wollte sie aus dem Fenster werfen. Er wurde in Stücke zerrissen.

○ Dora Ljubarskaja wurde Anfang 1920 für ihre illegale Arbeit in Odessa von den Weißen hingerichtet. Sie hinterließ folgenden Brief: „Meine ruhmreichen Genossen, ich sterbe so ehrlich, wie ich gelebt habe. In acht Tagen werde ich zweiundzwanzig Jahre alt, und heute abend erschießen sie mich. Mir tut es nicht leid zu sterben, mir tut es nur leid, so wenig für die Revolution getan zu haben. Ich küsse meine alte Mutter und Genossin. Lebt wohl, seid glücklich."

○ Der bayrische Kommunist Leviné wurde angeklagt, die Kommune organisiert zu haben. In seinem Plädoyer nannte der Staatsanwalt Leviné einen „jämmerlichen Feigling", der die von ihm aufgewiegelten Massen im Moment der Gefahr im Stich gelassen habe. Leviné antwortete auf diese verlogene Beschuldigung: „Ich lade Sie hiermit zu meiner Erschießung ein, dann werden Sie sehen, wie mutig Revolutionäre zu sterben wissen."

Sind sie nicht wirklich erstaunlich, diese kleinen Bemerkungen über große und bedeutende Menschen?

Sie gaben ihr Leben, um die alte Welt des Blutes, der Tränen und Nöte umzugestalten.

33. Die Historie kennt auf allen Gebieten des Lebens erstaunliche Heldentaten, die ebenfalls Freude und Respekt auslösen können.

Einige Novellen über solch erstaunliche Taten möchte ich Ihrer Aufmerksamkeit empfehlen.

Hoffentlich werden Sie diese Taten zu schätzen wissen und verstehen, daß so etwas auch wertvoll ist. Und auch Achtung verdient. Und auch eine Rolle bei der Schaffung eines neuen Lebens und neuer Menschen spielt.

Da ist zum Beispiel eine historische Geschichte über den berühmten griechischen Philosophen Diogenes.

Allerdings gab es mehrere Diogenesse. Ich meine jedoch den bedeutendsten, der eine Zeitlang in einer Tonne hauste.

Er stammte aus der Stadt Sinope. Dort hat er zu den Leuten gesagt: „Man muß so leben, daß man nicht vom Leben abhängt." Er war ein großes Original. Nur konnte er nicht lange in seiner Tonne hausen. Irgendwer, was weiß ich, verkaufte ihn in die Sklaverei. So was kam bei denen in Griechenland ziemlich oft vor.

Allerdings kaufte sich Diogenes bald wieder aus der Sklaverei los, und in dem Jahr, von dem hier die Rede ist, lebte er behaglich bei Bekannten in Korinth.

Es dauerte nicht lange, und sein Verstand machte ihn so berühmt, daß alle Welt zusammenströmte, um ihn zu sehen.

34. Nun drang das Gerücht über seinen wunderbaren Verstand auch zum Beherrscher der Welt, Alexander von Mazedonien.

Dies war ebenfalls ein im höchsten Grade bemerkenswerter Mann, genial, kühn, tatkräftig.

Unbedingt wollte er mit diesem Philosophen sprechen.

Er wollte ihm Freundlichkeiten erweisen. Ihm Gutes tun.

Zu diesem Behufe reiste der ruhmreiche Führer eines Tages samt Gefolge nach Korinth und schaute bei dem Philosophen herein.

Man kann sich vorstellen, was für ein Bild das war.

Die glanzvolle Kavalkade sprengt auf das Haus zu. Ein junger Adjutant mit funkelndem Helm wendet sich an die Menge:

„Mal herhören, Leute, wohnt hier nicht irgendwo der Dings … wie heißt er noch … Diogenes, glaub ich … der … na ja … nachdenkt …“

Die Menge antwortet grienend:

„Der wohnt hier. Da sitzt er ja am Zaun. Läßt sich in der Sonne braten. Wirklich ein Kauz.“

35. Alexander von Mazedonien springt von seinem Gaul, geht auf den Philosophen zu und unterhält sich leise mit ihm. Dann sagt er:

„Dein Verstand entzückt mich, Opa. Ich möchte dir einen Wunsch erfüllen.“

Diogenes schmunzelt und sagt:

„Ich brauche nichts. Was sollte ich mir von dir wünschen?“

„Du kannst dir alles von mir wünschen, was du willst.“

Alexanders Adjutant flüsterte dem Philosophen zu:

„Du Idiot, wünsch dir doch ein Wochenendhäuschen. Sag, du hast ’ne blinde Mutter. Oder wünsch dir Pferd und Wagen. So was von Schlafmütze … Sag doch, geben Sie mir einen Wagen. Sag, deine Mutter kann nicht gehen. So red doch, du Gottesnarr!“

Diogenes sagt zu Alexander von Mazedonien: „Na ja, mein Lieber, wenn ich dich schon um was bitten soll – geh bißchen zur Seite, du versperrst mir die Sonne."

Irgendein Dummkopf an Alexanders Stelle, ein Narr oder Flegel, hätte bestimmt geschrien, geheult, sich beleidigt gefühlt oder am Ende gar unsern ruhmreichen Philosophen ins Gefängnis gesteckt.

Alexander von Mazedonien aber war ein großer Mann. Er lachte und sagte: „Wissen Sie, meine Herren, wäre ich nicht Alexander von Mazedonien, so möchte ich wohl Diogenes sein."

Worauf sie beide vergnügt lachten und sich trennten. Beide fühlten sich tüchtig aufgepulvert. Prima Kerle. Angenehme Menschen. An ihnen werd ich immer meine Freude haben. Gäbe es nur mehr davon! Das Leben würde in vieler Beziehung gewinnen. Schließlich sind Verstand und prächtiges Verhalten im Leben so nützlich wie Mut und Heldentum.

36. Aus dem Leben des Altertums lesen Sie nunmehr die kleine und allgemein bekannte Geschichte von einer höchst mutigen Tat.

Es ist, kann man sagen, ein klassischer Fall, so daß es nicht schaden kann, ihn dem Leser in Erinnerung zu rufen.

Das war schon bei den Römern. Bei denen gab's auch gute Charaktere.

Folgendes ist dort eines Tages passiert. Der etruskische König Porsena hatte Rom mit seinen wahrscheinlich ebenfalls etruskischen Truppen eingekreist. Er belagerte die Stadt. Wollte sie erobern. Mit Hilfe dieser seiner Etrusker.

Unter den Römern fand sich jedoch ein glühender Patriot, der sich erbot, den etruskischen König zu töten. Es war ein römischer Bürger plebejischen Geschlechts – Gajus Mucius.

In der Nacht schlich er sich zu den Etruskern ins Lager und tötete durch einen unglücklichen Zufall statt des Königs dessen Schreiber, der sich in demselben Zelt aufhielt. Bestimmt war das ein ansehnlicher Mann, der Schreiber. Der König hingegen sah bestimmt dumm und häßlich aus. War so ein ausgemergelter, krummnasiger Etruskertyp. Mucius wird ihn für den Schreiber gehalten und deshalb den anderen getötet haben. Sehr schade, aber was will man machen – ein Versehen.

37. Na ja. Mucius wurde natürlich ergriffen. Der häßliche König, der wie ein Schreiber aussah, verhörte ihn und stellte ihm Folter und Hinrichtung in Aussicht.

Mucius sagte:

„Vor deiner Folter hab ich keine Angst. Schau her, wie mutig ich bin."

Mit diesen Worten hielt er die Hand über den Altar und ließ sie verbrennen.

Im Altertum hatten manche Römer aus religiösen Gründen bei sich zu Hause einen Altar brennen. Das war so eine Art Schale auf drei Beinen. Da brannte irgendwas drin. Wahrscheinlich roch es ekelhaft nach Ruß. Und dauernd mußte man nachlegen. Bestimmt war die Flamme nur klein, aber trotzdem, die Hand darüberhalten ist nicht zu empfehlen.

Trotzdem hielt unser ruhmreicher Römer die rechte Hand darüber und ließ sie verbrennen. Das tat er so lange, bis die Hand verkohlt war. Dabei sagte er keinen Mucks, und kein Muskel zuckte in seinem Gesicht.

Der König wird zuerst gelacht haben, aber dann wurde er ernst und sagte: „Genug."

38. Danach schickte er ihn nach Rom zurück. Und brach bald drauf die Belagerung ab. Er hatte gesehen, daß das römische Publikum imstande war, Wunder von Tapferkeit zu vollbringen. Mit so was legte man sich besser nicht an.

Natürlich beschleichen einen Zweifel, ob er seine Hand wirklich dermaßen verbrennen ließ. Vielleicht hat er sie bloß kurz übers Feuer gehalten und sogleich mit einem Schrei zurückgezogen. Und ist herumgehüpft vor Schmerzen. Vielleicht mußte der König über diese Hüpfer lachen und ließ ihn deshalb frei. Vielleicht hat sich Mucius bloß eine Brandblase geholt. Die Historie hat vielleicht die Räucherpfanne bloß deshalb so ausgebläht, um die Schönheit der menschlichen Seele zu zeichnen. Es stellt sich jedoch heraus, so war es nicht. Alles verhielt sich so, wie ich's erzählt habe.

Unser Held erhielt sogar den Spitznamen Mucius Scävola. Das bedeutet Linkshänder. Schließlich war die rechte Hand nach dem Brand überhaupt nicht mehr zu gebrauchen. Das kann teilweise als sicherer Beweis gelten.

Natürlich hätten sie ihm einen schöneren Spitznamen geben können. Immerhin war es eine außergewöhnliche Tat. Zumal es bei denen in Rom, soviel ich weiß, keine Erste Hilfe gab, was den Mut dieses römischen Kämpfers in noch hellerem Licht erstrahlen läßt. Ansonsten können wir an dieser Tat unsere Freude haben. Sie kündet von

Stärke und Geistesgegenwart, was im Leben auch von nicht geringer Bedeutung ist.

39. Nunmehr erzähle ich Ihnen eine merkwürdige Begebenheit, die erfreulich und angenehm endete.

In dieser Geschichte werden Sie Mut und Geisteskraft, treue Freundesliebe und kameradschaftliche Hilfe, gewaltigen Wagemut und alles, was dazugehört, erleben. Und das ist auch was wert.

Die Geschichte ist in vieler Beziehung eine merkwürdige Begebenheit. Und sie ist so interessant, daß sie sich hintereinander weg liest.

Ich möchte Ihnen erzählen, wie der Anarchist Kropotkin aus der Peter-Pauls-Festung entfloh. Dabei half ihm sein Freund Doktor Weimar. Die mutige Tat dieses Arztes möchte ich zu den wirklich erstaunlichen Geschichten zählen.

Kropotkin war von der zaristischen Regierung verhaftet worden und saß ein Jahr lang in der entsetzlichen Kasematte der Peter-Pauls-Festung.

Ihm drohte Zwangsarbeit und ewige Verbannung.

Da beschlossen seine Freunde, vor allem dieser Arzt, ihn zu retten.

Eines Tages bekam Kropotkin mit einer Geschenksendung eine Taschenuhr. Er wunderte sich. Als er sie untersuchte, fand er im Uhrwerk einen hauchdünnen Zettel. Darauf war der Fluchtplan niedergelegt.

40. Der Plan war folgender. In den nächsten Tagen würde Kropotkin während des zwanzigminütigen Spaziergangs im Gefängnishof jenseits der Festungsmauer eine Geige spielen hören. Auf dieses Zeichen sollte er zum Festungstor rennen. Am Tor

würde ihn eine Droschke erwarten und zum vorgesehenen Ort bringen.

Seine Aufgabe war also nur, zum Tor zu rennen. Das war jedoch äußerst schwierig. Bis zum Tor waren es dreihundert Schritte. Wenn Kropotkin spazierenging, folgte ihm auf dem Fuße ein Soldat mit Gewehr. Und am Tor stand ein Posten.

An einem Julitag hörte Kropotkin das Signal und rannte los.

Dies kam so unerwartet, daß der Wachsoldat zunächst perplex war. So gewann Kropotkin ein paar Schritte Vorsprung.

Mit dem Ruf „Haltet ihn!" lief der Wachsoldat dem Arrestanten nach und versuchte ein paarmal, ihn mit dem Bajonett zu stechen, indem er die Hand mit dem Gewehr nach vorn stieß, doch erfolglos. Er schoß jedoch nicht, wahrscheinlich weil er glaubte, man werde den Arrestanten am Tor abfangen.

41. Am Tor stand jedoch ein Freund Weimars und lenkte den Posten ab. Er erzählte ihm etwas, und der Posten hörte ihm gespannt zu.

Kropotkin warf den Arrestantenkittel ab, um schneller rennen zu können. Der Wachsoldat wollte schießen, aber da fuhr zum Glück ein Bauernfuhrwerk mit Pferdefutter zum Tor herein, und Kropotkin fand dahinter Deckung.

Noch ein paar Anstrengungen, und Kropotkin war im Tor. Dahinter erblickte er die Droschke.

Aber zu seinem Entsetzen saß in der Droschke ein glänzender Gardeoffizier.

Kropotkin erstarrte und wußte nicht, was er tun sollte.

Aber der Offizier schrie:

„Schnell, verdammt noch mal, komm rein!“

Mit einem Satz war Kropotkin in der Droschke. Der Offizier reichte ihm einen Klappzylinder nebst Umhang, dann erhob er sich vom Sitz, fuchtelte mit einem Revolver und schrie dem Kutscher mit furchtbarer Stimme zu:

„Fahr zu! Oder ich schieße!“

Der herrliche preisgekrönte Traber jagte aus Leibeskräften los.

42. Von hinten erschollen Rufe: „Haltet ihn!“ Ein paar Schüsse krachten. Aber es war zu spät.

Der Traber war schon zu weit weg. Der Gardeoffizier (Kropotkins mutiger verkleideter Freund Doktor Weimar) lehnte sich gemächlich im Sitz zurück. Jetzt saßen in der Equipage vornehme Herren – ein Offizier und ein Herr mit Zylinder und Havelock. Vorübergehende Gendarmen salutierten, obwohl es aus der Ferne noch immer rief: „Haltet ihn!“

Die Flüchtlinge erreichten den Kamennoostrowski-Prospekt und waren bald in der Wohnung von Freunden.

Hier zu bleiben war jedoch nicht ungefährlich. Darum verließ Kropotkin die Stadt. Zwei Tage später war er in Finnland. Von dort ging er nach Schweden.

Kropotkins Angehörige wurden zwei Monate lang im Gefängnis festgehalten, doch dann sah man, daß sie mit der Flucht nichts zu tun hatten, und ließ sie frei. Erfreulich, daß von Kropotkins Familie niemand zu Schaden kam.

Auch der mutige Doktor Weimar blieb unbehelligt. Von ihm wußte man eigentlich gar nichts. Erst später kam alles heraus.

Solche Ärzte und Doktoren gibt es. Erfreulich, das zu wissen. Von solchen Ärzten möchte man sich behandeln lassen.

43. Ansonsten rühren uns solche Taten, wie sie in diesen drei Novellen erzählt wurden, durch ihre Größe und ihren Mut.

Was die Mitarbeiter von Kunst und Wissenschaft betrifft, so waren viele von ihnen in diesem Sinne auf der Höhe der Situation. Manche ihrer Taten beeindrucken uns ebenfalls durch ihre Größe.

Zum Beweis und als Beispiel möchte ich ein paar Bemerkungen über ruhmreiche und tapfere Taten von Personen dieser Berufsgruppen anführen.

∘ Der italienische Gelehrte Lazzaro Spallanzani (gestorben 1799) studierte die Lebensprozesse im menschlichen Organismus und nahm Versuche an sich selber vor. Er führte verschiedene Mikroben ins Blut ein und schluckte, um die Verdauung zu beobachten, kaum verdauliche und absolut ungenießbare Stoffe. Als er schon im Sterben lag, sagte er: „Ich habe ein schlechtes Herz, und ich bitte, es nach meinem Tode sofort genau zu untersuchen, vielleicht ergibt das Aufschluß über Herzkrankheiten."

∘ Michelangelo widmete die kolossale Kraft und Leidenschaft seiner Persönlichkeit der Malerei und opferte dafür sein ganzes Leben. Als er im Vatikan an seinen genialen Fresken arbeitete, verbrachte er nicht selten Tage und Nächte auf einem Gerüst, in unbequemer Stellung dicht unter der Decke liegend. Nachts arbeitete er beim Licht einer Kerze, die er an einem Reifen auf dem Kopf trug. Gelegentlich verklebte ihm das Wachs die Augen. Infolgedessen büßte er späterhin die Sehkraft ein. Als blinder Greis führte man ihn in Museen, wo er mit Genuß Skulpturen betastete.

o Beethoven verzichtete auf die Liebe, die eine seiner Verehrerinnen ihm anbot. Er sagte zu seinen Freunden: „Wenn ich meine Kräfte solchermaßen verschwendete, was würde dann für das Gute und Edle übrigbleiben?"

Er schrieb gerade seine berühmte Sechste Sinfonie.

44. Außer all dem Aufgezählten gibt es noch eine Sorte von Heldentum und Tapferkeit, die uns erstaunt, aber nicht so recht begeistert. Ich meine die kühnen Taten, die sozusagen ohne großes Ziel und Bedeutung vollbracht wurden.

Da gab es zum Beispiel den berühmten Protopopen und Schriftsteller Awwakum. Er bekundete außerordentliche Tapferkeit. Man folterte ihn, schickte ihn in Gefängnis und Verbannung. Versuchte ihn zu bestechen. Setzte ihm schließlich zu, sich von seiner Idee loszusagen. Aber er gab nicht auf. Er beharrte auf dem Seinen. Bis man ihn umbrachte.

Seine ganze Idee bestand, Verzeihung, darin: Er war dagegen, daß sich das Publikum mit drei Fingern bekreuzigte. Er sagte, dies müsse die Gläubigen in Verlegenheit bringen. Es könne sie an den Kukisch erinnern, jenes Spottzeichen, bei dem der Daumen zwischen Zeige- und Mittelfinger vorgezeigt wird. Er bestand auf zwei Fingern beim Bekreuzigen. Mit dieser glorreichen Idee ging er in den Tod. Er wurde verbrannt. Noch vom Scheiterhaufen herab schrie er: „Ketzer, Schufte!"

Sie werden zugeben, daß eine so kühne Tat Verwunderung auslösen kann, doch keine Begeisterung, denn die Idee ist doch ziemlich schwach. Allerdings, betrachtet man die Historie, so sieht man, viele haben um solcher Vorstellungen willen ihr stürmisches Leben beendet. Viele ungestüme Köpfe sind zum Teufel gegangen wegen einer eigentlich recht kümmerlichen Idee – ob man sich nun mit zwei oder mit drei Fingern bekreuzigen müsse.

45. Oder ein anderer Fall. Feldmarschall Münnich.

Bekanntlich wurde er unter Zarin Elisabeth 1742 vor Gericht gestellt. Eigentlich hatten sie ihn wegen seines öffentlichen Amtes hoppgenommen. Er war bei der früheren Zarin Feldmarschall gewesen. Hatte ihre Gunst besessen. Die neue jedoch kannte da gar keine Hemmungen.

Kaum war die gutmütige, blutjunge dumme Gans Anna Leopoldowna vom Thron gestürzt mitsamt ihrem Kindchen, da befahl Elisabeth, unsern verehrten Feldmarschall vor Gericht zu stellen.

Zu allem Überfluß wurde einer seiner Untergebenen, Trubezkoi, zum Gerichtsvorsitzenden ernannt.

Vor Gericht fragte Trubezkoi:

„Angeklagter Münnich, bekennen Sie sich schuldig?"

Münnich sagte:

„Ich bin nur in einem Sinne schuldig, Herr Richter."

„In welchem Sinne?"

„In dem Sinne", sagte Münnich, „daß ich dich Hund nicht habe hängen lassen, als ich dich im vorigen Jahr beim Betrug ertappte, wie du noch Kriegskommissar warst."

46. Bei dieser kühnen Antwort ließen viele im Gerichtssaal ein Schnaufen hören. Der Vorsitzende erbleichte und verurteilte Münnich erbarmungslos zum Tode.

Die Zarin Elisabeth hatte jedoch schwache Nerven, sie wollte die Hinrichtung nicht und verbannte ihn auf Lebenszeit.

Münnichs Antwort war natürlich sehr kühn und mutig. Andere hätten gejammert und zum Maul geredet. Er aber gab so eine stolze Antwort. Dabei spielte natürlich die persönliche Abrechnung eine Rolle – starker Haß und der Wunsch, den andern zu treffen.

Darum kann so eine Tat bei all ihrer Tapferkeit uns zwar verwundern, doch dem Menschen gegenüber bleiben wir kalt und gleichgültig. Er ist uns sozusagen schnurzegal.

Das also bedeuten Ziel und Streben.

Ansonsten kann man aus den beiden letzten Novellen den Schluß ziehen, daß Ziel und Aufgabe bei jeder Tat eine nicht geringe Rolle spielen.

Wo das Ziel nichtig ist, ruft selbst die mutigste Tat unsern Spott hervor. Ist das Ziel jedoch hoch, so erreicht das Heldentum, wie wir gesehen haben, seine volle Höhe.

47. Das richtige und hohe Ziel in Verbindung mit heroischem Kampf und bewundernswerter Tapferkeit hat beispielsweise die soziale Revolution hervorgebracht.

Mit dieser Revolution war die Vergangenheit beendet, und die Gegenwart brach an. Von der

Vergangenheit habe ich Ihnen beim Durchblättern der Geschichte erzählt. Was die Gegenwart betrifft, so liegt sie vor Ihren Augen. Sie haben sie vor sich und sehen, was es damit auf sich hat. Sie besteht darin, daß das Leben aus den Händen der Werk-, Bank-, Laden- und Gutsbesitzer endgültig in die Hände derer übergegangen ist, die arbeiten. Dies ist eine der merkwürdigsten Begebenheiten, eine der erstaunlichsten Veränderungen aller Zeiten.

Beobachter dieser Veränderungen mögen bedenken, daß der gegenwärtige Moment im Vergleich zu dem, was noch kommt, für Beobachtungen nicht allzuviel hergibt. Einige Schwierigkeiten unserer Tage besagen gar nichts. Das, was fast aus dem Nichts geschaffen wurde, ist schon sehr viel. Das, was bald geschaffen wird, wird noch viel besser sein, denn die Menschen werden es für sich selbst schaffen, und niemand ist sich selbst ein Feind. Die Werktätigen werden schon wissen, was für wen gut ist.

Aber das, was ist, kam nicht von selbst. Dafür wurden höchste Tapferkeit und Geisteskraft aufgewandt, große Leiden und gewaltige Verluste ertragen.

Von den erstaunlichen Begebenheiten in diesen Jahren kann man außer den bereits erwähnten noch folgende nennen.

48. Die erste erstaunliche Begebenheit ist der Bürgerkrieg, der mit einer völligen Niederlage des Rußlands der Herren endete.

Wie sagte doch unser berühmter sowjetischer Poet:

Wir kämpften dafür bei Orlow
und fochten bei Shmerinka.
Für diesen Kampf, verflucht noch mal,
ist uns, die wir ihn überlebt,
der Himmel sicher allzumal,
doch Jungs, das paßt nicht recht zu uns ...

In der Tat, während dieses Krieges zeigten viele solche Tapferkeit, solchen Heldenmut, daß sich kaum etwas damit vergleichen läßt. Die Namen der Helden sind in aller Munde. Einige von ihnen sind gefallen, andere leben, und man kann sie sehen. Beider Namen werden mit Goldlettern auf Marmor verewigt werden.

Die zweite erstaunliche Begebenheit war die, daß die privaten Händler und Kaufleute mit ihrer Gewohnheit, täglich zu handeln, eine endgültige Niederlage erlitten und mitsamt ihren aktuellen Losungen „Betrügst du nicht, verkaufst du nicht", „Ein Dummkopf ist leicht zu betrügen" und „Geld stinkt nicht" aus den Seiten der neuesten Geschichte verschwanden.

49. Was die dritte erstaunliche Begebenheit betrifft, so sind das die Großen Veränderungen.

Es ist noch nicht lange her, daß ein Dichter Verse schrieb, in denen er um zweifelhafter Reime willen poetische Willkür beging:

Hört auf mit dieser Schanden,
zu preisen Schlamm und Dreck –
Rußland ist auferstanden
und wusch den Schmutz hinweg.

Diese Strophen besagen jedoch gar nichts. Rußland, das den Schmutz hinweggewaschen hat, ist von einem Stroh- und Holzland zu einem Eisenland geworden. Das dörfliche Bettlerland, auf neuer, kollektiver Grundlage umgestaltet, hat eine neue vorzügliche Wirtschaft und ein noch nicht beschriebenes neues Leben geschaffen. Das ist auch eine sehr merkwürdige Begebenheit, die ohne jegliche Beschreibung für sich spricht.

Die vierte erstaunliche Begebenheit ist schon für jedermann zu erkennen. Ich werde den Leser nicht mit Erklärungen behelligen und auch nicht auf Fragen dcr politischen Ökonomie eingehen. Ich sage nur, daß die materielle Verbesserung, die da wächst, immer weiter wachsen wird.

Davon bin ich überzeugt, darauf hoffe ich. So wird es gewiß auch sein.

Und wenn sich das ganz und gar bestätigt hat, werden ausnahmslos alle diese erstaunliche Begebenheit zu schätzen wissen und in ihr Herz schreiben.

50. Was die fünfte erstaunliche Begebenheit betrifft, so ist das die Große Arbeit. Sie wurde so kraftvoll und energisch geleistet, daß es alle Welt verblüfft hat. Manche haben sogar gesagt, das sei zu gefährlich für die Gesundheit.

Es war in der Tat eine so gewaltige und für die Gesundheit nicht ungefährliche Arbeit, daß ein Vertreter der Adelsklasse dies einfach nicht begreifen kann.

Wie sagte doch seinerzeit der Dichter Nekrassow zu seinem mondänen Leser:

Fleißig zu schaffen – diese Gewohnheit
sollten auch wir übernehmen alsdann,
halte in Ehren des Volkes Arbeit,
lerne zu achten den Bauersmann.

Ich möchte diesem Vers hinzufügen, daß wir unsererseits lernen müssen, einander achtsam, aufmerksam und liebenswürdig zu behandeln. Liebt man nämlich nur die Arbeit und vergißt die Menschen, so entsteht nicht das, was zu fordern ist. Man muß die Menschen achten und lieben mit aller Kraft seines bewußten Herzens. Dies sollte mit schwarzen Lettern auf blauen Marmor geschrieben und mit fünf Ausrufezeichen versehen werden.

51. Natürlich habe ich vielleicht irgendwelche erstaunliche Begebenheiten zu erwähnen vergessen – es wird gebeten, sie im Gedächtnis zu vermerken.

Was das Ausland betrifft, so kommen auch dort sehr häufig erstaunliche und ruhmreiche Begebenheiten vor. Auch dort gibt es einmalige Helden und hervorragende Taten voll Mut und Kühnheit, so daß selbst die Feinde beeindruckt sind, einen Schreck bekommen, sich mächtig ärgern, Rache nehmen und morden.

Man liest zuzeiten davon. Die Namen dieser Helden sind in aller Munde. Auch ihre ruhmreichen Namen werden mit Goldlettern auf Marmor verewigt werden.

Damit, Freunde, möchte ich die Beschreibung der historischen erstaunlichen Begebenheiten und die kurze Übersicht über die erstaunlichen Begebenheiten unserer Zeit abschließen.

Glück und Erfolg den neuen Menschen und

dem erstaunlichen neuen Leben, das sich vor unserm Blick entfaltet!

52. Sei gegrüßt, neues junges Leben!

Jetzt gehört alles den Werktätigen, und darum hoffe ich, daß alles gut wird und daß alle sklavischen Gefühle und Gedanken, die von der finsteren Historie hervorgebracht wurden – hastige Beflissenheit, lakaienhafter Diensteifer und übermäßige Bereitwilligkeit – verschwinden und vergehen und niemals wieder die menschliche Würde herabsetzen. All das war entstanden aus Angst und grimmigem Existenzkampf und dem ganzen unerfreulichen Verlauf der Historie.

So sei denn gegrüßt, neues junges Leben, das du ganz anders bist als in der Historie beschrieben.

Mit diesem freundlichen Ausruf, der viel Freude und Hoffnung birgt, beende ich meinen Abschnitt und wünsche alles Gute.

Bitte lesen Sie nun noch das kleine Nachwort zum fünften Abschnitt.

Nachwort

Also, Freunde, unser ruhmreicher fünfter Abschnitt ist beendet.

Was sehen wir nun, nachdem wir die historischen Novellen und den kurzen Abriß der erstaunlichen Begebenheiten aus unsern Tagen gelesen haben?

Wir sehen, daß sich trotz allen Mißgeschicks, trotz Finsternis, Kälte und Nebel ein lichter Gedanke, Frische, Hoffnung und Tapferkeit immer einen Weg bahnen.

Wir sehen, daß es neben schäbigen und niedrigen Taten auch erstaunliche Taten gibt, würdig allerhöchster Erwähnung und Anerkennung.

Wir sehen endlich, wie sich unser Leben so ändert, wie es für die Bevölkerung nützlich und notwendig ist.

Und ich freue mich über die Gelegenheit, mit dem Dichter zu streiten, der seinerzeit, ohne den fünften Teil des Lebens zu sehen, gesagt hat:

> Wie oft, mein Freund, beklagen wir
> die Kargheit unsrer Lebensbahn!
> Oh, meine Lieben, wüßtet ihr,
> was erst die Zukunft für ein Wahn!

Ich sehe die Zukunft nicht als Wahn an.

Ich stelle mir andere, herrliche Bilder vor. Gut, daß der Poet sich geirrt hat.

Damit, Freunde, beende ich den fünften und letzten Teil meines Himmelblaubuchs.

Im übrigen empfehle ich Ihrer Aufmerksamkeit zwecks Entwicklung des Denkens noch sozusagen einen Sonderanhang. In diesem Anhang wird Ihnen einiges Amüsante und Komische erzählt.

Dieser Zusatzabschnitt wird teilweise ein Anhang zum fünften Abschnitt sein und teilweise mein ganzes Buch krönen, dessen Ende nicht mehr fern ist.

Er wird sozusagen eine Brücke schlagen, auf der Sie nach der langen literarischen Reise gemächlich zum Ufer des Alltags schreiten können.

Ansonsten empfehle ich Ihnen, die fünf zeitgenössischen Novellen zu lesen, deren Zahl meinen Abschnitten und deren Bedeutung entspricht.

So wird zum Beispiel die erste Novelle vom

Geld und seiner wundersamen Bedeutung handeln. Die zweite von der Liebe, ebenfalls in einer erstaunlichen Abart. Und so weiter. Bis zum Schluß.

Nun beginnen also die amüsanten Novellen. Sie wurden geschrieben, um das Denken zu entwikkeln, zu erheitern und aufzupulvern.

Anhang zum fünften Abschnitt

Die arme Lisa

Eine junge Person, alles andre als häßlich, gut entwickelt und brünett, beschloß, in diesem Jahr unbedingt reich zu werden.

Das heißt, sie wollte nicht unbedingt märchenhafte Reichtümer anschaffen, wie das manchmal in den Ländern des Kapitals bei Millionären und Schiebern vorkommt.

Nein, das wollte sie natürlich nicht. Das heißt, genauer gesagt, sie wollte gerade das. Nur wußte sie nicht, wie das heutzutage zu bewerkstelligen wäre. Darum beschloß sie, sich das zu beschaffen, was in den Grenzen des Möglichen lag.

Sie wollte einen kleinen blauen Ford, na ja, mit einem ständigen Chauffeur. Eine Reihendatsche. Ein gewisses Konto im Devisenladen. Und natürlich, für ihren Mann eine ansehnliche Stellung, damit sie überall zugegen sein und alle Welt sehen könne.

Ihr Mann jedoch war ein ganz gewöhnlicher Ingenieur. Das heißt, er war Hydrologe. Die haben irgendwie mit Wasser zu tun. Und da das so war, hatte er natürlich keine besonderen Säulen zu projektieren, wofür er Geld und Prämien erhalten hätte als Schöpfer neuer Ideen und Thesen.

Kürzer gesagt, er lebte mit seinen siebenhundert monatlich auf Sparflamme. Als Enthusiast seines Berufs war er sogar bis zu einem gewissen Grade zufrieden.

Seine Gattin jedoch war mit dieser Summe nicht zu befriedigen. Als müßiges und hohlköpfiges Frauenzimmer mit schwacher Weltanschauung träumte sie von märchenhaftem Luxus und so weiter.

Irgendwer hatte ihr mal gesagt, die Schriftsteller lebten ziemlich prächtig, manche von ihnen besäßen Schreibmaschinen, abgeschlossene Wohnungen und Datschen, einige sogar ein Automobil. Und sie solle doch in dieser Gesellschaftsschicht auf die Suche gehen.

Aber Lisa wußte nicht, wo sie suchen sollte. Darum tat sie sich etwas überstürzt mit dem ersten besten Schriftsteller zusammen.

Aber, unter uns gesagt, dieser Ingenieur der menschlichen Seele erwies sich wie aus Daffke als ein selten unbegütertes und beschränktes Subjekt. Obendrein war er ein Liebhaber des Alkohols. Demzufolge sprach er schon nach einem Monat den Wunsch aus, sie möge unbedingt eine Tätigkeit aufnehmen. Auf sich nämlich könne er nicht hoffen, da er schwache, wenig künstlerische Bücher schreibe, die die Größe der Epoche nicht in vollem Maße spiegelten.

Er erfüllte also ihre Hoffnungen nicht, darum verließ sie den entarteten Kerl unter Zurücklassung ihres Glaubens an die Literatur und deren Allmacht.

Sie kehrte also zu ihrem Ehemann zurück. Ihre hitzigen Hoffnungen hatte sie jedoch nicht aufgegeben, und sie wartete nur darauf, daß möglichst bald etwas einträte.

Zu diesem Zeitpunkt wurde sie einem Ausländer vorgestellt. Man stellte sie ihm in einem Restaurant vor. Fügte hinzu, er sei ein ausländischer Tourist. Lebe im Hotel, sei aber damit unzufrieden und träume davon, für etwa zwei Monate ein Zimmer in einem Privathaus zu finden. Ob sie keines habe?

Zwar hatte sie keines, doch nichtsdestoweniger freute sie sich wie verrückt und beschloß, ihre ehrenwerte Frau Mutter für zwei Monate auszuquartieren, um nur nicht den verzärtelten Ausländer einzubüßen, der außerstande war, in ungemütlichen, lauten Hotels unter Geklingel und dauernd reinkommenden Zimmermädchen zu leben.

Sie richtete also dem ausländischen Touristen und verwöhnten Aristokraten in ihrer Wohnung ein Zimmer ein. Ihr Ehemann wollte es nicht dulden, aber sie bestand darauf. Der Ausländer zog also zu ihnen mitsamt seiner blendenden Garderobe, Eau de Cologne, Fotoapparat und so weiter.

Lisa wähnte nunmehr den wichtigsten Moment ihres Lebens gekommen und tat sich mit dem Ausländer zusammen.

Er verliebte sich heftig in sie. Machte ihr einen formellen Antrag. Sie stimmte zu und war obendrein dermaßen erfreut, daß es nicht zu beschreiben ist.

Sofort verließ sie ihren Mann. Und lebte mit dem Ausländer in Muttis Zimmer.

Obwohl ihr Ausländer fast überhaupt nicht russisch sprach und sie im Gegenteil ausschließlich russisch sprach, war das keineswegs ein Hindernis für ihr gemeinsames internationales Glück.

Ansonsten war sie glücklich und träumte von Paris, London, dem Mittelmeer und so weiter.

Jedoch nach einem Monat hatte der ausländische Tourist seine Gedanken etwas leidlicher auf russisch auszudrücken gelernt, und eines Tages verbreitete er sich in dieser Sprache über dies und jenes. Aus dem Gespräch ging ihr teilweise auf, daß jener keineswegs die Absicht hatte, nach Europa zu reisen. Im Gegenteil, er wollte sich sogar hier niederlassen. Bei ihm im Ausland sei infolge schwieriger Geschäftslage ein Betrieb geschlossen worden, darum sei er gewissermaßen ohne Stellung. Er sei in die Sowjetunion gekommen in der Hoffnung, in seinem Beruf Arbeit zu finden.

Sie erbleichte und bat ihn, seine groben russischen Sätze über dies und jenes zu wiederholen. Er sagte ihr noch einmal dasselbe und fügte hinzu, er habe große Hoffnung, hier unterzukommen, denn er sei Spezialist für Sprudelwasser, und solche würden in der Sowjetunion dringend gebraucht. Wenn er erst Fuß gefaßt habe, könnten sie nach einem Jahr ohne weiteres nach Paris reisen, wenn sie sich das so sehr wünsche.

Da brauste sie auf und fragte nicht ohne Giftigkeit, wie er dazu komme, sich in seiner Stellung als einfacher Arbeitsloser ausländischer Tourist zu nennen, seine verzärtelten Gewohnheiten beizubehalten und nicht in einem billigen Hotelzimmer zu wohnen. Sein Aussehen und Benehmen führe die Umwelt in die Irre und lasse sie sonstwas für Schlußfolgerungen ziehen.

Da bemerkte er, er sei ja aus dem Hotel zu ihr gezogen, um gewissermaßen zu sparen.

Da brach sie in Tränen aus und sagte, wenn's so sei, gerieten in ihrem schwachen Kopf sämtliche Begriffe über den Aufbau der Welt durcheinander. Und von ausländischen Touristen habe sie eine ganz andere Meinung gehabt. Sie habe gedacht, die reisten ausnahmslos aus Laune und Neugier und nicht aus den Gründen, die er für seine Einreise geltend mache. Es habe ihr gerade noch gefehlt, einen Arbeitslosen zu ehelichen. So etwas gebe es ja nicht einmal bei uns. Ausgerechnet sie müsse an so einen geraten. Dann heirate sie schon lieber einen sowjetischen Büromenschen und habe wenigstens ihre hundert Rubel.

Aus Beleidigung und Erniedrigung heulte sie drei Tage lang. Dann befahl sie dem ausländischen Touristen, ins Hotel zu ziehen, denn ihre Mutter hause auf der Straße.

Sie trennte sich also von ihm, zumal ihr erster Gatte, wie sich herausstellte, in seinem Betrieb eine gewaltige Einsparung erfunden und dafür zehntausend Rubel Prämie erhalten hatte, worüber sogar die Zeitungen schrieben.

In Unwissenheit jedoch, daß sie zu ihm zurückkehren würde, hatte er das Geld für den Aufbau gespendet. Als großem Enthusiasten war ihm das Geld teilweise gleichgültig. Darum hatte er die Summe dem Staat gestiftet.

Als sie, zu ihm zurückgekehrt, davon erfuhr, geriet sie dermaßen außer sich, daß der Ehemann für die Unversehrtheit ihrer Urteilskraft fürchtete. Nachdem sie sich etwas beruhigt hatte, verbarg sie im Herzen den Entschluß, sich was Besseres zu suchen.

Irgendwer hatte ihr gesagt, der unglückselige Schreiberling, mit dem sie unlängst zusammengelebt hatte, ohne glücklich zu sein, habe einen steilen Aufstieg genommen. Er schreibe keine schwachen Sachen mehr, sondern habe plötzlich ein Bühnenstück verfaßt, welches an Kraft Boris Shakespeare und so nicht nachstehe. Er solle jetzt glänzend verdienen.

Betrübt, diese Glückssträhne nicht abgewartet zu haben, wollte sie sich wieder mit dem Dramatiker zusammentun. Es stellte sich jedoch heraus, daß er schon zwei Familien hatte und vergleichsweise glücklich war.

Durch diese Bekanntschaft dem Theatermilieu etwas nähergekommen, fand sie hier größere Möglichkeiten. Obendrein lernte sie im Theater einen Estradenkomiker kennen, der Geld wie Heu verdienen sollte.

Sogleich wollte sie sich mit ihm zusammentun, doch im letzten Moment schrak sie vor einer Gaunerei oder Falle seinerseits zurück oder irgend so was, wie sie es schon mit dem ausländischen Touristen erlebt hatte. Sie heiratete ihn also nicht, doch da sie schon so weit gegangen war, beschloß sie, Schauspielerin zu werden.

Sie begann also, Charaktertänze zu studieren, um damit irgendwie auf Estraden aufzutreten und Geld zu verdienen wie andere auch.

Als Folge ihrer chronischen Unannehmlichkeiten mit dem ausländischen Touristen und dem Schriftsteller jedoch entdeckten die Ärzte bei ihr eine Herzneurose und einen nervösen Ausschlag am Körper. Darum nahm sie ein Gesangsstudium auf.

Sie singt auch jetzt noch. Verdient schon ganz anständig mit geschlossenen Konzerten und in Erholungsheimen.

Ihrem Mann versicherte sie, jetzt bei ihm bleiben zu wollen. Früher habe sie veraltete Ansichten über Geld und eheliche Beziehungen gehabt, doch jetzt, wo sie bis zu tausend Rubel und mehr für ihren Gesang erhalte, sei sie gänzlich umerzogen und sogar zufrieden und nicht mehr gegen die Selbständigkeit der Frau.

Das ging so lange, bis man ihr von ihrem Ausländer erzählte. Sie erfuhr, jener habe in seinem ausgefallenen Beruf eine sehr gute Stellung gefunden, beziehe ein großartiges Gehalt, habe ein Mädchen geehelicht und sei mit ihr in seine Heimat gefahren, um seine Geschäfte zu regeln und ein Automobil herzubringen.

Man sagte ihr, sie habe sich wohl schlecht mit ihm auf russisch verständigt, wenn sie ein solches Exemplar habe sausen lassen.

Diese Nachricht ertrug sie tatsächlich nur mühsam. Ihr versagte sogar die Stimme.

Nach zwei Wochen jedoch war sie wieder beieinander und singt jetzt, so gut sie kann. Der Hautausschlag freilich ist ihr geblieben.

Solche Fräuleins gibt es. Und so ergeht es ihnen, wenn sie ihr Geld anders verdienen wollen als bei uns üblich.

Daß sie danach Künstlerin wurde, ist für sie sehr gut, für ihr Publikum jedoch gewiß nicht die reinste Freude.

In solchen Fällen ist es natürlich besser, zu tanzen als zu singen. Die jungen Dinger sollten diesen dringlichen Wunsch des Publikums beherzigen. Aber selbst wenn man Geld verdient, sollte man danach streben, sich einen anderen Charakter und ein anderes Herz zuzulegen als das obenerwähnte junge Ding.

Ansonsten ist diese Geschichte bis zu einem gewissen Grade die Beschreibung einer merkwürdigen Begebenheit, die mit Geld zusammenhängt. Das Erstaunlichste daran ist, wie ein müßiges Frauenzimmer sozusagen früherer Bauart eine unerwartete Niederlage erlitt.

Das zweite erstaunliche Moment der Geschichte ist, daß der Ingenieur seine Prämie für den Aufbau spendete.

Dies war meine erste erstaunliche Geschichte. Die zweite behandelt ein merkwürdiges Ereignis der Liebe.

Hier liegt sie vor Ihnen.

Geschichte vom Studenten und vom Taucher

Wirklich interessant. Zwei Männer haben sich geprügelt. Zwei Männer sind ins Handgemenge geraten, und der schwächere, das heißt ein gänzlich kraftloser, skrofulöser Jüngling, hat den Stärkeren geschlagen.

Man möchte es fast nicht glauben. Wie soll der schwächliche Jüngling alle physikalischen und chemischen Grundgesetze brechen können, Genossen? Hat er irgendwie geschummelt? Oder den andern überlistet?

Nein! Er war einfach eine stärkere Persönlichkeit. Oder er hatte mehr Mut. Dadurch schlug er seinen Feind.

Es haben sich also, sage ich, zwei Männer geprügelt. Ein Taucher, Genosse Filippow. Ein riesiger Kerl mit Budjonny-Schnurrbart. Und das Jüngelchen, Hochschüler, ein Student. Ein ziemlich gebildeter, halbintelligenter Studiker. Übrigens ein Namensvetter unseres berühmten sowjetischen Romanschriftstellers Malaschkin.

Der Taucher Filippow, sage ich, war ein überaus kräftiger Kerl. Bei der Taucherei werden natürlich selten Schwächlinge eingesetzt, aber er war ein unheimlich kräftiger Satan.

Der Student hingegen war ein mickriges, nicht sehr stabiles Bürschchen. Er zeichnete sich nicht durch Schönheit aus und hatte auch dauernd was in der Visage, Skrofeln oder so. Was weiß ich.

Die beiden gerieten also ins Raufen.

Ich muß freilich sagen, daß zwischen ihnen kein Klassenkampf bestand. Auch ideologische Differenzen waren nicht zu beobachten. Beide waren von rein proletarischer Abkunft. Die Schlägerei entstand auf dem Unterfutter der Liebe. Sagen wir's derb, sie waren nicht bereit, sich in eine Frau zu teilen. Und das in diesem Jahr der Revolution! Direkt ein Witz.

Da gab's eine Schura. Kein übles Mädchen. Mund, Nase, alles da. Bloß Übernatürliches war an ihr nicht zu beobachten.

Der Taucher, Genosse Filippow, war sehr heftig und über die Maßen in sie verliebt.

Sie war ein paarmal mit ihm spazierengegangen, wechselte dann jedoch auf die Seite der Halbintelligenz. Verlegte sich auf Malaschkin. Vielleicht kam er ihr gesprächiger vor. Oder er hatte saubere Hände. Zwischen ihnen schoß eine flammende Liebe auf.

Der Student, wissen Sie, wurde seines Glücks nicht recht froh. Denn er sah, er hatte einen sehr gefährlichen Gegner. Er ließ sich jedoch nichts anmerken. Ging ganz offen mit seiner Madame spazieren und führte sie zu verschiedenen Stellen. Mutig, untergehakt. So führte er sie über den Hof, als gerade der Taucher zusah. Aber der Student ließ sich nicht anmerken, daß er zaghaft war, und trug das Banner seiner Liebe hocherhoben.

Der Taucher griff ihn sich natürlich. Ließ ihn kaum Atem holen. Er titulierte ihn mit diversen flegelhaften Bezeichnungen und stieß ihn bei der Gelegenheit vor die Brust. Stieß ihn und sagte:

„Na los, machen wir einen Gang! Gleich schraub ich dir Schmarotzer die Birne ab."

Na, der Student mußte es natürlich hinnehmen. Er ging weg.

Eines Tages stehen lauter Burschen im Hof des Hauses. Die ganze Leitung. Mitglieder, Kontrollkommission. Der Taucher steht etwas abseits. Plötzlich kommt Kostja Malaschkin mit seiner Schura übern Hof. Hübsches Paar, die beiden. Liebevoll untergehakt.

Der Taucher sagt absichtlich laut zur Kontrollkommission:

„In der Visage hat er die Lepra", sagt er, „aber er macht in Liebe und bringt die Fräuleins sogar bis zur Tür."

Da begleitet der Student seine Dame hinaus und kehrt zurück.

Kehrt zurück, tritt auf die Gesellschaft zu und haut dem Genossen Taucher eins übers Maul. Der Taucher wundert sich natürlich über diese Unverfrorenheit und ballert dem Studenten eine zurück. Der Student kracht zu Boden. Der Taucher macht sich über ihn her und drischt ihn auf den Bauch und verschiedene wichtige Stellen.

Die Kontrollkommission drängt natürlich den Taucher vom Studenten weg. Stellt diesen wieder auf die Füße. Reibt ihm die Hühnerbrust mit Schnee ab und führt ihn nach Hause.

Dem Studiker ist nichts Ernstes passiert, er verschnauft und geht abends wieder hinaus, um frische Kühle zu atmen.

Geht hinaus, um frische Kühle zu atmen, und begegnet auf dem Rückweg dem Taucher. Wieder tritt er mit raschen Schritten auf ihn zu und haut ihm eins in die Visage.

Diesmal aber ist keine Kontrollkommission zugegen, und der Taucher, Genosse Filippow, bügelt unsern Studiker ziemlich glatt. Hinterher muß dieser in seinem Mäntelchen nach Hause getragen werden.

Anderthalb Wochen etwa vergehen. Der Student hat sich völlig erholt, steht wieder auf und geht zur Hausversammlung.

Geht zur Hausversammlung und trifft wieder auf den Taucher. Der Taucher will ihn nicht sehen, aber der Student tritt dicht an ihn heran und schlägt ihm wieder eins in die Zähne.

Nun kommt es abermals zu einer gräßlichen Szene. Der Student wird niedergeworfen, über den Boden gerollt und auf sämtliche Stellen geschlagen.

Und wieder trägt man ihn in seinem Mäntelchen nach Hause.

Diesmal aber ist die Geschichte ernster. Dem Studenten sind die Vorder- und Hinterbeine, wie man so sagt, buchstäblich gelähmt.

Im Frühling ist das passiert. Die Vöglein zwitschern, die Kapuzinerkresse blüht. Unser liebes Studentlein sitzt nach dieser Schlacht täglich am offenen Fenster und erholt sich. Der Taucher wendet sich im Vorübergehen jedesmal ab. Wenn

Leute an ihn herantreten, und sei es in Gegenwart der Kontrollkommission, zuckt er jedesmal heftig zusammen und ruckt den Kopf zurück, als wolle man ihn schlagen.

Zwei Wochen später hat der Student den Taucher noch dreimal geschlagen und zweimal Revanche erhalten, wenn auch nicht ganz so empfindlich.

Beim dritten und letzten Mal jedoch zahlte der Taucher nicht zurück. Er rieb sich nur die getroffene Stelle und sagte:

„Ich gebe auf", sagte er. „Ich", sagte er, „bin durch Sie, Genosse Kostja Malaschkin, ganz entkräftet und förmlich verzweifelt."

Sie wechselten liebevolle Blicke und trennten sich.

Bald danach trennte sich der Student auch von seiner Schura. Der Taucher fuhr ans Schwarze Meer, um nach dem „Schwarzen Prinzen" zu tauchen.

Damit war diese Sache beendet.

Es ist ja ganz schön, wenn man Kraft hat, aber es gibt noch ein Mittel dagegen.

Diese Geschichte ist eine höchst merkwürdige Begebenheit aus dem Liebesleben.

Was die Arglist betrifft, so fällt mir da ein spaßiger Vorfall ein. Er ist teilweise auch merkwürdig.

Ein Vorfall

Natürlich, unnötig, darüber Worte zu verlieren – Kinder sind für uns äußerst notwendig.

Der Staat kann ohne sie nicht reibungslos existieren. Die Kinder sind unsere Ablösung. Auf sie setzen wir unsere Hoffnungen, auf sie bauen wir unsere Pläne. Um so mehr, als die Erwachsenen sich nur schwer von ihren kleinbürgerlichen Gewohnheiten trennen. Die Kinderchen aber werden vielleicht heranwachsen und unsere Unkultiviertheit ausgleichen.

Darum müssen wir diesbezüglich die Kinder geradezu auf Händen tragen, den Staub von ihnen pusten und ihnen die Näschen putzen. Ungeachtet dessen, ob es sich um unser Kind handelt oder um ein fremdes, uns nicht verwandtes.

Gerade das aber ist in unserm Leben von seiten der Spießer selten zu beobachten.

Ich erinnere mich an einen recht originellen Vorfall, der sich vor meinen Augen im Zug kurz vor Noworossisk abspielte.

Die Mitreisenden im Waggon fuhren fast alle nach Noworossisk. Unter anderen reist in diesem Waggon ein Frauchen. So eine junge Mutti mit Kind.

Sie hat ein Kind in den Armen. Damit reist sie.

Sie reist mit ihm nach Noworossisk. Ihr Mann arbeitet dort wohl in einer Fabrik.

Sie reist also zu ihm.

Nun reist sie also zu ihrem Mann. Alles, wie es sich gehört: das Kind in den Armen, auf der Bank ein Bündelchen und ein Korb. So fährt sie also nach Noworossisk.

Sie fährt nach Noworossisk zu ihrem Mann. Das Kind in ihren Armen aber ist sehr stimmgewaltig. Es brüllt und brüllt, als stäke es am Spieß. Ist wohl krank. Es wurde während der Fahrt von einer Magenkrankheit befallen. Hat wohl rohe Lebensmittel gegessen oder was getrunken, jedenfalls hat es sich unterwegs die Kränke geholt. Darum brüllt es.

Kurz und gut, ein kleines Kind. Es begreift noch nichts und hat keine Ahnung, warum ihm das Bäuchlein weh tut. Wie alt? Na, vielleicht drei Jahre oder zwei. Wer im Privatleben keine Kinder beobachtet, kommt schwer dahinter, wie alt so ein Dingelchen ist. Dies aber muß ein Oktoberkind sein. Hat so ein rotes Lätzchen umgebunden.

Da fährt nun also das Kleine mit seiner Mutti nach Noworossisk. Natürlich, da fahren sie hin, und wie aus Daffke stößt dem Kind unterwegs die Krankheit zu.

Dieser Krankheit zufolge plärrt es unentwegt, fühlt sich krank und verlangt Obsorge. Natürlich läßt es seiner Mutti keine Minute Ruhe. Sie legt es zwei Tage lang nicht aus den Armen. Kann nicht schlafen. Und keinen Tee trinken.

Also redet sie vor der Station Lichny natürlich die Mitreisenden an:

„Ich bitte vielmals um Entschuldigung", sagt sie, „aber passen Sie doch ein bißchen auf meinen Krümel auf. In Lichny lauf ich schnell raus und eß bißchen Suppe. Mir klebt", sagt sie, „die Zunge am Gaumen. Ich", sagt sie, „weiß gar nicht, wie das noch endet. Ich", sagt sie, „fahr nach Noworossisk zu meinem Mann."

Die Mitreisenden vermeiden es natürlich, in ihre Richtung zu blicken, sie wenden sich ab, als wie: Das plärrt und brüllt, und nun sollen wir uns damit abgeben! Am Ende, denken sie, schiebt sie's uns unter. Muttis gibt's verschiedene. Manch eine Mutti entschließt sich ohne weiteres dazu.

Zwar kam es nicht dazu, und die liebende Mutti verblieb bei ihrem Kinde, aber die Passagiere vermochten die weitere Situation nicht gänzlich vorauszusehen und nahmen daher die mütterliche

Bitte zurückhaltend auf, kürzer gesagt, sie weigerten sich.

Sie wollen also das Kind nicht nehmen.

Nun reist in dem Waggon unter anderen auch so ein Bürger mit. Offenbar ein Stadtbewohner. Trägt eine Sportmütze und einen internationalen gummierten Regenmantel. Und natürlich Sandalen. Er wendet sich an das Publikum wie folgt:

„Na wißt ihr", sagt er, „mir wird ganz übel, wenn ich euch so ansehe. Na wißt ihr", sagt er, „was seid ihr bloß für Menschen, ich muß mich sehr wundern! Bürger", sagt er, „man darf sich nicht so gleichgültig verhalten. Vielleicht hat die Mutter vor unsern Augen größte Schwierigkeiten, was zu essen, weil sie durch das Kleine zu sehr gebunden ist, und hier will sich alles vor der gesellschaftlichen Aufgabe drücken. Das läuft ja direkt auf eine Absage an den Sozialismus hinaus."

Die andern sagen:

„Dann paß du doch auf den Krümel auf! So was von Penner – hier im Schlafwagen fortschrittliche Reden zu schwingen!"

Er sagt:

„Ich bin zwar Junggeselle und hundemüde, und überhaupt ist es nicht meine Angelegenheit, mich darum zu kümmern, aber ich habe nicht diese Gefühllosigkeit in der Kinderfrage."

Er nimmt das Kleine in die Arme, wiegt es und killert es mit dem Finger.

Natürlich spricht die junge Frau ihm ihre heiße Dankbarkeit aus und verläßt auf der Station Lichny den Zug.

Verläßt den Zug, geht in die Bahnhofskneipe und kommt lange nicht zurück. Der Zug hält zehn Minuten. Die zehn Minuten vergehen, und schon ertönt das Signal. Der Vorsteher schwenkt seine rote Mütze. Und die Mutter ist nicht da …

Schon ruckt der Zug an und eilt über die Gleise, und die junge Mutter ist nicht da.

Nun spielen sich im Waggon verschiedene Szenen ab. Einige platzen heraus, andere greifen nach der Notbremse und wollen den Zug stoppen.

Der Sandalenträger sitzt bleich da wie ein Bösewicht und kann nicht mehr schlafen. Er mag auch keine Reden mehr halten.

Das Kind hockt auf seinem Schoß, und er darf mancherlei Ratschlägen lauschen.

Einer rät ihm natürlich, auf eigene Kosten ein Telegramm aufzugeben, andere sagen wiederum: „Bringen Sie's nach Noworossisk und geben Sie's bei der Bahnhofswache ab. Wenn sie's dort nicht haben wollen, können Sie's immer noch adoptieren."

Der Krümel unterdes plärrt und ist krank und will nicht von ihm weg.

So vergehen zwei verzweifelte Stunden, dann hält der Zug auf einer großen Station. Der Sandalenträger nimmt das Kind bei den Beinen und will hinaus, um es der Zugwache zu übergeben. Aber da kommt die junge Mutti hereingestürzt. Tritt ein und rechtfertigt sich wie folgt:

„Ich bitte um Entschuldigung", sagt sie. „Wie ich die heiße Suppe gegessen hab, war ich auf einmal ganz schlaff, da bin ich mit Absicht in den Nebenwaggon gestiegen und hab dort ein Nickerchen gemacht. Ich", sagt sie, „hab zwei Nächte nicht geschlafen. Wär ich in diesen Waggon gekommen, so hätt ich wohl kaum schlafen können."

Nimmt ihren Krümel und umhegt ihn weiter.

Der Sandalenträger sagt:

„Sie handeln aber nicht sehr gewissenhaft, Bürgerin! Da Sie jedoch geschlafen haben, kann ich mich auch in Ihre Lage versetzen. Die Kinder sind unsere Ablösung, und ich habe nichts dagegen, ein bißchen auf sie aufzupassen."

Im Waggon erhebt sich fröhliches Gelächter, und die Stimmung entspannt sich.

Der Sandalenträger sagt:

„Nur hätten Sie mir das natürlich vorher sagen müssen. So hab ich in den zwei Stunden viel durchgemacht. Das ist nicht schön von Ihnen."

Wieder gibt es im Waggon eine fröhliche Gelächterexplosion.

Der Sandalenträger fängt an zu schmunzeln, und bald hat er der Mutter ihre kleine Arglist gänzlich verziehen.

So ist alles zur allgemeinen Zufriedenheit ausgegangen.

Meine nächste Geschichte ist eine erstaunliche Begebenheit auf dem Gebiet der Miseren.

Ein kleiner Vorfall aus meinem Privatleben

Eine höchst spaßige Geschichte erlebte ich in diesem Herbst auf einer Reise. Ich fuhr von Rostow nach Moskau. Schon kommt der Post- und Personenzug 18.45 Uhr.

Ich steig ein.

Der Zug ist nicht unanständig voll. Mit einiger Mühe find ich sogar einen Sitzplatz.

Ich bitte zusammenzurücken. Setze mich.

Es ist wie gesagt gegen Abend. Nicht direkt dunkel, aber schummrig. Na ja, Dämmerung. Noch gibt es kein Licht. Man spart Strom.

Ich betrachte so meine Mitreisenden und sehe, ich bin in eine prächtige Gesellschaft geraten. Alles sympathische, nicht hochnäsige Leute. Wohlbemerkt.

Der eine ist ohne Hut, ein langhaariger Kerl, aber kein Pope. Eine Art Intelligenzler in schwarzer Jacke.

Neben ihm sitzt einer in Uniformmütze und russischen Stiefeln. Schnurrbärtig, aber kein Ingenieur. Vielleicht Zoowärter oder Agronom. Vor allem, er hat ein mitfühlendes Herz. Mit einem Taschenmesser schneidet er Antonowäpfel in Stücke und füttert damit seinen Nachbarn, der keine Arme hat. Denn neben ihm sitzt ein Bürger ohne Arme. Ein junger proletarischer Bursche. Ihm fehlen beide Arme. Bestimmt ein Arbeitsunfall. Jammervoll anzuschauen.

Aber er ißt mit Appetit. Da er keine Arme hat, schneidet ihm der andere die Stücke zurecht und schiebt sie ihm auf der Messerspitze in den Mund.

Ich sehe, es ist ein humanes Bild. Ein Stoff, würdig eines Rembrandt.

Ihnen gegenüber sitzt ein nicht mehr junger, leicht ergrauter Mann mit schwarzer Schirmmütze. Er lacht in einer Tour vor sich hin. Vielleicht gab es ein lustiges Gespräch, bevor ich zustieg, und dieser Passagier ist noch immer nicht abgekühlt und kichert dauernd vor sich hin: „Hä hä" und „hä hä".

Mich macht dieser Grauhaarige jedoch nicht so neugierig wie der Mann ohne Arme. Ich betrachte ihn mit dem Kummer des guten Bürgers, und es reizt mich, ihn zu fragen, wie er so einen Fehler machen und seine Gliedmaßen einbüßen konnte. Aber ich trau mich nicht.

Ich denke mir, wir werden uns anfreunden, ins Gespräch kommen, und dann werde ich fragen.

Dem Schnurrbärtigen, der mir am verständnisvollsten vorkommt, stelle ich alle möglichen Fragen, doch er antwortet mürrisch und lustlos.

Aber dann mischt sich der intelligente Mann mit den langen Haaren ins Gespräch.

Er redet mich an, und ich unterhalte mich mit ihm über verschiedene harmlose Themen: Wo fahren Sie hin, was kostet der Kohl, gibt es bei euch noch eine Wohnungskrise.

Er sagt:

„Eine Wohnungskrise ist bei uns nicht zu beobachten. Zumal ich auf meinem Gut wohne, auf meinem Besitz."

„Und", sag ich, „haben Sie dort ein Zimmer oder eine Hundehütte?"

„Nein", sagt er, „warum ein Zimmer? Greifen Sie höher. Ich habe neun Zimmer; Gesindestuben, Scheunen, Toiletten und so weiter nicht mitgezählt."

Ich sag:

„Sie spinnen wohl? Was denn", sag ich, „hat man Sie während der Revolution nicht ausgesiedelt, oder ist das ein Staatsgut?"

„Nein", sagt er, „das ist mein Stammgut, meine Villa. Besuchen Sie mich doch mal", sagt er. „Ich veranstalte manchmal Soireen. Ringsum sprudeln Springbrunnen, Sinfonieorchester spielen dauernd Walzer."

„Verzeihung", sag ich, „sind Sie dort Pächter oder Privatperson?"

„Ja", sagt er, „ich bin Privatperson. Übrigens Gutsbesitzer."

„Das heißt", sag ich, „wie soll ich das bitte verstehen? Sind Sie ehemaliger Gutsbesitzer? Denn", sag ich, „die proletarische Revolution hat doch Ihre Sorte weggefegt. Entschuldigung", sag ich, „ich werd daraus nicht ganz schlau. Wir haben doch", sag ich, „eine soziale Revolution, den Sozialismus, wie kann es da bei uns Gutsbesitzer geben?"

„Es kann", sagt er. „Ich bin ja einer. Ich", sagt er, „habe mich über eure ganze Revolution hinwegretten können. Ihr seid mir alle ganz egal", sagt er, „ich lebe wie ein Gott. Du lieber Himmel, eure sozialen Revolutionen gehen mich überhaupt nichts an."

Ich betrachte ihn verblüfft und verstehe gar nichts mehr.

Er sagt:

„Besuchen Sie mich doch mal, dann werden Sie's sehen. Wenn Sie wollen, fahren wir jetzt gleich zu mir. Sie werden ein höchst luxuriöses Gutsbesitzerleben kennenlernen", sagt er. „Fahren wir, Sie werden sehen."

Was ist das für eine Teufelei, denke ich. Soll ich hinfahren und sehen, wie er sich über die proletarische Revolution hinweggerettet hat? Oder er spinnt.

Dabei seh ich den Grauhaarigen kichern. In einer Tour: „Hä-hä" und „hä-hä".

Eben will ich ihm sein unangebrachtes Gekicher verweisen, da legt der Schnurrbärtige, der den Apfel zerteilt hat, das Taschenmesser auf das Tischchen, futtert die Reste auf und sagt ziemlich laut zu mir:

„Hören Sie doch auf, sich mit dem zu unterhalten. Das sind doch Geisteskranke. Sehen Sie das nicht?"

Da kucke ich mir die ganze ehrliche Gesellschaft

an und sehe: Du lieber Gott! Das sind ja tatsächlich Unnormale, die da mit ihrem Wärter reisen. Der Langhaarige ist unnormal. Der Kicherer auch. Und auch der Armlose. Er trägt schlicht eine Zwangsjacke, die ihm die Arme zusammenzieht. Man merkt nicht gleich, daß er seine Arme noch hat. Kurz und gut, es sind Unnormale, die reisen. Der Schnurrbärtige ist denen ihr Wärter. Er hat den Transport unter sich.

Ich kucke sie unruhig und nervös an und denke mir, hol's der Teufel, am Ende erwürgen sie einen noch, wenn sie schon geisteskrank sind und nicht verantwortlich für ihre Taten.

Auf einmal seh ich den Irren mit dem schwarzen Bart, meinen Nachbarn, einen pfiffigen Blick auf das Taschenmesser werfen und es verstohlen in die Hand nehmen.

Ein Stich geht durch mein Herz, und es läuft mir eiskalt den Rücken runter. Im selben Moment spring ich hoch, werf mich auf den Bärtigen und versuche ihm das Messer zu entwinden.

Er leistet mir verzweifelten Widerstand. Trachtet danach, mich mit rasenden Zähnen zu beißen.

Aber plötzlich zieht der schnurrbärtige Wärter mich zurück.

„Weshalb", sagt er, „werfen Sie sich auf den Herrn? Wahrhaftig, Sie sollten sich schämen. Das Messer gehört doch dem Herrn. Er ist kein geisteskranker Passagier. Die drei hier, ja, das sind meine Kranken. Dieser Passagier aber reist genauso wie Sie. Ich hatte mir von ihm das Messer ausgebeten. Das Messer gehört ihm. Schämen Sie sich!"

Der Mann, den ich etwas zerknautscht habe, sagt:

„Erst soll ich das Messer herleihen, und dann

wird sich auf mich geworfen. Man würgt mich an der Kehle. Dafür danke ich bestens. Was sind das für merkwürdige Handlungen von dem Herrn? Vielleicht ist er auch ein Geisteskranker. Passen Sie mal besser auf, wenn Sie schon Irrenwärter sind. Da, wirft sich auf einen, würgt einen am Hals."

Der Wärter sagt:

„Vielleicht ist er auch ein Geisteskranker. Weiß der Köter. Aber er gehört nicht zu meiner Partie. Was soll ich da auf ihn aufpassen? Es hat keinen Zweck, mir so einen Rat zu geben. Ich kenn doch meine Leute."

Ich sag zu dem Gewürgten:

„Entschuldigung, ich dachte, Sie wären auch unnormal."

„So", sagt er, „Sie dachten. Hätten Sie das den Pferden überlassen. Hätten mich fast erwürgt, Sie Schuft. Sehen Sie nicht, was die für einen wahnsinnigen Blick haben und ich für einen natürlichen?"

„Nein", sag ich, „seh ich nicht. Im Gegenteil", sag ich, „Sie haben auch ein bißchen trübe Augen, und der Bart steht vor wie bei einem Geistesgestörten."

Der eine Kranke, der Gutsbesitzer, sagt:

„Ziehen Sie ihn doch mal kräftig am Bart, vielleicht hört er dann auf, unnormales Zeug zu reden."

Der Bärtige will losschimpfen, aber da laufen wir in die Station Igren ein, und unsere Geisteskranken samt ihrem Wärter steigen aus. In ziemlich strenger Ordnung. Bloß der Armlose muß ein bißchen gestoßen werden.

Später erzählt uns der Schaffner, bei dieser Station Igren gebe es ein Irrenhaus, wo manches Mal solche Fälle hingebracht würden. Wie solle man sie sonst transportieren? Schließlich nicht im Hundewagen. Kein Grund also zur Verärgerung.

Eigentlich bin ich auch gar nicht verärgert. Aber der Bärtige, den ich zerknautscht habe, der ist wirklich verärgert. Noch lange kuckt er mich mürrisch an und beobachtet ängstlich jede meiner Bewegungen. Da er von mir nichts Gutes erwartet, steigt er später mit seinen Siebensachen in ein anderes Abteil um.

Bitte schön. Ich habe nichts dagegen.

Nachdem er gegangen und ich allein geblieben war, brachte mich der ganze Vorfall in heitere und lachlustige Stimmung. Ich empfand ihn als ein erstaunlich spaßiges Vorkommnis, ausgelöst durch den nicht gänzlich durchdachten Transport von Geisteskranken.

Nachdem ich ein bißchen gelacht hatte, entschlummerte ich sanft. Am Morgen erwachte ich gutgelaunt. So wandelt sich manchmal eine Misere zum Erfolg.

Jetzt, meine lieben Freunde, lesen Sie die letzte Geschichte, die alles Erstaunliche einschließt und von allem gleichermaßen handelt – von Geld, Liebe, Arglist, Misere und erstaunlicher Begebenheit, wobei alle diese Gegenstände in einer merkwürdigen Abwandlung erfaßt sind. Und das kommt nicht eben häufig vor. Hier die Geschichte.

Die letzte Geschichte

In den ersten Jahren nach der Revolution trug sich bei uns im Hause ein ungewöhnlicher Vorfall zu.

Das Haus ist sehr groß. Fünf Geschosse. Trotzdem wurde es von oben bis unten mit Petroleum beleuchtet. Das war gewissermaßen ein Geschenk des Zarenregimes an die Revolution.

Die Häuser nebenan hatten elektrisches Licht, nur unseres nicht. Was jedermann verdroß.

Die Mieter liefen von Pontius zu Pilatus, damit sich hinsichtlich des Lichts etwas änderte. Damit das miserable Leben in Dunkelheit und Finsternis endlich aufhörte.

Man sagte ihnen, das ginge.

Die größten Bemühungen hierbei unternahm unsere Wohnungsinhaberin oder, wie man sie jetzt nennt, die Hauptmieterin, Jelisaweta Ignatjewna Chlopuschkina. Obzwar diese Dame seinerzeit mit einem gefallenen Stabshauptmann verehelicht gewesen und man gerade erst vom alten Regime abgesprungen war, erwies sie sich als Interessentin an öffentlichen Angelegenheiten und an elektrischer Energie, mit deren Hilfe sie das Wasser lieber heiß machte als auf dem Petroleumkocher.

Sie empfahl sich von der besten Seite, wofür ihr Lob und Ehre gebührt.

Offenbar dank ihren Bemühungen flammte alsbald im Hause das Licht auf, und die Bewohner schöpften neuen Lebensmut.

Nachdem aber unsere Hauptmieterin Chlopuschkina drei Tage mit Licht gelebt hatte, wurde sie auffallend mürrisch und maulfaul.

Wir fragten sie, was los sei.

Sie sagte:

„Sehen Sie, ich bin mit der Beleuchtung unzufrieden. Das Licht sticht in die Augen und macht einen blind. Vor allem aber“, sagt sie, „beleuchtet es einen derartigen Plunder, daß ich mich gar nicht in mein Zimmer traue. Mein Mann, der ehemalige Stabshauptmann, ist vor zehn Jahren im Krieg gefallen, doch schon vorher hat er fünfzehn oder zwanzig Jahre lang nicht renovieren lassen. Ich fand das auch gar nicht notwendig, denn das Zimmer war halb dunkel, und man sah nichts. Aber schauen Sie nur, wie das jetzt bei voller Beleuchtung aussieht."

Ich ging aber nicht zu ihr hinein, denn ich konnte mir ungefähr ausmalen, was es dort zu sehen gab.

Zumal ein anderer von uns melancholisch sagte: „Tatsächlich, früher ging man morgens zur Arbeit, kam abends nach Hause, trank Tee und legte sich schlafen. Im Petroleumlicht war nichts Überflüssiges zu sehen. Jetzt aber komm ich rein und mach Licht, und da wird mir genau wie ihr ganz uninteressant zumute."

Wir gingen zu ihm hinein. Machten Licht. Und tatsächlich, was wir sahen, war ganz unwahrscheinlich. Da lag ein Latschen, dort eine zerrissene Hose. Die Tapeten hingen in Fetzen. Wir sahen eine Wanze davongaloppieren, um sich vor dem Licht in Sicherheit zu bringen. Auf dem Tisch lag ein Lappen unbekannter Bestimmung. Der Fußboden war ein Graus. Hier hingespuckt, da ein Kippen, dort ein hüpfender Floh.

Ein Kanapee stand da. Ich hatte schon ein paarmal darauf gesessen und mir nichts Böses gedacht. Jetzt sah ich, es war ein geradezu greuliches Kanapee. Überall ragte was raus, hing was runter, quoll was vor.

Daraufhin kamen alle Mieter im Korridor zusammen und sagten: „Es scheint, daß höchste Zeit ist zu renovieren." Nach hitzigen Streitereien und Diskussionen sammelten wir Geld und beschlossen, Sauberkeit zu schaffen, um den Widerspruch zum Licht zu beseitigen.

Bald nahmen wir die Renovierung vor. Säuberten. Reparierten. Danach sah die Wohnung gar nicht so übel aus.

Blitzsauber, schön, fröhlich, ganz wenig Wanzen. Nur bei zwei Mietern waren sie geblieben. Was die Flöhe betraf, so hatte die Elektrizität komischerweise auf sie keine Wirkung, und sie setzten ihre ungestüme Tätigkeit fort.

Was die allgemeine Stimmung betraf, so waren alle wie neugeboren. Nach der Arbeit kommen sie nach Hause, waschen sich, räumen die Zimmer auf, machen sauber und so weiter. Mehr noch, viele sind wesentlich höflicher geworden. Einer lernt sogar französisch. Bestimmt wird auch was draus. Manche entdeckten angesichts der Helligkeit ihre Leidenschaft fürs Leben und fürs Damespiel. Überhaupt fing bei Licht ein anderes Leben an, voll von Interessen und von Aufmerksamkeit füreinander. Das alles geschah, nachdem wir ans Stromnetz angeschlossen waren.

Es geschah sogar, daß unsere verantwortliche Mieterin, Jelisaweta Ignatjewna Chlopuschkina, stellen Sie sich vor, unerwartet den Techniker Anatoli Skorobogatow ehelichte, der sich in sie vergafft hatte. Auch sie liebte ihn wie wahnsinnig. Viele schrieben diese Romanze der Wirkung des elektrischen Lichts zu, denn bei Lichte besehen erwies sich die Chlopuschkina trotz ihrer zweiundfünfzig als nicht unflott. Andere meinten, das Licht habe die Größe ihres Zimmers deutlicher gemacht, woraufhin Skorobogatow in Erwartung von Besserem die Heirat riskierte. Damit hat er möglicherweise eine empörende Arglist begangen.

Wie dem auch sei, sie ist jetzt verheiratet und sehr glücklich. Sie bittet alle Welt, dem Erfinder

der Elektrizität für seine Entdeckung und überhaupt für die Elektrifizierung ihre Grüße und ihre Dankbarkeit zu übermitteln.

Ansonsten waren diese gewaltigen Veränderungen in der Wohnung und vielleicht teilweise auch die Eheschließung erstaunliche Begebenheiten, die ich mit goldener Tinte notiere, nur zerläuft diese ein wenig, denn das Papier ist noch nicht so besonders. Aber auch das wird werden, denn wie sagt doch das Sprichwort: Fleiß bricht Eis.

Mit dieser Erzählung beende ich meine amüsanten Novellen. Damit ist auch die Beilage zum fünften Abschnitt abgeschlossen.

Also, Freunde, das Himmelblaubuch ist im wesentlichen zu Ende. Lesen Sie noch ein kleines Nachwort zu meinem ganzen Werk.

Dieses Nachwort soll wie in einem Kontorbuch die Bilanz dessen ziehen, worüber ich in den fünf Teilen meines Werkes mit Ihnen geplaudert habe.

Nachwort zum ganzen Buch

Also, das Himmelblaubuch ist beendet.

Mit ihm endet auch meine musikalische Sinfonie. Laut dröhnen die Becken. Die Trommeln rattern. Der Kontrabaß brummt einen lustigen Gruß.

Ich bin sehr froh und zufrieden, daß ich mein Buch diesmal voller Herzensfreude, mit großer Hoffnung und den besten Wünschen abschließe.

Der Hauptgrund meiner Freude läßt sich mit wenigen Worten definieren. Damit die Kritiker bei ihrem komplizierten Tun nicht in die Irre gehen, möchte ich ihnen aus Freundschaft ein bißchen soufflieren.

Mich rührt das Streben nach Sauberkeit, Gerechtigkeit und Gemeinwohl. Mich überrascht in angenehmer Weise, daß den Menschen, die ja doch sterben müssen, dieses Streben eigen ist. Und mich freut der gesunde Menschenverstand, zu dem alle früher oder später gelangen, wenn sie die Spreu vom Weizen gesondert hat.

Hier ein Beispiel aus dem Leben der Literaten.

Im goldenen Fonds der Weltliteratur gibt es keine schlechten Werke. Bei aller Gemeinheit, die da und dort vorkommt, gibt es wohl doch eine absolute Gerechtigkeit. Diese Idee wird einmal triumphieren. Es steht also nicht schlimm und nicht hoffnungslos.

Darum tönen die Trompeten meines Werkes diesmal ungewöhnlich laut. Mein Gelächter aber können sie nicht übertönen.

Der französische Schriftsteller Voltaire hat seinerzeit mit seinem Gelächter die Scheiterhaufen erstickt, auf denen Menschen verbrannt wurden. Ich mit meinen schwachen und nichtigen Kräften übernehme eine etwas bescheidenere Aufgabe. Ich möchte mit meinem Gelächter ein Licht anstecken, und sei es klein wie ein Kienspan, bei dessen Licht einige Leute innewerden, was für sie gut ist, was schlecht und was mittelmäßig.

Wenn mir das gelingt, möchte ich meine bescheidene Rolle als Laborant und Beleuchter in dem allgemeinen Schauspiel des Lebens als erfüllt ansehen.

Jetzt ist fast alles gesagt, und mir bleibt nur noch der liebenswürdige Abschied von dem Leser, um das Werk gänzlich abzuschließen.

Ach ja, die Höflichkeit gebietet, mich auch noch von dem bürgerlichen Philosophen zu verabschieden, mit dem ich seinerzeit als Kind aufgewachsen bin.

Ich hoffe, Sie werden meine Gefühle verstehen und nicht über die kleine Verzögerung des Schlusses wehklagen.

Abschied vom Philosophen

Ich empfing den Philosophen zusammen mit zwei Ministern ohne Portefeuille, die einfach mit hereinschauten, um sich vorzustellen und zu erfahren, wie's so geht.

Das Gespräch fand bei einer Tasse Tee statt.

Die Minister waren von dem liebenswürdigen Gespräch so angetan, daß sie vor Begeisterung kaum noch bis zu ihrem Auto gelangten. Mit öligem Ton schrieben sie ins Gästebuch, sie hätten ihr Leben lang noch nichts Ähnliches erlebt, und alle ihre Erwartungen seien übertroffen, und sie würden sich freuen, wenn es ewig so weiterginge. Das Gespräch dauerte zwei Stunden, von denen anderthalb auf den Austausch von Liebenswürdigkeiten draufgingen.

„In letzter Zeit", sagte der Philosoph, „habe ich mich wieder sehr für den Sozialismus begeistert. Wissen Sie, das könnte wirklich nicht übel sein. Ich weiß nicht, wie Sie darüber denken, aber ich hoffe sehr auf die anderen Länder. Sie werden einige lichte Ideen von uns übernehmen. Dazu kommen Ihre Ideechen. Vielleicht wird da etwas sehr, sehr Hübsches draus."

„Was könnten die denn von Ihnen übernehmen? Verzeihung."

„Na, so Kleinigkeiten. Was soll man groß darüber reden. Na, das Privateigentum vielleicht. Das Kapital. Na, ein kleines Kapital. Nicht? Bitte sehr. Ohne das kommen Sie ja doch nicht aus. Sowieso werden Sie unbemerkt an unsere Ufer treiben. Also brauchen wir uns über das Geld nicht zu streiten. Außerdem, na ja, ein Häuschen. Ein Fleckchen eigenes Land. Eine Datsche."

„Wenn Sie das für sich wollen und nicht zur Ausbeutung, können Sie auch eine Datsche haben."

„Was heißt für mich? Nein, meine Herren, das ist doch alles Unsinn, Verzeihung. Bei uns geht es doch harmonischer zu. Reichtum und Kapital geben dem Menschen zumindest Sicherheit, Unabhängigkeit. Wo sollte ich hier Unabhängigkeit finden? Hier gerate ich ja den Leuten in die Hände. Soll ich bei denen Unabhängigkeit suchen? Ja, vielleicht habe ich einen grausamen Vorgesetzten, und der macht mich fertig, wenn's nicht nach seiner Nase geht. Und ich darf nicht mal ‚piep' sagen. Ohne Geld bin ich doch schutzloser als irgendwo anders."

„Mein Herr, Sie sprechen wohl von der bürgerlichen Ordnung? Bei uns gibt es eine Öffentlichkeit, eine Presse, eine neue Lebensweise, und die erlauben nicht, Sie fertigzumachen, wenn Sie im Recht sind. Außerdem, Ihre Ordnung gibt doch nur sehr wenigen Unabhängigkeit. Nur einzelnen."

„Na und? Schön, sie gibt sie nur wenigen Reichen und Erfolgsmenschen. Die übrigen streben danach, sie hoffen. Das ist Kampf."

„Aber ihre Hoffnungen zerschlagen sich fast immer. Wir dagegen wollen das Leben so gestalten, daß die Hoffnungen sich erfüllen. Sir, wir haben jetzt Revolution, und trotzdem, wer bei uns arbeiten will, kann sicher sein, Arbeit zu finden. Das sind Hoffnungen, die sich schon jetzt erfüllen. Das gibt einem große Sicherheit, anders als bei Ihnen."

„Meinetwegen", sagte der Philosoph. „Aber nehmen wir doch mal folgendes. Ich bin dreiundfünfzig. In diesem Alter, meine Herren, muß ich reich sein. Nun, wenn auch nicht reich, so doch etwas begütert. Sonst nehme ich sozusagen nicht mehr am Leben teil. Das heißt, ich nehme teil, aber ich werde schon übergangen. Man akzeptiert mich nur im Hinblick auf mein Vermögen. Dabei habe ich durchaus nicht weniger Wünsche. Meine Herren Minister, unterstützen Sie mich."

„Ist doch klar", sagen die Minister. „Was gibt's da zu reden. Wenn überhaupt was, dann Wünsche, mehr als genug!"

Ich sag:

„Sehen Sie, Sir, mit zunehmendem Alter erhöht der Mensch seine Qualifikation, er wird klüger und reifer bei seiner Arbeit oder in der Kunst, und natürlich braucht er mehr Komfort und bessere Bedingungen. Das ist keine Frage. Und wenn er so alt wird, daß er die Qualifikation verliert, wird er vom Staat unterstützt. Jeder in anderer Höhe. Jetzt ist das vielleicht noch zu wenig und nicht immer ausreichend. Aber wir wollen das Leben so gestalten, daß alle gesund und fröhlich altern können. Daran denken wir. Daran arbeiten wir. Wir wollen, daß die Alten im Hinblick auf ihre inneren Werte akzeptiert werden, nicht aber ihres Reichtums wegen, der ja gestohlen sein kann."

„In diesem Falle würde ich's vorziehen, in Europa zu altern", sagte der Philosoph kühl, offenbar in richtiger Einschätzung seiner seelischen Werte. „Und Sie, meine Herren Minister?"

„Ist doch klar. Wozu darüber reden. Wünsche hat man noch massenhaft ...“

„Überhaupt bin ich für den Sozialismus“, sagte der Philosoph, „aber nicht bei mir in der Nähe. Nach mir die Sintflut. Ich bin ein Mensch der alten Kultur, und da müssen Sie mir schon erlauben, meine Herren, in meinem alten kultivierten Rom zu leben.“

„Bitte sehr“, sag ich, „leben Sie nur dort.“

Wir erhoben uns, und nun begann ein liebenswürdiges Abschiednehmen in fast freundschaftlicher Atmosphäre.

Beim Abschied sagte der Philosoph:

„Noch etwas. In der ganzen Welt ist die Liebe käuflich. Bei Ihnen nicht. Das ist doch der menschlichen Natur zuwider.“

Die Minister lachten unnatürlich.

„Das stößt mich auch irgendwie von Ihrer Idee ab“, sagte der Philosoph, „bei Ihnen muß man dafür Zeit und Geld aufwenden. Bei uns bloß Geld. Sie sollten diese Frage unbedingt ventilieren, meine Herren. Die Menschheit kann davon erkranken. Es hat starken Einfluß auf die Ehen. Ich kann mich nur wundern, wie wenig weitsichtig man bei Ihnen ist.“

„Sie“, sagte ich, „wir haben eine andere Einstellung zur Liebe. Wir finden es nicht erniedrigend, dafür Zeit aufzuwenden. Wir haben jetzt eine andere Welt und andere Gefühle, Sir.“

„Hören Sie auf, mein Freund. Sie sind ein unverbesserlicher Idealist. Was für eine andere Welt? Was für andere Gefühle? Die Menschen sind überall gleich. Aber was sollen wir darüber reden – auch hier wird der Schuh am Fuß ausgetreten. Ein paar Jahre noch, und Sie werden in diesem Sinne zu unseren Idealen zurückkehren."

„Die Leute, die in diesem Sinne zu Ihrem Ideal zurückkehren", sagte ich lachend, „die werden zu Ihnen kommen."

„Wenn sie Devisen haben, warum nicht", sagte der Philosoph. „Sehr erfreut. Aber bedenken Sie, es werden sehr viele sein. Ich fürchte, es wird kaum einer bei Ihnen bleiben. Aber was sollen wir orakeln. Ich wiederhole, wenn sie Devisen haben, soll es uns freuen."

Die Minister wechselten einen vielsagenden Blick.

Wir verabschiedeten uns und gingen auseinander.

Und ich möchte mich vom Leser verabschieden.

Abschied vom Leser

Nun bleibt mir bloß noch, mich vom Leser zu verabschieden, dann ist das Buch abgeschlossen.

Liebe Setzer, ein bißchen Arbeit noch, setzt die paar letzten Zeilen, damit ich mich von meinem teuren Leser liebenswürdig verabschieden kann.

Also, teure Freunde, seid gegrüßt! Alles Gute. Schönen Gruß an die Frau Mutter. Schreiben Sie mal!

Als Antwort auf Ihr liebenswürdiges Briefchen teile ich mit, daß es mir ganz gut geht. Ich arbeite viel, die Gesundheit hat sich gebessert und festigt sich noch. Im vorigen Jahr war ich ein bißchen krank, aber macht nichts, wie heißt es doch, Gott war mir gnädig.

Was meine weitere literarische Arbeit betrifft, so habe ich vor, noch zwei lustige Büchlein zu schreiben. Das eine aus dem Bereich meines persönlichen Lebens im Lichte der Medizin und Philosophie. Das andere historisch – eine Satire auf die Dummheit mit dem Epigraph von Cromwell: „Nicht die Betrüger machen mir Sorgen, sondern die Dummköpfe."

Aber natürlich weiß ich noch nicht, wann ich mich an diese neuen Werke mache.

Die „Wiedergefundene Jugend" hat mich drei

Jahre gekostet. Am vorliegenden Buch habe ich zwei Jahre pausenlos gearbeitet. Also muß ich jetzt ausspannen und ein bißchen auf andere Gedanken kommen.

Überhaupt, wenn etwas Interessantes in meinem Leben aufblitzt, werde ich eine Arbeitspause einlegen, wenn nicht, fange ich bald mit dem nächsten Werk an, das noch spaßiger werden soll als dieses.

Ich schließe das Himmelblaubuch am 3. Juni 1935 in meiner Leningrader Wohnung ab.

Am Schreibtisch sitzend, schreibe ich diese letzten Zeilen. Das Fenster steht offen. Die Sonne scheint. Unten liegt der Boulevard. Ein Blasorchester spielt. Gegenüber steht ein graues Haus. Eben tritt eine Frau in lila Kleid auf den Balkon. Sie lacht angesichts meiner barbarischen Beschäftigung, die so gar nicht zu einem Mann und zu einem Menschen paßt.

Das macht mich verlegen. Ich höre auf.

Seid gegrüßt, Freunde!

1934–1935

Nachwort

Das „Himmelblaubuch“ ist der mittlere Teil einer Trilogie. Michail Sostschenko schrieb es zwischen der „Wiedergefundenen Jugend“ (1933) und der „Erzählung vom Verstand“ (1943). Es erschien 1935. Auf den letzten Seiten des Buches „Wiedergefundene Jugend“ hatte Sostschenko seine Leser vor verfrühtem Unmut über seine neue Schreibweise gewarnt: Er werde nach diesem Ausflug in die Gerontologie sein Werk in bekannter Weise fortsetzen. Jene 480 Erzählungen, Feuilletons und Kleinromane also, die er in den vergangenen vierzehn Jahren veröffentlicht habe.

Tatsächlich mochte man zunächst in den 237 historischen Begebenheiten und 42 Gegenwartsgeschichten um Liebe, Geld, Arglist, Miseren und erstaunliche Begebenheiten, die das „Himmelblaubuch“ bot, die Rückkehr zum gewohnten Sostschenko vermuten, zumal sich einige frühere Geschichten – wenn auch mit leichten Änderungen – wiederholten. Doch es war alles anders.

Das Ganze war in fünf Abteilungen gegliedert. Es gab vor der Einleitung einen Widmungsbrief an Gorki. Lange Verzeichnisse geschichtlicher Vorfälle. Nachworte zu allen Abteilungen. Verabschiedungen vom Philosophen und vom Leser am

Schluß. Zusammengehalten wurden diese verschiedenen Elemente durch den zwischen Sachlichkeit und Betulichkeit gespannten Berichtsgestus des Erzählers. Eine komplizierte Architektur, die nicht zu der gewohnten Beliebigkeit im Zusammenspiel der kleinen Geschichten passen wollte. Eine Kulturgeschichte mit philosophischem Anspruch. Ein neues Buch der „Metamorphosen" möchte man meinen, das sogar den uralten Streit um monumentale und kleine Form aufnahm, in den Ovid vor fast zweitausend Jahren mit Intention und Bauweise seiner „Verwandlungen" eingegriffen hatte.

Sostschenko wird an Ovid kaum gedacht haben, aber um Rang und genaue Strukturbestimmung seines Buches war ihm sehr zu tun. Nur so ist zu verstehen, warum er in dem Brief an Maxim Gorki, der dem Buch vorausgeht, auf einen Argwohn zurückkommt, mit dem er seinerzeit dessen Vorschlag aufgenommen hatte, eine „humoristische ‚Kulturgeschichte'" zu schreiben. Sostschenko dachte gleich an die „Westeuropa-Expedition des Satirikon" von Arkadi Awertschenko, die 1911 und 1917 in Petersburg erschienen war. Ein amüsant mokantes Reisenotizbuch, dessen impressionistische Leichtigkeit freilich Sostschenkos Sache nicht war. Gorki muß wohl wirklich in seinem Sostschenko-Bild Platz gehabt haben für solche Parallelen: In einem Brief von 1930 gipfelt seine Notiz zum besonderen „Wechselverhältnis von Ironie und Lyrik" bei Sostschenko in einem Vergleich mit dem Awertschenko verwandten Österreicher Peter Altenberg, dem so etwas gelegentlich gelungen sei.

Als Gorki dann aber 1936 das „Himmelblaubuch" las, bezeichnete er den Rang dieser Arbeit mit einem berühmt gewordenen Vorschlag ganz anderen Formats, der die Bedeutung Sostschenkos wie seiner besonderen Möglichkeiten umriß: „Ach ja, Michail Michailowitsch, wie schön wäre es, wenn Sie in dieser Form ein Buch zum Thema Leiden schrieben! Noch nie hat jemand gewagt, das Leiden zu verlachen, das viele Leute zu ihrem Lieblingsberuf machten und weiter machen.“ Die „Erzählung vom Verstand“ sollte sich in dieser Richtung bewegen.

Erheblichkeit kleiner Formen

Mit Gorkis Vorschlag war noch einmal die entscheidende Konstellation benannt, der sich Sostschenko in seinen Anfängen gegenübersah und zu deren schöpferischer Auflösung er bewußt beitrug. In den zwanziger Jahren hat er sie im Aufsatz „Über mich, meine Kritiker und meine Arbeit“ folgendermaßen polemisch zugespitzt beschrieben: „Man hört die Meinung, uns sei jetzt ein roter Lew Tolstoi aufgegeben. Offenbar die Idee eines unvorsichtigen Verlags. Denn das ganze Leben, die Gesellschaft und die gesamte Umgebung, in der ein Schriftsteller heute lebt, gibt natürlich keinen roten Lew Tolstoi auf. Und wenn man schon von einer Aufgabe in diesem Sinn spricht, dann ist etwas aufgegeben in jener nichtswürdigen, unansehnlichen Form, mit der, jedenfalls früher, die schäbigsten literarischen Traditionen verbunden waren.“

Schäbig und nichtswürdig aber waren die Traditionen des Witzblattes: Es handelte sich um die Konstellation Tolstoi-Tschechow. Dabei ging es keinen Moment um eine Rückstufung Tolstois, sondern um die Gleichberechtigung Tschechows und die Legitimität der Tschechownachfolge. Die Verkennung Anton Tschechows, die Verwechslung des Schriftstellers mit seinen Personnagen, die falsche Sicht auf Tschechows Komik beschäftigten Sostschenko von früh an. Noch 1944 hielt er in einer Rede und in einem Aufsatz zum vierzigsten Todestag des Dichters die Meinung für weit verbreitet, Tschechow sei lediglich vertraut mit der Welt nörgelnder Kleinbürger, Scheinexistenzen und Gescheiterter. Dagegen setzte er seine Überzeugung von der sozialen Totalität und geschichtlichen Erheblichkeit dieser genauen Aufnahmen von „3 Sekunden", von „3 Seiten": „Die kleinen komischen Geschichten Tschechows ergeben zusammengesetzt ein Mosaikbild der Gesellschaft, etwas karikiert, aber wahr, höchst ätzend und satirisch."

Sostschenko verhandelte hier nicht nur seine Sache. Hier wurde auf die Eigenständigkeit einer großen Literatur aufmerksam gemacht, die selbst heute noch zu wenig einbezogen ist in unser Bild des sozialistischen Literaturprozesses – nämlich auf die satirischen Zeitschriften, aus denen seinerzeit Antoscha Tschechonte hervorgegangen war. In der Revolutions- und Bürgerkriegszeit, in den zwanziger und dreißiger Jahren gab es knapp 300 solcher Blätter. Sostschenko arbeitete an wenigstens 14 mit, etwa am „Krokodil", „Fliegenfänger", „Projektor", „Bastschuh", „Revisor", „Roten Raben", „Nilpferd", „Lacher" oder „Sonderling". Im ständigen Kontakt mit diesen Blättern, die eine Fülle neuer Lebensdetails festhielten, sicherte sich Sostschenko die soziale Authentizität seiner Stoffe. Mit ihm arbeiteten dort die großen sowjetischen Satiriker Ilja Ilf und Jewgeni Petrow, Walentin Katajew, Juri Olescha, Michail Kolzow. Es war eine direkte Fortsetzung der ROSTA-, Plakat- und Agitationsarbeit der Bürgerkriegszeit.

Erheblich waren diese kleinen satirischen Formen, weil sie mit Tagesgenauigkeit die schwierigen Mischungen und Überlagerungen vergehender und entstehender Lebensweise in den kleinsten Einheiten registrierten. Erheblich waren sie, weil sie zu sozial konkreter Wirklichkeitsaufnahme zwangen. Erheblich waren sie, weil sie ein unbedacht geistesgeschichtliches Überspringen der lebendigen Widerspruchsfülle sozialistischer Umwälzung ständig in Verlegenheit brachten.

Diese gesellschaftliche Erheblichkeit war freilich kein Vorzug der Form. Am Anfang der großen Meister der kleinen Form stand immer die Erheblichkeit einer philosophisch-ästhetischen Konzeption. Immer wenn aus den kleinen Formen architektonisch kompliziertere, geschichtlich umfassendere, auf Epochenverallgemeinerung zielende Gebilde gebaut wurden, war das nicht ein einfaches Summieren früher gefertigter Teile. Vielmehr hatte am Anfang der vorausgegangenen minutiösen Aufnahmen eine Aufgabe gestanden, die konsequent gelöst wurde. Bei aller Ironie gegenüber dem abstrakten „Aufgegebensein" eines neuen Tolstoi, akzeptierte Sostschenko doch die „Aufgabe" in diesem Sinn.

Michail Sostschenkos „Himmelblaubuch" gehört so in die Reihe jener wichtigen sowjetischen Bücher, die sich auf eine skrupulöse Beobachtung am lebenden Objekt stützen, sich dabei jedoch von der aufgehäuften Einzelnachricht nicht einschüchtern lassen. Entscheidend wird die poetische Idee, der epochengerechte Werkplan. Es sind sehr unterschiedliche große Satiren, die auf diese Weise entstanden:

Das „Ungekürzte Neue Testament des Evangelisten Demjan" (1925), in dem Demjan Bedny seine umfangreiche antireligiöse und antiklerikale Satire in der Nachfolge Boccaccios, Voltaires und Puschkins („Gabrieliade") zu einer kühnen Parodie auf die Heilige Schrift steigerte; den 37 Kapiteln seines „Testaments" stellte Demjan Bedny in Epigraphen ausführliche Auszüge aus den Evangelien voran, um dann auf die ausgesprochen irdischen Ambitionen Jesu und seiner Jünger oder auf Widersprüche zwischen den einzelnen Darstellungen einzugehen.

Die „Zwölf Stühle" (1927) von Ilja Ilf und Jewgeni Petrow, in denen sie die Kenntnisse aus ihrer Mitarbeit an der Literaturseite (1923–1928) der Zeitung der Eisenbahnergewerkschaft „Die Dampfpfeife" verarbeiteten.

Juri Oleschas „Neid" (1928), in den auch die Arbeit des Versfeuilletonisten Olescha einging, der in der gleichen „Dampfpfeife" unter dem Pseudonym „Der Bohrer" lange scharfzüngige Satiren veröffentlicht hatte.

Schließlich Majakowskis „Wanze" und das „Schwitzbad", die direkt aus der Zeitungsarbeit entstanden waren: Das Material stammt nach seinen Aussagen aus einem Berg von Spießer-Fakten; es sei ihm besonders durch die Mitarbeit an der „Komsomolskaja Prawda" zugeflossen. „Diese Fakten, so unbedeutend sie im einzelnen sind, habe ich in zwei zentralen Figuren der Komödie zusammengepreßt und konzentriert – in Prissypkin, einstmals Arbeiter und jetzt Bräutigam, der seinen Familiennamen um der Eleganz willen in Pierre Skripkin ändert, und in Oleg Bajan, ein aus dem

Hausbesitzerstand hervorgegangenes, schleimendes Naturtalent."

Der Grad der Verstecktheit des Ausgangsmaterials war natürlich verschieden. Juri Olescha geht bis zur Mystifizierung, Majakowskis Stücke haben trotz durchgehender Fabel einen ausgesprochen publizistischen Aufbau. Als besonders und einmalig an Sostschenkos „Himmelblaubuch" fällt in dieser Reihe auf, daß die Bestandteile nicht nur streng getrennt bleiben, sondern geradezu in ihrer Besonderheit gezeigt, ausgestellt werden. Dennoch zerfällt das Buch nicht in einzelne Bausteine, sondern es liest sich als eine genau gebaute Geschichte.

Das Geheimnis dieser Einheit, dieser inneren Bezogenheit der Teile hat Lew Tolstoi in seinem Vorwort zur russischen Maupassant-Ausgabe aufgedeckt: Nicht die Einheit der Personen und Situationen sei der „Zement, der jedes Kunstwerk zu einem Ganzen mache", sondern die „Einheit der eigenständigen moralischen Haltung des Verfassers zu seinem Gegenstand". Sostschenkos „Himmelblaubuch" gewinnt seine Leistung aus dem herausfordernden Widerspruch von unbedingter Selbständigkeit und unbedingter konzeptionell-sprachlicher Integration seiner fast 300 Teile.

Historischer Verstand gegen anekdotische Zersplitterung

Nicht das Panoptikum, die Raritätenschau, das Geschichtskarussell konnte Sostschenkos Ziel sein im „Himmelblaubuch", sondern vielmehr jenes soziale Planetarium, von dem Brecht im „Messingkauf" sprach, das Lage, Größe und Bewegung der gesellschaftlichen Kräfte demonstrierte. Der Verfasser war demnach kein Arrangeur, kein Einrichter des bunten Wirbels der Ereignisse – er war Entdecker geschichtlicher Prozesse. Es muß von der originellen epischen Leistung dieses Buches gesprochen werden, das als bisher nicht gewürdigte Verbindung zwischen den großen Satiren und den Epopöen der sowjetischen Literatur, vor allem Alexej Tolstois „Leidensweg", Michail Scholochows „Stillem Don" und Maxim Gorkis „Klim Samgin" steht.

Erinnert man sich des historischen Augenblicks, in dem das Buch entstand, so wird der weltgeschichtliche Auftrag, dem sich Sostschenko stellte, deutlich. Die Sowjetunion bewies mit dem vorzeitigen Eintritt in den zweiten Fünfjahrplan die Möglichkeit umfassender sozialistischer Gesellschaftsplanung. Es war die Bewußtheit der Arbeiterklasse und immer größerer Teile ihrer Verbündeten, die diesen Prozeß so entschieden vorantrieb. Während sich die entstehende sozialistische Gesellschaft in diesem Prozeß zunehmend aller fruchtbaren Traditionen versicherte, war im imperialistischen Westeuropa und Amerika, am stärksten im faschistischen Deutschland, eine furchterregende Verkrüppelung des Geschichtsgedächtnisses im Gange. Die bürgerliche Presse manipulierte ein anekdotisch zersplittertes Geschichtsbild. Im März 1932 schrieb Maxim Gorki sein Pamphlet „Mit wem seid ihr, ‚Meister der Kultur'?", das diesen Vorgang bloßlegt. Es ging Gorki vor allem um die Geschichtlichkeit der politischen und ideologischen Kämpfe: „Der Gedanke an eine mögliche Rückkehr zu einer Epoche der Barbarei ist der ‚modischste' Gedanke der heutigen Bourgeoisie. Die Spengler, Cailleaux und ähnliche ‚Denker' bringen damit die Stimmung Tausender Philister zum Ausdruck. Diese alarmierende Stimmung entspringt dem Vorgefühl des Klassenuntergangs, der Tatsache, daß das revolutionäre Rechtsbewußtsein der Arbeitermassen in der ganzen Welt wächst. Die Bourgeoisie möchte nicht glauben an den Prozeß der kulturrevolutionären Entwicklung des arbeitenden Volkes, aber sie sieht, sie fühlt ihn. Dieser Prozeß hat sich allseitig und glänzend gerechtfertigt. Er ist die logisch unausbleibliche Fortentwicklung der ganzen Arbeitserfahrung der Menschheit, einer Erfahrung, von der die Historiker der Bourgeoisie so lehrreich zu berichten wissen. Da aber die Geschichte ebenfalls eine Wissenschaft ist, müssen auch ihr ‚Zügel' angelegt werden, oder noch einfacher: es muß vergessen werden, daß sie existiert."

Bemerkenswert ist, daß Konstantin Fedin, der Gorkis Aufsatz in der Schweiz las, sofort eine ganze Reihe von symptomatischen Beispielen aus dem kapitalistischen Kulturleben mitteilte, die Gorki auf die Idee brachten, in der „Iswestija" eine Spalte für dergleichen bezeichnende kuriose Nachrichten über die kulturelle Ohnmacht des späten Bürgertums einzurichten. Die Idee gehörte übrigens zu einem größeren Komplex, den Gorki schon 1931 angeregt hatte. Er wollte das Buch „Ein Tag" herausgeben lassen, wo aus Zeitungen und von Schriftstellern der ganzen Welt berichtet würde, was an einem bestimmten Tag die Klassen und Individuen auf der Welt bewegt. Das Buch erschien als das Buch des 27. September 1935 und zum zweiten Mal als Buch des 27. September 1960.

Unternehmungen dieser Art bezeugen die intensive Suche nach Möglichkeiten, die weltgeschichtliche Alternative, die der Sozialismus bedeutet, auf große Weise zu zeigen. Wie das Ende der zwanziger, Anfang der dreißiger Jahre die Epopöen, der sowjetische historische Roman, aber ebenso Wsewolod Wischnewskis „Optimistische Tragödie", Babels „Maria", Bulgakows „Meister und Margarita" oder Platonows „Dshan" taten, so auch Michail Sostschenkos „Himmelblaubuch". Es ist charakteristisch, daß sich sein Konzept dem Wust von Meldungen, die die Geschichtsschreiber aller Zeiten festgehalten haben, zunächst stellt. Nicht aber, um sich an Paradoxen, Zufällen und Abnormitäten zu ergötzen, sondern um mit historischem Verstand zu sichten, zu werten.

Sostschenko folgt dabei zwei Prinzipien, die eine widerspruchsvolle Einheit bilden. Erstens erzählt er die Vorfälle seiner fünf Abteilungen in chronologischer Reihenfolge von der Antike bis zur Oktoberrevolution und, davon abgesetzt und neu betitelt, von der Oktoberrevolution bis zum Ende der zwanziger Jahre. Hier wird die Herkunft und der Wandel der Gedanken und Empfindungen, der Triebe und Leiden vorgeführt; zugleich die Zählebigkeit jahrhundertealter Gewohnheiten und Vorstellungen. Hier wird kein selbstverständliches Mitentstehen der neuen Moral mit ökonomischen Umwälzungen vorgegaukelt. Hinter den skeptischen Geschichten von der Jagd nach Geld und Glück, von den Miseren der neueren Zeit steht der dringliche Aufruf zur Anstrengung des historischen Verstands. Und da zeigt sich, warum Sostschenko so nachdrücklich darauf bestand, daß sein Vorgänger Tschechow durchaus stets das Ganze der Gesellschaft im Auge gehabt habe, wenn er es auch nicht ständig in den Erzählungen im Munde führte. Wie Sostschenko Tschechow las, so müssen wir Sostschenko lesen.

Zweitens nämlich erzählt Sostschenko seine Vorfälle gewissermaßen auf einer Ebene. Frappierend gleichzeitig erscheinen Diogenes und Peter I. und aus sowjetischer Zeit „Die arme Lisa". Und zwar nicht, weil die einen auf die anderen zurechtgeschnitten werden. Keinem wird etwas von seiner geschichtlichen Besonderheit genommen. Sondern weil Sostschenko ihnen allen einzig sprachlich den Respekt verweigert. Er übersetzt die Reden der historischen Akteure in die Sprache seines Erzählers oder läßt sie mit sich selber in dieser Sprache Gespräche führen. Das stellt die Jahrhunderte und die Völker zusammen, ohne ihnen ihre Verschiedenheiten zu nehmen.

Das Zusammenfügen des ganz und gar uneinheitlichen Materials gelingt Sostschenko also durch den „Zement" seiner dialektisch-materialistischen Geschichtskonzeption, die sprachlich vollkommen umgesetzt ist in ein hypothetisch-respektloses Ausforschen der bekannten und unbekannten geschichtlichen Akteure. Der große Spaß entsteht aus der Polemik gegen ein spießerisch-wagnerisches Behagen, gegen jenes „groß Ergetzen, Sich in den Geist der Zeiten zu versetzen, Zu schauen, wie vor uns ein weiser Mann gedacht, Und wie wir's dann zuletzt so herrlich weit gebracht" (Goethe, Faust I). Der große Spaß entsteht aus der geschichtlichen Genugtuung über die Macht des Menschen, seine Verhältnisse so zu ordnen, daß sie die ständige Herausforderung seines Verstandes und seiner eingreifenden Subjektivität sichern.

1973 Fritz Mierau

Inhalt